中国特色哲学社会科学
"三大体系"研究丛书

主编 权 衡 王德忠

中国应用传播学研究

徐清泉 张雪魁 等◎著

上海人民出版社

丛书编委会

主　任：
权　衡　王德忠

副主任：
朱国宏　王　振　干春晖

编　委：（按姓氏笔画顺序）
王　健　成素梅　刘　杰　杜文俊　李　骏　李宏利　李　健　沈开艳
沈桂龙　张雪魁　周冯琦　周海旺　郑崇选　姚建龙　赵蓓文　晏可佳
郭长刚　黄凯锋

本书由上海社会科学院智库建设基金会资助研究出版

总　序

发挥国家高端智库优势　推动"三大体系"建设

2016 年 5 月 17 日，习近平总书记在哲学社会科学工作座谈会上发表重要讲话，从坚持和发展中国特色社会主义必须高度重视哲学社会科学，坚持马克思主义在我国哲学社会科学领域的指导地位，加快构建中国特色哲学社会科学以及加强和改善党对哲学社会科学工作的领导四个方面，全面系统阐释和深刻回答了进入新时代，坚持和发展中国特色社会主义为什么要构建当代中国哲学社会科学体系，怎样构建具有中国特色、中国风格、中国气派的哲学社会科学等一系列重大理论和实践问题。这是一篇体现马克思主义立场观点和方法、闪耀着真理之光的讲话，是新时代繁荣和发展中国特色哲学社会科学的纲领性文件。为响应习近平总书记关于构建中国特色哲学社会科学、推动"三大体系"建设讲话精神，上海社会科学院组织专家学者深入学习习近平总书记讲话精神，开展我国哲学社会科学学科体系、学术体系、话语体系"三大体系"研究阐释工作。

科学把握中国特色哲学社会科学"三大体系"建设的重大意义

习近平总书记在讲话中明确指出，哲学社会科学是人们认识世界、改造世界的重要工具，是推动历史发展和社会进步的重要力量，其发展水平反映了一个民族的思维能力、精神品格、文明素质，体现了一个国家的综合国力和国际竞争力。习近平总书记还强调，一个没有发达的自然科学的国家不可能走在世界前列，一个没有繁荣的哲学社会科学的国家也不可能走在世界前列。新形势下，我国哲学社会科学地位更加重要、任务更加繁重，要按照立足中国、借鉴国外，挖掘历史、把握当代，关怀人类、面向未来的思路，着力构建中国特色哲学社会科学，不断推进学科体系、学术体系、话语体系建设和创新。我们认为，为实现以上目标，必须科学理解和把握中国特色哲学社会科学与"三大体系"建设的重要内涵。

构建彰显中国自主知识体系的哲学社会科学。当前，世界正处于百年未有之大变局，我国正处于实现中华民族伟大复兴的关键时期。习近平总书记强调："面对快速变化的世界和中国，如果墨守成规、思想僵化，没有理论创新的勇气，不能科学回答中国之问、世界之问、人民之问、时代之问，不仅党和国家事业无法继续前进，马克思主义也会失去生命力、说服力。"进入新时代，我们要坚持以习近平新时代中国特色社会主义思想为指导，坚持把马克思主义基本原理同中国具体实际相结合、同中华优秀传统文化相结合，正本清源、守正创新，立足中国实践，形成中国理论，在回答中国之问、世界之问、人民之问、时代之问中，构建彰显中国自主知识体系的哲学社会科学。

聚焦"三大体系"是构建中国特色哲学社会科学的重要内容和方向。坚持和发展中国特色社会主义，需要加快构建中国特色哲学社会科学。构建中国特色哲学社会科学，要坚持马克思主义理论的指导地位，立足于中国发展实践，学习借鉴国外哲学社会科学积极成果，更好形成学科建设、学术研究与社会实践发展紧密结合、融为一体的新局面，为加快构建具有中国特色哲学社会科学学科体系、学术体系、话语体系注入新动力和活力。

形成"三大体系"有机统一、相互支撑、共同发展的学科发展新路径。在推动学科体系、学术体系、话语体系建设中，要坚持学科体系是基础、学术体系是核心，话语体系是表述，三者是一个有机统一、不可分割、相互支撑、共同发展的整体。要进一步夯实和健全我国哲学社会科学发展的学科体系和学术体系，把马克思主义理论学科做大做强，把基础学科做扎实，把优势学科巩固好，把新兴学科、冷门学科、特色学科、交叉学科等发展好。要推动习近平新时代中国特色社会主义思想系统化、学理化研究，把党的创新理论成果与"三大体系"建设融会贯通，深入挖掘新思想蕴含其中的哲理、道理和学理。要聚焦新时代中国改革开放和创新发展实践，突出问题导向，加快理论提炼和总结概括，构建中国自主知识体系的学科体系、学术体系和话语体系。

要加快提升中国国际传播能力建设，深化国际传播理论体系建设和实践创新发展，讲好中国故事，传播好中国声音，向世界展示真实、立体、全面的中国。

在国家高端智库工作中推动"三大体系"建设

为深入贯彻落实习近平总书记关于加快构建中国特色哲学社会科学的重要讲话精神和上海市委关于推动上海哲学社会科学大发展大繁荣的战略工作部署，近年来，上海社会科学院立足作为综合性人文社会科学研究机构的学科特色优势和国家高端智库优势，持续推动党的创新理论系统化、学理化研究，持续深化我国和上海发展的重大理论和现实问题研究。

我们注重发挥学科综合优势和国家高端智库优势，不断推动学科发展和智库建设，加快推动中国特色哲学社会科学建设。特别是 2023 年以来，结合主题教育和大调研活动，进一步发挥国家高端智库优势，加快推动中国特色哲学社会科学学科体系、学术体系、话语体系研究和建设。

一是面对复杂的国际国内环境，必须加快构建中国特色哲学社会科学体系。当前，我国正处于复杂的国际国内发展环境下，解决意识形态巩固的问题、各种思想交锋的问题、经济社会发展的问题、深层次矛盾和风险挑战的问题及全面从严治党的问题，都迫切需要哲学社会科学更好发挥作用。当今中国正日益走向世界舞台中央，中国的思想学术和文化也必须跟上来，不能落后，也不能缺席。这就必须依赖于中国特色哲学社会科学提供有力支撑。

二是建设中国特色哲学社会科学要正确理解学科体系、学术体系、话语体系三者之间关系。哲学社会科学体系是学科体系、学术体系和话语体系的有机统一，其中学科体系是基础、学术体系是核心，话语体系则是表达呈现。近年来，上海社会科学院坚持学科发展与智库建设"双轮驱动"战略，努力推进建设一流的"智库型学府、学府型智库"，坚持和发展马克思主义，立足中国国情与中国优秀传统文化，积极吸收国外哲学社会科学的有益资源，服务中国实践、构建中国理论，努力将党的创新理论成果和重要思想、重要主张等转化为知识话语、研究范式、学术理论，建构中国自主知识体系，融通国内外的新概念、新范畴、新表述，形成更大国际传播力和影响力。

三是发挥国家高端智库优势和实施大调研,把"三大体系"建设与中国实践、中国经验、中国理论的提炼总结相结合。当前中国哲学社会科学体系的构建,必须持续从我国经济社会发展的实践中挖掘新材料、发现新问题、总结新经验,要加强对改革开放和现代化建设的观点总结和理论提炼,这是中国特色哲学社会科学发展的着力点。上海社会科学院在近些年的理论研究和学科建设中,努力发挥国家高端智库的优势,广泛推动社会调研活动,注重从我国改革发展实践中挖掘新材料、发现新问题、提出新观点、构建新理论,注重对习近平新时代中国特色社会主义思想的系统化研究和学理化阐释,形成我国哲学社会科学的特色和优势,在学界推动建设具有领先水平和较强影响力的学科体系、学术体系和话语体系。

四是努力构建系统性和专业性相统一的学科体系、学术体系和话语体系。在"三大体系"建设中,必须重视系统性和专业性相统一。其中,系统性从理论逻辑、历史逻辑及实践逻辑三大逻辑把握。理论逻辑是在顶层设计中坚持和发展马克思主义基本原理,深化拓展马克思主义理论研究和党的创新理论成果的研究阐释;历史逻辑体现在必须更好地传承中华优秀传统文化和思想体系,提出并展现体现中国立场、中国智慧、中国价值的理念、主张和方案;实践逻辑是要求立足于实际发展并解决实际问题。从三大逻辑出发,我院坚持以马克思主义为指导,聚焦十八大以来党的创新理论成果和经济社会发展现实问题,注重学科前沿和学科交叉等研究方法,努力构建中国特色的学科、学术和话语体系。在专业性方面,上海社会科学院设有 17 个研究所,学科门类齐全,传统学科基础好,新兴学科布局早,特色学科发展快,拥有一批学科建设的领军人才,在谋划和推进构建中国特色哲学社会科学方面,也具备较为扎实的基础。

五是在"三大体系"建设中培育更多高水平哲学社会科学人才。推动哲学社会科学大发展大繁荣,关键要素还是人才。中国特色哲学社会科学事业是党和人民的重要事业,构建中国特色哲学社会科学是一项极为繁重的系统科学工程,需要广大哲学社会科学工作者在坚持党的领导、坚持和发展马克思主义的基础上,不断开拓学术研究、倡导先进思想、引领社会风尚。作为"智库型学府、学府型智库",上海社会科学院在大调研基础上,积极稳妥推进科研管理体制机制改革和优化,加快建立和完善符合新时代哲学社会科学发展规律、体现上海社会科学院优势特色、有利于出高质量成果和高水平人才的科研管理体制机制。

以学科发展与智库建设"双轮驱动"推动"三大体系"建设

上海社会科学院创建于 1958 年，是新中国最早建立的社会科学院，也是上海唯一的综合性人文和社会科学研究机构。成立 65 年来，上海社会科学院为我国哲学社会科学的繁荣发展作出了积极贡献。

党的十八大以来，在上海市委和市委宣传部的领导下，上海社会科学院守正创新、勇毅前行，加强哲学社会科学大发展，在理论创新研究、服务决策咨询、人才队伍建设、引导主流舆论等方面取得了丰硕成果。

2023 年，上海社会科学院认真开展主题教育工作，组织专家学者深入学习党的二十大报告提出的一系列新思想、新观点、新论断，深入研究阐释习近平总书记关于加快构建中国特色哲学社会科学的重要讲话精神，进一步聚焦党的创新理论，注重基础研究与应用研究融合发展、相互促进，注重系统化研究、学理化阐释和学术化表达，全院以构建中国特色哲学社会科学自主知识体系为聚焦点，以中国实践为出发点，以理论创新为着力点，在全国率先开展哲学社会科学"三大体系"建设。院党委举全院之力、聚全院之智，17 个研究所齐上阵，全面、完整、系统开展有组织研究；我们也邀请部分全国和上海知名专家一起参与研究，撰写完成了中国特色哲学社会科学"三大体系"研究丛书。这是当前对推动我国哲学社会科学"三大体系"建设和研究做的一次有益探索，以期为促进我国哲学社会科学繁荣发展作出自己的贡献。

衷心希望我院科研工作者在建设社会主义现代化国家新征程中，牢记嘱托、砥砺前行，为不断开创我国哲学社会科学大发展大繁荣的崭新局面作出更大贡献。

上海社会科学院党委书记、研究员　权　衡
上海社会科学院院长、研究员　王德忠
2023 年 8 月

目 录

中国传播学发展的时代机遇、短板挑战及成效目标刍议

——《中国应用传播学研究》代序

徐清泉　上海社会科学院新闻研究所研究员

2022 年 3 月，上海社会科学院党委确定要组织全院各研究所骨干，组成以各学科为依托的专题性课题研究小组，合力研撰出版一套具有突出原创性价值的学术专著丛书。该丛书的主题确定是聚焦研究——推进具有中国风格、中国特色、中国气派（简称"三中"）的哲学社会科学"三大体系"建设，也即学科体系、学术体系及话语体系建设（简称"三大"）。整套丛书覆盖全院十七个研究所十七个专业学科，每个学科将研究重心放在新时代十年以来的时间段上，可根据研究需要上溯到新时代也即中共十八大以前的时期，同时还可以对今后创新发展有一定的预判和展望。具体的要求是要总结梳理新时代以来我国在推进各学科实现具有"三中"特色的"三大"建设过程中，究竟提出了哪些具有本土原创品格的学术概念、学术理论、学术话语？又策划推出了哪些具有中国本土原创品相的学科架构、学科课程、学科教材？这些具有本土原创特点的学科学术成果，在全球学术界究竟具有怎样的价值和权重，它们对于解决世界特别是中国的政治、经济、社会、文化、生态等治理难题，究竟能够发挥哪些具体的作用？当时院领导明确提出要求，希望各研究所所长必须亲自挂帅，担任所在学科这一重点课题项目的负责人，并作为本所的一项重要工作任务来抓紧推进。记得院领导还在 3 月初的所长例会上，逐一征求听取各所所长意见建议。作为时任新闻研究所所长，我必须立足新闻传播学学科发展实际作相应的答复。按照院党委编撰本丛书的要求，我需要即可回应的问题是——如果用"三中""三大"视角视域审思研判新闻传播学在新时代的创新发展，并把审思研判的成

果撰写成一部新闻传播学学术专著的话，该策划选用怎样一个课题名称和专著标题，才能对我们新闻研究所要承担完成的这样一个重大任务做到准确地概括？我略加思索后当即向院领导提出了这样一个课题名称和专著标题，那就是《中国应用传播学研究》。

提出这样一个似乎略显"突兀"的选题，并非出自我随意随性的临时应对需要，而是基于过往几年我对中国新时代以来新闻传播的改革创新实践和学科学术发展持续观察分析的结果。我始终认为：新闻传播学作为一个实践性、应用性、前沿性特征极强的学科，它始终处于关乎国家知识技能传播传承、日常讯息交流交往、精神文化生产消费和主流意识形态建设的第一线，而近二十多年来的文化体制机制改革、互联网及智能手机的全民化普及，直接刺激和带动了精神文化生产消费、新闻传播生产实践的大转型大变革，从而又连带性地激发和带动了新闻传播业界学界的大调适大变革。假如要在此背景下研究新闻传播学新时代以来的本土化原创概念、思想、观点及问题的话，可能也就是那些能够涵盖我国新时代新闻传播应用实践及其理论提炼的分支学科领域最首先具有关注研究价值。这个分支学科也就是本书所说的"中国应用传播学"。院领导听了我的意见后当即建议我在新闻所组织全所科研骨干，专门对这一选题作认真分析研讨，摸清并把握选题的价值意义和研究可行性，然后再确定课题组人员构成、课题专著研撰提纲和具体细化分工及任务进度安排。我把院里的要求和自己的想法向全所同志转达说明后，获得了全所同志的一致响应。于是我们很快结合本所五个研究中心、十九位科研人员的研究实际，经各中心充分研究讨论，最后确定了本书九章也即九个专题的研究内容。当然我们深知，中国应用传播学尽管只是中国新闻传播学下辖的一个分支学科，但是其涵盖的实践和理论专题领域非常广泛，根本不是本书这九个专题能够涵盖替代的。本书之所以仅仅局限于九个专题，主要是受本所既有二三级学科专业方向、既有专题研究领域及全书篇幅的限制。为了尽可能做好本书的研撰工作，我们先后组织了四五次全所范围内的线下线上专题研讨，对每个专题章节的研撰提纲框架逐个过堂讨论，大家通过集思广益和头脑风暴，来给各专题章节研撰提供优化意见建议。同时本人还代表所里参加了院主要领导和科研处两次举办的本丛书课题研撰推进协调会。在此过程中，本人结合三大体系建设研究这一丛书的要求，结合中国应用传播学的功能定位、实践特色和学科特征等，特向本所参与本书研撰的所有科研人员，提出了要聚焦研究——新时代以来，我国新闻传播行业产业及学术理论研究领域，都提出了哪些"中国问题"及"中国概念"？实施了哪些"中国实践"和"中国创新"？形成了哪些"中国经验"及"中国理论"？又向世界提交并作出了哪些"中国方案"和"中国贡献"？基于这一考量，新闻研究所张雪魁副所长还特别整理编制了研撰本书的参阅文献清单和研究问题清单，并和本人分头对全书的初稿及修改稿等做了大量的审阅、编排工作，同时还和上海人民出版社的责任编辑王吟女士作了反复的沟通交流。我们确定本书现有标题、专题内容及章节结构的一个基本想法就是——本书并不属于"导论""概论"，揭示和探究中国应用传播学的研究内容、研究体系、研究方法及学科架构等，不是本书想要完成的任务，我们只是按照全所同志的集体智慧，确定了目前这样九个我们自认为比较符合中国应用传播学本体本意的专题，来对其做系统的研究。其中首尾两个专题还对中国应用传播学的特色和问题域等作了一些揭示描述。总体而言，本书还显得相对稚嫩，只能以抛砖引玉的方式呈现在读者面前。

在这本书研撰推进的一年中，本人对新闻传播学、中国传播学特别是中国应用传播学的来龙去脉及相互关系等，作了一定的梳理、观察和思考，形成了一些可能还略显粗浅的学科认识。在我看来，要想从学科定位、学科特征、学科功能等多方面真正把握中国应用传播学，就很有必要从对新闻学、传播学、新闻传播学、中国传播学等的生成发展、学科界定和关系厘定等视角出发，对所列的各个分支学科、母体学科、一级学科等有一个相对清晰的分析认识。恰巧在2023年6月本书书稿提交上海人民出版社没有几天，正逢7月2日新闻研究所举办全国性学术论坛——即第十届闻天论坛。本人应论坛的邀请安排，要作一个大会主旨演讲。于是我在本次演讲中，向与会的数十位专家学者交流分享了自己对中国传播学包括中国应用传播学的一些看法。这个演讲获得了一些与会学者的呼应，也有几位专家还私下里对我提出的一些观点作了肯定性评议。有了这次论坛交流的"投石问路"，我感觉也许可以把它作为本书的序言和读者作进一步交流探讨，现将其整理成文并随录如下，还请学界业界关心中国传播学发展的读者批评指正。

一、中国传播学的实存、界定及切分

（一）作为现实客观存在的中国传播学

"中国传播学"这个说法并不流行，但它却是实际存在的、并于 1997 年之后被命名为"新闻传播学"的客观存在。

相较于其他一些哲学社会科学门类，作为历史上以"新闻学"名目出现的中国传播学尽管相对年轻，但是从 1918 年北京大学开设新闻学选修课、同年 10 月成立北京大学新闻学研究会、同年徐宝璜先生的论著《新闻学大意》在《东方杂志》上刊登算起，也有百年以上历史。

百年间，起码可以说前八十年中国传播学研究是以新闻学占据主流的，传播学占比较小并主要以翻译、引进、消化、应用国外发达国家传播学相关成果文献为主要任务。不过近二十年来，我们通常所说的二级学科意义上的新闻学和传播学，在各自占比上却逐渐出现了一降一升的变化，新闻学逐渐萎缩成了小头，传播学日渐扩张成了大头，对此，中国社会科学院新闻与传播研究所时任所长唐绪军研究员，曾在 2020 年 11 月初在河北召开的"中国新闻传播学年鉴工作会议"上做过有大量数据支撑的详细分析。

尽管新闻学和传播学彼此间始终存在着相辅相成的交叉重叠互动关系，但是各自还是具有相对的独立性。二者各自在理论研究与应用研究间的错位分工也是始终存在的。也正因此，才会有理论新闻学、应用新闻学、理论传播学、应用传播学的学科分法和说法。对此学界近年出版的一些学术专著可以印证。

例如以新闻学名称出版的专著包括：偏理论的就有——符建湘著《理论新闻学》（湖南大学出版社 2000 年版）、丁柏铨著《中国当代理论新闻学》（复旦大学出版社 2004 年版）；偏应用的则有——任白涛著《应用新闻学》（上海书店出版社 2011 年版，已有 6 个不同版本面世）、邵振青著《实际应用新闻学》（中国传媒大学出版社 2018 年版）。

而明显属于传播学范畴甚至就以传播学名称出版的专著则包括：偏理论的有——刘海龙著《大众传播理论：范式与流派》（中国人民大学出版社 2008 年版）、熊若愚著

《理论传播学引论》（山东人民出版社 2022 年版）、戴元光著《传播学研究理论与方法》（复旦大学出版社 2003 年版）、侯东阳主编《传播理论教程》（暨南大学出版社 2022 年版）；偏应用的则有——苑子熙著《应用传播学》（北京广播学院出版社 1991 年版）、周鸿铎主编《应用传播学教程》（中国书籍出版社 2010 年版）等。这里我们按照新闻学与传播学的区分以及各自对理论和应用的偏重，每一分类大多只列举了两种已面世的专著，实际上已经出版和正准备出版的理论新闻学、应用新闻学、理论传播学、应用传播学专著教材非常多见。

可以肯定的是，不论新闻学的学术领地、从业学者在怎样变动减少，作为一个具有开创性、奠基性价值的二级学科，它还是会长期存在的。理由大致有以下几点：

第一，不论时代如何变化，新闻的生产传播仍旧是关乎人们的日常资讯获取和精神消费、关乎国家和地区等的意识形态建设和社会变化发展的主导因素，新闻学就是要紧随时代变化对此作规律性把握应对研究。

第二，马克思主义新闻观的博大体系、丰硕成果和广大空间，是新闻学能够实现可持续发展的立身之本，而且马克思主义有关精神生产、文化批判及方法论等方面的真知灼见，足以支撑新闻学去破解移动互联时代的新闻传播行业难题。

第三，在移动互联时代，新闻信息与其他信息的边界变得模糊、新闻生产传播主体更呈现为海量化、多元化（PGC/ 专业人士生产内容、UGC/ 网媒用户生产内容、MGC/ 智能机器生产内容），超越前互联网时代单一的 PGC 模式，这不啻是为新闻学拓展了新的学术空间。

显然，在传播学与新闻学的交叉重叠互动中，传播学虽然也有自己的相对独立性，但它客观上也是始终在为新闻学研究提供理论方面的资源、滋养、底气、思维、框架、方法等要素和功能支撑。

由此来看，传播学在很大程度上既像是一个学术理论"孵化器"和"储能站"，又像是一个"学术精魂"般的存在。这三个喻指，对新闻学而言甚至对我们惯常所说新闻传播学而言，就显得十分贴切。

（二）中国传播学的学科界定

回看我国的新闻传播学发展史可以发现，有关其学科称谓，大致有过这样一个出场顺序：即先有"新闻学"的说法，再有"新闻学和传播学"的说法，直到后来更多采用了具有权威出处的"新闻传播学"这个称谓。这得益于1997年国务院学位委员会的学科目录调整。1997年6月，国务院学位委员会在其颁布的研究生专业目录中，将新闻学由过去的二级学科调整为一级学科，明确标列为"新闻传播学"，下设新闻学和传播学两个二级学科。这相当于在高等教育和其相应的教材建设、学科研究、学术研究等规范建制方面，确定了其作为一级学科的标准定位。

其实启用"新闻传播学"概念作为该学术领域的一级学科称谓，完全是充分考虑和照顾到了这一学术学科在我国百年来的发展实际。如果要具体分析新闻传播学及其下辖新闻学和传播学两个二级学科的构成和功能的话，则可以发现其内在区分大有讲究。就新闻学而言，它可以说是研究新闻的生产制作、管控引导、传播宣传及接受认同的学问，新闻只是种类繁多的信息内容中的一种。就传播学而言，其重点在于研究信息内容等的播布、扩散、传达并获得接受及认同的学问。相比之下，信息内容的涵盖面就要远远大于新闻。

在"传统媒体时代"也就是以报刊和广电为主、互联网尚未出现抑或刚刚出现的时代，当时的新闻学，主要就有传统新闻的"制"和"传"这两个研究重点，其主要的研究对象是报纸、期刊、广播、电视（新闻）、电影（纪录片）等，当然也会连带性地涉及受众、用户、市场、社会等等。而到了"网络媒体时代"，移动互联网和PC互联网成了这一时代新闻学的增量研究对象，于是网络新闻、数据新闻的"制"与"传"，也成为其研究重点。在后面这一时代，尽管报纸、期刊、广播、电视（新闻）、电影（纪录片）等存量媒体依然存在，但是其版图、流量、市场等却被增量出现的移动互联网新媒体大举切割、分流和碾压。这无疑也让"制"与"传"的生态及其相关学问发生了巨大变化。

从严谨的学科界定意义上来说，因为"新闻"强调及时性、真实性和客观性，又大多不能缺少时间、地点和人物等关键要素，所以新闻学它是有限定、有门槛的。很多和新闻无关的信息内容的"制""传"研究，并不适合归入新闻学。显然，传播学的涵盖范围要广大得多，既然它是研究"信息内容"的播布、扩散、送达、接受、效果、认同等，那么它起码可以涵盖大半个新闻学，尽管传播学也研究信息内容发布前的生产、编排甚至包装，但信息内容源头的原创生产并不是其研究重点。由此可见，"传"的学问才是我们这个学科研究的立身之本，当然对"制"得好还是坏的研究因为关乎"传"得好还是坏，所以传播学也会适度适时研究"制"。

因为在我国，新闻传播学的母体学科是源起于新闻学，但因为新闻学是既非常关注研究新闻的生产制作规律，又特别聚焦研究新闻的传播扩散规律，所以由新闻学推展成长为新闻传播学就是必然的了。"传播学"因为具有相当的包容度，所以一些学者因其"传"的信息内容的差异，而尝试将其划分为：新闻传播学、政治传播学、经济传播学、文化传播学、舆论传播学、文艺传播学、科技传播学、广告传播学、教育传播学等等。

不过在大家的普遍认同中和约定俗成中，都大多会无一例外地认定下面这一说法和看法，即："新闻传播学"是学术体制内认定的一级学科，它涵盖了下面所有二三级分支学科，具体包括：政治传播学、经济传播学、文化传播学、舆论传播学、谣言传播学、时尚传播学、文艺传播学、科技传播学、广告传播学、教育传播学、健康传播学、城市传播学等等。

可以看出：现实中、体制中、学术中、约定俗成中的新闻传播学无论是其学科边界还是学术范畴明显是被放大了。如果要厘清学科界定的逻辑的话，可能"传播学"更像可以涵盖新闻学、新闻传播学的一级学科。

新闻传播学的说法，毕竟已成了半个多世纪以来我国这一学科的学术传统，在某种程度上来说还带有鲜明的中国特色。在此前提下，"中国传播学"常常只能被界定为是包含在传播学二级学科之内的一个分支学科。它和美国传播学、日本传播学、法国传播学等以国别区分的分支学科处于同一层面。

如果考虑到在新时代推进学科体系、学术体系、话语体系这"三大体系建设"，并且要考虑到对接国际化发展诉求，彰显中国风格、中国特色、中国气派的需要，界定并强调"中国传播学"的说法还是很有必要的！在此语境下，相应地也有必要凸显中国新闻学这一概念。当然假如要考虑到传播学博大的涵盖面，则中国传播学在逻辑上是完全可以涵盖中国新闻学的。

中国传播学的研究对象覆盖中国和世界新闻传播领域的应用实践和理论学术问题，

换言之，中国传播学不光要研究中国的信息传播包括新闻传播问题，还应当研究世界的信息传播包括新闻传播问题，只是有关世界信息传播和新闻传播的研究创见是由中国学者提交的。这也就意味着中国传播学的研究主体主要出自中国新闻传播的学界、业界、政界。

（三）中国传播学的功用价值及学科切分

在哲学社会科学的诸多专门领域学科中，传播学和其他学科一样，也有属于自己独特的功用价值，这也是其他学科无法替代的。总体来看，传播学的具体功用价值主要包括以下三个方面：

第一是揭示信息内容传播的奥秘、规律及手段，助力和促成信息内容的有效传播，推动信息内容有效地服务于人际交流、区域交流、国家交流、国际交流。

第二是在观念上、手段上、策略上、机制上，为文明的代际传播传承，为民众中的国家意识形态认同和区域间人群中的共同体意识传播认同等，提供智慧赋能。

第三是致力于知识技能、社会传统、民风民俗、伦理法制等信息内容的有效传播，促进自然人向社会人的成功转化，促进团体、阶层、人群、族群等彼此理解包容。

具体推演到中国传播学的功用价值，则是既在较大程度上消化容纳了上述三方面功能，又更多地增加了带有中国风格、中国气派和中国特点的功能特征，这也可以概括为以下三个方面：

第一是深入分析研究我国新闻报刊、广播电视、网络媒体、电子终端等多样化平台载体及多元化运营主体生产传播公共信息内容尤其是新闻信息内容的奥秘、规律及载体，助力于实现传播的有效性和更优化。

第二是为我国现实国策大政方针的有效播布、为社会主义意识形态主导文化的有效传播、为在国内向度上达成中华民族共同体意识、为在国际向度上达成人类命运共同体意识，提供有关此方面观念、思想、信息及内容有效传播的行动方略。

第三是为帮助国民成为有素养有学养及遵纪守法的公民，为促进中华文明精华的代续传承，为巩固并提升体制内主流媒体的公信力、传播力、影响力，为在国际上确立并增强中国的议程设置能力和信息内容全球传播影响力，提供智谋和手段方面的赋能。

受传播学研究的功用价值引领，并考虑到具体研究内容和研究结论与新闻传播现实实践距离远近的差异，传播学实际上的确可以切分成前面我们提到过的"理论传播学"和"应用传播学"这两个分支学科。

前者可以说是偏重于"道的研究"，后者是偏重于"术的研究"。前者热衷于钻研因由媒介媒体、信息内容、生产传播、受众主体等引生出的元问题及本体问题；而后者热衷于分析研究具体的媒体、机构、平台、网络、内容、用户、市场、效果、治理等运营变动情况，并提出操作性对策。当然更多的是"道与术相融合的研究"，这类研究尽管是聚焦现实应用问题，但是它也非常注重突出其研究的学理性和学术性。

事实上目前学界业界政界的学者，总体上就由这样三类学者构成：一是立足于"道的研究"的学者，此类主要以高校新闻传播学院的学者占主流；二是立足于"道术融合研究"的学者，以高校和科研机构学者为主，目前这类学者占绝对多数；三是立足于"术的研究"的学者，主要以业界的媒体经营人员、政府主管机构的管理者为主。

如今，中国传播学研究正处于蓬勃发展阶段，按照其功用价值是偏重于道、还是偏重于术、抑或是道术融合的区分，似可将中国传播学划分为"中国理论传播学"和"中国应用传播学"这两个分支学科。如果将这两个分支学科想象成两个独立的圆的话，则两圆相交重叠的部分占据的比例很大，而这相交重叠的部分其实就是"道术融合研究"的部分。

二、中国传播学发展迎来的时代机遇

（一）改革开放数十年积累创造的学界优势

1. 受学科发展带动，已成为哲学社会科学中的显学、热学

从新闻传播学的发展建设来看，该学科成长势头迅猛，截止到 2022 年，据粗略估计全国开设有新闻传播学专业的高等院校和科研机构，大概 700 来所，具有博士学位点的高校超过了 20 所，具有硕士学位点的高校和科研机构也有 225 家。本硕博累计招生规模也是相当可观，可位居数十个文理学科的前列，历年来仅硕士生招生分数线就常位居文科第一高位。

在哲学社会科学诸多学科门类的横向比较中，新闻传播学享受到的时代红利是相

对最多的、掌握的资源也是相对最多的,其中有一个全国通行的做法就很能说明这一点。诸如分布在全国省会以上重要城市的"双一流""985""211"高校的新闻学院,不论是部属高校还是省市属高校,有不少都获得了所在地省委市委宣传部给予的共建支持。这种"部院共建"机制的有效运行,直接给这些高校新闻学院带来了软硬件建设、专项资金投入、业务人才培训、课题合作研究、教学实习等方面的诸多支持。这是高校其他学科二级学院难得一见的事情。新闻传播学多年来基本上可以和法学专业在社会上的受关注、受重视程度达成平起平坐。与其他诸多学科相比,这两个学科起码在过往的二三十年间,显现出了旺盛的时代需求,不仅是高校招生人数多、国家社科基金项目立项数多,而且学院中年轻教授博导也最多。这和新闻传播学和法学这两个专业高度介入社会的特质密切相关。当然,从近两年一些知名高校对新闻传播学本科教育甚至是硕士生教育的专业裁撤及优化调整来看,过往那种粗放式发展带来的"高烧高热",已经在移动互联时代遭遇到了"退烧去热"。尽管如此,过往奠定的扎实基础,已推动新闻传播学成了哲学社会科学中的显学和热学。

2. 既往所谓的"无学"诟病激发学人依托传播学实现了强势崛起

改革开放初期,全国的高校和科研机构大多处于新闻传播学学术研究和人才培养的起死回生、由弱到强起步时期,甚至在1997年之前还不属于独立的一级学科,只能以二级学科名目屈居于其他学科名下。新闻传播学一度主要聚焦在新闻学的研究上,曾经被其他学科专家学者论定为学术积累不够、理论深度欠缺的"新闻无学"状态。受此因素影响,一大批从事新闻传播学研究的志士仁人,从翻译、引进、学用、消化西方传播学、哲学、社会学、政治学、心理学、管理学等经典文献和理论方法做起,经过二十多年数代学人的持续努力,终于依托开拓传播学研究新空间,实现了新闻传播学的强势崛起,用事实否定了所谓"新闻无学"的妄说。

3. 传播学在质化量化并重、跨学科融合及分支学科拓展方面颇为领先

这个"领先"是针对哲学社会科学中的诸多门类学科而言的。因为传播学在接受其他学科(包括哲学、社会学、经济学、管理学、法学、统计学、心理学、政治学、文化学等)的理论滋养和方法借鉴方面,始终秉持开放包容的态度,所以以其为核心或者以其为杠杆,陆陆续续地衍生拓展出了一批很有发展前景的理论传播学和应用传

播学分支学科。如媒体经管学、计算传播学、媒介文化学、媒介社会学、传播政治经济学、网络心理学等等。在研究方法、分析框架、理论模型方面的创新转型，更体现出了质化量化兼备、跨学科融合的特点，足以在哲学社会科学的诸多学科门类中占据领先优势。

（二）国家鼓励哲社和新传发展新政带来的机遇

1. 几代领导人反复强调繁荣发展哲学社会科学

江泽民同志、胡锦涛同志担任总书记期间，均对繁荣发展哲学社会科学提出过要求，习近平总书记在新时代，更是将推动哲学社会科学的发展繁荣、服务国家、贡献世界的权重，提升到了新的认识和支持高度。

2. 确定发展目标并制定哲学社会科学发展规划

进入新时代以来，中央反复强调要创建具有中国风格、中国特色、中国气派的学科体系、学术体系和话语体系，要大力推动哲学社会科学的繁荣发展，并且在"十四五"规划启动之际，还广泛听取征求各方面意见建议，专门制定了《国家"十四五"时期哲学社会科学发展规划》，以国家大政方针的形式，确立了今后五年的发展目标任务。

3. 为求屹立于世界学术之林主张建构中国自主知识体系

2022年4月，习近平总书记在中国人民大学考察时强调："加快构建中国特色哲学社会科学，归根结底是建构中国自主的知识体系。要以中国为观照、以时代为观照，立足中国实际，解决中国问题，不断推动中华优秀传统文化创造性转化、创新性发展，不断推进知识创新、理论创新、方法创新，使中国特色哲学社会科学真正屹立于世界学术之林。"这个讲话可以说是为繁荣发展哲学社会科学指明了具体的前进方向。

4. 倡导"讲好中国故事"与"加强国际传播"

从国家大力推动哲学社会科学发展的全局角度而言，新闻传播学和其他诸多学科一样，迎来了对每个学科都属于"利好"的发展机遇。从中央对新闻传播在实践和理论方面的提升要求来看，也有一些标志性提法和一些重要会议反映出来的信息表达了国家对于新闻传播的业界、学界、政界等抱有很高的期望，如习近平总书记强调的

"讲好中国故事，传播好中国声音"的提法；如 2021 年 5 月 31 日中央政治局第 30 次集体学习强调的"加强国际传播能力"的提法等等。类似的提法，目前已经成了人们的一种共识和努力方向。

（三）全球化及高新科技普及带来的发展红利

1. 全球化是冷战终结后带来的全要素全球流动传播红利

从这个阐释意义上来说，当今的全球化时代实际上是一个十分有利于传播领域、传媒产业快速发展的利好时代，相反，非全球化特别是逆全球化，则是旨在寻求隔绝与封闭的反传播行为。英国学者约翰·汤姆林森在其著作《全球化与文化》中指出："全球化指的就是（人类生活经验上）快速发展、不断密集的相互联系和相互依存的网络系统。"迈克尔·哈德等也认为："传播不仅表达也组织着全球化运动，并通过各种手段在增殖和结构其中的相互连接。它不但表现而且控制着所有传播连接中的想象的意义和方向。"（陈卫星著《传播的观念》，2004）在我看来，全球化体现出的高联通性、广无界性非常符合传播所追求的最佳境界，我们可以发现——全球化从根本上改变了人们传播的区域性、地方性时空观，使得自身的格局更大了。

2. 高新科技促成传播的平台、手段、业态、生态、能效等实现巨变

21 世纪二十多年来，突飞猛进的高新科技，缔造了一个以互联网及其配套系列硬件软件、智能手机等数码装备消费终端、大数据云计算及人工智能等为代表的新媒介、新媒体、新供销、新传播的新世界。

这让作为中国传播学研究对象存在着的新闻传播实践领域在平台、手段、业态、生态、能效等方面发生了革命性变革，由此引生出的学术新问题更加纷繁复杂、学术新空间更加深远广大。而由技术进化被滥用引生出的传播负效应问题，也成了传播学需要破解的难题。海德格尔曾经指出：技术包含了某些它本来意义上的后果，表现出某种特定的结构和要求引起人和社会做特定的调整，这种调整是强加于我们的，而不管我们是否喜欢，技术循着自身的踪迹走向特定的方向（郝凤霞、陈忠著《论技术与社会之间的张力》，2004）。

显然，高新科技为新世纪的新闻传播赋予了更高的效能、更大的空间，但同时它也为中国传播学立足于移动互联时代中国作为世界互联网应用第一大国这个实际，预

留下了大量需要去不断破解的难点问题。

三、中国传播学发展面临的短板挑战

（一）离中央和国家的期望还存在明显差距

习近平总书记在哲学社会科学工作座谈会上的重要讲话中一针见血地指出了哲学社会科学存在的一些发展短板，这些短板在中国传播学中同样存在，具体来说包括以下几点：

第一是发展战略还不十分明确，学科体系、学术体系、话语体系建设水平总体不高，学术原创能力还不强。尤其是"原创能力不强"这一点，仅从向世界贡献的成果、思想来说，就显得相当的不足。

第二是中国传播学在发展上，还处于有数量缺质量、有专家缺大师的状况，作用没有充分发挥出来。改革开放四十多年来，本学科在数量上的发展巍巍壮观，但真正称得上大师的学者，基本上属于凤毛麟角。

第三是这个学科和哲学社会科学其他学科一样，在国际上的声音都还比较小，还处于有理说不出、说了传不开的境地。这除了表明可供言说的原创内容稀少以外，更表明我们面对国际社会，既没有打开言说通道，也缺乏言说技巧。

第四是在学术命题、学术思想、学术观点、学术标准、学术话语上的能力和水平同我国综合国力和国际地位还不太相称。也可以这样说，我们从事中国传播学研究的机构和队伍十分庞大，但把握拿捏话语权的能力和水平却让人深感忧虑。

第五是我们国家虽然在应用上和实践上属于世界互联网普及应用第一大国，但是我们的学术界和理论界对于互联网新媒体的运营管理、网络舆情管控引导等的规律研究把握得不够，尤其是在训练培养相关专业人才的教育体系建设方面也显得不够健全。

第六是学术评价体系不够科学，管理体制和运行机制还不完善；人才队伍总体素质亟待提高，学风方面问题还比较突出。

（二）在三大体系建设上追求"三中"尚待推进增强

就中国新闻传播学的发展现状而言，它并非没有学科体系、学术体系、话语体系，

只是在这"三大体系"建设方面主要表现为——推进和增强中国风格、中国特色、中国气派做得很不够。这"三中"要求实际上也就是本土化要求。

如在学科学术研究方面，受持续几十年学习借鉴发达国家传播学研究的概念术语、专题领域、问题意识、逻辑框架、分析方法、理论模型及学科交叉等典型做法等的影响，形成了用西方的理论研究药方来研究诊治中国传播问题的"路径依赖"。这里面的确也有一些西方理论方法具有一定的通适性，也能用于破解中国本土问题，但是我们也应当看到，也有一些理论方法，被一些学者生搬硬套到研究破解中国传播实践的问题上，显得明显"药不对症"。

如在学科课程建设和教材建设方面，因为原创性投入和本土化积累欠账太多、只能以模仿国外课程设置、翻译引进海外文献为主，造成本土化特色不鲜明。

（三）在作真学问和破除内卷方面存在多种挑战

1. 内卷化的学术圈评价依然是干扰学者作真学问的指挥棒

习近平总书记在哲学社会科学工作座谈会上的重要讲话中指出：必须坚持以人民为中心的研究导向。脱离了人民，哲学社会科学就不会有吸引力、感染力、影响力、生命力。然而，某些内卷化较为严重的学术圈评价，喜欢书卷气和经院派，并不喜欢解决实际问题、看不上提出操作对策的真学问；即使国际学术界特别是其权威刊物，也更喜欢经过其圈子规训的论文印成白纸黑字。至于学者讨论的问题是不是契合本国实际，基本不在其考虑范围内。受此指挥棒影响，不少学界精英因评价平台"权威"，只能配合其内卷。上述这些现象在国内新闻传播学界表现得还比较突出。

2. 传播的学界、业界、政界"两张皮"格局有待彻底打破

在新闻传播的学界、业界、政界长期存在着"两张皮"的现象，这直接造成了传媒行业高管、新闻传播教授学者、政府主管领导基本上是彼此"老死不相往来"，大家各玩各的。事实上，全国诸多高校推行新闻学院与属地市委宣传部开展"部院共建"，其本意之一也有打通三界联系、激发大家作真学问并破解真问题的考量。尽管如此，但三界"两张皮"的格局并未完全打破。正因为长期受困于此，高校和科研机构的不少新闻传播学学者，深感业界、政界壁垒森严、信息数据不具可得性，索性一头扎进

浩如烟海的中外文献中，做起了从文献来到文献去的"书斋学问"。

四、中国传播学可能的发展成效目标

如果要讨论中国传播学今后发展期望实现的成效目标的话，它的最高境界目标就应当如习近平总书记在哲学社会科学工作座谈会上的重要讲话中所提出的那样，即立时代之潮头、通古今之变化、发思想之先声，为人民、为国家、为世界述学立论、建言献策。

（一）助力形成"一统多元多样"的包容开放创新发展格局

新闻传播学是中国传播学的母体和学统，目前它尚处于有待进一步繁荣发展、有待建构起具备中国风格、中国特色、中国气派的学科体系、学术体系、话语体系的变革起步中。无疑该学科的今后发展成效目标之一就是——在以马克思主义世界观和方法论作为该学科研究"唯一统摄"依托方面强本固基，简称"一统"。

同时要按照习近平总书记哲学社会科学工作座谈会上的重要讲话要求的那样，"坚持不忘本来、吸收外来、面向未来，既向内看、深入研究关系国计民生的重大课题，又向外看、积极探索关系人类前途命运的重大问题。"

显然，"不忘本来、吸收外来、面向未来"体现的就是包容开放，"向内看"就是要抓学科的中国化，"向外看"就是要抓学科的国际化，这也就是上面所说的"多元多样"。

归结起来说，就是要使本学科实现——一统多元多样、包容开放创新。

（二）为本行业优化及助力国家发展提供智力支撑

中国传播学的奋斗天地既非常当下、又十分远大，其最当下的任务是为国家新闻传播领域提供科学化、最优化的经营管理智力支撑。按照习近平总书记哲学社会科学工作座谈会上的重要讲话为哲学社会科学提出的"五个面对"方面的研究任务要求，本学科在新时代需要实施完成的研究任务，必须依托对"五个面对"任务的细化分解，来找准其中与传播学密切相关的诸多专题研究任务。其十分远大的任务是，为更精准、更有效地传播传承中华文化传统、世界文明精华探寻更加符合时代要求、科技水平、市场实际、用户需求的信息内容传播优化方略。

（三）原创思想产出和国际话语权实现能效大幅提升

推动中国传播学高水平、高质量完成"三大体系"建设发展成效目标的重要标志之一就是——其原创思想产出和国际话语权大幅提升，在世界范围内横向比较中位居世界第一方队。

我国当代在国际范围内并不乏原创思想产出和凸显国际话语权的亮点，如"构建人类命运共同体"的倡议、建设"一带一路"的倡议。这两大思想理念不仅具有原创性，而且还实现了呼应者广泛的话语权凸显效应。这两大倡议属于中国向世界贡献的具有普惠性的中国方案，它们在我国对外交往和对外传播上的成功出圈，与我国新闻传播领域的不懈努力密切相关。换言之，我们既往的对外国际传播功不可没。

中华文明博大精深、丰富多彩，但我们近年来真正像上述两大倡议那样，把中华文明精华传出国门、深入人心的成功案例，显得还是相对稀少，具有新时代特点的本土化原创思想产出则更加罕见。不过即便有值得对外传播的原创思想内容，还得有相应的传播平台和传播技能。这些都是提升自身国际话语权能效的必备要素。这提示我们，既需要有强大一些、再强大一些的传媒机构和传媒平台，也需要有能够持续为各类传媒支招赋能的强悍学科及其学术共同体，中国传播学学科以及支撑其运营的高校及科研机构的新闻传播学院所，理应在此方面有更大作为。

（四）以中国应用传播学研究助力本学科实现本土化

我国作为互联网第一应用大国、作为5G技术普及率极高的国家，早在二十年前就酝酿启动了传统媒体与新兴媒体的融合创新和转型发展工程。从新闻传播学研究的视角来看，我国现实的新闻传播实践不仅内容形式丰富多样，而且远远地走在了其理论经验研究包括学科体系建设研究、学术体系建设研究、话语体系建设研究的前面。我国上述所有的实践，都是基于对移动互联技术、人工智能技术、大数据云计算技术等在互联网这个媒介媒体场景中的叠加集成应用，为有关其规律问题等的系统研究，冠以"中国应用传播学"的名头可谓名副其实。针对其具体实践所引生出的诸如"制播分离""媒体融合""中央厨房""融媒体中心""两微一端"及"全媒体传播体系"等不计其数的概念，都是带有鲜明原创色彩和中国化特色的应用传播学术语，其中所蕴含的形制内涵及改革创新等大有研究价值。不言而喻，中国应用传播学可以涵盖的研究任务和研究内容等，是丰富多彩的、足以涵盖几十年甚至更长远。由此来看，我们非常有必要将推进中国应用传播学的研究作为实现新闻传播学中国化创新的突破口之一。只要我们甘于在当今我国新闻传播学实践研究方面久久为功，中国应用传播学就注定会成长为新时代新闻传播学中的"参天大树"。

第一章　中国应用传播学的实践特色与理论特色

第一节　中国应用传播学面临的时代课题

一、传播的技术革命

马克思主义经典创始人，以及西方马克思主义学者，深刻地发现工业技术革命比较容易被纳入国家政治的轨道，与国家政治形成联盟关系，从而发展成为一种新的政治合法性来源——"技术统治"。与工业技术革命的"亲政治性"不同，信息技术革命具有很强的"疏离政治"的特点。这在数字技术与传统媒体争夺话语权的竞争中表现得尤为明显。当今时代的媒介融合，在本质上就是由"数字技术媒介化"引发的一场媒体革命，数字技术在驱动媒体变革的过程中提出了技术的自主性要求。随着数字技术不断向传统媒体渗透和融入，越来越处于强势地位的数字技术，必然要向传统媒体提出"话语主导权"和"话语领导权"的要求。这就是美国著名技术哲学家兰登·温纳在《自主性技术》①一书中探讨的重大问题。可以预见，5G 技术及其带来的万物互联、人工智能等新的数字技术形态，将会对话语主导权、领导权提出进一步的要求，在媒体话语领域，"技术自主"乃至"技术主导"的革命性要求将会越来越强烈。这是现代信息技术革命不同于传统工业革命的内在发展规律之一。

5G 条件下信息技术发展的新特点新趋势给传播领域带来新的机遇和挑战。习近平总书记指出："谁掌握了互联网，谁就把握住了时代主动权；谁轻视互联网，谁就会被时代所抛弃。"当前，我国 5G 技术和应用处于世界领先、领跑地位，这为我国运用 5G 通信技术重塑全球传播秩序，提升我国在国际舆论中的影响力、话语权，更好地推

---

① 参阅［美］兰登·温纳：《自主性技术》，杨海燕译，北京大学出版社 2014 年版。

动我国宣传思想工作守正创新等，提供了十分难得的历史机遇。抓住这一战略机遇期，加快 5G 技术在宣传思想领域的布局和应用，对于推动我国宣传思想工作开拓新局面意义重大。

归纳起来，5G 技术给我国新闻传播、宣传思想领域带来的新机遇可以从以下两个层面分析：

第一个层面，我国拥有的信息技术优势。当前，我国在信息通信技术领域的优势不断积累，主要表现在以下 4 个方面：优势之一，5G 技术处于世界领跑位置，在全球新一轮通信技术革命中占据先机，竞争优势明显，市场份额全球第一，为构筑全球通信新格局、全球传播新秩序和全球情报新能力，建设世界通信、传播、信息和情报强国，提供了千载难逢的机遇。优势之二，人工智能、云计算处于世界领先地位，为提升国家和军队治理体系和治理能力现代化，建设世界一流的智能化情报能力体系，提供了强大的技术保障。优势之三，无人机、传感器技术、北斗导航及相关应用处于世界前沿，为开展多渠道、多形态、复杂环境下的信息收集分析提供了有力的技术支撑，为构筑信息化、智能化情报能力体系提供了有力保障。优势之四，中国已成为世界公认的数据资源大国和全球数据中心，数据资源优势十分明显，大数据技术应用与实践走在世界前列，为提升中国感知世界、传播中国声音、建设信息情报能力，以及维护国家政治、军事和意识形态安全等，提供了丰富而强大的数据支撑。

第二个层面，技术优势蕴含的战略机遇，不失时机地把我国在信息通信技术领域的上述优势。有效转化为宣传思想工作守正创新的能力优势，5G 技术将可以给宣传思想领域带来以下 5 个方面的战略机遇：机遇之一，5G 技术新应用为改变"西强我弱"的全球传播秩序，提升我国在国际传播格局中的地位和影响力，有序推动世界通信和传播中心向中国转移，助推中国更快更稳走向世界舞台中央，提供了十分难得的历史性机遇；机遇之二，5G 技术新应用为推动我国新媒体、融媒体、全媒体快速发展，更好适应和响应"万物皆媒"和"众媒时代"对宣传思想工作提出的新要求，提供了十分难得的历史性机遇；机遇之三，5G 技术新应用为把互联网这个"最大变量"转变为我国做好宣传思想工作的"最大增量"，防范重大风险挑战，继续做强做大主流舆论，提供了难得的技术条件和支撑；机遇之四，5G 技术新应用为推动宣传思想工作治理体系和治理能力现代化，提供了难得的技术条件和支撑；机遇之五，5G 技术新应用为解决我国宣传思想工作中存在的结构性矛盾，推动宣传思想领域的供给侧结构改革，提供了难得的技术条件和支撑。

5G 技术在给宣传思想领域带来新机遇的同时，也会给宣传思想领域带来新挑战，主要表现为以下领域所面临的一系列非传统安全和风险：（1）众筹新闻。众筹技术在新闻生产、传播领域越来越广泛地被使用，推动着"众筹新闻"业态的快速发展。"众筹新闻"以资金众筹方式突破专业机构对新闻生产的垄断，以及政府对新闻生产的管制，推动了新闻生产的"独立化"。（2）众包新闻。目前"众包新闻"在反腐败、战地报道、突发自然灾害报道、重大流行性病疫情报道、在地信息情报搜集等方面的应用，受到了广泛的关注。众包模式在新闻领域的推广应用步速不断加快、范围不断扩展，成为新闻逃避监督、摆脱管制、扩大信息自由流通的又一种形态。（3）算法新闻。算法推荐对传统"把关人"的替代效应越来越大，同时，算法黑箱、算法歧视、算法偏见、算法勒索、算法渗透，以及算法推荐引起的传播无序竞争等问题日益凸显，如何开展算法监督、算法审计、算法校正等成为亟待解决的课题。（4）无人机新闻。无人机技术在信息搜集、舆情侦察、新闻报道等领域的应用越来越广泛，无人机新闻打破了对新闻的"空域限制"，使得传统的针对新闻业的"物理空间规制"失效。（5）虚拟现实新闻。虚拟现实技术在新闻领域的应用，让新闻现场更加真实逼真，放大了新闻现场的情景要素，更具渲染、震撼效果。目前已出现许多虚拟现实新闻激化集体抗争、社会运动、颜色革命，以及放大冲突现场、灾难现场、情景要素而引发舆论风暴、突发事件的案例。（6）可穿戴设备新闻。利用可穿戴设备收集人们的生理、心理、行为数据，扩大了新闻报道的深度，同时也为利用这一技术开展隐匿新闻生产、逃避新闻监督等，打开了方便之门。（7）区块链新闻。在这次疫情期间，有网民把《发哨子的人》采访报道用区块链技术加密保存，成为一些媒体、网民"接力对抗"内容审查的一个新动向。（8）深度伪造技术。当前围绕视频、音频、图片的深度伪造技术发展迅速，在传播虚假新闻、有害信息，以及渗透破坏活动中，表现得越来越活跃，跟踪监测难度很大。（9）真相终结技术。真相终结技术以制造"后真相""伪真相""反事实"新闻信息为目标，蕴含着巨大的舆论、意识形态和政治安全风险。（10）社交媒体机器人。有研究表明，目前互联网上的言论有 40% 是社交媒体机器人制造的。网络水军活动越来越活跃、猖獗，行踪越来越隐匿，在政治渗透、破坏互动中扮演着越来越重要的角色。全球范围内的社交媒体战争战愈演愈烈。

二、传播的媒介革命

5G 条件下信息技术的突飞猛进及其在传播领域的应用层出不穷，带来数字媒介的兴起，整个人类生活世界的前所未有的媒介化，传播介质优先于传播内容成为影响传播格局的关键因素，以及传播的去中心化趋势越来越明显。这些互联网时代的传播问题是世界性的，也是中国应用传播学不得不面对的。

（一）媒介数字化

5G 条件下信息技术发展将带来更为深刻的数字媒介革命。5G 技术驱动的通信技术革命，为"万物互联""人工智能"提供了基础性条件，这必然要催生一个"万物皆媒"的时代。在当下，"众媒""融媒""全媒""智媒"等媒介形态的迅猛发展，正是媒介数字化革命浪潮的结果。随着 5G 等颠覆性信息技术不断发展和涌现，数字媒介技术革命还将更加深入，加速以下数字媒介、数字新闻、数字传播的深入发展。如众筹新闻、众包新闻、算法新闻、无人机新闻、虚拟现实新闻、可穿戴设备新闻、区块链新闻、自带传播、复合传播、物联网媒体、电商媒体、深度伪造技术、真相终结技术、社交媒体机器人等。随着媒介数字化革命的深入，全程媒体、全息媒体、全员媒体、全效媒体将会得到更大发展，信息无处不在、无所不及、无人不用的趋势将会更加明显，舆论生态、媒体格局、传播方式将会发生更为深刻的变化。

（二）生活媒介化

5G 条件下信息技术发展将带来更为深刻的人类生活"媒化"革命。5G 条件下信息技术新发展，将会对人类生产、生活、交往方式带来更为深远的影响。在从"万物互联"到"万物皆媒"的发展过程中，人类生活在日益"数字化"的同时也会日趋"媒介化"。人类社会正在迎来一个"媒化革命"的时代，在数字经济、数字政治、数字生活、数字社会的基础上，进入到"媒化经济""媒化政治""媒化生活""媒化社会"的阶段。突出表现在：一是人类经济生活日益"媒化"，走向一个"媒经济"，随之出现了

"经济媒化"和"媒化经济";二是人类政治生活日益"媒化",走向一种"媒政治",随之出现了"政治媒化"和"媒化政治";三是人类日常生活日益"媒化",走向一种"媒生活",随之出现了"生活媒化"和"媒化生活";四是从人类社会的发展趋势看,今天的人类社会正在加速"媒化",走向一个"媒社会",随之出现了"社会媒化"和"媒化社会";五是从全球化的趋势来看,今天的世界也在日益"媒化",走向一个"媒世界",随之出现了"世界媒化"和"媒化世界"。因此,在今天,"媒化"概念对信息革命和信息文明的解释功能,就像马克思的"物化"概念对工业革命和工业文明的解释功能一样强大。人类社会生活的"媒化革命",向每一个国家、每一个民族、每一个文明、每一个社群,甚至每一个人,都提出了很多有待解决的新课题。表现在宣传思想领域,比如,如何更加积极地去适应数字媒介发展的潮流,而不陷入路径依赖的陷阱,如何以更加积极的姿态去迎接数字媒介变革带来的挑战,而不陷入被动应付的困局;如何以时不我待的精神去利用数字媒介变革中蕴含的机遇,而不错失良机;等等。

(三)内容介质化

5G 条件下信息技术发展将带来更为深刻的内容生产方式革命。随着数字媒介的深入发展,数字技术对内容生产的影响越来越大,也在深刻改变"内容"和"内容生产"的内涵,甚至在改变它们的本质。一个显著的趋势就是,在媒介数字化的浪潮下,内容单纯作为消费品的时代已经过去,"内容已经成为一种新的沟通介质"。内容从消费品转变为沟通介质,内容生产从"信息消费品"生产转变为"传播介质"生产,这是数字媒介革命带来的内容生产方式的深刻变革。这意味着每一个人都在为其他人生产信息,而每一个人生产的信息都是一种沟通其他人的媒介。加拿大媒介学家麦克卢汉在《理解媒介》[①]一书中曾提出一个著名命题——"媒介即信息",而数字媒介的发展正在塑造出另一种流行趋势——"信息即媒介"。

(四)传播离心化

5G 条件下信息技术发展带来更为深刻的传播"去中心化"革命。5G 等信息技术的深入发展,推动人类正在进入"万物皆媒,人人皆媒"的时代。众媒时代,最显著的

---

① 参阅［加拿大］马歇尔·麦克卢汉:《理解媒介:论人的延伸》(增订版),何道宽译,译林出版社2019年版。

特点就是"去中心化"和"非集中化";众媒革命,最大的影响就是"对中心的革命"。美国数字媒介学家莱文森在《数字麦克卢汉》①一书中提出,众媒发展的过程就是一个"离心的过程",就是增加"非集中化的受众的力量"的过程;而所谓众媒时代,就是一个"处处是中心,无处是边缘"的时代。

三、传播的用户革命

信息技术、数字技术在整体上呈现为一种"自主性技术"和"赋权性技术"的特征,推动着传播的用户革命不断深入,主要表现在:

(一)用户成为网络传播的主体

移动互联媒介时代,网民是传播对象,同时又参与传播全过程,网民个体自身就自带渠道、自带读者、自带媒体,成为名副其实的自传者。自带传播意味着,任何一个节点都能够生产、发布信息,所有节点生产、发布的信息,都能以非线性方式流入传播洪流之中。在此过程中,网民可以通过"选择性传播""再加工传播""打包式传播""对抗式传播"等,借力打力,改变传播方向和效果。移动互联媒介也会助长复合传播现象,在官方、权威、敏感信息发布时,网民会参与信息传播的全过程,信息传播的效果也由网民评价。复合传播往往会导致迭代传播现象,传统的多次博弈一次发布模式,变为多次博弈多次发布的模式,增加了信息发布的风险。网络公民记者行动:在数字媒介技术日益普及的情况下,"公民记者"的崛起成为一种全球现象。公民记者打破了专业记者对新闻信息生产、发布、传播的垄断。由公民记者发动的抗争行动增长迅速,且难以监督管理。

(二)网络机动边缘行动的兴起

当今世界著名技术哲学家、加拿大国家技术哲学首席教授安德鲁·芬伯格,在他的《技术批判理论》②一书中提出"机动的边缘行动"的概念,用来解释网民针对官方互联网管理的对抗行动。在本次抗击新冠疫情的过程中,网民就发动了一轮又一轮

---

① 参阅[美]保罗·莱文森:《数字麦克卢汉:信息化新千纪指南》,何道宽译,北京师范大学出版社2014年版。

② 参阅[加拿大]安德鲁·芬伯格:《技术批判理论》,韩连庆、曹观法译,北京大学出版社2005年版。

的"机动的边缘行动"，如对李文亮医生的声援，对"感恩教育"的抵制，尤其是网民"接力对抗"对艾芬采访报道（"发哨子的人"）的内容审查等。网民的这些"机动的边缘行动"展示了"网络抗争互动的新趋势"，蕴含的非传统安全风险和挑战不可小觑。

（三）网络公民社会运动的兴起

目前，在全球范围内经由网络动员的包括暴乱、骚乱、游行、非法集会、罢工、请愿、示威等群体行为增多，危险上升，如何做好早期的舆情和舆论感知、预测、预警是一大难题。在互联网传播时代的用户革命推动全球范围内的公民权运动、女权运动、动物权运动、环保运动、同性恋运动、反堕胎运动、反全球化运动等，获得了各种网络力量的助推，发展迅速。诸如法国"黄马甲"运动、"公民松土"运动、Me too 运动、同志骄傲大游行等事件多发频发。运用互联网通信技术和社交媒体策动颜色革命，成为一个国家颠覆他国政权、破坏他国政局稳定的国家战略。香港"反修例"风波就是一个典型。预防网络颜色革命，是一个综合性的难题，对新闻宣传、舆论引导、舆情信息监测等提出了综合性的挑战。

（四）网络青年文化运动的兴起

以 B 站为例，截至 2019 年第三季度，B 站月活用户达 1.28 亿，同比增长 38%，移动端月活用户达 1.14 亿，同比增长 43%，日活用户创新高至 3760 万，同比增长 40%。B 站已成目前全国最大的千禧一代 / 网络原生代的集聚地，深居着全国乃至全球最大规模青年大学生群体（据 B 站负责人介绍，全国 90% 以上的大学生在 B 站注册了账号），进行着超大规模的深度网络化生存实验，成为一个"二次元帝国"。这些"网络新青年"创造出各种各样的"网络亚文化"，如庞大的"饭圈女孩"群体制造的"饭圈文化"屡屡触碰政治议题，对主流意识形态话语形成了潜在的挑战。

四、传播的资本革命

资本大规模地介入传播领域，或者传播领域的资本化，使得传播服从资本的利润最大化逻辑，这是资本主义所特有的现象。在资本主义发展史上，传播的资本化经历了两个高峰：第一次高峰是伴随着资本主义工业革命而出现的，电报、电话、广播、电视都是资本主义工业革命的产物，与之相关的为数众多的媒体公司，即构成了工业资本主义利润的重要来源之一，也是影响资本主义政治、社会和精神生活的关键部分。第二次高峰是伴随着互联网革命而出现的，信息科学技术推动移动媒介和社交媒体的大规模运用和不断迭代升级，催生了一批具有全球影响力的数字媒介巨头，它们也成为互联网时代资本主义的重要标志，直接推动了数字资本主义的兴起。[①] 由此可见，媒介在资本主义社会本身就是资本世界的一部分，传播的资本革命可以说是资本主义的一种"自然现象"。

相比之下，在我国，传播的资本化还是一种崭新的现象，还是一个新生的事物。在互联网时代来临之前，我们党和国家的媒介运行逻辑和管理体制都构成了政治的一部分，政治属性是媒体的第一属性。但是，在互联网时代，各种移动终端快速普及化，社会化的自媒体发展极为迅速，媒体的资本属性越来越明显；特别是在互联网时代，无论是社会化媒体，还是主流媒体，离开大规模资本化的运作，都难以产生获得客观的影响力，媒介资本化、传播资本化是大势所趋。传播的资本化具有两面性：一方面，离开资本的支持，网络时代的媒体就难以生存，另一方面，资本在进入传播领域之后，不但在经济上追求利润最大化，而且出现了资本操纵舆论的现象，从而对政治、政权带来风险和威胁。因此，深化对资本在舆论生产、传播作用中的规律性认识，成为一个新的课题。

第二节　中国应用传播学的实践特色

互联网背景下，传播的技术革命、媒介革命、用户革命、资本革命和外部革命，推动着信息文明条件下的传播领域变革不断走向深入。这种影响是世界性的，不同的国家作出反应的方式存在很大的差别。从世界范围内来看，中国共产党对互联网在传播领域的革命性影响，无论是从响应速度、规模，还是从响应的强度、效度来看，都是首屈一指的。习近平总书记提出"过不了互联网这一关，就过不了长期执政这一关"的重大命题，党中央提出"把宣传思想工作创新发展的战略重点放到互联网上来"的

[①] 参阅丹·希勒：《数字资本主义》，杨立平译，江西人民出版社2001年版。

战略部署，引领我国主流宣传思想工作在守正创新的道路上推进了一系列历史性变革，取得了历史性成就。

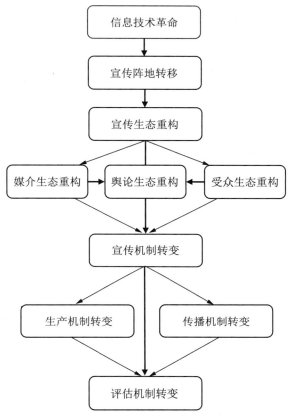

图 1-1　传播阵地与宣传思想工作战略重点的转移

一、传播技术革命的中国响应方式与实践

互联网信息技术的深入发展，推动了用户向网络空间的大规模迁徙、媒体介质向网络空间的大规模迁徙，以及人类社交活动向网络空间的大规模迁徙。这三大迁徙，导致宣传思想工作的阵地出现了向互联网空间的大转移。

（一）对"传播受众大迁徙"的积极响应

据《中国互联网络发展状况统计报告》统计显示，截至 2018 年 12 月，我国网民规模达 8.29 亿，全年新增网民 5653 万，互联网普及率为 59.6%，较 2017 年底提升 3.8 个百分点。We Are Social 和 Hootsuite 发布的 2019 年数字报告显示，在全球人口数 76.76 亿人中，手机用户 51.12 亿人，网民 43.88 亿人，有 34.84 亿人活跃在社交媒体上。这表明，当今人类已经完成了向互联网空间的大规模迁徙，特别是，他们当中的大部分成为移动手机用户，人民上了网，成为网络居民，宣传阵地必须向互联网转移。围绕着互联时代的"用户大迁徙"这一现象，中国共产党紧密联系中国实际作出了及时、持续的响应。比如，党的十八大以来，习近平总书记多次强调，"人在哪儿，宣传思想工作的重点就在哪儿"。据此，党中央作出了"把宣传思想工作创新发展的战略重点放到互联网上来"的重大部署。又如，习近平总书记反复强调要"走好网上群众路线"[①]，将中国共产党的优良传统从现实社会延伸到网络社会，极大地拓展了党的群众路线的实践空间和实践方式，这样的主动适应和引领互联网传播变革的守正创新之举，意义重大。再如，我们党提出凝聚亿万网民"构建网上网下同心圆"[②]的战略任务，引领主流媒体创新传播实践，将建设具有强大凝聚力和引领力的社会主义意识形态的战略任务推向互联网空间，由此提出了加强"网络意识形态建设"这一新的重大命题，推动了我国网络意识形态建设的创新实践，影响深远。

（二）对"传播介质大迁徙"的积极响应

随着信息技术的不断发展，手机直播成为一种时尚，即时通信工具蓬勃发展，成为人与人之间建立超链接关系的工具。场景革命下，一大批"智媒"解决方案风起云涌，人、机器、关系网络已成为无处不在的信源。比如，根据思科（Cisco）的研究报告，到 2018 年，全世界智能手机数量超过非智能手机，达到 35 亿台，成为超终端。这意味着，全世界有数十亿智能手机媒介，随时随地从事新闻、宣传、信息传播。媒体上了网，媒体在网络空间无处不在。这也要求宣传阵地必须向互联网转移。围绕着互联时代的"介质大迁徙"这一现象，中国共产党结合自身实际作出了富有中国特色的响应。比如，面对互联网传播革命的风起云涌，党中央作出"主力军挺进主战场"的战略部署，中共中央办公厅、国务院办公厅印发了《关于加快推进媒体深度融合发展的意见》，对推动主力军全面挺进主战场、占领新兴传播阵地规划了路线图。各级主流媒体积极主动适应"智能＋"新媒体变革浪潮，以先进技术引领驱动媒体深度融合发展进入加速期，探索构建具有强大影响力和竞争力的新型主流媒体，为推动主力军全

---

① 习近平：《论党的宣传思想工作》，中央文献出版社 2021 年版。
② 同上。

面挺进互联网主战场提供条件和支撑。

（三）对"传播社交大迁徙"的积极影响

介质迁徙改变了信息生产的物理形态，社交迁徙则重构了信息传播的关系网络。随着社交媒体的蓬勃发展，网民的社交活性越来越高，人类社交活动已经完成向网络空间的大规模迁徙，同时，社交媒体也成为新闻聚合的入口。全球最大的数字消费市场研究机构 GWI 对 2012—2015 年各国社交网络使用时长统计显示，在全球范围内，网民日均使用社交媒体的时长为 1.77 小时，年龄在 16—24 岁的年轻用户群体访问社交媒体的时间最长，平均每天泡在社交媒体上长达 2.68 小时。皮尤中心发布的《政治极化与媒体习惯》（2014）、《2015 年新闻媒体状态》,《在 Twitter 和 Facebook 上崛起的新闻》（2015）报告均表明，社交媒体在成为最广泛的交往平台的同时，也成为新闻的入口，有 63% 的网络用户在社交媒体看新闻，而且年轻人更加依赖社交网络获取新闻。围绕着互联时代的"社交大迁徙"这一现象，中国共产党结合自身实际在主流媒体如何适应社交媒体时代的传播格局、适应传播的社交化等方面提出了一系列新的要求，推进了一系列新的探索和实践。如，人民日报"中央厨房"出品的 H5 作品《燃爆！史上最牛团队这样创业》，将中国共产党的"创业史"以酷炫的快闪形式在网上呈现，新华社推出的"点赞十九大，中国强起来"系列互动活动，创造了史上首个"30 亿级"国民互动产品，引领了新媒体舆论场，激发了网上正能量。

二、传播媒介革命的中国响应方式与实践

在适应传播的媒介革命方面，中国推进了基于自身实际的创新探索，主要集中在两个方面，一方面是对传播生态的重构，包括媒介生态的重构、受众生态的重构、舆论生态的重构等各个方面，另一方面是传播机制的转变，包括内容生产机制的转变、传播方式的转变、传播效果评估机制的转变等各个方面。

（一）传播生态重构

5G 等信息技术的加速普及应用，也加速重塑整个宣传思想工作的生态环境和生态结构，使得宣传思想工作边界更加混沌，面对着一个由技术与人们的思想、观念、舆

论等纠缠、关联在一起的"信息技术—宣传思想复合体"，需要我们对这一新的宣传思想生态作出积极响应。尤其值得关注的是，媒介生态重构、用户生态重构和舆论生态重构，给整个宣传思想工作带来了重大的重塑效应。中国的实践特色主要体现在以下三个方面。

一是媒介生态重构。习近平总书记深刻阐述了发展"四全媒体"的重要思想："全媒体不断发展，出现了全程媒体、全息媒体、全员媒体、全效媒体，信息无处不在、无所不及、无人不用，导致了舆论生态、媒体格局、传播方式发生深刻变化，新闻舆论工作面临新的挑战。"在人类媒介思想与实践发展史上，这一思想的提出不仅具有鲜明中国的实践特色，也具有世界意义。在具体实践中，一方面，主流媒体阵营内部的媒体形态正在加快结构性重组，主流媒体数字化加速，主流新媒体迅速崛起，媒体融合发展不断向纵深推进。另一方面，主流媒体（官方）与非主流媒体（非官方）正在加速结构性重组，自媒体矩阵形成，影响力不断扩大，社交媒体巨头影响力加速崛起。再一方面，主流媒体越来越主动地借助社交媒体平台方能释放自身的影响力，主流媒体（包括新媒体）与社交媒体平台之间的共生关系越来越明显。

二是受众生态重构。一方面，宣传思想战线深刻认识和把握传统的"被动性受众"转变为互联网时代的"主动性受众"甚至是"主导性受众"所带来的机遇与挑战，积极适应受众地位的重大变化，尊重网络用户在信息接受方式、参与式传播、宣传效果评价等方面的自主性选择。另一方面，宣传思想战线深刻洞察互联网受众圈群化、部落化的特征，以及由此形成众多"信息阶层"和各个"信息阶层"之间的"圈层藩篱"越来越固化严密的实际，更加精准地洞察、满足用户多样化、多层次、个性化的需求，积极探索打破、穿透信息阶层和圈层藩篱的传播方式和手段，取得了明显成效。再一方面，网络用户在接受信息的同时，也在进行海量的信息生产和传播，UCG（用户内容生产）越来越普遍、影响越来越大，规模庞大的网民群体已经发展成为一支强大的传播力量。主流媒体在如何管理好、利用好、发挥好这一支网民传播生力军方面，也进行了积极的探索。

三是舆论生态重构。习近平总书记提出："做好网上舆论工作是一项长期任务，要创新改进网上宣传，运用网络传播规律，弘扬主旋律，激发正能量，大力培育和践行社会主义核心价值观，把握好网上舆论引导的时、度、效，使网络空间清朗起来。"①
在具体实践中，一方面，互联网正在推动人类历史上最大规模的"公共领域结构的再
转型"②，其最显著的特点就是，网民群体日益活跃的参与公共事务、议题讨论的热情，
及其话语自主性的不断成长，话语权力的不断扩张，促进了既独立于国家权力机构又
独立于个人的"公共话语领域"的快速发展。党的宣传思想战线针对这一互联网公共
话语领域的发展及其可能对国家政治生活、公共事务、公共议题等造成的影响给予了
密切关注，对其重构党和政府的执政方式，以及公共活动的运作方式等前沿问题，进
行了比较深入的理论上的创新阐释和实践上的创新探索。另一方面，网络空间舆论的
发酵、发展、传播、演化方式越来越复杂，网络空间埋藏着大量的"舆论核子"，其
触发、引爆机制难以把握。网络舆论核爆、网络突发舆论事件，越来越频繁，越来越
难以感知、预测和预警，防范网络舆论风险面临着更多的挑战。在这方面，我们党在
构建网络舆情监测、预测、预警、应对体系方面进行了大胆的实践，如各级部门都建
立了重大突发舆情的跨部门联席会议机制和联合应对工作格局。与此同时，舆情监测、
分析、咨询、咨政作为一个新兴的行业和产业加速崛起，推动了传播计算、舆论计算
技术的迭代发展，成为互联网时代中国应用传播领域的一大特色。

（二）传播机制转变

一是内容生产机制转变。习近平总书记指出："随着形势发展，党的新闻舆论工作
必须创新理念、内容、体裁、形式、方法、手段、业态、体制、机制，增强针对性和
实效性。要适应分众化、差异化传播趋势，加快构建舆论引导新格局。"这一重要论述
深刻揭示出互联网时代包括传播内容生产在内的各方面新闻舆论工作机制转变的必然
性和大趋势。其中一个重要方面就是，大数据和人工智能在新闻宣传领域的应用在不
断加速，深刻改变着宣传内容的生产方式，新闻生产迎来了"新闻编辑室革命"，以及
"技术新闻生产革命"。比如，我国的主流新媒体和社交媒体推出了一系列 App，创新
了个性化定制内容、人工编辑辅助算法、广告收入分成模式等功能，为新闻生产提供
了全新的交互体验，一些社交媒体已发展成为超级新闻入口，吸引了国内乃至全球主

① 习近平：《论党的宣传思想工作》，中央文献出版社 2021 年版。
② 参阅［德］尤尔根·哈贝马斯：《公共领域的结构转型》，曹卫东等译，学林出版社 1999 年版。

流媒体纷纷入驻。又如，新华社和阿里巴巴合作推出的"媒体大脑"，提供了一种交互式智能化的媒体内容创建工具，引入了优质内容来源，提供了算法智能筛选、超级流量巨擘等功能，成为智能化内容生产领域的创新性探索。再如，还有一些主流新媒体推出数字新闻计划，积极探索鼓励用户参与内容生产的 UGC 模式，创建数字新闻实验室（News Lab）等方面的大探索。

二是信息传播机制转变。数字化媒介浪潮下的新闻信息传播机制，正在三个层面上发生革命性变化：第一个层面，传统媒体介质传播能力下降，广告收入滑落，"纸媒已死"或者"纸媒将死"，被认为是大势所趋。第二个层面，社交媒体平台传播能力呈现指数级增长，因机构平台、主流媒体生产的优质内容，须要依靠高能社交平台方能获得好的传播，因而也出现了"内容为王"让位于"平台为王"的无知妄说。第三个层面，网民个体中蕴含的巨大传播能量正在通过各种方式得到释放，"个人麦克风效应"被持续放大。在此背景下，我国应用传播领域积极推进新闻信息传播机制的创新转变，进行了丰富多彩的创新实践，也创造出了一些以用户为中心的独特传播现象。如，由人民日报客户端创意出品并主导开发、腾讯天天 P 图提供图像处理支持的新媒体产品《快看呐！这是我的军装照》，为庆祝建军九十周年而设计，通过触发用户的"情感共鸣"机制，实现了信息的裂变传播，成为主流新媒体现象级传播的一个典型案例。这反映了主流新媒体对互联网时代的复合性传播、自带性传播、社交性等互联网传播规律把握越来越深入，运用越来越好。

三是效果评估机制转变。习近平总书记指出："新闻舆论工作者要增强政治家办报意识，在围绕中心、服务大局中找准坐标定位，牢记社会责任，不断解决好'为了谁、依靠谁、我是谁'这个根本问题。"[1] 在从根本上解决"为了谁、依靠谁、我是谁"这个问题的具体实践中，宣传思想战线在创新传播效果评价机制方面进行了大胆的探索，适应互联网传播的规律和要求，主流媒体对流量的认知不断加深，在一些领域流量取代传统的收视率、收听率等指标成为衡量传播效果的重要指标。因此，流量也成为主流媒体普遍参照的传播标准，大家对于有流量、流量大不一定就是好的传播，但

---

① 习近平：《论党的宣传思想工作》，中央文献出版社 2021 年版。

没有流量、流量小一定是不好的传播的互联网传播规律的认识越来越深入。与此同时，在适应新闻信息传播效果的评价主体的转变方面，在网民大规模不断进行参与式传播（阅读、评论、转发、点赞、打赏等）的情况下，以及网民自带传播、复合传播越来越频繁深入的情况下，主流媒体对"用户评价"更加重视。

三、传播用户革命的中国响应方式与实践

为了适应传播的用户革命，我国应用传播领域推进了一系列富有中国特色的独特实践，如推进走好网上群众路线、主力军挺进主战场、激励用户参与主流传播内容生产等。

（一）走好网上群众路线

2016 年 4 月 19 日，习近平总书记在北京主持召开网络安全和信息化工作座谈会并发表重要讲话指出，要"让互联网成为我们同群众交流沟通的新平台，成为了解群众、贴近群众、为群众排忧解难的新途径，成为发扬人民民主、接受人民监督的新渠道"。[1] "领导干部要增强同媒体打交道的能力，善于运用媒体宣讲政策主张、了解社情民意、发现矛盾问题、引导社会情绪、动员人民群众、推动实际工作。"[2] "对网上那些出于善意的批评，对互联网监督，不论是对党和政府工作提的还是对领导干部个人提的，不论是和风细雨的还是忠言逆耳的，我们不仅要欢迎，而且要认真研究和吸取。"[3] 中央要求从内心重视网民和网络民意，把"一切为了人民，一切依靠人民，一切发展成果由人民共享"的基本观点运用于新时代的新闻舆论实践和网络传播实践，推动各级党政机关和领导干部通过"网络"走"群众路线"，运用网络"汇民智、分民忧、解民难"，创造了中国应用传播的新气象。此外，习近平总书记始终把互联网信息基础设施和信息均衡供给视为一个基本的民生问题来看待。他深刻指出，我国虽然是网络大国，但是，"区域和城乡差异比较明显，特别是人均带宽与国际先进水平差距较大，国内互联网发展瓶颈仍然较为突出"。为此，他战略性地提出，中国要不断缩小不同国家、地区、人群间的信息鸿沟，"信息技术和产业发展程度决定着信息化发展水平，要

---

① 习近平：《论党的宣传思想工作》，中央文献出版社 2021 年版。
② 同上。
③ 同上。

加强核心技术自主创新和基础设施建设，提升信息采集、处理、传播、利用、安全能力，更好惠及民生"。①

（二）主力军挺进主战场

习近平总书记指出："现在，媒体格局、舆论生态、受众对象、传播技术都在发生深刻变化，特别是互联网正在媒体领域催发一场前所未有的变革。读者在哪里，受众在哪里，宣传报道的触角就要伸向哪里，宣传思想工作的着力点和落脚点就要放在哪里。"② 中共中央办公厅、国务院办公厅印发《关于加快推进媒体深度融合发展的意见》提出，要推动主力军全面挺进主战场，以互联网思维优化资源配置，把更多优质内容、先进技术、专业人才、项目资金向互联网主阵地汇集、向移动端倾斜，让分散在网下的力量尽快进军网上、深入网上，做大做强网络平台，占领新兴传播阵地。

（三）激励用户内容生产

面对海量信息泛滥而优质内容稀缺的局面，主流媒体把握用户内容生产（UGC）规律，积极探索具有中国特色的"媒介融合文化"和"粉丝参与文化"③，主动把媒体的专业专长和网民的创新创造结合起来，积极吸引广大网民参与内容生产传播，提供观点鲜明的言论评论，丰富了优质信息内容供给，更好地把受众"需要什么"与媒体"生产什么"有机地结合了起来，增强了内容供给的精准性、契合度，提供了更多个性化、特色化的新闻信息产品。

四、传播资本革命的中国响应方式与实践

（一）提高主流媒体平台资本化运作效率

2022 年 4 月 29 日，中共中央政治局就依法规范和引导我国资本健康发展进行第三十八次集体学习。习近平总书记强调："资本是社会主义市场经济的重要生产要素"，"必须深化对新的时代条件下我国各类资本及其作用的认识，规范和引导资本健康发展，发挥其作为重要生产要素的积极作用"。具体到应用传播领域，新时代十年，我们

---

① 习近平：《论党的宣传思想工作》，中央文献出版社 2021 年版。
② 同上。
③ 参阅［美］亨利·詹金斯：《融合文化：新媒体和旧媒体的冲突地带》，杜永明译，商务印书馆 2012 年版。

对资本作为党的宣传思想工作的重要因素的认识不断加深，实践不断深入，其典型表现之一就是，在推动传统媒体和新兴媒体融合发展的过程中[①]，我们提出要打造具有世界影响力的旗舰媒体，构建网络传播平台，推动一批主流新媒体平台上市，在坚持社会效益优先、社会效益和经济效益相协调的指导原则之下，不断增强主流新媒体的融资能力和资本运作效率，从而为提升主流媒体的传播能力、壮大主流舆论，提供物质支撑。我们越来越深刻地认识到，在新媒体时代，大规模的资本运作越来越表现为舆论行动的一个显著特征，不能够把握、运用舆论的资本运作规律，就难以与大规模资本主导下的舆论传播相抗衡。

（二）探索社会化媒体资本运作治理模式

巨型互联网平台在完成一定的规模成长和资本积累之后，不再追求技术创新和服务提升，而是采取不正当手段搞垄断资本控制，利用数据垄断优势，打造进入壁垒，构筑商业围城，甚至利用自身资本优势对新兴业态、初创公司采取"购买扼杀""围堵扼杀"等方式，窒息创新，抑制经济活力。这一资本的异化现象在文化娱乐领域和新闻舆论领域也有反映。为此，针对"饭圈文化""鲜肉文化""娘炮文化"等文化娱乐领域资本无序扩张的现象，以及针对打着网红带货、网络直销等旗号宣扬消费主义、助推"消费社会"成长的种种行为，相关部门出台了一系列治理措施。与此同时，针对一些私人（媒体知识分子、流量记者等）的公共账号（微信号、微博号、头条号、抖音号等）采取"流量资本"运营模式，为了达到流量变现的目的，违规生产花样翻新、夺人眼球、骇人听闻的新闻内容，制造"舆论核爆"效应的资本乱象，也出台一系列治理举措。这些治理举措都从不同的侧面反映了中国对传播资本革命的独特响应方式与实践特色。

第三节　中国应用传播学的理论特色

一、注重处理好"党性"与"人民性"的关系

习近平总书记多次强调新闻舆论工作必须坚持党性原则，指出：党的新闻舆论工

[①]　参考 2014 年 9 月国务院办公厅印发《关于推动传统媒体和新兴媒体融合发展的指导意见》，2020 年 9 月中共中央办公厅、国务院办公厅印发《关于加快推进媒体深度融合发展的意见》。

作坚持党性原则，最根本的是坚持党对新闻舆论工作的领导。党和政府主办的媒体是党和政府的宣传阵地，必须姓党。党的新闻舆论媒体的所有工作，都要体现党的意志、反映党的主张、维护党中央权威、维护党的团结，做到爱党、护党、为党；都要增强看齐意识，在思想上政治上行动上同党中央保持高度一致；都要坚持党性和人民性相统一，把党的理论和路线方针政策变成人民群众的自觉行动，及时把人民群众创造的经验和面临的实际情况反映出来，丰富人民精神世界，增强人民精神力量。加强和改善党对新闻舆论工作的领导，是新闻舆论工作顺利健康发展的根本保证。各级党委要自觉承担起政治责任和领导责任。领导干部要增强同媒体打交道的能力，善于运用媒体宣讲政策主张、了解社情民意、发现矛盾问题、引导社会情绪、动员人民群众、推动实际工作。[1]他还指出，要坚持党管媒体原则，严格落实政治家办报要求，确保新闻宣传工作的领导权始终掌握在对党忠诚可靠的人手中。[2]党性和人民性从来都是一致的、统一的。坚持党性，核心就是坚持正确政治方向，站稳政治立场，坚定宣传党的理论和路线方针政策，坚定宣传中央重大工作部署，坚定宣传中央关于形势的重大分析判断，坚决同党中央保持高度一致，坚决维护中央权威。所有宣传思想部门和单位，所有宣传思想战线上的党员、干部都要旗帜鲜明坚持党性原则。[3]

二、注重处理好"守正"与"创新"的关系

从守正创新的综合平衡水平来看，新时代十年中我国宣传思想领域正本清源和守正的工作卓有成效，创新有了良好的开局，但总体创新能力仍然有待提高。这构成了我国应用传播领域的第二个结构性矛盾。特别是考虑到，新时代新征程上，我国应用传播领域面临的形势将不断发生深刻变化，承担的使命任务将更加艰巨繁重，有待破解的问题也更加顽固，应用传播守正创新进入新阶段，在守正的基础上全面推进创新的使命任务更加突出。这需要党的宣传思想战线、应用传播领域勇于面对创新意识、创新能力、创新成效与建设具有强大吸引力和凝聚力的社会主义意识形态、增强实现

---

[1] 2016 年 2 月 19 日，《习近平在北京主持召开党的新闻舆论工作座谈会上讲话》。
[2] 2015 年 12 月 25 日，《习近平视察解放军报社时的讲话》。
[3] 2013 年 8 月 19 日，《习近平在全国宣传思想工作会议上的讲话》。

中华民族伟大复兴的精神力量的实际需要之间的突出矛盾，在一以贯之坚持守正的基础上，全方位推进我国应用传播在内容、方式、方法、手段等多方面的创新，通过全方位创新充分释放应用传播工作服务党和国家工作大局和中心任务的潜能，以适应新的形势发展和新的使命任务的要求。

三、注重处理好"立"与"破"的关系

从破立并举的综合平衡水平来看，新时代十年我国应用传播在宣传思想战线纠正错误思想观念、廓清社会思潮，以及破除陈旧的思维方式、工作方式等方面发挥了积极作用，与此同时，在应用传播服务宣传思想战线"立论""立心""立魂"这一重要工作中富有成效，但总体来看，应用传播"立"的能力水平仍有待提升。这构成了我国应用传播领域的第三个结构性矛盾，能否加快提升应用传播服务宣传思想战线"立"的能力水平，将在很大程度上决定未来一个时期我国应用传播的发展前景。特别是考虑到，新时代新征程上，随着我国社会主要矛盾发生新变化，人们对美好精神文化生活的向往越来越强烈，对建立良好新闻舆论生态和生动活泼政治局面、意识形态环境的诉求越来越迫切。我国应用传播"破立并举"进入新阶段，在有针对性地做好"破"的工作中全面推进"立"的使命任务更加突出。这需要我国应用传播领域勇于面对我国社会主要矛盾变化背景下人民对美好精神文化生活的新期待与宣传思想工作不能有效满足人民对美好精神文化生活的新期待之间的突出矛盾，坚持"以立为本、立破并举"，在"立"的方面下更大的功夫，围绕以中国式现代化全民推进中华民族伟大复兴这一中心任务，建立与中国式现代化的政治、经济、社会、文化、生态、党的建设等多方面使命任务相适应的应用传播体系，把"立心""立魂"的工作做得更好，更好地适应我国社会主要矛盾的新变化、更好地满足人民对美好精神文化生活的向往。

四、注重处理好"秩序"与"活力"的关系

从秩序与活力的综合平衡水平来看，新时代十年我国应用传播在服务"管得住"方面下了很大的功夫，取得了积极成效，确保了宣传思想领域的安全稳定，更有秩序；与此同时，在服务党的宣传思想工作从管理向治理、从善管到善治的转化方面，以及

在确保秩序的基础上进一步激发宣传思想领域的活力、释放宣传思想工作服务党和国家事业发展的潜能方面，我国应用传播则面临着更多、更复杂的工作有待拓展。这构成了我国应用传播领域的第四个结构性矛盾，如何在巩固秩序的基础上增加宣传思想领域的活力，将是未来一个时期党的宣传思想工作有待破解的一个重大课题。特别是考虑到，新时代新征程上，创造一个更加生动活泼的政治局面，一个更加充满活力的思想舆论环境，不但是人民群众对宣传思想工作的殷切期待、也是宣传思想工作更好地围绕中心、服务大局的迫切需要。党的宣传思想工作进入亟需构建"充满活力的秩序"的新阶段，应用传播领域激发活力的使命任务更加突出。这需要我国应用传播领域勇于面对当前和今后一个时期党的宣传思想工作中存在的稳定与发展、统一性与包容性、同一性与差异性之间的突出矛盾，在更高水平上认知、把握和统筹秩序与活力的关系，以更大的智慧和勇气贯彻落实"百家争鸣，百花齐放"方针，鼓励学术民主、艺术民主，开展建设性争鸣，努力创建充满生机与活力的思想文化秩序、意识形态秩序、社会生活秩序，加快发展与新时代新征程党的中心任务相适应的传播格局。

五、注重处理好"内容"与"形式"的关系

从内容与形式的综合平衡水平看，新时代十年我国应用传播在内容生产、内容供给能力建设方面取得了积极进展，在推动表达方式、呈现方式、传播方式、媒介生态等与时俱进方面取得明显成效，但在适应和满足不同类型偏好、不同区域国别的人们的信息需求方面，应用传播的内容表现形式仍然存在着不适应的问题，真正的分众化的传播格局尚未建立起来，构建与新时代新征程相适应的传播格局仍然任重而道远。这构成了我国应用传播领域的第五个结构性矛盾，如何在不断加强内容建设的同时更好地推动应用传播的表现形式的与时俱进，将是未来一个时期我国应用传播领域有待破解的另一重大课题。特别是考虑到，新时代新征程上，随着数字技术、数字媒介和用户革命的深入发展，党的宣传思想工作的技术环境、媒介环境、受众环境仍在不断发生深刻变化，对应用传播在形式创新方面提出了更高的要求。我国应用传播领域进入到迫切需要在表现形式与内容建设更好地相适应、相配合的新阶段，实现表现形式、呈现方式推陈出新的使命任务更加突出。这需要应用传播学勇于面对内容与形式不相

适应的突出矛盾，积极探索把好的内容生产与新的表现形式在更高的水平上协调起来，实现二者的深度融合发展和协调推进的方法路径，确保党的宣传思想工作在内容和形式两个方面都能跟上时代，乃至发挥引领时代的作用。

六、注重处理好"内宣"与"外宣"的关系

从内宣与外宣的综合平衡水平来看，互联网信息环境下，全球信息传播不同化、一体化的空间格局已经形成，内外宣的信息围栏已被彻底打破，无论是内宣的外溢效应还是外宣的倒灌效应都在空前地放大，而我国应用传播领域在打通内外宣、推进内外宣一体化方面，无论是在意识的自觉上还是在实际的工作布局中，都还存在不小的差距，还有许多工作有待推进。这构成了我国应用传播领域的另一个结构性矛盾。特别是面对百年未有之大变局，面对美西方主导的国际信息传播旧秩序，面对日益激烈的国际舆论战、信息战、政治战和意识形态认知作战，党的宣传思想工作如何适应新的国际舆论斗争、意识形态斗争形势，促进全球传播秩序舆论格局"东升西降"大趋势加速演化，对新时代新征程党和国家事业发展形成更加富有成效的外宣支撑，成为一项有待破解的难题。中国应用传播学进入到迫切需要构建内外宣一体化格局和更加重视外宣能力建设的新阶段，做好外宣工作的使命任务更加突出。这需要我国应用传播领域勇于面对新时代新征程党的中心任务迫切需要开创外宣工作新局面与宣传思想工作不能充分适应外宣新形势新任务之间的突出矛盾，更好地协调内宣和外宣两方面工作，针对我国加速走向世界中央的外宣现实需要，把破解外宣难题、做好外宣工作放到更加突出的位置，加快建立与我们党以中国式现代化全面推进中华民族伟大复兴这一中心任务相适应的外宣新格局。

第二章　马克思主义新闻观中国化的最新思想成果

第一节　新时代党的新闻舆论思想发展创新的重要意义

新闻舆论工作是中国共产党的整体工作的有机组成部分，是关系到党和国家事业发展的大事。中国共产党自诞生以来，始终坚持将马克思主义经典作家的新闻理论与中国实际相结合，形成了中国共产党新闻舆论思想，成为马克思主义新闻观的重要组成部分。党的十八大以来，中国特色社会主义进入新时代，习近平总书记在继承马克思主义新闻观的基础上，对新时代党的新闻舆论工作提出了一系列的新观点、新论断、新思想，科学系统地回答了新时代党的新闻舆论工作向何处去的重大命题，开辟了马克思主义新闻观的新境界，具有重大的理论意义与实践意义。

一、理论意义

党的十八大以来，面对新的传播环境和时代形势，习近平总书记深刻指出，党的新闻舆论工作必须加强创新。

首先，习近平总书记深入论述了创新党的新闻舆论工作的必要性和紧迫性。在全国宣传思想工作会议上，他指出："今天，宣传思想工作的社会条件已大不一样了，我们有些做法过去有效，现在未必有效；有些过去不合时宜，现在却势在必行；有些过去不可逾越，现在则需要突破。'不日新者必日退。''明者因时而变，知者随事而制。'做好宣传思想工作，比以往任何时候都更加需要创新。"①

第二，习近平总书记明确指出了党的新闻舆论工作创新的内涵、目标和方向。在

---

① 《习近平关于全面深化改革论述摘编》，中央文献出版社 2014 年版，第 84 页。

党的新闻舆论工作座谈会上，他强调："随着形势发展，党的新闻舆论工作必须创新理念、内容、体裁、形式、方法、手段、业态、体制、机制，增强针对性和实效性。"①

第三，习近平总书记强调，创新党的新闻舆论工作必须突出重点，要在理念、手段和基层工作三个维度全面、系统地推进创新工作。他指出："宣传思想工作创新，重点要抓好理念创新、手段创新、基层工作创新。理念创新，就是要保持思想的敏锐性和开放度，打破传统思维定式，努力以思想认识新飞跃打开工作新局面。手段创新，就是要积极探索有利于破解工作难题的新举措新办法，特别是要适应社会信息化持续推进的新情况，加快传统媒体和新兴媒体融合发展，充分运用新技术新应用创新媒体传播方式，占领信息传播制高点。基层工作创新，就是要把创新的重心放在基层一线，扎实做好抓基层、打基础的工作。"②习近平总书记的一系列重要论述抓住了新时代党的新闻舆论工作发展创新的要点、重点和难点，体现出实事求是、与时俱进的思想特质，实现了对马克思主义新闻观的发展与创新。

（一）面对新的传播格局，提出"新闻舆论工作"新理念

2016 年 2 月 19 日，习近平总书记在北京主持召开党的新闻舆论工作座谈会并发表重要讲话，他强调："党的新闻舆论工作是党的一项重要工作，是治国理政、定国安邦的大事，要适应国内外形势发展，从党的工作全局出发把握定位，坚持党的领导，坚持正确政治方向，坚持以人民为中心的工作导向，尊重新闻传播规律，创新方法手段，切实提高党的新闻舆论传播力、引导力、影响力、公信力。"③从"新闻宣传工作"到"新闻舆论工作"，这一论述的转化体现了习近平总书记对新闻传播格局变化与党的新闻舆论工作方向转变的全新认识。随着新媒体的崛起，新闻舆论格局出现了颠覆性变革，以往大众传媒单向的、自上而下的灌输式宣传时代一去不复返，在互联网场域中"人人都有麦克风"，舆论工作的重要性大大提升。面对新的媒介环境和工作形势，习近平总书记作出了科学准确的判断，为党的新闻舆论工作指明了重点与方向。

---

① 《习近平谈治国理政（第二卷）》，外文出版社 2017 年版，第 333 页。
② 《习近平关于全面深化改革论述摘编》，中央文献出版社 2014 年版，第 84—85 页。
③ 习近平：《坚持正确方向创新方法手段　提高新闻舆论传播力引导力》，载新华网 http://www.xinhuanet.com//politics/2016-02/19/c_1118102868.htm，2016 年 2 月 19 日。

（二）面对长期以来党性和人民性的争论，明确提出党性与人民性统一论

中国共产党自成立以来，新闻舆论工作就始终坚持党性原则，同时代表人民群众的利益，为人民群众负责。然而在一段时期内，国内新闻传播理论界围绕党性与人民性问题展开过不少争论。进入新时代，新闻传播格局发生革命性变化，意识形态领域斗争局面日益严峻。在此背景下，习近平总书记在 2013 年 8 月召开的全国宣传思想工作会议上明确指出："党性和人民性从来都是一致的、统一的。"[1] 在 2016 年 2 月召开的党的新闻舆论工作座谈会上，习近平总书记再次强调，党的新闻舆论媒体的所有工作"都要坚持党性和人民性相统一，把党的理论和路线方针政策变成人民群众的自觉行动，及时把人民群众创造的经验和面临的实际情况反映出来，丰富人民精神世界，增强人民精神力量"。[2] 习近平总书记明确提出"党性与人民性统一论"，既是对马克思主义经典作家党性和人民性理论的继承，也是结合新时代党的新闻舆论工作实践，对党性和人民性理论进行的发展创新，澄清了谬误，统一了思想，"揭示了党性与人民性丰富的内涵和时代的特征，这为丰富社会主义新闻工作的党性原则的内涵，提供了科学、完整的解答，发展了无产阶级和社会主义新闻工作党性理论"。[3]

（三）面对新的时代和形势发展，对党的新闻舆论工作的职责使命作出新定位

习近平总书记指出，在新的时代条件下，党的新闻舆论工作的职责和使命是"高举旗帜、引领导向，围绕中心、服务大局，团结人民、鼓舞士气，成风化人、凝心聚力，澄清谬误、明辨是非，联接中外、沟通世界"[4]。这 48 个字不仅仅是对党自成立以来，新闻舆论工作发挥的作用和取得的经验的总结，也是对"党的新闻舆论工作职责使命作出的最集中最鲜明的概括，体现了时代和形势发展对新闻舆论工作提出的新要求，指明了新时代新闻舆论工作的努力方向"。[5] 首先，"高举旗帜、引领导向"回答了党的新闻舆论工作的道路与方向问题，要始终坚持党的领导，坚持正确导向。第二，

[1] 《习近平谈治国理政（第一卷）》，外文出版社 2014 年版，第 154 页。
[2] 《习近平谈治国理政（第二卷）》，外文出版社 2017 年版，第 332 页。
[3] 雷跃捷、张馨方：《习近平新闻舆论思想对马克思主义新闻观的新发展》，《青年记者》2018 年第 7 期。
[4] 《习近平谈治国理政（第二卷）》，外文出版社 2017 年版，第 332 页。
[5] 中共中央宣传部干部局：《新时代宣传思想工作（干部培训教材）》，学习出版社 2020 年版，第 45 页。

"围绕中心、服务大局"指明了党的新闻舆论工作的核心任务和工作主线，要始终聚焦党和国家的工作中心和大局。第三，"团结人民、鼓舞士气"明确了党的新闻舆论工作应坚持正面宣传为主，鼓舞全国各族人民团结奋斗，不断取得新的胜利。第四，"成风化人、凝心聚力"指明党的新闻舆论工作应当实现培育和践行社会主义核心价值观、弘扬中华民族传统美德的功能，进而提高全国人民的凝聚力。第五，"澄清谬误、明辨是非"指明党的新闻舆论工作需要始终保持正确立场，在大是大非面前敢于亮剑，对错误观点和言论进行正面批驳，帮助人民群众明辨是非曲直。第六，"联接中外、沟通世界"明确党的新闻舆论工作要在世界上倡导"人类命运共同体"意识，更好发出中国声音、讲好中国故事，充当联通中外的桥梁。

（四）面对新的媒介环境，深入探索与总结了新闻传播的内在机理与规律

"马克思最早指出了报刊的规律性，其后的几位马克思主义经典理论家努力在实践中体悟和总结新闻活动的规律，但由于人的认识能力有一个发展的过程，加之他们的革命工作十分繁忙，对新闻规律的理论探索成果较少。"[①] 进入新媒体时代，媒介技术的发展日新月异，产生了一系列新的传播形式与手段，重构了社会交往模式与信息传播格局。习近平总书记强调："随着形势发展，党的新闻舆论工作必须创新理念、内容、体裁、形式、方法、手段、业态、体制、机制，增强针对性和实效性。要适应分众化、差异化传播趋势，加快构建舆论引导新格局。"[②] 习近平总书记要求党的新闻舆论工作要积极主动应对媒介环境的发展变化，深入探究新媒体传播的"时度效"规律。他强调："要推动融合发展，主动借助新媒体传播优势。要抓住时机、把握节奏、讲究策略，从时度效着力，体现时度效要求。"[③] 面对新的传播格局，只有透过纷繁复杂的传播现象，深入研究新闻传播的内在机理与规律，才能与时俱进，持续改进和提升党的新闻舆论工作。

（五）面对互联网发展的新趋势，明确了媒体融合发展与网络舆论引导的方向与路径

互联网急速发展给新闻舆论格局带来一系列新变化，党的新闻舆论工作面临新的

---

① 童兵：《试论习近平新时代新闻舆论工作论述对马克思主义新闻观的发展》，《山东社会科学》2020年第10期。

② 《习近平谈治国理政（第二卷）》，外文出版社2017年版，第333页。

③ 同上。

挑战。习近平总书记深刻洞察互联网发展的趋势和规律，提出一系列具有创造性的新理念新思想，"第一次回答了什么是信息化时代的新闻舆论、怎样做信息化时代的新闻舆论工作等重大问题"。① 首先，面对新媒体迅速崛起、新旧媒体格局剧烈变革的新形势，习近平总书记提出要统筹处理不同媒体之间的关系，科学推动媒体融合，打造全媒体传播体系。"推动媒体融合发展，要统筹处理好传统媒体和新兴媒体、中央媒体和地方媒体、主流媒体和商业平台、大众化媒体和专业性媒体的关系，不能搞'一刀切'、'一个样'。要形成资源集约、结构合理、差异发展、协同高效的全媒体传播体系。"② 第二，面对互联网发展给舆论格局带来的冲击与变革，习近平总书记提出要把网络作为新闻舆论工作的新阵地，营造清朗的网络空间，"我们要本着对社会负责、对人民负责的态度，依法加强网络空间治理，加强网络内容建设，做强网上正面宣传，培育积极健康、向上向善的网络文化，用社会主义核心价值观和人类优秀文明成果滋养人心、滋养社会，做到正能量充沛、主旋律高昂，为广大网民特别是青少年营造一个风清气正的网络空间"。③

（六）面对百年未有之大变局，开拓了国际传播理论的新境界

当前，随着新一轮科技革命的兴起，世界多极化、经济全球化加速发展，世界秩序、全球治理体系和国际力量对比发生深刻变化。习近平总书记深刻洞察全球局势，指出："当今世界正在经历百年未有之大变局。"在此背景下，新时代我国的国际传播工作面临一系列新形势、新挑战。习近平总书记高度重视国际传播工作，针对如何加快国际传播体系建设、树立正确国际传播观念、创新国际传播体制机制、增强国际传播的科学性和有效性、加强国际传播的组织建设、讲好中国故事、推动中华文化走出去等问题作出了一系列重要论述，这些论述"扎根于中国特色社会主义伟大实践，传承并创新了中国共产党历届领导集体共同形成的中国特色社会主义对外宣传观"④。从马克思主义国际传播观理论创新的角度来看，习近平总书记针对国际传播提出的一系列

---

① 殷陆君：《论习近平新闻舆论工作重要论述的原创性》，《中国记者》2021 年第 4 期。
② 《习近平谈治国理政（第三卷）》，外文出版社 2020 年版，第 318 页。
③ 《习近平谈治国理政（第二卷）》，外文出版社 2017 年版，第 333 页。
④ 史安斌、刘长宇：《思想、价值与实践的全方位引领：习近平有关国际传播的重要论述探析》，《当代传播》2022 年第 6 期。

新思想、新观点、新论断，"创造性地将新时代中国特色社会主义国际传播实践进行理论升华，继承并发展了马克思主义经典作家关于世界交往的思想体系和内容，开辟了中国化马克思主义国际传播观的新境界"①。

（七）面对新闻舆论工作的新要求，对党的新闻舆论队伍建设提供新指引

做好党的新闻舆论工作，关键在人才。习近平总书记高度重视党的新闻舆论队伍建设和人才培养，他指出："媒体竞争关键是人才竞争，媒体优势核心是人才优势。要加快培养造就一支政治坚定、业务精湛、作风优良、党和人民放心的新闻舆论工作队伍。"② 这一重要论述点明了无论何时何地，媒体竞争的关键都在于新闻舆论队伍建设，培养造就优秀的新闻舆论人才是一项至关重要的工作。除了重申马克思主义新闻观的核心理念——"增强政治家办报意识"，习近平总书记还特别强调，在全媒体时代，新闻舆论工作者"要提高业务能力，勤学习、多锻炼，努力成为全媒型、专家型人才"③。习近平总书记的一系列重要论述从思想素养、业务能力等方面回答了在新时代应当建设一支什么样的新闻舆论工作队伍，以及如何建设合格新闻舆论工作队伍的时代命题，为加强新闻舆论工作队伍建设提供了根本遵循。

二、实践意义

在庆祝中国共产党成立 100 周年大会上，习近平总书记发表重要讲话，他指出："党的十八大以来，中国特色社会主义进入新时代。"在新的时代背景下，中国发展的历史方位和时代坐标发生深刻变化，"当前中国正处于近代以来最好的发展时期"④，"比历史上任何时期都更接近实现中华民族伟大复兴的目标"⑤，而"世界正处于百年未有之大变局"⑥，中华民族的伟大复兴和世界百年未有之大变局同步交织，相互激荡，挑战

① 周宇豪、刘宁：《习近平国际传播观的科学内涵、核心内容与时代特征》，《新闻与传播评论》2022 年第 6 期。
② 《习近平谈治国理政（第二卷）》，外文出版社 2017 年版，第 333 页。
③ 同上。
④ 《习近平谈治国理政（第三卷）》，外文出版社 2020 年版，第 428 页。
⑤ 习近平：《决胜全面建成小康社会　夺取新时代中国特色社会主义伟大胜利——在中国共产党第十九次全国代表大会上的报告》，载中国政府网 http://www.gov.cn/zhuanti/2017-10/27/content_5234876.htm。
⑥ 《习近平谈治国理政（第三卷）》，外文出版社 2020 年版，第 428 页。

与机遇相伴而生。面对一系列新形势、新挑战，党的新闻舆论工作必须立足"两个大局"、明确历史定位，通过持续创新适应时代发展要求，以更好为实现中华民族伟大复兴提供有力支撑、为应对百年未有之大变局提供坚强保障。

为解决新时代党的新闻舆论工作面临的新课题，习近平总书记始终立于时代前沿，直面时代之问，作出了一系列具有原创性的重要论述，实现了新时代党的新闻舆论思想的发展与创新，为如何切实做好党的新闻舆论工作提供了科学指引，具有重要的实践意义。

（一）明晰新时代党的新闻舆论工作的重要意义、职责使命、基本原则，为新闻舆论工作明确了站位、指明了方向

首先，站在新的历史方位，习近平总书记深刻阐述了党的新闻舆论工作的重要意义，他指出："做好党的新闻舆论工作，事关旗帜和道路，事关贯彻落实党的理论和路线方针政策，事关顺利推进党和国家各项事业，事关全党全国各族人民凝聚力和向心力，事关党和国家前途命运。"[①]五个"事关"的重要论述"从党的工作全局出发把握新闻舆论工作"[②]，充分阐明了新闻舆论工作的重要地位和关键意义。

面对新的时代要求，习近平总书记明确指出，党的新闻舆论工作的职责使命是"高举旗帜、引领导向，围绕中心、服务大局，团结人民、鼓舞士气，成风化人、凝心聚力，澄清谬误、明辨是非，联接中外、沟通世界"[③]，这"48字"要求明确了新时代党的新闻舆论工作的职责与使命，对引导广大新闻舆论工作者在当前复杂严峻的国内外环境下做好新闻舆论工作具有重要指导意义。

对党的新闻舆论工作如何承担起"48字"职责使命，习近平总书记作出重要论述，提出了"四个牢牢坚持"的基本原则："必须把政治方向摆在第一位，牢牢坚持党性原则，牢牢坚持马克思主义新闻观，牢牢坚持正确舆论导向，牢牢坚持正面宣传为主。"[④]其中，党性原则是党的新闻舆论工作的首要原则，要做到"无论时代如何发展、媒体格局如何变化，党管媒体的原则和制度不能变"[⑤]，"党的新闻舆论媒体的所有

---

① 《习近平谈治国理政（第二卷）》，外文出版社 2017 年版，第 331—332 页。
② 同上书，第 332 页。
③④ 同上。
⑤ 习近平：《论党的宣传思想工作》，中央文献出版社 2020 年版，第 182 页。

工作，都要体现党的意志、反映党的主张、维护党中央权威、维护党的团结，做到爱党、护党、为党"①。

（二）确定新形势下新闻舆论工作发展创新的方法论与路径图，对打开新时代新闻舆论工作新局面作出全面部署、统筹规划

新媒体技术的发展颠覆了传统的新闻舆论格局，以报纸、广播等为代表的传统媒体不再是人们获取信息的主要渠道，网络空间成为新闻舆论工作的主阵地。习近平总书记深刻洞察媒体发展演变的规律和趋势，指出："全媒体不断发展，出现了全程媒体、全息媒体、全员媒体、全效媒体，信息无处不在、无所不及、无人不用，导致舆论生态、媒体格局、传播方式发生深刻变化，新闻舆论工作面临新的挑战。"②

为应对一系列新挑战、新局面，习近平总书记从推动媒体融合发展等方面入手破题，对如何构建舆论引导新格局、打造全媒体传播体系、坚持一体化发展方向等作出全面部署、统筹规划。一是加强探索创新，加快构建舆论引导新格局。习近平总书记指出："随着形势发展，党的新闻舆论工作必须创新理念、内容、体裁、形式、方法、手段、业态、体制、机制，增强针对性和实效性。要适应分众化、差异化传播趋势，加快构建舆论引导新格局。"③二是处理好各类媒体的关系，打造全媒体传播体系。习近平总书记指出："推动媒体融合发展，要统筹处理好传统媒体和新兴媒体、中央媒体和地方媒体、主流媒体和商业平台、大众化媒体和专业性媒体的关系，不能搞'一刀切'、'一个样'。要形成资源集约、结构合理、差异发展、协同高效的全媒体传播体系。"④三是通过促进融合互通，实现一体化发展，打造新型主流媒体。习近平总书记指出："要坚持一体化发展方向，加快从相加阶段迈向相融阶段，通过流程优化、平台再造，实现各种媒介资源、生产要素有效整合，实现信息内容、技术应用、平台终端、管理手段共融互通，催化融合质变，放大一体效能，打造一批具有强大影响力、竞争力的新型主流媒体。"⑤

① 《习近平谈治国理政（第二卷）》，外文出版社 2017 年版，第 331—332 页。
② 《习近平谈治国理政（第三卷）》，外文出版社 2020 年版，第 317 页。
③ 《习近平谈治国理政（第二卷）》，外文出版社 2017 年版，第 333 页。
④ 《习近平谈治国理政（第三卷）》，外文出版社 2020 年版，第 318 页。
⑤ 同上书，第 317 页。

（三）明确新形势下改进和提升国际传播工作的重要性和必要性，为加强国际传播能力建设，提升国际话语权提供科学指引、根本遵循

"当今世界正经历百年未有之大变局"，习近平总书记指出："世界多极化、经济全球化、社会信息化、文化多样化深入发展，全球治理体系和国际秩序变革加速推进，新兴市场国家和发展中国家快速崛起。"① 与此同时，"中国日益走近世界舞台中央、不断为人类作出更大贡献"②。在此背景下，如何讲好中国故事、传播好中国声音、阐释好中国特色，是新时代党的新闻舆论工作面临的重要课题。习近平总书记高度重视国际传播工作，作出了一系列重要论述，为加强国际传播能力建设，改进和提升国际传播工作提供了科学指引、根本遵循。

一是通过讲好中国故事，让世界真正了解中国。习近平总书记指出："讲好中国故事，传播好中国声音，展示真实、立体、全面的中国，是加强我国国际传播能力建设的重要任务"。③ 具体而言，要主动讲好"中国共产党治国理政的故事、中国人民奋斗圆梦的故事、中国坚持和平发展合作共赢的故事"这三个"中国故事"，向世界全面展示新时代中国的新形象。

二是通过构建融通中外的对外话语体系，争取国际话语权。习近平总书记指出，要"精心构建对外话语体系，发挥好新兴媒体作用，增强对外话语的创造力、感召力、公信力，讲好中国故事，传播好中国声音，阐释好中国特色"④。构建对外话语体系要立足中国实际，彰显中国特色，习近平总书记指出："要加快构建中国话语和中国叙事体系，用中国理论阐释中国实践，用中国实践升华中国理论，打造融通中外的新概念、新范畴、新表述，更加充分、更加鲜明地展现中国故事及其背后的思想力量和精神力量。"⑤

三是要顺应国际传播规律，提升国际传播效能。习近平总书记指出："我们要把握

---

① 习近平：《携手共命运　同心促发展——在 2018 年中非合作论坛北京峰会开幕式上的主旨讲话》，载中国政府网 http://www.gov.cn/xinwen/2018-09/03/content_5318979.htm.

② 习近平：《决胜全面建成小康社会　夺取新时代中国特色社会主义伟大胜利——在中国共产党第十九次全国代表大会上的报告》，人民出版社 2017 年版，第 11 页。

③ 《习近平谈治国理政（第四卷）》，外文出版社 2022 年版，第 317 页。

④ 《习近平谈治国理政（第一卷）》，外文出版社 2018 年版，第 162 页。

⑤ 《习近平谈治国理政（第四卷）》，外文出版社 2022 年版，第 317 页。

国际传播领域移动化、社交化、可视化的趋势，在构建对外传播话语体系上下功夫，在乐于接受和易于理解上下功夫，让更多国外受众听得懂、听得进、听得明白，不断提升对外传播效果。"① 要基于国外受众的习惯和特点创新对外话语表达方式，"采用融通中外的概念、范畴、表述，把我们想讲的和国外受众想听的结合起来，把'陈情'和'说理'结合起来，把'自己讲'和'别人讲'结合起来，使故事更多为国际社会和海外受众所认同"②。

四是通过开展丰富多样的对外传播活动，展现真实立体的中国形象。习近平总书记指出："要深入开展各种形式的人文交流活动，通过多种途径推动我国同各国的人文交流和民心相通。要创新体制机制，把我们的制度优势、组织优势、人力优势转化为传播优势。要更好发挥高层次专家作用，利用重要国际会议论坛、外国主流媒体等平台和渠道发声。各地区各部门要发挥各自特色和优势开展工作，展示丰富多彩、生动立体的中国形象。"③

综上所述，习近平总书记关于新时代做好党的新闻舆论工作的一系列重要论述内涵丰富、思想深刻，具有重要的理论意义和实践意义。一方面，相关论述在继承与发展马克思主义新闻观的基础上，创造性地提出了一系列新观点、新论断、新思想，实现了马克思主义新闻观中国化的新飞跃；另一方面，相关论述根植时代土壤、紧扣时代发展、直面时代挑战、回应时代关切，为破解新时代党的新闻舆论工作面临的现实问题提供了一系列新理念、新思路、新方法，具有重要的实践意义，是做好新时代党的新闻舆论工作的根本遵循和行动指南。

第二节　新时代党的新闻舆论思想的体系与内容

进入新时代，党的新闻舆论工作面临新局面、新挑战。习近平总书记高度重视新闻舆论工作，科学、全面地回答了新时代如何做好党的新闻舆论工作这一重大时代课题，他的一系列重要论述涉及"党的新闻舆论工作的方方面面，回答了党的新闻舆论

---

① 《习近平谈治国理政（第三卷）》，外文出版社 2020 年版，第 319—320 页。
② 中共中央文献研究室：《习近平关于社会主义文化建设论述摘编》，中央文献出版社 2017 年版，第 213 页。
③ 《习近平谈治国理政（第四卷）》，外文出版社 2022 年版，第 318 页。

工作'是什么''为谁干''干什么''怎么干'等问题，既是科学的新闻观，又是实用的新闻方法论，是在大的新闻观和具体方法论统一之下涵盖了许许多多'统一'的辩证唯物主义和历史唯物主义的思想体系"。① 总体来看，"党性原则是习近平新闻舆论思想的鲜明主线；正确导向是习近平新闻舆论思想的基本要求；为民情怀是习近平新闻舆论思想的深沉底色；遵循规律是习近平新闻舆论思想的内在逻辑；开拓创新是习近平新闻舆论思想的理论品格；面向世界是习近平新闻舆论思想的时代特质"。②

一、加强和改善党对新闻舆论工作的领导

2015 年 2 月 2 日，在省部级主要领导干部学习贯彻党的十八届四中全会精神全面推进依法治国专题研讨班上，习近平总书记指出："中国共产党是中国特色社会主义事业的领导核心，处在总揽全局、协调各方的地位。在当今中国，没有大于中国共产党的政治力量或其他什么力量。党政军民学，东西南北中，党是领导一切的，是最高的政治领导力量。"③ 在新闻舆论工作方面，同样要坚定不移坚持党的全面领导。

党性原则是马克思主义新闻观的根本原则，坚持党的领导是党的新闻舆论工作的基本准绳。"新闻舆论工作坚持党性原则是习近平的一贯思想"④，习近平总书记关于加强和改善党对新闻舆论工作的领导的一系列重要论述继承和发展了马克思主义新闻观的党性理论。首先，习近平总书记明确阐述了新闻舆论工作坚持党性原则的核心要义，坚持正确的政治方向是重中之重，他指出："坚持党性，核心就是坚持正确政治方向，站稳政治立场，坚定宣传党的理论和路线方针政策，坚定宣传中央重大工作部署，坚定宣传中央关于形势的重大分析判断，坚决同党中央保持高度一致，坚决维护中央权威。所有宣传思想部门和单位，所有宣传思想战线上的党员、干部都要旗帜鲜明坚持

---

① 田宏明：《新闻舆论工作"道"和"术"的统一——重温习近平"2·19"重要讲话精神》，《新闻战线》2018 年第 3 期。

② 蔡名照：《深入学习贯彻习近平新闻舆论思想不断提升党的新闻舆论传播力、引导力、影响力、公信力》，《中国记者》2018 年第 1 期。

③ 习近平：《论坚持党对一切工作的领导》，中央文献出版社 2019 年版，第 8—9 页。

④ 陈力丹：《坚持党性，尊重规律，以人民为中心——习近平新闻舆论观的两个要点和一个落脚点》，《新闻记者》2018 年第 7 期。

党性原则。"① 第二，习近平总书记阐明了新闻舆论工作坚持党性原则的根本所在，旗帜鲜明地指出"党媒姓党"。"党的新闻舆论工作坚持党性原则，最根本的是坚持党对新闻舆论工作的领导。党和政府主办的媒体是党和政府的宣传阵地，必须姓党。党的新闻舆论媒体的所有工作，都要体现党的意志、反映党的主张，维护党中央权威、维护党的团结，做到爱党、护党、为党；都要增强看齐意识，在思想上政治上行动上同党中央保持高度一致。"② 第三，习近平总书记明确了新闻舆论工作坚持党性原则的具体内涵。他指出："党性原则是党的新闻舆论工作的根本原则。党管宣传、党管意识形态、党管媒体是坚持党的领导的重要方面。"③ 这一重要论述为党的新闻舆论工作切实坚持党性原则提供了明确指引。"宣传、意识形态和媒体是党领导新闻舆论工作的三个主要着力点。深入来看，这三方面工作有着清晰的逻辑性和层次性。其中，宣传是手段、意识形态是目标、媒体是载体，三者共同阐明了党领导新闻舆论工作的方法与思路。"④

具体来看，第一，坚持党管宣传确保党的新闻舆论工作牢牢把握正确政治方向。习近平总书记在全国宣传思想工作会议上指出："要加强党对宣传思想工作的全面领导，旗帜鲜明坚持党管宣传、党管意识形态。要以党的政治建设为统领，牢固树立'四个意识'，坚决维护党中央权威和集中统一领导，牢牢把握正确政治方向。"⑤ 只有坚持正确的政治方向，才能够确保舆论引导工作始终把握正确方向。这需要党的新闻宣传战线进一步树立"政治意识、大局意识、核心意识、看齐意识"，在思想和行动上与党中央保持高度一致，宣传和贯彻好党的理论路线与方针政策。

第二，坚持党管意识形态确保党的新闻舆论工作始终明确总体目标。习近平总书记在全国宣传思想工作会议上指出："宣传思想工作就是要巩固马克思主义在意识形态领域的指导地位，巩固全党全国人民团结奋斗的共同思想基础。"这一重要论述阐明了党的新闻舆论工作的目标。党的新闻舆论工作事关"旗帜和道路"，"是党的意识形态

---

① 《习近平谈治国理政（第一卷）》，外文出版社 2014 年版，第 154 页。
② 《习近平谈治国理政（第二卷）》，外文出版社 2017 年版，第 332 页。
③ 中共中央文献研究室：《习近平关于社会主义文化建设论述摘编》，中央文献出版社 2017 年版，第 40 页。
④ 夏康健：《坚持党的领导开创全媒体发展新境界》，《人民论坛》2021 年第 9 期。
⑤ 《习近平谈治国理政（第三卷）》，外文出版社 2020 年版，第 314—315 页。

工作最前沿最直接、最有影响力的阵地"，只有做好党的新闻舆论工作，才能够切实确保意识形态领域安全。在开展党的新闻舆论工作的过程中，要始终明确保障意识形态领域安全的目标。

第三，坚持党管媒体确保党的新闻舆论工作牢牢守住宣传主阵地。无论媒体环境和舆论格局发生了什么样的变化，党媒的底色从未改变，"党媒姓党"是始终不变的原则。习近平总书记指出："党的新闻舆论工作坚持党性原则，最根本的是坚持党对新闻舆论工作的领导。党和政府主办的媒体是党和政府的宣传阵地，必须姓党。"① 在党的新闻舆论工作的具体实践中，要用马克思主义新闻观武装新闻工作者的头脑，坚持"政治家办报"这一马克思主义新闻观的基本原则。习近平总书记强调："要坚持党管媒体原则不动摇，坚持政治家办报、办刊、办台、办新闻网站，加强马克思主义新闻观教育。"② 对"党管媒体"的范畴和方式，习近平总书记进行了明确论述："党管媒体，不能说只管党直接掌握的媒体。党管媒体是把各级各类媒体都置于党的领导之下，这个领导不是'隔靴搔痒式'领导，方式可以有区别，但不能让党管媒体的原则被架空。"③

二、始终坚持以人民为中心的新闻舆论工作导向

中国共产党始终将人民立场作为根本政治立场，习近平总书记在中共二十大报告中指出："必须坚持人民至上。人民性是马克思主义的本质属性，党的理论是来自人民、为了人民、造福人民的理论，人民的创造性实践是理论创新的不竭源泉。一切脱离人民的理论都是苍白无力的，一切不为人民造福的理论都是没有生命力的。我们要站稳人民立场、把握人民愿望、尊重人民创造、集中人民智慧，形成为人民所喜爱、所认同、所拥有的理论，使之成为指导人民认识世界和改造世界的强大思想武器。"④

以人民为中心始终是中国共产党坚守的初心和使命，是贯穿党的新闻舆论工作的

① 《习近平谈治国理政（第二卷）》，外文出版社 2017 年版，第 332 页。
② 中共中央文献研究室：《习近平关于社会主义文化建设论述摘编》，中央文献出版社 2017 年版，第 25 页。
③ 同上书，第 42 页。
④ 习近平：《高举中国特色社会主义伟大旗帜　为全面建设社会主义现代化国家而团结奋斗——在中国共产党第二十次全国代表大会上的报告》，载中国政府网 http://www.gov.cn/xinwen/2022-10/25/content_5721685.htm，2022 年 10 月 25 日。

一条主线。"在党的革命与建设历程中，'人民性'概念不断被论述并加以完善。从马克思恩格斯首提'人民报刊'思想，到'以人民为中心'作为习近平新时代中国特色社会主义思想的价值灵魂和根本立场，'人民性'的理论内涵呈现出向外扩展的趋势。"① 习近平对"人民性"的内涵进行了明确阐述："做好宣传思想工作，必须讲人民性。坚持人民性，就是要把实现好、维护好、发展好最广大人民根本利益作为出发点和落脚点，坚持以民为本、以人为本。"②

首先，要做好党的新闻舆论工作，必须明确以人民为中心的根本立场。习近平总书记强调："必须解决好'为了谁、依靠谁、我是谁'这个根本问题。"③ 这就要求党的新闻舆论工作始终坚持群众观点，走好群众路线。"新闻舆论工作是做人的工作，本质上是群众工作，必须始终坚持党的群众路线，这是解决好'为了谁、依靠谁、我是谁'的金钥匙。"④ 党的新闻舆论工作必须与人民群众的日常生活紧密结合在一起，既发挥服务作用，也发挥引导作用。习近平总书记指出："要坚决克服有些宣传报道脱离生活、不接地气、同群众贴得不够紧的问题，坚决克服一味迎合市场带来的低俗化现象。"⑤

第二，对党的新闻舆论工作如何坚持和贯彻"人民性"原则，习近平总书记进行了明确阐述，指明了具体的工作路径和方向。他指出："要树立以人民为中心的工作导向，把服务群众同教育引导群众结合起来，把满足需求同提高素养结合起来，多宣传报道人民群众的伟大奋斗和火热生活，多宣传报道人民群众中涌现出来的先进典型和感人事迹，丰富人民精神世界，增强人民精神力量，满足人民精神需求。"⑥ 习近平总书记的重要论述明确了人民群众是宣传报道的主要对象，也是优秀新闻作品服务的目标主体。

第三，从理论层面明确"党性与人民性相统一"，廓清了模糊认识，澄清了谬误观

---

① 邓绍根、曾林浩：《论中国共产党新闻事业的党性原则及"党性和人民性统一"》，《当代传播》2022年第5期。
② 中共中央文献研究室：《习近平关于社会主义文化建设论述摘编》，中央文献出版社2017年版，第25、26页。
③ 同上书，第26页。
④ 新华通讯社课题组：《习近平新闻舆论思想要论》，新华出版社2017年版，第65页。
⑤ 中共中央文献研究室：《习近平关于社会主义文化建设论述摘编》，中央文献出版社2017年版，第26页。
⑥ 同上。

点，统一了指导思想，对做好党的新闻舆论工作具有重要意义。在一段时期内，还出现一些将"党性"与"人民性"对立起来的错误言论。面对相关问题，在2013年8月召开的全国宣传思想工作会议上，习近平总书记明确指出："党性和人民性从来都是一致的、统一的。"① 在2016年2月召开的党的新闻舆论工作座谈会上，习近平总书记再次强调："要坚持党性和人民性相统一，把党的理论和路线方针政策变成人民群众的自觉行动，及时把人民群众创造的经验和面临的实际情况反映出来，丰富人民精神世界，增强人民精神力量。"② 明确了新闻舆论工作党性和人民性的关系，将对党负责和对人民负责统一起来，为新闻舆论工作"更好地体现党的主张、反映人民心声提供了科学理论指导"。③

第四，必须将以人民为中心的根本导向落实在新闻舆论工作的具体实践当中。习近平总书记指出，新闻舆论工作者要深入群众，"转作风、改文风，俯下身、沉下心，察实情、说实话、动真情，努力推出有思想、有温度、有品质的作品"④，这样才能创作出老百姓看得懂、听得进，具有感染力和吸引力的新闻作品。而在新闻舆论工作的成效评价方面，同样要把群众满意不满意作为根本标准。习近平总书记指出："让群众满意是我们党做好一切工作的价值取向和根本标准，群众意见是一把最好的尺子。"⑤ 党的新闻舆论工作也是如此，新闻报道不但要聚焦群众关切、反映群众呼声，而且要重视群众对新闻报道本身的意见和反馈，持续改进和提升党的新闻舆论工作。

三、明确新时代新闻舆论工作的职责使命

进入新时代，党的新闻舆论工作面对一系列新局面、新挑战。2016年2月19日，习近平总书记在党的新闻舆论工作座谈会上明确提出了党的新闻舆论工作的职责和使

---

① 《习近平谈治国理政（第一卷）》，外文出版社2014年版，第154页。
② 《习近平谈治国理政（第二卷）》，外文出版社2017年版，第332页。
③ 孙志平、甘泉：《本色、底色、亮色、特色——习近平新闻舆论思想开辟马克思主义新闻观中国化新境界》，《中国记者》2018年第2期。
④ 《习近平谈治国理政（第二卷）》，外文出版社2017年版，第333—334页。
⑤ 习近平：《在党的群众路线教育实践活动总结大会上的讲话》，人民出版社2014年版，第10—11页。

命："高举旗帜、引领导向，围绕中心、服务大局，团结人民、鼓舞士气，成风化人、凝心聚力，澄清谬误、明辨是非，联接中外、沟通世界。"这48字包含六句话，代表的是"六项职责和使命"，是对新时代党的新闻舆论工作职责使命的明确定位与科学指引。

首先，"高举旗帜、引领导向"就是要高举"马克思主义"和"中国特色社会主义理论"两面思想旗帜，引领正确的新闻舆论导向。习近平总书记强调，新时代党的新闻舆论工作要承担起职责使命，"坚持正确政治方向是第一位的"。"高举旗帜"强调的是新闻舆论工作的"指导思想"问题，要坚持马克思主义在意识形态领域的指导地位，坚持中国特色社会主义发展道路。新闻舆论工作要始终站稳政治立场，坚持正确导向，在新媒体时代要持续探索新媒体舆论引导的内在规律，提升舆论引导能力，牢牢掌握舆论引导的主动权。

第二，"围绕中心、服务大局"，是指新闻舆论工作要紧紧围绕党的中心工作，服务党和国家的工作大局。新闻舆论工作"要坚持经济建设这个中心不动摇，心无旁骛，不受干扰，不偏方向，咬定青山不放松，一心一意谋发展。要坚决服从服务于党和国家工作大局，服从服务于党和国家的决策部署，服从服务于推进改革发展稳定，坚持在大局下思考、在大局下行动，不缺位，不错位，有作为"。[1]要将新发展理念贯穿于新闻舆论工作当中，为国家发展营造良好的舆论氛围。

第三，"团结人民、鼓舞士气"，是指新闻舆论工作要通过正面宣传，弘扬主旋律，将全国人民紧密团结在党中央周围，鼓舞社会各界踔厉奋发、勇毅前行。习近平指出："我们正在进行具有许多新的历史特点的伟大斗争，面临的挑战和困难前所未有，必须坚持巩固壮大主流思想舆论，弘扬主旋律，传播正能量，激发全社会团结奋进的强大力量。"[2]新闻舆论工作要坚持以正面宣传为主，大力传播正能量，充分激发全体人民的积极性、主动性和创造性，使全体人民充满信心与干劲，不断战胜各种风险挑战，推动党和国家的事业向前发展。

---

[1] 《习近平新闻思想讲义（2018年版）》编写组：《习近平新闻思想讲义（2018年版）》，人民出版社、学习出版社2018年版，第44页。

[2] 中共中央文献研究室：《习近平关于全面建成小康社会论述摘编》，中央文献出版社2016年版，第105页。

第四，"成风化人、凝心聚力"，是指新闻舆论工作要充分发挥宣传教育功能，培育和践行社会主义核心价值观，在整个社会形成积极向上的社会风气，使全国人民心往一处想，劲往一处使。"成风化人"，是指新闻舆论工作应在潜移默化中形成良好的社会风尚，致力于"在宏观的文化层面影响全社会，从文化深层次，提升人的素养，改变社会风尚，促使整个社会风气和文化文明的进步"①。"凝心聚力"是指要在复杂的斗争形势中保持战略定力，新闻舆论工作汇聚起全体人民团结奋斗的磅礴力量，集中精力办好自己的事。

第五，"澄清谬误、明辨是非"，是指要旗帜鲜明地对错误的社会思潮和消极的社会现象进行批驳，不但要把道理讲明白、讲透彻，而且要善于用事实说话，引导群众了解事实真相，自觉抵制错误思想。习近平强调："要敢抓敢管，敢于亮剑，着眼于团结和争取大多数，有理有利有节开展舆论斗争，帮助干部群众划清是非界限、澄清模糊认识。"②尤其是在新媒体时代，各种社会思潮激荡交锋、虚假信息日益猖獗，新闻舆论工作者不但要有敢于斗争的精神，在面对大是大非问题时旗帜鲜明地驳斥错误观点；而且"要具备事实检验能力和逻辑推理能力"③，及时分辨错误信息，引导干部群众明辨是非曲直。

第六，"联接中外、沟通世界"，是指要持续增强国际传播能力，向世界讲好中国故事，搭建起联接中外的沟通桥梁。习近平总书记在主持中共十九届中央政治局第三十次集体学习时发表重要讲话，指出"讲好中国故事，传播好中国声音，展示真实、立体、全面的中国，是加强我国国际传播能力建设的重要任务。要深刻认识新形势下加强和改进国际传播工作的重要性和必要性，下大气力加强国际传播能力建设，形成同我国综合国力和国际地位相匹配的国际话语权，为我国改革发展稳定营造有利外部舆论环境，为推动构建人类命运共同体作出积极贡献"④。

---

① 郝雨、李娟：《新闻传播功能的中国化理论内涵与话语表达——"成风化人、凝心聚力"概念的传播学价值》，《当代传播》2019年第1期。
② 中共中央文献研究室：《习近平关于全面建成小康社会论述摘编》，中央文献出版社2016年版，第105页。
③ 杨继红：《深刻理解"澄清谬误，明辨是非"，做好网络新闻舆论工作》，《中国记者》2016年第3期。
④ 《习近平谈治国理政（第四卷）》，外文出版社2022年版，第316页。

四、坚持团结稳定鼓劲、正面宣传为主的新闻舆论导向

"坚持团结稳定鼓劲、正面宣传为主"是党的新闻舆论工作的优秀传统和重要原则。面对新的时代形势，习近平总书记对"坚持团结稳定鼓劲、正面宣传为主"的意义、路径、范畴、方法等作出了一系列重要论述，为做好相关工作提供了重要指引和根本遵循。

首先，习近平总书记明确了新闻舆论工作"坚持团结稳定鼓劲、正面宣传为主"的重要意义，指出其是党的新闻舆论工作的重要遵循与原则。在 2013 年 8 月召开的全国宣传思想工作会议上，习近平总书记指出："坚持团结稳定鼓劲、正面宣传为主，是宣传思想工作必须遵循的重要方针。我们正在进行具有许多新的历史特点的伟大斗争，面临的挑战和困难前所未有，必须坚持巩固壮大主流思想舆论，弘扬主旋律，传播正能量，激发全社会团结奋进的强大力量。"[1] 牢牢坚持正确舆论导向事关重大，关乎党和人民事业发展的全局。习近平总书记指出："舆论导向正确，就能凝聚人心、汇聚力量，推动事业发展；舆论导向错误，就会动摇人心、瓦解斗志，危害党和人民事业。这一点，全党同志特别是新闻舆论战线的同志要时刻牢记。要坚持以正确舆论引导人，做到所有工作都有利于坚持中国共产党领导和我国社会主义制度，有利于推动改革发展，有利于增进全国各族人民团结，有利于维护社会和谐稳定。讲导向，这是最重要、最根本的导向。"[2]

第二，要实现"团结稳定鼓劲、正面宣传"的传播效果，必须遵循新闻传播规律，尊重受众接受心理。习近平总书记深刻指出，"团结稳定鼓劲、正面宣传为主"，"关键是要提高质量和水平，把握好时、度、效，增强吸引力和感染力，让群众爱听爱看、产生共鸣，充分发挥正面宣传鼓舞人、激励人的作用"[3]。

第三，新闻舆论工作"坚持团结稳定鼓劲、正面宣传为主"是一项系统工程，要贯穿全媒体、全内容、全过程。习近平总书记指出，"新闻舆论工作各个方面、各个环

---

① 《习近平谈治国理政（第一卷）》，外文出版社 2014 年版，第 155 页。
② 中共中央文献研究室：《习近平关于社会主义文化建设论述摘编》，中央文献出版社 2017 年版，第 43—44 页。
③ 《习近平谈治国理政（第一卷）》，外文出版社 2014 年版，第 155 页。

节都要坚持正确舆论导向。各级党报党刊、电台电视台要讲导向，都市类报刊、新媒体也要讲导向；新闻报道要讲导向，副刊、专题节目、广告宣传也要讲导向；时政新闻要讲导向，娱乐类、社会类新闻也要讲导向；国内新闻报道要讲导向，国际新闻报道也要讲导向"①。各类媒体要深入领会习近平总书记相关重要论述，明确"坚持正确舆论导向是对所有媒体的要求，也是所有媒体应尽的职责。不同媒体可以在主办单位、经营机制、技术手段等方面有不同，但不能在舆论导向上有差别，不能出现'舆论飞地''舆论特区'"②。

第四，党的新闻舆论工作需要主动适应互联网时代媒介环境的变革，在网络新闻宣传和舆论引导方面更好贯彻"坚持团结稳定鼓劲、正面宣传为主"的原则。互联网技术的发展使得整个新闻舆论格局发生深刻变化，新闻舆论工作需要转变传统媒体思维，深入把握互联网的媒介逻辑，更好开展网上舆论工作。习近平总书记指出："做好网上舆论工作是一项长期任务，要创新改进网上宣传，运用网络传播规律，弘扬主旋律，激发正能量，大力培育和践行社会主义核心价值观，把握好网上舆论引导的时、度、效，使网络空间清朗起来。"③

"坚持团结稳定鼓劲、正面宣传为主"是党的新闻舆论工作始终坚持的重要原则。在新的时代条件下，要主动顺应社会环境和媒介环境的变化，探索新闻舆论工作的内在规律，更加全面、深入地贯彻这一原则，弘扬主旋律、传递正能量，振奋精神、凝心聚力，为实现中国式现代化营造良好的舆论氛围。

五、加快推动媒体融合发展

随着全媒体技术的迅速发展，传统的媒体格局被打破，信息传播模式和新闻舆论生态发生重大变革。习近平总书记深刻洞察形势变化，指出："全媒体不断发展，出现了全程媒体、全息媒体、全员媒体、全效媒体，信息无处不在、无所不及、无人不用，

---

① 人民日报社评论部：《论学习贯彻习近平总书记新闻舆论工作座谈会重要讲话精神》，人民出版社2016年版，第13页。
② 杨振武：《把握好政治家办报的时代要求——深入学习贯彻习近平同志在党的新闻舆论工作座谈会上的重要讲话精神》，《新闻战线》2016年第5期。
③ 《习近平谈治国理政（第一卷）》，外文出版社2014年版，第198页。

导致舆论生态、媒体格局、传播方式发生深刻变化，新闻舆论工作面临新的挑战。"① 然而在一段时期，"面对媒体格局、舆论生态的深刻变化，新闻舆论工作适应步伐还不够快，一些主流媒体受众规模缩小、影响力下降。面对新媒体带来的深刻变化，新闻舆论工作理念、方式、手段还没有跟上，管好用好新媒体能力还不够强。面对受众阅读习惯和信息需求的深刻变化，一些媒体还是按老办法、老调调、老习惯写报道、讲故事，表达方式单一、传播对象过窄、回应能力不足，存在受众不爱看、不爱听的问题，时效性、针对性、可读性有待增强"②。在此背景下，习近平总书记强调，党的新闻舆论工作必须"要适应分众化、差异化传播趋势，加快构建舆论引导新格局。要推动融合发展，主动借助新媒体传播优势"③，通过加强探索创新，加快推动媒体融合发展，牢牢把握舆论引导主动权。

首先，加快推动媒体融合发展意义重大，关系到党的新闻舆论工作能否占据"传播制高点"。关于这一重要问题，习近平总书记多次做出重要论述。在 2013 年 8 月召开的全国宣传思想工作会议上，习近平总书记就指出："要适应社会信息化持续推进的新情况，加快传统媒体和新兴媒体融合发展，充分运用新技术新应用创新媒体传播方式，占领信息传播制高点。"④ 在主持中共十九届中央政治局第十二次集体学习时，习近平总书记再次强调："网络空间已经成为人们生产生活的新空间，那就也应该成为我们党凝聚共识的新空间。移动互联网已经成为信息传播主渠道。随着 5G、大数据、云计算、物联网、人工智能等技术不断发展，移动媒体将进入加速发展新阶段。要坚持移动优先策略，建设好自己的移动传播平台，管好用好商业化、社会化的互联网平台，让主流媒体借助移动传播，牢牢占据舆论引导、思想引领、文化传承、服务人民的传播制高点。"⑤ 只有占据传播制高点，才能掌握舆论引导主动权，加快推动媒体融合势在必行。

第二，加快推动媒体融合发展必须具有明确的目标导向。加快推动媒体融合是为

---

① 《习近平谈治国理政（第三卷）》，外文出版社 2020 年版，第 316 页。
② 中共中央文献研究室：《习近平关于社会主义文化建设论述摘编》，中央文献出版社 2017 年版，第 39 页。
③ 《习近平谈治国理政（第二卷）》，外文出版社 2017 年版，第 333 页。
④ 中共中央文献研究室：《习近平关于全面建成小康社会论述摘编》，中央文献出版社 2016 年版，第 106 页。
⑤ 《习近平谈治国理政（第三卷）》，外文出版社 2020 年版，第 318 页。

了使主流媒体顺应新的媒介环境变化，更好发挥团结人民、鼓舞士气的职责使命。习近平总书记指出："我们要加快推动媒体融合发展，使主流媒体具有强大传播力、引导力、影响力、公信力，形成网上网下同心圆，使全体人民在理想信念、价值理念、道德观念上紧紧团结在一起，让正能量更强劲、主旋律更高昂。"①通过加快推动媒体融合增强主流媒体"四力"，进而做大做强主流舆论，能够为推动党和国家的事业发展提供精神力量和舆论支持。习近平总书记指出："我们推动媒体融合发展，是要做大做强主流舆论，巩固全党全国人民团结奋斗的共同思想基础，为实现'两个一百年'奋斗目标、实现中华民族伟大复兴的中国梦提供强大精神力量和舆论支持。"②总体来看，"习近平对媒体融合发展重要论述是从政治高度和战略层面确定推动媒体融合发展的目标，在党和国家工作全局中具有重要价值"③。

第三，加快推动媒体融合发展要处理好不同媒体之间的关系，这是理顺媒体融合工作思路、有序推进具体工作开展的关键问题。习近平总书记从整合各类资源，构建全媒体传播体系的高度明确指出："推动媒体融合发展，要统筹处理好传统媒体和新兴媒体、中央媒体和地方媒体、主流媒体和商业平台、大众化媒体和专业性媒体的关系，不能搞'一刀切'、'一个样'。要形成资源集约、结构合理、差异发展、协同高效的全媒体传播体系。"④在媒体融合的过程中，传统媒体转型势在必行，而如何处理传统媒体和新兴媒体之间的关系，是一个尤为重要和紧迫的问题。习近平总书记指出："传统媒体和新兴媒体不是取代关系，而是迭代关系；不是谁主谁次，而是此长彼长；不是谁强谁弱，而是优势互补。"⑤习近平总书记深刻洞察媒体发展演变的内在规律，为传统媒体和新兴媒体融合发展提供了科学指引。

第四，加快推进媒体融合是一项系统性工程，习近平总书记的一系列重要论述科学回答了如何从全局高度做好媒体融合的规划统筹与协调推进工作。一是要转换思维，

---

① 《习近平谈治国理政（第三卷）》，外文出版社 2020 年版，第 317 页。
② 同上书，第 316 页。
③ 童兵、费雯俪：《打造新时代的"四全媒体"——努力践行习近平关于媒体融合发展重要论述》，《新闻与传播评论》2020 年第 4 期。
④ 《习近平谈治国理政（第三卷）》，外文出版社 2020 年版，第 318 页。
⑤ 同上书，第 317 页。

顺应媒体融合发展的内在规律。习近平总书记指出："推动传统媒体和新兴媒体融合发展，要遵循新闻传播规律和新兴媒体发展规律，强化互联网思维，坚持传统媒体和新兴媒体优势互补、一体发展，坚持先进技术为支撑、内容建设为根本，推动传统媒体和新兴媒体在内容、渠道、平台、经营、管理等方面的深度融合，着力打造一批形态多样、手段先进、具有竞争力的新型主流媒体，建成几家拥有强大实力和传播力、公信力、影响力的新型媒体集团，形成立体多样、融合发展的现代传播体系。要一手抓融合，一手抓管理，确保融合发展沿着正确方向推进。"[1] 二是要加强媒体融合发展的顶层设计。习近平总书记指出："媒体融合发展不仅仅是新闻单位的事，要把我们掌握的社会思想文化公共资源、社会治理大数据、政策制定权的制度优势转化为巩固壮大主流思想舆论的综合优势。要抓紧做好顶层设计，打造新型传播平台，建成新型主流媒体，扩大主流价值影响力版图，让党的声音传得更开、传得更广、传得更深入。"[2] 三是要统筹各方的资源与力量，协同推进媒体融合发展。习近平总书记指出："媒体融合发展是一篇大文章。面对全球一张网，需要全国一盘棋。各级党委和政府要从政策、资金、人才等方面加大对媒体融合发展的支持力度。各级宣传管理部门要改革创新管理机制，配套落实政策措施，推动媒体融合朝着正确方向发展。"[3] 四是要勇于探索创新，通过加强新技术应用，实现一体化发展，打开媒体融合发展的新局面。习近平总书记指出：要"增强紧迫感和使命感，推动关键核心技术自主创新不断实现突破，探索将人工智能运用在新闻采集、生产、分发、接收、反馈中，用主流价值导向驾驭'算法'，全面提高舆论引导能力"[4]。一体化发展是媒体融合的必然趋势，习近平总书记指出："要坚持一体化发展方向，加快从相加阶段迈向相融阶段，通过流程优化、平台再造，实现各种媒介资源、生产要素有效整合，实现信息内容、技术应用、平台终端、管理手段共融互通，催化融合质变，放大一体效能，打造一批具有强大影响力、竞争力的新型主流媒体。"[5]

---

[1]　中共中央文献研究室：《习近平关于全面建成小康社会论述摘编》，中央文献出版社 2016 年版，第 118 页。
[2]　《习近平谈治国理政（第三卷）》，外文出版社 2020 年版，第 319 页。
[3]　同上书，第 320 页。
[4]　同上书，第 318 页。
[5]　同上书，第 317 页。

六、做好网上舆论工作

随着互联网技术的发展，网络舆论场逐渐成为党的新闻舆论工作的主阵地。习近平总书记强调："过不了互联网这一关，就过不了长期执政这一关。"[①] 习近平总书记高度重视网上舆论工作，明确指出做好网上舆论工作是当前新闻舆论工作的重点，"要把网上舆论工作作为宣传思想工作的重中之重来抓。宣传思想工作是做人的工作的，人在哪儿重点就应该在哪儿"[②]。

互联网技术给信息传播和社会交往引入了新的尺度，深刻改变了舆论生态，使党的新闻舆论工作面临新的局面。习近平总书记指出："随着新媒体快速发展，国际国内、线上线下、虚拟现实、体制外体制内等界限愈益模糊，构成了越来越复杂的大舆论场，更具有自发性、突发性、公开性、多元性、冲突性、匿名性、无界性、难控性等特点。"[③] 在此背景下，如何通过加强管理使互联网从"最大变量"变为"最大增量"成为一个重要课题。习近平总书记指出："管好用好互联网，是新形势下掌控新闻舆论阵地的关键，重点要解决好谁来管、怎么管的问题。有些人企图让互联网成为当代中国最大的变量。要把党管媒体的原则贯彻到新媒体领域，所有从事新闻信息服务、具有媒体属性和舆论动员功能的传播平台都要纳入管理范围，所有新闻信息服务和相关业务从业人员都要实行准入管理。"[④]

对于如何切实做好网上舆论工作，习近平总书记作出了一系列具有原创性的重要论述，为相关工作的开展提供了科学指引。

首先，要加强对网络空间的管理，营造晴朗的网络空间。习近平总书记指出："网络空间是亿万民众共同的精神家园。网络空间天朗气清、生态良好，符合人民利益。网络空间乌烟瘴气、生态恶化，不符合人民利益。谁都不愿生活在一个充斥着虚假、

[①] 中共中央文献研究室：《习近平关于社会主义文化建设论述摘编》，中央文献出版社 2017 年版，第 42 页。
[②] 中共中央文献研究室：《习近平关于全面建成小康社会论述摘编》，中央文献出版社 2016 年版，第 105 页。
[③] 中共中央文献研究室：《习近平关于社会主义文化建设论述摘编》，中央文献出版社 2017 年版，第 45 页。
[④] 同上书，第 42、43 页。

诈骗、攻击、谩骂、恐怖、色情、暴力的空间。"①营造清朗的网络空间符合人民利益，利于社会发展，具有重要意义。习近平总书记指出："我们要本着对社会负责、对人民负责的态度，依法加强网络空间治理，加强网络内容建设，做强网上正面宣传，培育积极健康、向上向善的网络文化，用社会主义核心价值观和人类优秀文明成果滋养人心、滋养社会，做到正能量充沛、主旋律高昂，为广大网民特别是青少年营造一个风清气正的网络空间。"②

第二，要增强阵地意识，牢牢把握网上舆论引导的主动权。习近平总书记指出："人在哪儿，宣传思想工作的重点就在哪儿，网络空间已经成为人们生产生活的新空间，那就也应该成为我们党凝聚共识的新空间。移动互联网已经成为信息传播主渠道。随着5G、大数据、云计算、物联网、人工智能等技术不断发展，移动媒体将进入加速发展新阶段。要坚持移动优先策略，建设好自己的移动传播平台，管好用好商业化、社会化的互联网平台，让主流媒体借助移动传播，牢牢占据舆论引导、思想引领、文化传承、服务人民的传播制高点。"③与此同时，网络空间也是各类思潮激荡碰撞、不同势力舆论斗争的主要场域。习近平总书记指出："要解决好'本领恐慌'问题，真正成为运用现代传媒新手段新方法的行家里手。要深入开展网上舆论斗争，严密防范和抑制网上攻击渗透行为，组织力量对错误思想观点进行批驳。要依法加强网络社会管理，加强网络新技术新应用的管理，确保互联网可管可控，使我们的网络空间清朗起来。"④

第三，要着力加强和改进网上正面宣传，构建网上网下同心圆。习近平总书记在全国网络安全和信息化工作会议上的讲话中指出："要加强网上正面宣传，旗帜鲜明坚持正确政治方向、舆论导向、价值取向，用新时代中国特色社会主义思想和党的十九大精神团结、凝聚亿万网民，深入开展理想信念教育，深化新时代中国特色社会主义

---

① 中共中央文献研究室：《习近平关于社会主义文化建设论述摘编》，中央文献出版社2017年版，第50页。
② 同上。
③《习近平谈治国理政（第三卷）》，外文出版社2020年版，第318页。
④ 中共中央文献研究室：《习近平关于全面建成小康社会论述摘编》，中央文献出版社2016年版，第106页。

和中国梦宣传教育，积极培育和践行社会主义核心价值观，推进网上宣传理念、内容、形式、方法、手段等创新，把握好时度效，构建网上网下同心圆，更好凝聚社会共识，巩固全党全国人民团结奋斗的共同思想基础。"① 加强和改进网上正面宣传要讲究方式方法，在遵循网络传播规律的基础上探索创新。习近平总书记指出："做好网上舆论工作是一项长期任务，要创新改进网上宣传，运用网络传播规律，弘扬主旋律，激发正能量，大力培育和践行社会主义核心价值观，把握好网上舆论引导的时、度、效，使网络空间清朗起来。"②

第四，要推动网络文化建设，加强网络文明建设。习近平总书记指出："网络文明是新形势下社会文明的重要内容，是建设网络强国的重要领域。近年来，我国积极推进互联网内容建设，弘扬新风正气，深化网络生态治理，网络文明建设取得明显成效。要坚持发展和治理相统一、网上和网下相融合，广泛汇聚向上向善力量。各级党委和政府要担当责任，网络平台、社会组织、广大网民等要发挥积极作用，共同推进文明办网、文明用网、文明上网，以时代新风塑造和净化网络空间，共建网上美好精神家园。"③

第五，要走好网上群众路线，深入了解民情民意。习近平总书记在 2016 年 4 月 19 日召开的网络安全和信息化工作座谈会上指出："要让互联网成为了解群众、贴近群众、为群众排忧解难的新途径，成为发扬人民民主、接受人民监督的新渠道。"④ 尤其是党政领导干部，要走好网上群众路线，及时了解群众意见，回应群众关切。习近平总书记指出："各级党政机关和领导干部要学会通过网络走群众路线，经常上网看看，潜潜水、聊聊天、发发声，了解群众所思所愿，收集好想法好建议，积极回应网民关切、解疑释惑。善于运用网络了解民意、开展工作，是新形势下领导干部做好工作的基本功。各级干部特别是领导干部一定要不断提高这项本领。"⑤

---

① 《习近平谈治国理政（第三卷）》，外文出版社 2020 年版，第 306 页。
② 中共中央文献研究室：《习近平关于社会主义文化建设论述摘编》，中央文献出版社 2017 年版，第 35 页。
③ 《习近平谈治国理政（第四卷）》，外文出版社 2022 年版，第 319 页。
④ 《习近平谈治国理政（第二卷）》，外文出版社 2017 年版，第 336 页。
⑤ 同上。

七、加强和改进国际传播工作

面对世界百年未有之大变局，我国的外部发展环境日趋复杂，国际传播工作面临重大挑战。"我们在国际上还常常处于有理说不出、说了也传不开的境地，存在着信息流进流出的'逆差'、中国形象和西方主观印象的'反差'、软实力和硬实力的'落差'，'中国威胁论''中国崩溃论'等奇谈怪论不时出现。我们有责任讲述好中国故事、传播好中国声音，让中国故事成为国际舆论关注的话题，让中国声音赢得国际社会理解和认同。"① 在此背景下，习近平总书记"在继承发展马克思主义经典作家关于世界交往思想的基础上，结合当代世界百年未有之大变局现状，创造性地将构建人类命运共同体理念和'一带一路'建设思想运用于新时代中国对外交往和国际传播的实践，就如何营造良好国际环境，为国内改革向纵深方向发展以及让世界更好地理解当代中国发展价值趋向和路径选择做出探索"②，提出了一系列新思想、新观点、新论断，对马克思主义国际传播观进行了发展与创新，为做好新时代的国际传播工作提供了根本遵循。

首先，习近平总书记深入阐述了加强和改进国际传播工作的意义、目标和作用，提出了"国际传播使命目标论"。习近平总书记指出："讲好中国故事，传播好中国声音，展示真实、立体、全面的中国，是加强我国国际传播能力建设的重要任务。要深刻认识新形势下加强和改进国际传播工作的重要性和必要性，下大气力加强国际传播能力建设，形成同我国综合国力和国际地位相匹配的国际话语权，为我国改革发展稳定营造有利外部舆论环境，为推动构建人类命运共同体作出积极贡献。"③

第二，习近平总书记从构建中国话语与中国叙事的角度对如何加快国际传播体系建设作出重要论述，提出了"国际传播体系建设论"。习近平总书记指出："要加快构建中国话语和中国叙事体系，用中国理论阐释中国实践，用中国实践升华中国理论，打造融通中外的新概念、新范畴、新表述，更加充分、更加鲜明地展现中国故事及其

---

① 杨振武：《把握好政治家办报的时代要求——深入学习贯彻习近平同志在党的新闻舆论工作座谈会上的重要讲话精神》，《新闻战线》2016 年第 5 期。
② 周宇豪、刘宁：《习近平国际传播观的科学内涵、核心内容与时代特征》，《新闻与传播评论》2022 年第 6 期。
③ 《习近平谈治国理政（第四卷）》，外文出版社 2022 年版，第 317 页。

背后的思想力量和精神力量。"① 要让世界各国人民更好地了解中国共产党和中国特色社会主义道路，"要加强对中国共产党的宣传阐释，帮助国外民众认识到中国共产党真正为中国人民谋幸福而奋斗，了解中国共产党为什么能、马克思主义为什么行、中国特色社会主义为什么好"②。与此同时，要向世界更好地宣扬中国精神与中国文化，"要更好推动中华文化走出去，以文载道、以文传声、以文化人，向世界阐释推介更多具有中国特色、体现中国精神、蕴藏中国智慧的优秀文化。要注重把握好基调，既开放自信也谦逊谦和，努力塑造可信、可爱、可敬的中国形象"③。

第三，在中国综合实力和国际影响力日益提升的背景下，让国际社会全面了解中国观点、中国理念、中国方案，对促进各方了解、更好推动构建国际社会新秩序具有重要意义，习近平总书记的重要论述形成了"中国观念宣传引导论"。习近平总书记指出："要广泛宣介中国主张、中国智慧、中国方案，我国日益走近世界舞台中央，有能力也有责任在全球事务中发挥更大作用，同各国一道为解决全人类问题作出更大贡献。要高举人类命运共同体大旗，依托我国发展的生动实践，立足五千多年中华文明，全面阐述我国的发展观、文明观、安全观、人权观、生态观、国际秩序观和全球治理观。要倡导多边主义，反对单边主义、霸权主义，引导国际社会共同塑造更加公正合理的国际新秩序，建设新型国际关系。要善于运用各种生动感人的事例，说明中国发展本身就是对世界的最大贡献、为解决人类问题贡献了智慧。"④

第四，国际传播要落到实处、见到效果，必须持续创新传播体制机制，因地制宜开展形式丰富的各项交流活动，习近平总书记明确阐释了"国际传播体制创新论"。习近平总书记指出："要深入开展各种形式的人文交流活动，通过多种途径推动我国同各国的人文交流和民心相通。要创新体制机制，把我们的制度优势、组织优势、人力优势转化为传播优势。要更好发挥高层次专家作用，利用重要国际会议论坛、外国主流媒体等平台和渠道发声。各地区各部门要发挥各自特色和优势开展工作，展示丰富多彩、生动立体的中国形象。"⑤ "我们要把握国际传播领域移动化、社交化、可视化的趋

---

① ② ③ ④ 《习近平谈治国理政（第四卷）》，外文出版社 2022 年版，第 317 页。

⑤ 同上书，第 318 页。

势，在构建对外传播话语体系上下功夫，在乐于接受和易于理解上下功夫，让更多国外受众听得懂、听得进、听得明白，不断提升对外传播效果。"①

第五，加强国际传播能力建设要注重探索国际传播的内在规律，有的放矢地增强国际传播的科学性和有效性，习近平总书记的重要论述形成了"国际传播效能提升论"："要全面提升国际传播效能，建强适应新时代国际传播需要的专门人才队伍。要加强国际传播的理论研究，掌握国际传播的规律，构建对外话语体系，提高传播艺术。要采用贴近不同区域、不同国家、不同群体受众的精准传播方式，推进中国故事和中国声音的全球化表达、区域化表达、分众化表达，增强国际传播的亲和力和实效性。要广交朋友、团结和争取大多数，不断扩大知华友华的国际舆论朋友圈。要讲究舆论斗争的策略和艺术，提升重大问题对外发声能力。"②

第六，加强国际传播能力建设必须具有强大的组织保障，要从根本上夯实组织基础，各级党委要高度重视国际传播能力建设，主要领导干部必须负起责任。习近平总书记提出"国际传播组织建设论"，明确指出："各级党委（党组）要把加强国际传播能力建设纳入党委（党组）意识形态工作责任制，加强组织领导，加大财政投入，帮助推动实际工作、解决具体困难。各级领导干部要主动做国际传播工作，主要负责同志既要亲自抓，也要亲自做。要加强对领导干部的国际传播知识培训，发挥各级党组织作用，形成自觉维护党和国家尊严形象的良好氛围。各级党校（行政学院）要把国际传播能力培养作为重要内容。要加强高校学科建设和后备人才培养，提升国际传播理论研究水平。"③

第七，在开展国际传播的过程中，要用国际社会易于理解和接受的话语讲好中国故事，习近平总书记提出"国际传播宣介展示论"："要不断提升中华文化影响力，把握大势、区分对象、精准施策，主动宣介新时代中国特色社会主义思想，主动讲好中国共产党治国理政的故事、中国人民奋斗圆梦的故事、中国坚持和平发展合作共赢的故事，让世界更好了解中国。中华优秀传统文化是中华民族的文化根脉，其蕴含的思

---

① 《习近平谈治国理政（第三卷）》，外文出版社 2020 年版，第 319—320 页。
② 《习近平谈治国理政（第四卷）》，外文出版社 2022 年版，第 318 页。
③ 同上。

想观念、人文精神、道德规范，不仅是我们中国人思想和精神的内核，对解决人类问题也有重要价值。要把优秀传统文化的精神标识提炼出来、展示出来，把优秀传统文化中具有当代价值、世界意义的文化精髓提炼出来、展示出来。"①

八、加强新闻舆论工作队伍建设

"国以才立，政以才治，业以才兴"，做好党的新闻舆论工作，关键在于人才。习近平总书记高度重视新闻舆论工作队伍建设，在2016年2月19日召开的党的新闻舆论工作座谈会上，他明确指出："媒体竞争关键是人才竞争，媒体优势核心是人才优势。要加快培养造就一支政治坚定、业务精湛、作风优良、党和人民放心的新闻舆论工作队伍。"②2016年11月7日，习近平总书记在会见中国记协第九届理事会全体代表和中国新闻奖、长江韬奋奖获奖者代表时，对广大新闻工作者提出了"四向四做"的要求，为加强新闻舆论工作队伍建设提供了根本遵循。

一是要"坚持正确政治方向，同党中央保持高度一致，坚持马克思主义新闻观，坚守党和人民立场，坚持中国特色社会主义，做政治坚定的新闻工作者"③。坚持正确政治方向是新闻舆论工作队伍需要始终把握的首要原则，"习近平总书记强调，党的新闻舆论工作是政治性、政策性很强的工作，从来不是单纯的业务工作，讲政治是第一位的。没有清醒的政治头脑，就无法做好党的新闻舆论工作"④。习近平总书记反复强调要增强政治家办报意识，在党的新闻舆论工作座谈会上，他指出："新闻舆论工作者要增强政治家办报意识，在围绕中心、服务大局中找准坐标定位，牢记社会责任，不断解决好'为了谁、依靠谁、我是谁'这个根本问题。"⑤在会见中国记协第九届理事会全体代表和中国新闻奖、长江韬奋奖获奖者代表时，习近平总书记强调："坚持政治家办报、办刊、办台、办新闻网站，加强马克思主义新闻观教育。宣传思想工作者要

① 《习近平谈治国理政（第三卷）》，外文出版社2020年版，第314页。
② 《习近平谈治国理政（第二卷）》，外文出版社2017年版，第333页。
③ 《习近平在会见中国记协第九届理事会全体代表和中国新闻奖、长江韬奋奖获奖者代表时强调 做党和人民信赖的新闻工作者》，《人民日报》2016年11月8日。
④ 《习近平新闻思想讲义（2018年版）》编写组：《习近平新闻思想讲义（2018年版）》，人民出版社、学习出版社2018年版，第187页。
⑤ 《习近平谈治国理政（第二卷）》，外文出版社2017年版，第333页。

增强党的意识，尽职尽责为党和人民事业服务。坚持什么、反对什么，说什么话、做什么事，都要符合党的要求，过得硬、靠得住，真正做到'千磨万击还坚劲，任尔东西南北风'"①。要切实落实政治家办报原则，使新闻舆论队伍站稳政治立场，始终与党中央保持高度一致，必须加强马克思主义新闻观教育。习近平总书记强调："新闻观是新闻舆论工作的灵魂。山无脊梁要塌方，人无脊梁会垮掉。党的新闻舆论工作必须挺起精神脊梁。古人说：'先立乎其大者，则其小者弗能夺也。'对党的新闻舆论工作来说，这个'大'，就是马克思主义新闻观。要深入开展马克思主义新闻观教育，把马克思主义新闻观作为党的新闻舆论工作的'定盘星'，引导广大新闻舆论工作者做党的政策主张的传播者、时代风云的记录者、社会进步的推动者、公平正义的守望者。"②

二是要"坚持正确舆论导向，深入宣传党的理论和路线方针政策，深入宣传全国各族人民为实现'两个一百年'奋斗目标、实现中华民族伟大复兴中国梦进行的奋斗和取得的成就，弘扬主旋律，释放正能量，做引领时代的新闻工作者"③。新闻舆论队伍坚持正确舆论导向意义重大，影响到党和人民的事业发展，习近平总书记强调："舆论导向正确，就能凝聚人心、汇聚力量，推动事业发展；舆论导向错误，就会动摇人心、瓦解斗志，危害党和人民事业。这一点，全党同志特别是新闻舆论战线的同志要时刻牢记。"④关于如何以正确导向开展舆论引导，习近平总书记向新闻舆论队伍提出了"四个有利于"的要求："要坚持以正确舆论引导人，做到所有工作都有利于坚持中国共产党领导和我国社会主义制度，有利于推动改革发展，有利于增进全国各族人民团结，有利于维护社会和谐稳定。讲导向，这是最重要、最根本的导向。"⑤

三是要"坚持正确新闻志向，提高业务水平，勇于改进创新，不断自我提高、自

---

①　中共中央文献研究室：《习近平关于社会主义文化建设论述摘编》，中央文献出版社2017年版，第25页。

②　同上书，第43页。

③　《习近平在会见中国记协第九届理事会全体代表和中国新闻奖、长江韬奋奖获奖者代表时强调　做党和人民信赖的新闻工作者》，《人民日报》2016年11月8日。

④　中共中央文献研究室：《习近平关于社会主义文化建设论述摘编》，中央文献出版社2017年版，第43—44页。

⑤　同上。

我完善，做业务精湛的新闻工作者"①。全媒体技术的发展重构了舆论引导格局，再造了新闻生产流程，对新闻舆论工作者的能力和素养提出了新的要求。习近平总书记强调，新闻舆论工作者"要提高业务能力，勤学习、多锻炼，努力成为全媒型、专家型人才"②。在全媒体时代，"高水平的新闻媒体人才，必须能集文字、图片、音频、视频、数据分析等多种能力为一身，同时还应该成为自己报道领域的行家里手，善于在变幻的舆情中抓住本质和重点"③。

四是要"坚持正确工作取向，以人民为中心，心系人民、讴歌人民，发扬职业精神，恪守职业道德，勤奋工作、甘于奉献，做作风优良的新闻工作者"。④对新闻舆论队伍如何加强作风建设，习近平总书记做出了一系列重要论述。首先，新闻舆论队伍要站稳人民立场，树立以人民为中心的工作导向。习近平总书记指出，新闻舆论工作者要"牢记社会责任，不断解决好'为了谁、依靠谁、我是谁'这个根本问题"。⑤第二，新闻舆论队伍要走好群众路线，始终保持与人民群众的紧密联系，用好调查研究这一党的传家宝。习近平总书记指出："调查研究是新闻工作者的基本功，是新闻工作者成才的根本途径；只有坚持调查研究，才能把自己锻炼成思想端正、作风扎实、业务过硬的新闻工作者。"⑥第三，新闻舆论队伍要深入生活、深入实际，切实提升"四力"，转变作风文风，创作出更多"接地气"的高质量新闻作品。习近平总书记指出，新闻工作者"要转作风改文风，俯下身、沉下心，察实情、说实话、动真情，努力推出有思想、有温度、有品质的作品"⑦。最后，新闻舆论队伍要加强职业道德建设、提升个人道德修养。习近平总书记指出，新闻工作者"要严格要求自己，加强道德修养，保持一身正气"。⑧

---

① 《习近平在会见中国记协第九届理事会全体代表和中国新闻奖、长江韬奋奖获奖者代表时强调　做党和人民信赖的新闻工作者》，《人民日报》2016 年 11 月 8 日。
② 《习近平谈治国理政（第二卷）》，外文出版社 2017 年版，第 333 页。
③ 光明日报评论员：《切实加强人才队伍建设——四论学习习近平总书记在党的新闻舆论工作座谈会上的重要讲话精神》，《光明日报》2016 年 2 月 25 日第 2 版。
④ 《习近平在会见中国记协第九届理事会全体代表和中国新闻奖、长江韬奋奖获奖者代表时强调　做党和人民信赖的新闻工作者》，《人民日报》2016 年 11 月 8 日。
⑤ 《习近平谈治国理政（第二卷）》，外文出版社 2017 年版，第 333 页。
⑥ 习近平：《摆脱贫困》，福建人民出版社 2014 年版，第 88 页。
⑦ 《习近平谈治国理政（第二卷）》，外文出版社 2017 年版，第 333—334 页。
⑧ 同上书，第 334 页。

第三章　媒介理论与实践的中国探索

在数字媒介广泛使用的当下，媒介已深刻地"嵌入"进生活的几乎所有面向，工作、生活、学习、娱乐，甚至情感，睡眠和健康……我们都无法抽离，也未必有抽离的意愿。"媒介"不再是只被传播学者所关注的"专属"学科概念，而是成为跨学科的"万众瞩目"的共同焦点，它带来的是传播学学科的全面更新：传统理论范式的转变、曾经的"洞见"被全面激活并获得勃勃生机，以及多学科养分的引入。

习近平总书记指出，"历史表明，社会大变革的时代，一定是哲学社会科学大发展的时代。当代中国正经历着我国历史上最为广泛而深刻的社会变革，也正在进行着人类历史上最为宏大而独特的实践创新。这种前无古人的伟大实践，必将给理论创造、学术繁荣提供强大动力和广阔空间。这是一个需要理论而且一定能够产生理论的时代，这是一个需要思想而且一定能够产生思想的时代。我们不能辜负了这个时代"，"国外哲学社会科学的资源，包括世界所有国家哲学社会科学取得的积极成果，这可以成为中国特色哲学社会科学的有益滋养"。① 对于中国传播学研究来说，这个技术变革、理论视野变革的时代，更是一场机遇。正如我国的"十四五"文化发展规划中所言，我们要"迎接新一轮科技革命浪潮，推动发展质量变革、效率变革、动力变革，文化是重要领域，必须加快推进文化和科技深度融合"②：作为舶来品的中国传播学，获得了更多融入对话的机会，并在中国数字媒介技术勃兴的当下，为实践的应用研究提供新的思路。在这一章中，我们将从媒介研究的理论面向、历史维度与中国化实践的研究这三个方面来展开。

---

① 习近平：《在哲学社会科学工作座谈会上的讲话》，2016 年 5 月 19 日。
② 中共中央办公厅国务院办公厅印发《"十四五"文化发展规划》。

第一节　媒介研究的几个向度

"媒介"是传播学的关键词，或者说，如果"媒介"不是研究所关注的主要对象，或研究问题所关涉的几个面向中并不包括"媒介"，那么这就不是一项传播学领域的研究。在由施拉姆打开的美国传播学的传统研究范式中，学科的边界清晰，"传播信息的媒介"没有争议地成为"媒介"的"所指"。它意味着两个维度：其一，媒介是特指传播信息的工具和技术；其二，对媒介的研究与对信息内容的研究相重叠。在这两个维度的加持下，传播学的学科面向是"聚焦的"，也是"狭窄的"，学科因此获得了较强的"边界性"：信息内容，以及特定的"传媒"，成为明确的传播学学科对象。尽管施拉姆在开创之初，融汇和整合了社会心理学、社会学、政治学等不同学科领域对"信息传播"问题的研究成果，但这些不同的学科视角被很明确地"收编"到一个单纯的"线段"之中，5W模式，便是围绕"作为内容的信息"的线轴拉出来的一段主体传递、受众到达的丝线。

传播技术的突飞猛进重塑了传播学：并非只是对信息媒介做单纯的"更新"，即把书写媒体更新到数字媒体，把新闻报纸更新到智能手机，它们仍然守着固有的位置关系不变。不，不是更新，而是"重构"，是对传统范式提出的严峻挑战，以至于彻底的突破。"媒介学"或曰"媒介研究"（media study）成为一股汇聚了跨学科的理论、视野和方法的现代"风暴眼"，当新媒介技术尤其是数字技术渗透进现代生活的每个毛孔以来，媒介既强势又悄然地嵌入生活的内部，成为每个个体无法摆脱且重度依赖的数字器官，个体与生活的联结被媒介所强行中介。在这种情境下，社会人文科学不可能不对媒介"刮目相看"，几乎无论哪个学科的研究问题，都很难摆脱媒介去谈及，因此，从一个方面来说，媒介学或媒介研究不能仅"划归"到传播学学科的藩篱下，它不是某个学科，而是一个"问题域"。新媒介技术是对传统技术的"脱胎换骨"的、"断裂似"的发展，它点燃了属于这个时代的新问题，不同的学科都从自身的学科视角、方法、关注重点去提交自己的答案；从另一个方面来说，媒介学或媒介研究当然是对传播学研究的彻底更新，旧范式的有限性被全面暴露，在数字媒介的环境中，我们已经不可能再围绕着"内容"的线轴去舞蹈。曾在主流范式之外的欧洲传播学研究，如马克思主义传播政治经济学、系谱学、考古学、媒介环境学等，它们所共通的"反内容"的基本立场和旨趣，终于迎来了理论发展的机遇；同时，社会学、人类学、科学学（Science Study）等学科和领域也通过"媒介学"这个交集，为传播学学科灌注进新鲜的养分。如黄旦所言，"可以以媒介为支点，打通人文、社科和自然科学，重构学科体系、学术体系和理论话语体系，形成新闻传播学科新的版图"。[①] 学科的"重构"已然发生，且必须发生，从"内容的媒介"到"媒介就是内容"，曾经在英尼斯、麦克卢汉那里"涌动"着的"新眼光"，在数字媒介的时代，已成为理所当然的"应有之意"：它是必然的。它牵引整个研究发生转向，从理论到应用传播学，新的"媒介研究"支撑起一场浩大的革新。

一、媒介研究对传播学的"更新"；两个维度的僭越

所谓媒介学或媒介研究之"新"在于两层含义：其一，"媒介"越出了曾经单一狭窄的"传递符号信息之载体的媒介"的范畴，获得了更宽广的外延和纵深的内涵。尽管媒介研究绝非铁板一块，内部有很多不同的理论源流，但借用法国思想家德布雷（Régis Debray）的媒介学架构，来解释媒介研究外延和内涵的扩展是很合适的。在德布雷看来，"组织性的材料（MO: matière ouvragée）"和"物质性的组织（OM: organisation matérialisée）"，都是"媒介"，但强调"共时性"的"传播"所看到的只是前者，如博物馆、学校、教堂、书籍等技术材料和机构；而对后者的引入才使媒介学研究成为可能，它关注"历时性"的文化"传承"，如教堂背后的宗教思想支持、书籍背后的印数流通机制。媒介研究必须一方面着眼组织性的材料，另一方面关注物质性的组织，德布雷举例说，作为物质记录载体媒介的书写符号三千年之前就已经开始，而作者这个概念却只有四百年左右的时间；[②] 一旦禁欲的天主教隐修会熙笃会在18世纪衰退了，它的修道院也就成了一个没有集体支持的、走向自我毁灭的象征，无法保存。[③] 媒介的外延得到了充分的扩展，传播学的"媒介研究"对象已不再局限于狭窄

---

① 黄旦：《新闻传播学科化历程：媒介史角度》，《新闻与传播研究》2018年第10期。
② ［法］雷吉斯·德布雷：《媒介学引论》，刘文铃译，中国传媒大学出版社2014年版，第29页。
③ 同上书，第41页。

的传媒而是更宽泛的媒介所指,即组织化的材料。例如对教室、医院、咖啡厅、广场、商业购物中心、大卖场等物质性空间或场所的研究,在近些年传播学领域的学术论文中大量涌现;再者,这种物质性的空间并不是一个单薄的平面,而是有着纵深度的文化对象,即物质化的组织支撑于其后。或者说,在看上去平面的现象背后,是商业和医学的组织规制,或市民的公共交往机制在起作用,使得作为结果的现象成为可能。

其二,媒介研究越出了媒介内容研究的藩篱。以典型的媒介"手机"来说,在媒介学的视野中所看到的不只是用于收发信息的手机媒介,而是作为"物质性"的技术载体之手机。其中的差别意味着,对于传统意义上的媒介来说,只要都可以收发信息,手机与手机、手机与电脑之间没有实质区别,或者说,手机在信息传播的链条中,它的意义仅是"次生性的"(secondary),是为了实现对信息的传递,而信息内容才是"第一性的"(primary);而对于媒介学来说,作为"物质性"的手机,它本身就具有"第一性的"意义,信息符号通过手机终端传播与通过 PC 终端的传播、通过智能机与通过老年机的传播之间,甚至苹果系统与安卓系统的手机之间都是不同的方式,这种差别不是信息到达路径的差异,而是媒介技术介入到现代生活的不同层面,同时也"生成了"社会现实本身。媒介不是一个名词,而是一个实践着的动词,如果从法国社会学家拉图尔(B. Latour)这样更为激进的媒介物质性视角来看,不同的技术与嵌入到不同信息环境中的人之间,构成了一种"类主体间性"的差别。换言之,手机本身也就是一种特定的信息方式,甚至可以成为一个类人行动者 / 行动素(actant),它参与、实施、行动着,并与信息内容、主体、社会机构等一起,构筑成一个动态"关系"的网络,生成某种"自然的"或"文化的"结果。

二、媒介研究的几条进路:对媒介"物质性"的不同理论取径

当"媒介"以全新的姿态被重新书写,传播学研究就完成了它的"更新":从内容到物质、从即时的符号呈现到社会文化纵深度的媒介化(mediatization)实践,而"以往,即使是对媒介最全面的描述,都依然是在谈媒介的呈现性"。[1] 一场 20 世纪 90 年

---

[1] 胡翼青、张一可:《媒介的呈现性与物质性:当下媒介化研究的两元取向》,《青年记者》2022 年第 10 期。

代以来由社会学科兴起的"物的转向"（materiality turn）在近年数字技术的推动下愈演愈烈，并强力影响到传播学研究，一场革新也在传播学中展开。物质性转向意味着"将我们关注的焦点从社会需求转向了实践、被物所中介的关系以及非人的能动性"，[①]媒介学或新的媒介研究，意味着把媒介视作具有"非人类（inhuman）"的能动性的物，它是海德格尔意义上的"物"（thing），海德格尔那里的经典意象是一个水罐，它是关系得以生发的联结，它"是一个虚空的空间，将'天地神人'汇集在一处。因此，物不是人类世界的附属物，而具有一定的行动和创造能力"[②]，而不是作为主体之对象的客体（object）。但这样一场物质性的媒介研究或媒介学的革新，似乎有很多的经典理论家可以指认：有早期的以英尼斯和麦克卢汉为代表的媒介环境论，他们最早喊出了在当时不被理解甚至遭受责难的"媒介即讯息"的口号、有在福柯考古学的基础上被基特勒进一步强调的媒介考古学脉络、有提出"媒介学"这个概念的法国学者德布雷、有德国媒介学研究、科学技术研究（STS），以及以拉图尔等人为代表行动者网络理论、马克思主义的非物质劳动数字劳动研究等，这些都是对传统的"重文本"范式的改写，但这些理论又各有侧重，不能相互统合。因此，我们需要梳理出媒介研究物质转向的基本脉络，明确繁杂路径背后的思想资源。

（一）媒介物质性研究的三个主要分支

有研究者把媒介物质性研究分为三个主要分支领域，分别是基特勒的媒介考古学与文化技艺研究，拉图尔的行动者网络理论、物的能动性及社会物质性研究，以及机制 / 装置理论、媒介特性分析（MSA）与软件研究。[③]

第一类分支路径，基特勒的媒介考古学建立在福柯的知识考古学之上，在福柯话语理论的视野下挖掘出媒介技术物的话语网络，基特勒和福柯都拒绝了传统的人文主义的文化研究方法，认为文化研究应该关注权力和知识是如何通过具体的物质实践产生和流通的。

---

① Harvey, P., Casella, E., Evans, G., Knox, H., McLean, E., Silva, E., Thoburn, N. & Woodward, K.（eds.），*Objects and Materials: A Routledge Companion*. London: Routledge, 2013.

② 刘海龙：《媒介物质性之后》，《新闻与写作》2022 年第 8 期。

③ 曾国华：《媒介与传播物质性研究：理论渊源、研究路径与分支领域》，《国际新闻界》2020 年第 11 期。

基特勒强调传播和信息传输的物质条件对文化构成的重要性。诸如印刷机、留声机和电脑等技术从根本上改变了文化的生产、传播和体验方式。这些技术使新的交流模式成为可能，并产生了新的主体性形式，不能仅仅通过传统的人文主义的文化方法来理解。但基特勒对技术和传播的物质条件的强调，与福柯对权力和知识的物质条件的关注不同，福柯主要关注的是权力和知识通过制度结构和学科实践产生和流通的方式，而基特勒的重点则是技术如何塑就社会中的信息生产与流通方式。曾国华指出，基特勒所代表的媒介考古学路径至少包括三个子系。其一是恩斯特（Wolfgang Ernst）及受基特勒影响的青年学者群体，这一支的媒介考古学致力于发掘作为技术与物质的媒介如何"决定了人的处境"。其二是取径以齐林斯基（Siegfried Zielinski）为代表的媒介考古学研究，他提出要以"类考古学"的方式研究包括人造物技术媒介、生物体、自然宇宙在内的多种多样的媒介"变体"（variants），并以变体学（variantology）的方法来探究各种变体之间多面向、宇宙观层面上的关系。其三是和"电影考古学"相关。它可追溯到 20 世纪早期和中期关于电影的技术媒介史的一些著述，电影考古学先进入与知识考古学密切相关的早期电影话语形式的研究，随后进入到电影技术—感知技术以及强调电影技术物质基础的新媒介史研究。①

第二类分支路径，科学技术研究（Science and Technology Studies, STS）是一个广泛的跨学科领域，研究科学和技术的社会和文化层面。由拉图尔（Bruno Latour）和卡隆（Michel Callon）等代表的巴黎学派是 STS 的重镇之一，拉图尔等人提出的行动者网络理论（Actor-Network Theory, ANT）是巴黎学派的核心理论支撑。ANT 对 STS 的发展产生了重大影响，它为科学、技术和社会之间的关系提供了一个独特的视角。根据 ANT，科学和技术不是独立于社会运作的自主、客观的实体，而是由一个行为者（包括人类和非人类）的网络和他们的关系社会化地构建和塑造的。ANT 强调人类和非人类行动者（inhuman agency）在社会现实构建中的作用。根据 ANT，行动者（包括人类和非人类）本身并不具备意义，而只有通过与网络中其他行动者的联结和互动才能发生、获得意义。换句话说，行动者的意义不是固定的，只有依赖于与网络中其他行

---

① 曾国华：《媒介与传播物质性研究：理论渊源、研究路径与分支领域》，《国际新闻界》2020 年第 11 期。

为者的关系不断协商而构建出占据某个节点的行动者意义。ANT认为，网络联结是社会理论的主要分析单位，而不是单个的行为者或结构，网络是由行动者（人类和非人类）以及他们之间的关系所组成，这些关系不仅是社会关系，还包括物质和技术因素，它们在塑造社会现实的过程中发挥了与人类行动同样的关键作用。因此，ANT挑战了自然与文化之间、人类与非人类之间的传统区别。拉图尔认为，网络不是静止的，而是通过行动者的增加或减少以及关系的重新配置不断变化和发展的。这意味着权力不是固定的或分等级的，而是在网络中不断变化和协商的。

总的来说，ANT通过强调人类和非人类行动者在社会现实构建中的作用，为社会理论提供了一个独特的视角，它挑战了传统的区分和等级制度，并提供了一个框架来理解权力如何在网络中谈判和构建。ANT理论在传播领域的崛起是很缓慢的，卡隆和拉图尔把ANT描述为"不是将我们的注意力引向社会，而是引向一个由行动者创造的持久不对称的过程"①，这一见解到世纪之交才开始受到重视②；随着数字媒体、社交平台的普遍使用，"信息化的行动者冲出了他们的孤岛，进入了他们之间的不可预见的关联中"，如何跟踪和理解行动者显得至关重要，"ANT为我们做好了充分的准备"③。因此我们看到近年来关于ANT的理论探讨和应用研究在传播物质性研究的学术论文占据高地，"就理论的应用广泛性和扩展性来说，ANT理论可能是物质性研究整体图景中最为引人注目的一种理论"。

ANT理论强调技术和物等非人类实体在构成社会关系中的作用。这些非人类实体不是被动的对象，而是参与构建社会现实的积极行动者。然而，ANT因其对人类行动者的有限关注和对社会关系之物质性的忽视而受到批评。而"社会物质性"（social

---

① Michel Callon & Bruno Latour: Unscrewing the Big Leviathan: *How Actors Macro-Structure Reality and How Sociologists Help Them to Do So, in*"*Advances in Social Theory and Methodology: Toward an Integration of Micro- and Macro-Sociologies*". by Karin Knorr-Cetina and Aaron V. Cicourel（Eds.）, Publisher: Routledge & Kegan Paul, 1981, pp.256—258.

② Couldry, N.（2000）. *The place of media power: Pilgrims and witnesses of the media age*. London, UK: Routledge; Couldry, N.（2017）. Actor-Network Theory. *The International Encyclopedia of Communication Theory* and Philosophy. British: John Wiley & Sons, Inc..

③ Andréa Belliger & David John Krieger, In Markus SpÖhrer & Beate Ochsner（Eds.）, *Applying the Actor-Network Theory in Media Studies*（pp.66—79）. USA: IGI Global Press, p.31.

materiality）框架则试图突破、调解 ANT 理论的局限性，它聚焦于物质对象在构建、维系社会关系中的重要性。"社会物质性"是建立在 ANT 理论的思想之上的，它承认物质对象不仅仅是被动的对象，也是社会互动的积极参与者。物质对象可以影响人们的行为和互动方式，它们也可以构建社会规范和价值观，而对行动网络生成后果之"社会规范"和"秩序"的关注，正是 ANT 理论所欠缺的。例如，智能手机可以影响人们的沟通和互动方式，而社交媒体平台的使用也会造就关于隐私和沟通主题的社会规范的生成。

奥利科夫斯基（Orlikowski）和斯考特（Scott）认为，之前组织研究中倾向于把技术视为一个独立的实体，与社会和文化实践分开，而未能抓住技术、工作和组织之间复杂的相互关系。"社会物质性"的概念则提供了一种方法来理解技术和社会实践是如何在组织生活的背景下深度交织、共同构建的。他们指出，这一观点可以帮助人们更好地理解技术是如何被使用的，以及技术是如何被组织结构、权力关系和文化规范所构建的。[1] 巴拉德（Karen Barad）借鉴了后结构主义、女权主义和后人类主义的理论，探讨了物质和物质性参与知识生产及塑造社会和政治现实的方式。巴拉德认为，物质不仅仅是人类活动的一个被动的基底或背景，而是世界成为的一个积极参与者。[2] 伦纳迪（Leonardi, P. M.）讨论了"物质性"（materiality）、"社会物质性"（socio materiality）和"社会技术系统"（socio-technical systems）等在社会组织研究中愈加重要的几个概念的缘起、含义、异同，以及它们在分析技术和社会关系时的作用，这些概念是理解技术和社会之间复杂关系的宝贵工具，其中的"物质性"概念指的是在组织中所使用的物理对象和技术，而"社会物质性"则强调这些对象和技术与社会实践之间所构建的连接方式。"社会技术系统"概念则偏重于分析技术系统和社会系统之间的相互依存关系。[3] 总的来说，在"社会物质性"的框架下，技术和社会实践并非独立的实体，而是

---

[1] Orlikowski & Scott, Sociomateriality: Challenging the Separation of Technology: Work and Organization. *Academy of Management Annals*, 2008, Volume 2, pp.433—474.

[2] Barad, K.（2003）. Posthumanist performativity: Toward an understanding of how matter comes to matter. Signs: *Journal of Women in Culture and Society*, 28（3）, 801—831.

[3] Leonardi, P. M.（2012）. Materiality, sociomateriality, and socio-technical systems: What do these terms mean? How are they different? Do we need them? In P. M. Leonardi, B. A. Nardi, & J. Kallinikos（Eds.）, Materiality and organizing: *Social interaction in a technological world*（pp.25—48）. Oxford University Press.

相互构成的。换言之，技术不仅仅是一种被人们使用的工具，而且还被社会实践和文化规范所构建；同样，社会实践也不是纯粹的社会现象，也同时被技术所构建和促成。社会物质性的概念由此挑战了传统的观点，即将技术视为与社会、文化因素相分离的中性与客观的工具。相反，它表明，技术被嵌入到社会实践和文化规范中，绝不能在这些情境之外被完全理解或讨论。

曾国华认为，"社会物质性"概念更为缓和，它是对激进的关系本体论的 ANT 理论所做的折中化处理，以至于在一定程度上可能使得 ANT 理论在应用上将部分地步入物质文化研究的旧辙之中。[①] 但我们看到，"社会物质性"概念并不是对 ANT 理论的调和或折中，而是对其的进一步延伸和理论完善，它承认物质性在构建社会现实中的意义，并通过承认物质对象在社会互动中的作用，提供了对促成社会现象的多元行动者和网络构成的更全面的理解。

第三类分支路径为机制 / 装置（dispositif）理论、媒介特性分析（Media Specific Analysis, MSA）与软件研究（software studies）等"通过反实在论的方式，构建人 / 社会和物之间具有存在论意味的实践关系模式"，尤其在 MSA 中，文本也成为一种物质性符号，它超出了内容的面向转而强调文本的物质属性。[②]

（二）媒介物质性取径背后的思想资源

归纳了媒介物质性繁杂的分支领域，但"媒介的物质性研究，更像是一个'标签式'的学术兴趣，它聚合了各种思潮，却'不做保证'，与其说它构建了一个媒介研究的中央服务器式的核心概念，不如说它形成了一个'区块链式'的学术探索方向"[③]，但林林总总的物质性研究分支路径的背后，是几种关键性的思想理论资源的支持。穆克吉（Mukerji, C.）认为："物质性转向有不同的面孔和源流，但它根源于福柯的政治学分析思想、体现在 STS 对物的行动者（object agency）的研究中，以及对自然世界如

---

① 曾国华：《媒介与传播物质性研究：理论渊源、研究路径与分支领域》，《国际新闻界》2020 年第 11 期。
② 同上。
③ 章戈浩、张磊：《物是人非与睹物思人：媒体与文化分析的物质性转向》，《全球传媒学刊》2019 年第 6 期。

何与社会实践纠缠在一起的日益增长的兴趣（部分是因为气候变化）。"① 以"理论取向"（theoretical orientation）为区分的出发点，也有学者将现有的物质性研究划分为三条不同路径，分别为技术理论取向（technology theory-orientation）、马克思主义政治经济学取向（political economyorientation）、以及社会理论取向（social theory-orientation）。②

戴宇辰提出技术理论取向内置了三条分支路径。其一是"激进的"、只谈物不谈人的思路，以英尼斯、麦克卢汉等为代表的早期媒介环境学派，到后期的基特勒、齐林斯基等为代表的媒介考古学研究，这个脉络强调媒介物而非媒介的使用者，偏重文本技术而非文本内容。其二是关注新兴数字媒介、试图破解新媒体语言的"软件研究"领域，最后是源于文学领域的相对第一种路径来说较为"温和的"媒介特性分析（MSA），文本的符号意向与文本的物质形式被兼顾。马克思主义政治经济学取向把媒介视作嵌入社会政治和经济生产之纵深维度的"基础设施"（infrastructure in political-economic structure），根据默多克对"物质性"概念所给出的三个维度的界定，即"传播系统依赖的物质资源""支撑日常传播活动的装备与设施""建构和维系这些基础设施的劳动"这三个方面，把政治经济学路径细分为三个理论资源，分别是关注传播系统所依赖的物质资源的早期"传播政治经济学派"，以席勒和马特拉等人为代表；"基础设施研究"（infrastructure studies），偏重微观层面的技术设施的具体运作情境；意大利自治马克思主义的"非物质劳动"（immaterial labour）的脉络，以及随后以福克斯（Christian Fuchs）等人为代表的数字劳动研究领域。最后是社会理论取向的资源，作为"物"的媒介与物的使用者的"人"都被嵌入社会互动的网络中考量，其中的以拉图尔、平奇（Trevor Pinch）等为代表的 STS-ANT 路径最为突出。

我们之所以花力气去厘清传播学"物质性转向"背后的思想脉络和繁杂的、差异化的路径和分支，是为了理解传播学研究的"更新"是如何发生的、开拓出哪些新的问题域，在传播学的具体应用上致以怎样的贡献可能。

"物质性转向"中的"Materiality"，翻译成"物质性"或是"唯物"，这本身

① Mukerji, Chandra, "The material turn", Emerging Trends in the Social and Behavioural Sciences: An Interdisciplinary, Searchable, and Linkable Resource（2015），pp.1—13 Google Scholar. p.1.
② 戴宇辰：《传播研究的"物质性"取径：对若干核心议题的澄清》，《福建师范大学学报（哲学社会科学版）》2021 年第 5 期。

并不是一个新词——我们也姑且不再去引入"新物质主义"（neo-materialism/new materialism）这样的概念，再以马克思主义的辩证唯物论为参照去做一番观念史的耙梳，不如去繁就简，只看"物质性转向"这个术语——但它之所以作为一个新的概念被社会科学所提出、发展演绎，广泛应用，就在于对"Materiality"的关注正是传播技术尤其是数字技术勃兴的时代的内在需求：媒介之物在物理形态上愈来愈轻便、灵巧，但它的社会功能与意义却被放大到历史前所未有的高度——媒介之物是如此的不可忽略，并强势地把每个生产着的、劳动着的、文化消费着的、社会活动参与着的个体都深深嵌入它的巨大磁场中，因此，社会科学和人文科学的学者们不可能不去质疑文化和社会是纯粹的话语或符号现象的传统假设，并强调文化和社会的物质方面。因此，我们看到，既有的"质询精神"被空前地激发出来；同时，它也为对具体的、经验的新技术形式作微观切入的研究注入了源源活力：

第一，福柯对作为"陈述"（statement）之物的"话语"（discourse）实践的知识考古学研究，被基特勒等人和以拉图尔为代表的STS-ANT理论所发掘、发展，尤其是拉图尔等人为代表的行动者网络理论（ANT），给予了相较于福柯更为"激进"的对"物"的态度。

第二，媒介特性分析（Media Specific Analysis, MSA）与软件研究（software studies, SS）等关注具体媒介物质性应用的研究。这类研究认识到，媒介的物质性总是影响着信息的传达方式和受众对信息的接受方式。MSA强调不同媒介的具体特性、它们如何影响信息的构建和解释方式。比如在分析网站的视觉设计时，MSA会关注媒介的具体形式，如图像的使用、排版、颜色和布局等，以及这些元素本身又是如何被技术造就出来的，以及对媒介消费品在生产和消费中更广泛的文化和社会背景的研究。在物质性转向的背景下，借鉴和综合了包括媒体研究、科技研究、文化研究和软件工程等在内的一系列的学科观点。软件研究（SS）认为软件不仅是技术物，更是一个文化产品，它被社会和文化实践所构建。它强调软件的物质层面，比如代码、界面和用户体验等，以及软件与其他物质人工制品（如硬件设备）的互动方式，关注这些互动如何构建社会与文化实践。比如说，SS可能会研究一个社交媒体平台的用户界面设计，看它如何影响人们在网络上的互动方式，它还关注软件对环境的物质影响，如承载云计算服务的数据中心的能源消耗情况等。

第三，马克思主义的政治经济学批判和文化批判的思想资源被再度赋予生机，对文化消费和政治活动、社会生产的研究必须在媒介之物的"中介"（Vermitteltheit）*下展开。习近平总书记在讲话中谈道，"马克思主义政治经济学要有生命力，就必须与时俱进。我们要立足我国国情和我们的发展实践，深入研究世界经济和我国经济面临的新情况新问题，揭示新特点新规律，提炼和总结我国经济发展实践的规律性成果，把实践经验上升为系统化的经济学说，不断开拓当代中国马克思主义政治经济学新境界"①。中国的媒介实践经验为马克思政治经济学理论的中国化研究提供了新的契机。

第二节　系统性"媒介"视野中的现当代媒介史

虽然传播技术的突飞猛进"激活"了"媒介学"或"媒介研究"（media study），使其成为一股汇聚了跨学科的理论、视野和方法的现代"风暴眼"；但这并不说明"媒介研究"只能够用来观察"新媒介"。以这样的视角潜入具体的历史时空，会发现许多史实应当以全新的姿态被重新发掘、打捞和以新的逻辑书写。以系统性"媒介"视角观察我国新闻传播史领域，无意取代原有的"工具论""喉舌论"，而是致力于丰富当代媒介史研究的光谱，从而提供一种新的观察视角与思考维度。

党的二十大报告指出，坚持系统观念是马克思主义的重要观点和方法论。习近平

---

* 这里的"中介"，使用的黑格尔的中介"Vermitteltheit"概念，它意味着真理自我实现所必须经历的过程，而该过程正是作为实践后果的真理的一个内在部分。关于这一点，德布雷在他的"媒介学"之"中介"（mediation）概念的解释中，明确谈到对黑格尔中介概念承接和发展。他指出，中介概念来源于黑格尔的古典哲学，黑格尔用中介这个词指思想发展的基本规律，即通过不断否定和超越自己的运动来反对自我。媒介学要研究的"中介"，正是在这个意义上展开的。中介之媒介不是一个无生机的物体，而是一个永远的过程，它是一个动词而非名词。参考［法］雷吉斯·德布雷：《媒介学引论》，刘文铃译，中国传媒大学出版社2014年版。而在媒介学的其他文献中，德布雷的"中介"概念很少被使用，中介通常使用的是"mediation"这个词，但是以传统的、日常语言的方式来使用这个表述的，强调一种即时的、去社会历史纵深度的技术中介的方式，而这样的中介显然不能满足转向之后的研究，因此一些德国媒介学者等又提出了"mediatization"，翻译成"媒介化"这个概念，来强调媒介对文化和社会维度的影响。这个新的概念的内部又有很多分支，以及它与被日常语言化的"mediation"之间的关系，也存在争议。本章不想延展谈及这一块，而是采用德布雷的中介概念，强调所谓"物"的转向，就在于我们不得不把眼光"转向""物"，"媒介之物"成为社会实践、社会现实之为可能的一个必要的过程和内在的环节。为了避免"mediation"一词在使用上的分歧，故此处使用了黑格尔中介一词德语"Vermitteltheit"以示区分。

① 习近平：《不断开拓当代中国马克思主义政治经济学新境界》，《求是》2020年第8期。

总书记强调，"系统观念是具有基础性的思想和工作方法"。系统观念就是研究事物相互关系的思维方式和工作理念。党的二十大报告是这样阐述"必须坚持系统观念"的："万事万物是相互联系、相互依存的。只有用普遍联系的、全面系统的、发展变化的观点观察事物，才能把握事物发展规律。……我们要善于通过历史看现实、透过现象看本质，把握好全局和局部、当前和长远、宏观和微观、主要矛盾和次要矛盾、特殊和一般的关系，不断提高战略思维、历史思维、辩证思维、系统思维、创新思维、法治思维、底线思维能力，为前瞻性思考、全局性谋划、整体性推进党和国家各项事业提供科学思想方法。"媒体体系也是由多领域、多环节的各种因素构成的复杂系统。

以系统性"媒介"为中心开展"当代媒介研究"是近年来一直被忽视而值得进一步论述的领域。共和国新闻史领域目前的主流范式还是传统的党史研究框架。具体表现为：按照党史的历史分期作为媒介史的分期；以报刊为重点，忽略其他媒介；以表征系统的"新闻"为中心，忽略媒介的物质性；用"工具论""喉舌论"去概括当时历史语境与媒介变革之间的关系。以系统性"媒介"为视野，突出传播媒介的物质特性，应和了历史唯物主义和辩证唯物主义；以系统性"媒介"为视野，强调共和国媒介网络的系统性，以及媒介作为资源配置的平台属性，是为当代"媒介融合"的前导和前史。构建以系统性"媒介"为视野的现当代媒介史研究框架，是亟待解决的理论问题和实践问题。本节拟从中国共产党的系统性"媒介"的总体思路出发，从新闻生产、文化生产、组织化接收三个方面阐述系统性"媒介"的大致框架和思路，并在此过程中与系统、耦合、跨媒介等理论进行对话，试图以此为基础发展现当代媒介史的中国理论体系。

一、"将社会运动与宣传结合在一起"：中国共产党的系统性"媒介"思想

俄国布尔什维克发明了一体化宣传体制，建立起了全世界首个高效的全国性宣传动员系统。有效的宣传必须是整合的宣传。这个全国性的宣传教育系统，把新闻出版、文学艺术、电影、学术研究、农村口头传播网、青少年教育、军队、外交等都纳入了宣传的范畴。[1] 苏维埃政权建立初期，由于纸张紧张，报纸印刷数量有限，报纸就被张

---

[1]　刘海龙：《宣传：观念、话语及其正当化（第二版）》，中国大百科全书出版社 2020 年版，第 108 页。

贴在莫斯科繁忙路段和商店的橱窗里。小册子、鼓动火车、宣传画等则是农村口语宣传网络建立的标志。同时，列宁把宣传看作是一种特殊的教育，也把教育看作是宣传的一部分。一体化的宣传系统作为一个整体工程，每一个局部宣传的成败都与宣传的整体效果休戚相关。[①]

中国的社会主义革命深受苏联宣传模式影响，同时又有了新的推进和发展。在延安时期，中国共产党提出了"将社会运动与宣传结合在一起"的组织原则——群众路线，通过宣传来进行社会动员，在运动与宣传之间形成良性互动。[②]"从群众中来，到群众中去"的群众运动向参与者展示了大众的力量。毛泽东非常重视基层的宣传活动和群众活动，并且将两者紧密结合。早在1929年他对红军宣传的指示中，就提出了用传单、布告、壁报、革命歌谣、画报、化妆宣传、俱乐部、口头宣传、红军纪律、群众大会、对俘虏的待遇及宣传、邮寄宣传品等多种方式和媒介进行宣传。[③]在延安时期，他还提到了春联、歌曲、秧歌等宣传方式。如此，宣传将媒介、传播和人的主体性紧密连接，并在反复操演过程中互相强化。

一般认为，"宣传鼓动"的思想和实践来自列宁，对其的研究集中在列宁及中共早期领导人如张闻天的宣传思想的阐释上。实际上，中国共产党对"宣传鼓动"思想的发展和具体的实践也是一种系统性的思维和行动。中共中央理论刊物《共产党人》于1941年发表了一系列关于"宣传鼓动"的重要文献，包括《宣传鼓动工作笔记》《中央宣传部关于各抗日根据地群众鼓动工作的指示》《中央宣传部关于党的宣传鼓动工作提纲》等，大大拓宽了"宣传"的范围，"举凡一切理论、主张、教育、文化、文艺等均属于宣传鼓动的范围"[④]，将文艺、教育等事业都纳入宣传范畴，也促动了新闻事业（报纸、刊物、通讯社）和文艺（文化）事业之间的联动，并将其制度化，将宣传鼓动活动扩展到党的领导机制和社会生活的方方面面，"大文宣格局"初见端倪。1942年，《解

---

① 刘海龙：《宣传：观念、话语及其正当化（第二版）》，中国大百科全书出版社2020年版，第118—119页。

② 同上书，第251页。

③ 毛泽东：《关于陕甘宁边区的文化教育问题》，《毛泽东文集》第3卷，人民出版社1992年版，第112—113页。

④ 《中央宣传部关于党的宣传鼓动工作提纲》，载中共中央宣传部办公室、中央档案馆编研部编：《中国共产党宣传工作文献选编（1937—1949）》，学习出版社1996年版。

放日报》改版及延安文艺座谈会的召开，使得新闻事业与文艺事业一道被纳入政党政治与革命秩序的内部，在动员体制中发挥媒介作用，承担起宣传群众和组织群众的任务。[①] 新闻与文艺在革命政治中的角色转换促使二者在革命政权的"动员结构"中"合题"，文宣领域的重要性凸显出来，由此开启了知识分子观念和作风的改造、相应制度体系和组织管理规范的构建等一系列变革，中共文宣进入"泛宣传""泛媒介"的时代，这为系统性媒介实践提供了组织和制度保障。事实上，当时的中国共产党已经在根据地形成了整体性的传播网络。比如，在1941年抗日根据地群众鼓动工作中，中共就综合运用了村庄和市集的群众大会等现场形式，传单、标语、布告等文字方式，地方性歌谣、戏剧、图画、说书等民间通俗的文艺形式[②]。"群众路线""宣传鼓动"等整体性系统化宣传工作思维延续到了1949年后，并且渗透到各级党政组织的宣传活动中。

二、新闻生产与社会治理：从"工具"到"耦合"

1950年4月22日，政务院新闻总署发布《关于建立广播收音网的决定》，提出"无线电广播事业是群众性宣传教育的最有力的工具之一"，从此，广播作为"现代化宣传工具"的功能定位得到确认。"工具论"作为我国媒体本质属性的论断随着时代的发展不断调整着其内涵与外延，无论是"宣传教育工具"还是"新闻舆论工具"，抑或是"政府联系群众的有效工具"[③]，均反映了我党对于传播与政治共生关系的合理化调整与再定位。1945年10月25日，延安中共中央党报《解放日报》刊载《介绍 XNCR》的文章，将 XNCR 称为"人民的喉舌，民主的呼声"，提出"人民大众的号角要人民大众来鼓吹"。这是首提"喉舌"理念，并强调媒体服务于人民的宣传鼓动作用。实际上，"喉舌"论的论断本质上是一种理性的宣传观和舆论观，在新中国成立初期至"文

[①] 李海波：《新闻与文艺的合题：延安〈解放日报〉改版座谈会考论》，《新闻与传播研究》2022年第6期。

[②] 《中央宣传部关于各抗日根据地群众鼓动工作的指示（1941年7月10日）》，载中共中央宣传部办公室、中央档案馆编研部编：《中国共产党宣传工作文献选编（1937—1949）》，学习出版社1996年版。

[③] 欧阳宏生、朱婧雯：《论新中国70年广播电视传播理念的嬗变——基于媒介社会学框架之再梳理》，《现代传播》2020年第1期。

革"前期，与"工具"论一脉相承。[1]

"喉舌论"和"工具论"规定了新中国成立后的媒介本质属性，强调的是媒介与政治之间的共生关系。在这样的阐释框架下，媒介是"推动工作的工具"，一种合目的性的手段（满足政治需要），成为与各项政治运动高度同构的存在。套用社会学的"结构—行动"理论，国家政治需要与广播大会是"决定与被决定"的关系。媒体被简单地视为一种实现社会目的的工具，其运作被视为对社会环境的机械回应。

有研究者从"社会治理"的视角，讨论广播作为一种新媒体，它是如何协调、调动 20 世纪 50 年代存在于农村社会的各种主体和关系，使它们"持续互动"，并共同参与到社会主义建设之中的。[2]确实，传媒天然包含了"社会协调"的功能，可以把政府、政党、民众、社会组织置于同一个界面上，每一种治理主体都尽可能地使用媒介。[3]如果我们更进一步，将媒介运作和社会影响置于"耦合"的框架中去考察，就能够将媒介系统置于整个社会语境之中，从中看出前者是如何以独特的方式对国家、对时代作出自己的回应，逐步发展出有限的系统自主性；同时，从社会国家的角度，看它们是如何在媒介系统中确立自己的规范和机制，并观察媒介系统与政治系统的结构如何在持续的互动中得以形塑。"耦合"是一个颇具包容性的视角。"耦"，古指两人并肩而耕。现代汉语中，"耦合"本来是一个物理概念，指两个或两个以上的体系或两种运动形式间通过互相作用而彼此影响以至于联合起来的现象。耦合机制普遍存在于宏观和微观的自然世界之中；在人类社会，不同要素之间也存在着耦合，比如人口与区域经济、空间结构与交通模式、城市化与生态环境等，相关研究多涉及两个或两个以上体系协同模型构建，是否及如何产生增力。"耦合"也提供了一种观察媒介与社会之关系的新视角。以"十七年"期间一种显著的媒介形式"广播大会"为例。广播大会容纳了口头、印刷、电话、无线广播、有线广播、电视等多种媒介，集合了听觉、视觉等多种感官方式，显示了社会主义建设不同时期的媒介嵌套与演进。其"平台化"的运作方式，融合了技术层面、组织层面、收听层面等多个方面，汇聚大量社

---

[1] 欧阳宏生、朱婧雯：《论新中国 70 年广播电视传播理念的嬗变——基于媒介社会学框架之再梳理》，《现代传播》2020 年第 1 期。

[2] 沙垚、张思宇：《作为"新媒体"的农村广播：社会治理与群众路线》，《国际新闻界》2021 年第 1 期。

[3] 车凤：《中国新闻媒体社会治理功能研究》，中国传媒大学出版社 2014 年版，第 30 页。

会资源。虽然广播大会本身作为一个统一的平台运作，但是对于各个系统来说，它的意义是不同的，是一个"多面形式"。作为一种政治动员方式，广播大会需要遵循党政机关的工作逻辑；作为广播报道方式，要遵循广播电台的节目编排、内容生产逻辑；对邮政、电信系统而言，是需要付出大量人力、物力协助的对象；对其他媒体而言，又存在竞争与合作的关系。主办单位规定了广播大会的基本主题和内容，广播电台则负责将它们编排成为适于播出的形式。对媒介系统而言，广播大会推动了广播在新社会环境下的角色转换，促进了当时广播技术设备和技术力量等媒介基础设施建设，并触发社会主义新声景营造；而对于政治系统而言，广播大会既通过集体收听来扩大政治动员的影响，使广播媒介嵌入政治运作，也通过媒介技术限制政治动员的范围和形式。在探讨新闻生产与政治系统关系时，"耦合"可能是一个更为有效的新视角。

三、社会主义文化生产：从"改编"到"跨媒介动员"

传播学和文化研究的"跨媒介"之思始于亨利·詹金斯（Henry Jenkins）于2003年在《技术评论》（*Technology Review*）中发表的开创性文章。[①] 这里的"跨媒介叙事"（或跨媒体叙事，Transmedia Storytelling）是新媒体时代媒介融合的产物，这种新的叙事方式和接受方式是由数字媒体"百科全书式容量"[②] 催生的，已成为当代环境中数字化转型的同义词。随着相关研究不断向纵深发展，许多学者都意识到，"跨媒介"作为一种文化实践，本身并不是崭新的事物，人们挖掘多种媒体的可能性的历史早已源远流长。古希腊神话叙事、中世纪流传的耶稣故事的多媒体传播都是跨媒介叙事"前史"的范例。"跨媒介"也不仅仅存在于欧美，在日本的"媒体组合"文化中，内容得以在广播、掌上游戏机或手机之类的便携技术装备、收藏品及从娱乐公园到游戏拱廊等的

---

① Jenkins, Henry, "Transmedia Storytelling: Moving Characters from Books to Films to Video Games Can Make Them Stronger and More Compelling", *Technology Review*, 15 January, 2003. Retrieved from http://www.technologyreview.com/biotech/13052.

② ［美］亨利·詹金斯：《融合文化：新媒体和旧媒体的冲突地带》，杜永明译，商务印书馆2012年版，第185页。

固定场所娱乐中心传播。①

　　在中国共产党领导的社会改造中，"跨媒介"思想和实践也同样存在，甚至还表现为不同阶段社会主义文化生产的主要特征之一，本文尝试性地将其称为"跨媒介动员"。"跨媒介动员"意味着将社会动员与宣传活动相结合，挖掘多种媒介、体裁的可能性，使其形成一个互文性网络，最大程度调动最广大人民群众的感知、情绪，并且诉诸理性，引发行动。以周立波1948年出版的小说《暴风骤雨》为例。《暴风骤雨》原本是为配合"土改运动"而作，同时出现的还有大量新闻报道，后被改编成连环画，对象是青少年和不识字的读者（1954），被改编成话剧，在苏联专家的指导下上演（1956）；被配上版画家陈尊三精心制作的版画插图重新出版（1959），由谢铁骊导演的同名电影于1961年上映。跨媒介、跨体裁、跨时代的改编工作，将土的和洋的、现代的和传统的进行组合，它们之间交叉影响，开辟了新的实验空间，使一个现存的表现范式更精致、更清晰，使其与当下的期待更接近，从而获得更深远的历史共鸣。"跨媒介动员"的传播路径之一，就是以社会运动为动因，以大剧场多幕剧、小说等"提高型"文艺形式的"经典化"为中心，形成剧本、电影、电视转播、连载小说、连环画、剧照为辐射的视听—印刷媒介系统。这一时期的"跨媒介"文化生产表现出强烈的现实介入导向，其目的是提高传播效能，形式从"提高型"向"普及型"扩散，并且考虑不同受众的接受习惯；各种媒质之间互有交叉，相互渗透转化，显示出各种媒介、体裁的代际更替与过渡。

　　本文之所以用"动员"而非"改编"来描述社会主义时期的文化特征，主要因为社会主义的跨媒介实践并非为了商业利益的"炒作"，也不是为了满足艺术家的自律信仰或者提高审美趣味而进行改编，而是具有强烈的社会政治现实指向，及时呼应政府的各项政策和号召，配合频繁的政治运动，也暗示在一个媒介资源相对匮乏的时代，跨媒介的要务在于使得尽可能多的民众接触到同一个故事；数字媒体"百科全书式容量"并不存在，也不需要受众在每个故事情节之外都努力找寻信息。与数字时代"跨媒介叙事"的"特许经营"和"协同"生产不同，社会主义的跨媒介实践有着延安时

---

① ［美］亨利·詹金斯：《融合文化：新媒体和旧媒体的冲突地带》，杜永明译，商务印书馆2012年版，第176页。

期一以贯之的生产机制——一方面是集体化的统筹安排策划，另一方面则是生产力的大幅提高。① 这与社会主义对工业化和农业集体化的设想相辅相成，表现为由政府协调的集中规划和运作，具有军事行动般的强度与节奏。

"跨媒介动员"在其产生的媒介环境、核心概念、目标指向、系统性等诸多方面都不同于詹金斯意义上的"跨媒介叙事"，具有独有的特征、动力和运作机制。西方的"跨媒介叙事"特别强调"故事世界"在其中的核心位置，认为大多数形式的跨媒体都是通过"世界构建"（Worldbuilding）的过程来构建的。而正如詹金斯在后来的文章中所补充的，"世界构建"的概念源自科幻小说："世界是由许多运动的部分（在人物、社会环境和地方性要素）组成的系统，在每一部分中，借由基础结构彼此相连的不同主角都可以生成不同的故事。"② 科幻小说本身是媒介容量丰富乃至"内爆"时代的产物，同时，它也是一个虚构的世界，与现实的直接关涉甚少。而在媒介生态完全不同的前新媒体时代，似乎应对"故事世界"作为跨媒介叙事核心特质这一点作出重新考量，对"跨媒介性"（transmediality）作出更宽阔的理解。如果我们将"跨媒介"看作一个考察大众文化的新路径，就不能以西方资本主义的"跨媒介叙事"所规定的相关特质去套用不同时空的跨媒介实践。"跨媒介叙事"催生于极度丰富的媒介容量，而"跨媒介动员"则产生于媒介资源匮乏的时代。"跨媒介叙事"立基于虚构故事，受众能以"盗猎者"角色从不同媒介体验和发掘不同的虚构故事，却无法真正干预现实；而"跨媒介动员"虽然在不同媒介中改编着同一个故事，其目的却是使得更多民众接触、产生强烈印象，继而诉诸现实、采取行动。

四、组织化接收：基层传播

1949 年后，中国共产党运用了各种"集体"的形式，构建了大量与民众面对面交谈的场景，将报刊、书籍等媒介的传播网络直接延伸到个体面前，促使与其接触的民众发生态度或观念上的改变。基层传播有以下特征：印刷媒介与初创期电子媒介、口

---

① 唐小兵：《流动的图像——当代中国视觉文化再解读》，复旦大学出版社 2018 年版，第 108 页。
② ［美］亨利·詹金斯：《跨媒体，到底是跨什么？》，赵斌、马璐瑶译，《北京电影学院学报》2017 年第 5 期。

头传播交融；新闻媒介与文艺媒介、空间媒介混杂；延安经验与市民文化并举。首先，社会主义上海的媒介场景延续了印刷文化经验和电子媒介经验，以报刊、书籍、广播为主，主要针对有识字能力和一定文化程度的职工、干部和知识分子，但其受众往往是匿名的、广泛的。其次，新政权善于营造各种民众面对面交谈的场景，将报刊、广播等媒介的传播网络直接延伸到个体面前并形成网络，促使与其接触的民众感知"集体"和组织的确切存在，继而产生相应的行动，这直接催生了居民读报会、事迹报告会、广播（电视）大会这些独特的传播活动，其受众通常具有一定的数量规模，但传播过程不受文化程度的限制。这些以"集体"为单位的现场传播形式，无疑建构了社会主义主体的"集体性"。再次，传单、标语、壁报等"空间媒介"，话剧、连环画等"文艺媒介"与传统意义上的"新闻媒介"一起，细密编织出社会主义都市的传播网络，既延续了延安经验，也融合了市民文化的感觉方式。社会主义基层传播形式最有代表性的有居民读报组、收听小组等组织形式，它们在传播国家政策、巩固国家政权和塑造国家意识等方面起到重要作用。

（一）读报组

（用"五更调"的调子来唱）

空仔下来没事情，读报真开心！咿呀呀得儿喂，日日有新闻。一个人读拨大家听，讲得清！有头有尾，越听越起劲；咿呀呀得儿喂，好过山海经。

读报小组方法强，辰光弗嫌长，咿呀呀得儿喂，弗会没心相；有说有笑有讲张，好白相！小组里向，大家好商量，咿呀呀得儿喂，自家人样。

有兴趣来有需要，读报读得好！咿呀呀得儿喂，好处真弗少；大小事体才明了，呱呱叫！有啥弗懂，一问就分晓，咿呀呀得儿喂，立刻见功效 [①]。

这是《新民晚报》中《里弄读报组活动，说说唱唱》栏目的一则消息，用民间小调的形式，巧妙勾连了国家意志与个体需求：既要符合人们的"兴趣"和"需要"，也要"明了"国家的"大小事体"；既"有说有笑好白相"，又要"讲得清"，而且要"好

[①] 《读报小组》，《新民报（晚刊）》1952年5月24日，第4版。

过山海经"。这暗示着里弄读报组是一个内涵丰富多元的组织形式。到 1960 年代，那些坚持下来的里弄读报组基本上稳定巩固下来，成为里弄居民"听消息、聆市面、谈家常、畅思想"相互学习的场所。[①]

读报组的实践指向了一种新的阅读模式，即由默读转向朗读、由私人阅读转向集体阅读。"一人讲、多人谈"的集体读报形式，正是朗读、演讲和交谈的混合体；而这种"阅读模式的改变"不仅赋予同一个文本以不同的含义，而且重构人与人之间的关系，在情感和认知层面产生社区和国家认同。读报组更多涉及信息传递、情感共通及认知框架的构建。亦即，里弄读报组主要通过仪式化运作，在情感和认知层面生产合法性认同，以更为"柔性"的方式构建政权合法性。里弄读报组能够为政治组织提供团结的纽带，并且在一定程度上改变乃至重构了人们的观念领域和精神世界，日常生活实践中的各种仪式化形式即是底层社会对新政权创建一个新世界、建立一套共产主义思想体系正面许诺的积极响应。上海里弄读报组这种既可能有现实收益（听消息、聆市面、阶层上升），又可知可感（谈家常、促进社会交往）的群众教育形式，对不同的人有着不同的意义。而上海里弄读报组的运作对人们产生情感冲击，即使每个参与者对其有不同的理解，也可以将他们汇聚在同一组织的旗帜下，并由此联结起新中国成立初期名目众多的社会运动如识字班、爱国卫生、增产捐献、学习典型，等等。

（二）收听小组

广播是一种能够实现远距离传输、直接而迅速的媒介。1949 年以后，共产党通过建设收音网、有线广播网等方式，建立了第一个全国性的电子媒介网络。1949 年 10 月新中国成立时，全国各地约有收音机 100 万架。这也就意味着，人民广播事业在急需扩张之时，在收听端却面临着收音机拥有量非常少的问题。解决这一问题的思路之一，就是通过有组织的广播收音工作，广泛传播电台内容。另一思路是建设全国广播收音网，并在这一网络的接收端部署更多的收音员。这也是中国共产党取得全国政权后建设广播事业的一项重要举措。收音网的作用在于接收信息、组织集体收听和广播消息抄录后的再传播，收听小组就是集体收听的一种重要形式，为了配合解放初为数众多的广播大会。

[①] 《兰馨里读报组工作的几点经验》，1963 年，档案编号：C31-2-925，上海市档案馆藏。

里弄收听站是基层民众集体收听的重要组织。作为解放初里弄收听榜样，上海虹口区里弄组织的"收听竞赛"颇为成功。在《虹口里弄组织收听工作总结》[①]中可约略得知里弄收听站的运作方式。在人员方面，里弄收听站有纠察员、鼓动员、联络员、讲解员等，还帮助成立"家庭小组"。在地点方面，居民们充分利用里弄中最大的地方如弄道、天井等，组织露天收听，下雨天就撑布伞。一排进去看到拥挤的人群，像进了摊贩市集。在有广播大会或者其他集体收听节目时，工作人员会把收音站布置成会场，有国旗、毛主席像，主席台还插了鲜花，用黑板报、大字报写出节目内容。在组织形式方面，听的时候有的里弄是跟开会一样排排坐，秩序井然，鸦雀无声，大部分里弄都是围着坐，大人们喝茶抽烟，孩子们吃着瓜果，用座谈的方式来收听广播。收听站的鼓动员起了很大作用，在领导报告后立刻掌握情绪发动和平宣言等。在组织收听的同时还要进行竞赛与检查。得过奖的里弄会把锦旗或奖状张挂在最醒目的地方，用标语横幅宣传动员居民下午准时来收听。集体收听能够广泛、直接、迅速地组织和动员群众，使党的政策方针能"毫不走样"地直接与群众见面，引起听者在政治、思想和情绪上的共鸣。

（三）听电视

在中国电子媒介的演进史中，电视的兴办和发展有着较为特殊的历史模式。这是新中国成立后的十年，在冷战的国际背景下，为满足技术民族主义意识形态下社会动员和国际宣传的需要而产生的，同时又是有关政治正义和技术哲学的社会主义实验。[②]中国电视诞生于发展电视的国际性热潮和社会主义与资本主义两大阵营激烈竞争的1950年代后期，"大跃进"运动给予它另一个重要推动，电视甚至被称为"大跃进的产物"。[③]1958年，中国第一、二座电视台——北京电视台和上海电视台相继问世。在很长一段时间内，电视可有可无。党和国家高级干部、包括中央领导人是中国电视最早的固定观众，大多数中国人不知电视为何物。而对幸运的大城市少数居民来说，电视也不过是偶尔光顾的奢侈享受而已。很少有人关注"文化大革命"后期的集体视听文

---

① 上海市档案馆：《华东人民广播电台关于1951年华东"五一"广播大会总结材料》，档案号：B92-1-64，1951。
② 李煜：《"媒介融合"：电视开播的技术政治意义》，《现代传播》2019年第10期。
③ 郭镇之：《中外广播电视史（第三版）》，复旦大学出版社2019年版，第174页。

化。黄心村通过回溯中国电视前史，追寻 1980 年代以前有关电视作为新媒体的话语构建。[①] 在 1970 年代的中国，小型黑白电视作为大小城市中集体收看和收听的中心媒体，其视觉上的冲击不如听觉上的渗透来得彻底，而早期电视信号之不稳定更使得屏幕上闪烁的"雪花"噪声成为这一时期影视文化和视听体验的重要标志。"文革"落潮期，以上海的"向阳院运动"为代表的对公共空间和私人空间的重组促进了电视正式进入城市中国的集体生活。虽然对电视的所有权和使用权局限于单位或社区街道组织，但是电视所生成的技术及观看和聆听文化在 1970 年代中后期就已居于城市生活的中心，而中国电视的集体视听文化则在 1970 年代末和 80 年代初达到高峰。这一转折时期的视听文化现象早于电视进入每家每户的个体视听时代，是研究中国当代基层传播演变不可忽略的重要一环。

综上，以系统性"媒介"为视野，突出传播媒介的物质特性，应和了历史唯物主义和辩证唯物主义。以系统性"媒介"为视野，强调共和国媒介网络的系统性，以及媒介作为资源配置的平台属性，是为当代"媒介融合"的前导和前史；构建以系统性"媒介"为视野的现当代媒介史研究框架，是亟待解决的理论问题和实践问题。

第三节　媒介研究的中国化实践

媒介构成了传播研究的一个重要范式，也在时空脉络中，作为一个有形之物，牵连起社会的动态起伏。在与西方媒介理论的对话之中，中国的传播学者也在进一步地将媒介研究中国化，在提供本土经验的同时，也在重构着媒介理论。

一、从"本土化"到"以中国为方法"

传播学是"舶来品"，这意味着产生这门学说的土壤并不在中国，因而当我们从事传播学研究的时候，不可避免地面临一个"中国化"或者"本土化"的问题。

1982 年，是传播学中国化的一个关键年份。这一年的 4 月底到 5 月初，美国传播学之父的施拉姆（Wilbur Schramm）访华，其弟子余也鲁作陪同。余也鲁指出："在中

---

① 黄心村：《听电视："文革"后期新媒体文化初探》，《二十一世纪》2016 年第 10 期。

国历史上可以用传播学角度来研究的事例有很多，比如王安石的变法、运河对国家的贡献、一些广泛流传的谚语等，但却没有人做这方面的研究。而西方人虽然有传播学理论的功底，但对中国很不了解，因此他们无法研究中国的传播。"① 这意味着，在传播学引进之初，当时的传播学者即已经意识到中国的传播学不能是对西方传播学的一种照搬。

也是在这一年，我国召开了第一次西方传播学座谈会（后也被称作"第一次全国传播学研究会"），会上确立了"系统了解、分析研究、批判吸收、自主创造"为内容的"16 字方针"，这是中国新闻学者针对西方传播学引入中国而提出的第一个具有本土意义的"研究规范"。② 这 16 字方针影响深远，它主动地回应了当时西方传播学在中国立足时所必须面对的困境与意识形态问题。③

1986 年 8 月，第二次全国传播学研讨会在黄山召开。这次学术研讨会的最大成果就是明确了新闻传播学应作为今后传播学研究的主攻方向，并初步讨论了它的理论为传播学研究本土化（indigenization），确立了内容和方向。④ 所谓的"新闻传播学"是吴文虎的主张，指的是，优先研究和发展大众传播学理论，以丰富和发展我们的社会主义新闻学并推动我们的新闻改革。⑤ "新闻传播学"本身即是一种中国化的创见。在西方，新闻学与传播学虽然相近，但并非完全一回事，而在中国，新闻学与传播学的联姻实际也有着深刻的历史动因：1980 年代，传播学引入中国之时，正是已有的新闻学"拨乱反正""百废待兴"之时，它需要一个新的理论来加持，于是"传播学的引入在客观上可谓掐中了新闻学的要害，它以纯理论、元理论、科学的面貌和姿态'趁虚而入'，一定程度上填补了新闻学自身本该有的专业话语空间。'大众传播''媒介'等伴随传播学进来的国外常规用语开始被新闻学界使用并流传开来。"⑥ 另外，聚焦于华夏

---

① 王怡红、胡翼青主编：《中国传播学 30 年（1978—2008）》，中国大百科全书出版社 2010 年版，第 32 页。
② 同上书，第 36 页。
③ 王怡红：《从历史到现实："16 字方针"的意义阐释》，《新闻与传播研究》2007 年第 4 期。
④ 王怡红、胡翼青主编：《中国传播学 30 年（1978—2008）》，中国大百科全书出版社 2010 年版，第 63 页。
⑤ 伍静：《中美传播学早期的建制化历程与反思》，复旦大学博士论文 2007 年。
⑥ 同上。

传播学本身的"华夏传播学"在海峡两岸暨香港、澳门也取得了一些丰硕的成果。

当然，传播学中国化的过程中也面临着一些反思与争论。如李彬和王怡红认为，在没有完整引入西方传播学之前，便大谈本土化为时尚早，另外一点就是，很多时候的本土化实则是强化了西方传播学的话语。[①] 这正如胡翼青所指出的，如果传播学的本土化是在"以西方理论为基础，以中国经验为研究对象"这样的认识论二元框架之下展开的话，那么不过是用西方传播学的视角与概念重述了中国社会的传播现象，反而强化了西方传播学的霸权。[②]

李彬与刘海龙总结指出，在何为本土化、如何本土化的问题上，迄今为止大致形成三类提问方式。其一，首先承认这一问题的正当性，可以称之为肯定派。即本土化没有问题，关键是如何做。在如何做上，又有四种方案。其二，认为传播研究本土化是一个伪问题或无意义的问题，可以称之为取消派。其基本观点是，本土化的提法本身带有划清界限或排外的民族主义情绪，这一派下面也有两种看法。其三，将本土化视为一种社会现象，更关注背后的发生机制及不同本土化话语的正当性，可以称之为知识社会学视角。在这一派看来，传播学本土化是一个自然发生而非人为规划的过程，由此探究外来观念与接受者的互动与协商。[③]

实际上，除第三种提问方式以外，前两种似乎都在纠结于一种于"应然面"的本土化，但正如刘海龙所说的，"从以上三种取向的受众研究可以看出，中国20世纪80年代以来的传播研究的产生与发展的主要动力并不是西方的传播理论，而是本土的政治与经济实践，尽管不少研究采取了美国传播研究的形式，但是模仿只是表面或局部现象西方的传播理论非但没有主导中国的传播研究，反而被整合进了中国的传播研究之中。当然，这种整合与后来学者们的规划尚有一定距离，但是如果我们放弃单一标准的'传播研究'，我们会发现，中国的传播研究不是没有本土化，而是过于本土化，以至于我们要对这种以实用为主的本土化策略进行批判性反思。"[④] 换言之，关于传播学

① 王怡红、胡翼青主编：《中国传播学30年（1978—2008）》，中国大百科全书出版社2010年版，第119页。
② 胡翼青：《传播研究本土化路径的迷失》，《现代传播》2011年第4期。
③ 李彬、刘海龙：《20世纪以来中国传播学发展历程回顾》，《现代传播》2016年第1期。
④ 刘海龙：《从受众研究看"传播学本土化"话语》，《国际新闻界》2008年第7期。

的中国化或者本土化，当我们还在"应然面"上争论不休之时，"实然面"上已经走出了一种中国化或者本土化的实践差异。

近年来，吴予敏等学者提出要从传播研究的"本土化"概念提升到"以中国为方法"。在吴予敏看来，"传播学本土化"也就意味着根据传播学的理论模式到各种文化经验里面去挖掘材料来充实或验证，这类似于科学理论研究的"证伪"，但"本土化"这一提法却忽略了主体意识。① 换言之，我们研究的总是世界的传播学而非中国的传播学。"以中国为方法"则是强调了一种研究的主体性，"'以某国为方法'是一个简略的表述，所说的是由特定的国家、民族或文化本体所创造出来的思想方法，这种思想方法是和特定民族、国家和文化传统深刻联系的，带有特定的精神气质和思维风格的成果。"因而，"以中国为方法"，就是"不仅要直观地感知中国经验，还要通过意向性实践的行动进入中国经验，将经验的感知体认过程和研究问题的提炼过程交织起来。"②

"以中国为方法"开启了将传播学中国化的一种新思路，此前"本土化"在提法上，总有一种潜在的二元对立思维，即西方的理论与中国经验的对立，而"以中国为方法"则是将西方的理论视为一种资源，从根本上还是为研究中国服务的。正如吴予敏所说的，"以中国为方法"不可能是脱离"以世界为方法"，更不是刻意与"以世界为方法"相对立的。③ 涂凌波也指出，"以中国为方法"并非是将中国与世界割裂开来，而是在寻求解释中国经验的过程中逐渐上升理论的层次，最终在文明互鉴的维度产生社会科学理论的新范式，拓展我们对于文明、历史和现实的认知。④

从"16字方针"到"传播学本土化"的明确主张，再到"以中国为方法"，实际上体现了中国传播学者的一种高度自觉，无论采取何种取径或者方案，当下的中国传播学者关于中国化或者本土化的一个共识就是，"中国场景不是检验西方传播学理论范式的实验室，中国经验不是作为填充西方概念的具体材料，中国问题更不是从西方问题的逻辑延伸而来。中国传播研究，其出发点和落脚点在于深刻分析和解决我们自己的

---

① 吴予敏、于晓峰：《中国传播研究如何做到"以中国为方法"》，《中国网络传播研究》2022年第1期。
② 同上。
③ 吴予敏：《传播研究应"以中国为方法"》，《教育传媒研究》2020年第6期。
④ 涂凌波：《"以中国为方法"：新闻学理论范式转换的逻辑、知识与方法论》，《新闻与写作》2021年第11期。

问题"。^①一种面向中国自身的传播研究正在展开。

二、媒介研究的中国化之路

如果说早些年的中国传播学研究更多的是在研究传播的话，那么新世纪左右，媒介逐渐成为中国传播学的一个重要领域，并且也生发出一些有中国特色的媒介研究来。

就世界范围来看，传播学中的"媒介转向"或者"转向媒介"与多伦多学派的兴起不无关系，尤其是麦克卢汉那一句"媒介即讯息"的精辟断言更是将媒介推向了学术研究的前台。此前研究者们更关注的是传播中的信息一面，对媒介本身却是不过问的，但是媒介的变迁，所引发的可能传播形态的改变。黄旦就指出："媒介对于传播和社会关系的重组，引发学科和学术研究的变动，起着根本性的作用，其影响甚至远远超过了我们的想象。"^②随着中国对于伊尼斯、麦克卢汉及后来被称为"媒介环境学派"学说的引进，中国的传播学也转向了媒介。但是中国传播学中的媒介研究，虽然受国外的媒介转向影响这一事实不假，却也走出了一条中国化之路。以下通过三个案例表明，中国的传播学者是如何有意识地构建本土研究取径、如何以西方理论为资源生发本土理论，以及如何对西方的媒介理论进行本土化改造的。

（一）"媒介生态学"：本土原发的研究取径

在北美的"媒介环境学"引入中国的同时，中国学者如邵培仁、崔保国等也提出了"媒介生态学"，很多人会觉得，"媒介生态学"不过是北美"媒介环境学"的另一种译法，因为两者的英文皆为"media ecology"，但这里头却大有文章。

媒介环境学派的理论主张，基本上都可以从麦克卢汉的"媒介即讯息"加以出发理解。从"媒介即讯息"到媒介环境学，看似联系不大，但实则有一种逻辑上的必然。因为承认"媒介即讯息"，实际上就意味着，媒介是一种环境式的存在，与人照面的实际上是媒介的内容，而媒介本身是不被感知的，因而从"媒介即讯息"出发，研究媒介应该也是研究媒介之于人类社会的环境效应。正如媒介环境学者林文刚（Casey Man Kong Lum）所指出的那样，当麦克卢汉说"媒介即讯息"时，"他的意思是，媒介如何

---

① 吴予敏：《立足中国的媒介化实践再出发》，《中国社会科学报》2022 年 8 月 16 日。
② 黄旦：《新闻传播学科化历程：媒介史角度》，《新闻与传播研究》2018 年第 10 期。

使我们的感官的形貌发生变化，这样的变化又如何改变我们接收感觉资料的方式，我们正是用这些资料来理解和建构／重构周围的世界。"① 这也是媒介环境学的最初意涵："媒介对文化的影响表现在形式上和环境上，而人们的思维方式和社会组织则是由业已内化的主导性的传播模式塑造的——这是媒介环境学派范式内容的核心主题之一。"② 换言之，媒介环境学的立基点是媒介构成了人之生活的环境，媒介环境学就是把"媒介当作环境来研究"。③

而媒介生态学则是将媒介与社会系统内部的其他行动者看成是一种相互依存的关系，媒介成了一条鱼，如崔保国在《媒介是条鱼——理解媒介生态学》一文中指出："媒介这条鱼也与其生存发展的生态环境生死相关。生态环境是万物赖以生存的基础和条件。如同大自然相互制约和依存的生态环境一样，媒体的生态环境也存在相互制约和依存的生态系统。媒介生态学是借助于生态学和环境生物学的理论和方法，对传播学理论研究的延伸和发展。"④ 换言之，媒介生态学已成为一个明显有别于媒介环境学的研究兴趣指称，在媒介生态学中，媒介是活的，是那个搅动传播生态的大鱼。邵培仁指出，媒介生态学是指用生态学的观点和方法来探索和揭示人与媒介社会、自然四者之间的相互关系及其发展变化的本质和规律的科学。⑤

所以，虽然媒介生态学与媒介环境学共享着同一个英文单词，但实际上，却是两种截然不同的研究取径，更为重要的是，虽然生态学以及媒介生态学在国外也有所提及，但媒介生态学更多的还是中国学者出于对中国媒介生态的思考，而主动探索出的一种研究取径。"应该说，媒介生态学研究在我国的展开，来自我国传播学者的自觉，不同于传播学研究那样是从海外引进。尽管美国学者开展媒介生态研究和日本学者开展媒介环境研究要比我们早很多年，但我经过研究发现，似乎国内的媒介生态研究最初的展开与他们并没有什么渊源关系。因此，可以说中国学者的媒介生态研究意识是

---

① ［美］林文刚编：《媒介环境学：思维沿革与多元视野》，何道宽译，北京大学出版社2007年版，第28页。
② 同上书，第10页。
③ 同上书，第11页。
④ 崔保国：《媒介是条鱼》，《中国传媒报告》2003年第4期。
⑤ ［美］林文刚编：《媒介环境学：思维沿革与多元视野》，何道宽译，北京大学出版社2007年版，第5页。

原发的，而不是引进的，并且，从一开始起，国内学者的关注点就和国外学者不一样，侧重在媒介的发展生存环境研究方面。"[1]

媒介生态学研究的兴起表明了，中国学者的媒介研究，并不是亦步亦趋地跟随国外学者，而是有着自己的理论洞见与本土关怀。进一步来说，如果不是依托于中国问题，即使再有学术自觉，也难以有创见。媒介生态学研究正是在回应中国问题基础之上发展起来的。世纪之交，中国传媒业迎来了爆发式的发展，面对如此蓬勃的媒介生态，必须在理论上加以回应；北美的媒介环境学固然有其意义，但却对媒介所处的由政治、经济、文化、历史、人所构成的复杂媒介生态系统关注不够，而这却又是当时中国所面临的社会现实，因而中国的媒介生态学也更加侧重于媒介的经营管理，因为这是现实之需。而后来在中国发展起来的媒介管理学方向，虽然不能说是脱胎于媒介生态学，但也是进一步丰富了中国的媒介研究，近年来尤其是对于县域融媒体的研究，成为一种明确的有着本土问题意识的研究方向。

（二）媒介人类学：场域转换中的主体性坚持

如果说媒介生态学研究聚焦的是宏观意义上媒介与其他社会制度间的联系与互动的话，那么中国的媒介人类学（media anthropology）研究，则是将视野放在了日常媒介实践上。媒介人类学虽然不是中国学者的原创，但是始终保持着一种独特的本土问题意识，因而也是一种积极的媒介研究中国化的尝试。

媒介人类学本身就意味着一种对于产生媒介实践的社会和文化场域的关注，"媒介人类学的研究对象是媒体的生产、流通和接收，但无论是聚焦于哪个环节的研究，都要考虑到与之相联系的社会、文化场域"。[2]换言之，媒介人类学本身就有一种潜在的"本土意识""在地意识"，媒介人类学研究在中国展开，首先就表明了研究者们有意寻找"地方知识"可能性的意愿。李飞指出，媒介人类学中的"田野研究"，要求研究者重视自身的直觉，同时体察被研究对象的直觉反映，这种"直觉的合拍"与"本土契合性"有着某种一致性。[3]

---

① 崔保国：《媒介是条鱼》，《中国传媒报告》2003 年第 4 期。
② 段丹洁：《媒介人类学拓宽传播研究视野》，《中国社会科学报》2022 年 5 月 9 日。
③ 李飞：《媒体人类学与传媒研究比较引申中的讨论：本土契合性》，《现代传播》2009 年第 4 期。

随着媒介对日常生活的进一步渗透，媒介人类学有日常化的趋势："过去的媒介人类学研究较多集中在传统社区和单一社区，较多关注传统媒介形态和某些固定文化模式。近年来，在方法、案例和理论挖掘等方面，媒介人类学有不少研究成果和突破。"换言之，伴随着中国数字社会崛起，以往的媒介人类学可能在偏远地区或者少数民族，如郭建斌对于独乡的电视研究，但现在的媒介人类学则是聚焦在与媒介相关的社会实践，如张放就将微信春节红包作为研究对象，揭示了这一新兴媒介实践对传统中国家庭关系的影响。

由于注重与媒介实践相勾连的社会和文化场域，媒介人类学自一开始便关注中国社会独特的媒介情境，经过二十余年的实践、探索，中国的媒介人类学在某些方面已有了一些自己的理论表达，甚至还产生了独特的本土化知识和概念，如"在场"概念，也可以说是中国"民族志传播研究""自产"的一个"理论"。[1] 这也意味着，当深入中国现实的真正肌理之中时，只要有足够的问题意识，想生发出一种"本土"理论表达并不难，甚至是一种必然，因为西方的理论在面对中国经验时，只是研究的起点，而非终点，正如"在场"概念创立者郭建斌所言："在对该概念内涵进行阐释时，我的确征用了不少现成的理论，但这样做并非是用这些理论来作为理论证据对中国现象进行解释，而是希望以这些理论来为'在场'概念服务，在使用这些理论来赋予'在场'概念某种理论内涵的同时，展开与这些理论的对话。同时，让携带了特定理论内涵的'在场'概念勾连特定的经验现象，并对这些经验现象做出具有某种理论意味的阐释。"[2]

以上对于中国媒介生态学及媒介人类学研究的讨论，表明了当我们把中国实践本身作为立足点时，中国化或者本土化的研究是有可能的，尽管所借用的理论资源或者研究范式可能来自国外，但一旦将"以中国为中心""以中国为方法"时，媒介研究就不再是对某种西方理论的检验，而是一种有着主体性的学术实践活动。

（三）"媒介化"研究的"中国逻辑"

近年来，随着媒介化研究的兴起，中国的媒介研究也开始对这一取径的引进，但

[1] 郭建斌、唐思诗:《媒体人类学到底给中国传播研究带来了什么？——兼谈"民族志传播研究"》，《新闻春秋》2022年第5期。
[2] 郭建斌:《"在场"：一个基于中国经验的媒体人类学概念》，《新闻与传播研究》2019年第11期。

也更加注重对其中国化的理论调适和改造。媒介化（mediatization）是近年来在欧陆兴起的一种媒介研究取径，这一取径的学者不满意于将媒介的效应仅局限在"文本"效果上，而是试图在一种更为宽广的视野上，去考察媒介嵌入日常生活之后所产生的广泛性的社会效应。① 因而，在媒介化学者看来，此前的中介（mediation）研究强调是对媒介中介行为的研究，这就忽略了长期性的、历史性的后果，而媒介化研究则是关注媒介所引起的长期的结构性的转变，以及媒介在当代文化和社会中扮演的角色。② "'媒介化'所彰显的动态关系，更着重在巨观的社会制度或机构层次，强调媒介的影响性除了介入社会过程，有时更在于导引其他社会场域里特定制度化实践内涵的重塑。"③

就媒介化研究的传统而言，主要有制度主义（institutionalist）与社会建构主义（social-constructivist）这两种。④ 制度主义传统将媒介视为是一种制度性的力量，会对其他社会机制如政治、教育、宗教、医疗等产生影响，其核心概念是媒介逻辑（medialogic），即在一个媒介化的社会中，媒介逻辑会影响到其他社会实体的内部运作。瑞典媒介学者阿斯普（Kent Asp）是最早在这一意义上使用媒介化的学者，他指出："政治体系不仅在很大程度上受到大众传媒对政治报道的影响，而且还自我调节以适应大众传媒的需要"。⑤ 这一传统之下，"媒介化是关于媒介系统的规则、资源及媒介逻辑如何与政治、教育、体育等领域的规则和资源融合的过程"。⑥

而社会建构主义传统则是旨在捕捉传播是如何在某些媒介过程（media processes）中构建社会现实的，以及反过来，某些媒介的特定特征是如何在传播构建社会和文化现实的整个过程中，产生具有情境化的"后果"的。⑦ 换言之，社会构建传统取径一方面认为社会现实是由传播构建的，另外一方面，在传播构建社会现实的过程中媒介扮

① Nick Couldry and Andreas Hepp, "Conceptualizing Mediatization: Contexts, Traditions, Arguments", *Communication Theory*, Vol.23, No.3, August 2013.
② Knut Lundby（Ed.）*Mediatization of Communication*, De Gruyter Mouton, 2014, p.7.
③ 唐士哲：《重构媒介？"中介"与"媒介化"概念爬梳》，《新闻学研究》2014 年第 121 期。
④ Andreas Hepp. "The communicative figurations of mediatized worlds: Mediatization research in times of the 'mediation of everything'", *European Journal of Communication*, Vol.28, No.6, 2013.
⑤ ［丹］夏瓦：《文化与社会的媒介化》，刘君等译，复旦大学出版社 2018 年版，第 13 页。
⑥ 罗昕、林蓉蓉：《制度视角下媒介化理论的回顾与展望》，《新闻大学》2022 年第 7 期。
⑦ Nick Couldry and Andreas Hepp, "Conceptualizing Mediatization: Contexts, Traditions, Arguments", *Communication Theory*, Vol.23, No.3, August 2013.

演重要角色，这一传统的媒介化研究，正是关注媒介在构建中的作用。"'社会建构主义传统'对日常交流实践更感兴趣，尤其是与数字媒体和个人交流相关的实践，并关注不断变化的传播对于文化和社会的建构。"①

两条传统对彼此互有批评，比如库尔德利就指出，媒介逻辑这一概念将各种各样的"逻辑"统一在一个共同的"逻辑"之下，②换言之，媒介逻辑忽略了媒介之间的差异，而制度主义传统的代表人物夏瓦（Stig Hjarvard）则认为，社会建构主义传统"通常过于强调行动者能够改变其所处的行动环境的能力。制度角度更倾向于将制度和行动者间的关系视作一种二元性的、相互影响的关系。"③

在简述了媒介化的相关理论之后，本文接下来将论述，在媒介化研究被引入国内之后，研究者是如何对其进行理论再造的。我们以制度主义取径为例，在制度主义传统这一脉络中，夏瓦认为，"媒介影响的重要性一部分源自下述两方面的发展：一方面，媒介已成为所有机构运作的一个组成部分；另一方面，媒介又具有一定的自决权（self-determination）和权力，这迫使其他机构或多或少地需要遵从媒介的逻辑。因此，媒介既是特定的社会和文化领域（家庭、政治等）的基本结构之一，又是一个半独立的机构，一则扮演着其他文化和社会制度之间的纽带角色，并为我们理解作为整体的社会提供了诠释框架，再则为公共讨论构建一个共同的舞台。"④换言之，制度主义传统下的媒介化研究，一个基本预设是，媒介是个自主的、独立的社会实体，或者至少是半独立的，由此媒介逻辑才能发挥作用。

但是中国学者在采用制度主义传统的媒介化研究时，却充分意识到，在中国媒介逻辑的作用有其特殊性。如闫文捷等学者通过对于"电视问政"节目的研究指出，媒介逻辑确实在中国发挥着作用，但是更多的是表现在"前台"，在那些"前台"上演的问政活动中，媒介逻辑的运行清晰可见。比如，"问政现场的布局构成了政府官员和问政代表'公共表演'的舞台；节目的脚本设置了'问责'和'商议'这两个治理的基

---

① Andreas Hepp. "The communicative figurations of mediatized worlds: Mediatization research in times of the 'mediation of everything'", *European Journal of Communication*, Vol.28, No.6, 2013.
② Ibid.
③ 罗昕、林蓉蓉：《制度视角下媒介化理论的回顾与展望》，《新闻大学》2022 年第 7 期。
④ ［丹］夏瓦：《文化与社会的媒介化》，刘君等译，复旦大学出版社 2018 年版，第 5 页。

本理念得以实践的角色和情节。由于电视媒体自身的特点，由它中介的问政，或者说媒介化了的问政活动，具有较为鲜明的表演、拟剧和象征等方面的特征。"而在"后台"，"媒介逻辑必然通过被吸纳并整合进体制而发挥作用，甚至媒介逻辑往往就是政治逻辑的有机组成部分"。

换言之，研究者并没有因为中国媒介体制的特殊性，便将媒介逻辑束之高阁，或者"生搬硬套"，而是将媒介逻辑与政治逻辑的互动置于"前台"和"后台"的特殊情境中，"这与媒介化理论所概括的西方经验中媒介逻辑制约、改造政治或治理逻辑有主次方向的不同，体现的是'媒介化'过程在中国的独特路径"。[1] 意识到媒介逻辑与政治逻辑在中国的复杂互动关系之后，中国的媒介学者还进一步提出了对于"媒介化治理"（Mediatized Governance）的新理解，那就是"中国媒介化治理所体现的媒介逻辑既具有自治性和主体性，对国家治理理念、治理体系和治理实践产生影响，同时又须依从于中国本土化的政治逻辑"。[2]

以上所举的三个研究领域，只是丰富的媒介研究的中国化实践的一角，在更宽广的视野上，我们可以看到，几乎在每一个媒介研究所涉及的领域中，中国学者都在积极地进行中国化的尝试，成为传播学中国化的一个重要组成部分，正如周好雨、胡翼青所指出的："党的十八大以来，中国媒介理论研究的迅速崛起，中国传播学界在很大程度上纠正了结构功能主义和行为主义的媒介研究思路，并为传播学的再度理论化提供了新的机遇。"[3]

---

[1] 闫文捷、潘忠党、吴红雨：《媒介化治理——电视问政个案的比较分析》，《新闻与传播研究》2020 年第 11 期。

[2] 郭小安、赵海明：《媒介化治理：概念辨析、价值重塑与前景展望》，《西北师大学报》2023 年第 1 期。

[3] 周好雨、胡翼青：《狂飙突进的 10 年：中国媒介理论研究的嬗变》，《传媒观察》2023 年第 2 期。

第四章　新时代以来媒体融合的中国实践与中国经验

第一节　媒体融合的中国解读

随着新传播技术与环境的日新月异，社会生活全方位与新技术及其生态相互嵌套，我国媒体转型的观念与实践也同时发生了前所未有的巨大变化，相关理论研究也蓬勃发展。其中，"媒体融合"是一个重要研究领域。它不仅勾连着不断深化的国家战略，也展现于丰富多彩的媒体实践，更为中国特色应用新闻传播学增加了独特篇章。

一、概念的提出与引进

（一）媒体融合在新闻传播学科的提出

媒体融合（media convergence）是一个外来词，有时也被译为媒介融合。[①] 学界一般认为，首先提出媒体融合概念的学者为美国麻省理工学院教授伊契尔·索勒·普尔（Ithiel De Sola Pool），他在《自由的技术》（1983）一书中指出，一种"模式融合"（convergence of modes）的过程正在模糊媒体之间的界线。[②] "媒体融合"由此展开，主要是指不同媒体（媒介）之间打破界限、相互融合的现象。

（二）媒体融合的引进

从现有文献看，我国最早于1999年由崔保国教授引进了普尔教授的"媒介融合"概念，他指出："从本质上讲，融合是不同技术的结合，是两种或更多种技术融合后形成的某种新传播技术，由融合产生的新传播技术新媒介的功能大于原先各部

---

① 本章统一译为"媒体融合"。

② de Sola Pool, I.（1983）. Electronics Takes Command. In Technologies of Freedom（pp.23—54）. Harvard University Press. https://doi.org/10.2307/j.ctvjz83s4.5.

分的总和。"①其后，媒体融合并没有引发学界的特别关注。2006年，蔡雯在第七届世界传媒经济学术会议上提出，美国新闻学会媒介研究中心主任将"融合媒介"定义为"印刷的、音频的、视频的、互动性数字媒体组织之间的战略的、操作的、文化的联盟"，强调"融合媒介"最值得关注的并不是集中了各种媒介的操作平台，而是媒介之间的合作模式。蔡雯指出，"媒介融合"还有一层值得重视的含义，那就是在数字技术与网络传播推动下，各类型媒介通过新介质真正实现汇聚和融合。②2007年，蔡雯再次为媒体融合（媒介融合）给予定论："媒介融合是指在以数字技术、网络技术和电子通信技术为核心的科学技术的推动下，组成大媒体业的各产业组织在经济利益和社会需求的驱动下通过合作、并购和整合等手段，实现不同媒介形态的内容融合、传送渠道融合和媒介终端融合的过程。"③可以看出，早期中国学者对媒体融合概念的引进，更多侧重于强调技术的变革与驱动对媒体（媒介）形态的影响作用。

仅从中国知网收录的学术期刊论文发表情况看，新闻与传媒和出版学科对媒体融合或媒介融合主题的研究性论文，在1999年至2005年间只有个位数；2006年蔡雯再次引入媒体融合概念后，当年相关论文发表量达40篇；2007年至2013年从108—686篇保持持续增长；2014年激增至1856篇并一直保持上升态势，并在2019年达到峰值5298篇，再缓慢回落至2022年的4144篇。巨大的论文发表量趋势表明：一是媒体融合研究开辟了新领域，媒体融合已成为新闻传播学重要的研究领域，并将在最近几年继续保持较高研究热度；二是实践性强，媒体融合研究与媒体发展实践的关联密切，随着媒体实践的积累而更加活跃；三是应用性突出，媒体融合研究与中央政策息息相关，重要政策的发布刺激相关研究热潮，对策性研究、政策解读型研究占据一定比重；四是理论深度提升，随着对共性问题逐渐达成共识，发表数量已经理性回落，但研究视角和对象已经拓展，研究深度不断提升。

① 崔保国：《技术创新与媒介变革》，《当代传播》1999年第12期。
② 蔡雯：《媒介融合前景下的新闻传播变革——试论"融合新闻"及其挑战》，第七届世界传媒经济学术会议，2006年5月。
③ 蔡雯、王学文：《角度·视野·轨迹——试析有关"媒介融合"的研究》，国际新闻界2007年第11期。

二、媒体融合成为国家战略

（一）2013年，中央首提媒体融合

2013年8月19日，习近平总书记在全国宣传思想工作会议上的讲话中提出："加快传统媒体和新兴媒体融合发展，充分运用新技术新应用创新媒体传播方式，占领信息传播制高点。"这是中央第一次对媒体融合进行公开表达，且在宣传思想工作中赋予其重要地位。2013年11月发布的党的十八届三中全会报告又进一步提出："整合新闻媒体资源，推动传统媒体和新兴媒体融合发展。推动新闻发布制度化。严格新闻工作者职业资格制度，重视新型媒介运用和管理，规范传播秩序。"2013年中央对媒体融合的表述，标志着中央对媒体融合的高度重视，也吹响了新时代以来媒体即将进行新一轮转型发展的号角。

（二）2014年，媒体融合上升为国家战略

2014年8月18日，中央全面深化改革领导小组第四次会议审议通过《关于推动传统媒体和新兴媒体融合发展的指导意见》。这份文件意义重大，标志着媒体融合正式成为国家战略，并必将进一步推动中央与地方媒体积极投身媒体融合发展。习近平总书记在此次会议讲话中强调，推动传统媒体和新兴媒体融合发展，要遵循新闻传播规律和新兴媒体发展规律，强化互联网思维，坚持传统媒体和新兴媒体优势互补、一体发展，坚持先进技术为支撑、内容建设为根本，推动传统媒体和新兴媒体在内容、渠道、平台、经营、管理等方面的深度融合，着力打造一批形态多样、手段先进、具有竞争力的新型主流媒体，建成几家拥有强大实力和传播力、公信力、影响力的新型媒体集团，形成立体多样、融合发展的现代传播体系。要一手抓融合，一手转管理，确保融合发展沿着正确方向推进。[①] 在这里，中央确定了媒体融合的多项任务，即推动深度融合、打造新型主流媒体、打造新型媒体集团，形成现代传播体系。

（三）2018年，县级融媒体建设加入国家战略

县级融媒体的建设，是媒体融合在中国的创造性发展，也是符合中国政治治理模

---

① http://media.people.com.cn/n/2014/0819/c40606-25491358.html.

式、政治治理结构的创新性发展。2018年8月，习近平总书记在全国宣传思想工作会议上发表重要讲话，要求扎实抓好县级融媒体中心建设，更好引导群众、服务群众。从国家战略层面提出了县级融媒体建设的发展方向。2018年11月，中央全面深化改革委员会第五次会议审议通过了《关于加强县级融媒体中心建设的意见》，指明了县级融媒体中心建设的基本思路：组建县级融媒体中心，有利于整合县级媒体资源、巩固壮大主流思想舆论。要深化机构、人事、财政、薪酬等方面改革，调整优化媒体布局，推进融合发展，不断提高县级媒体传播力、引导力、影响力。要坚持管建同步、管建并举，坚持正确政治方向、舆论导向、价值取向，坚守社会责任，把社会效益放在首位。2019年1月15日，中宣部和国家广电总局联合发布了《县级融媒体中心建设规范》《县级融媒体中心省级技术平台规范要求》，为县级融媒体中心省级技术平台规定了操作指南和建设规范。

（四）2020年，中央再次升级媒体融合发展要求

2020年9月，中共中央办公厅国务院办公厅印发《关于加快推进媒体深度融合发展的意见》，从重要意义、目标任务、工作原则三方面，再次明确了媒体深度融合发展的总体要求，要求深刻认识全媒体时代推进这项工作的重要性紧迫性，坚持正能量是总要求、管得住是硬道理、用得好是真本事，坚持正确方向，坚持一体发展，坚持移动优先，坚持科学布局，坚持改革创新，推动传统媒体和新兴媒体在体制机制、政策措施、流程管理、人才技术等方面加快融合步伐，尽快建成一批具有强大影响力和竞争力的新型主流媒体，逐步构建网上网下一体、内宣外宣联动的主流舆论格局，建立以内容建设为根本、先进技术为支撑、创新管理为保障的全媒体传播体系。其中特别指出：要推动主力军全面挺进主战场，做大做强网络平台，占领新兴传播阵地；要走好全媒体时代群众路线，强化媒体与受众的连接，以开放平台吸引广大用户参与信息生产传播；以先进技术引领驱动融合发展，加强新技术在新闻传播领域的前瞻性研究和应用；要推进内容生产供给侧结构性改革、深化主流媒体体制机制改革、发挥市场机制作用、探索建立"新闻＋政务服务商务"的运营模式、创新媒体投融资政策、增强自我造血机能等。可以看出，2020版《意见》，是指导媒体融合继续纵深发展的重要纲领，推动宣传系统继续在媒体融合之路上努力取得实效。作为国家战略、顶层设计

的媒体融合，还有很多努力的目标与方向。

（五）2021年，中央再次强调媒体融合对党和人民的重要意义

2021年11月，《中共中央关于党的百年奋斗重大成就和历史经验的决议》又一次强调了媒体融合的重要意义。"高度重视传播手段建设和创新，推动媒体融合发展，提高新闻舆论传播力、引导力、影响力、公信力。党中央明确提出，过不了互联网这一关就过不了长期执政这一关。党高度重视互联网这个意识形态斗争的主阵地、主战场、最前沿，健全互联网领导和管理体制，坚持依法管网治网，营造清朗的网络空间。"这一次的强调，再一次将媒体融合与党的长期执政、意识形态斗争等相互关联，更加凸显了媒体融合的战略意义。

三、总书记多次发表媒体融合重要表述

习近平总书记非常重视媒体融合，多次在不同场合对媒体融合作出重要表述，凝聚媒体融合相关共识，统一思想，强化要求，鞭策媒体融合步伐向前推进。

2015年12月25日，习近平视察解放军报社时发表讲话称，要顺应互联网发展大势，勇于创新、勇于变革，利用互联网特点和优势，推进理念、内容、手段、体制、机制等全方位创新，努力实现军事媒体创新发展。要研究把握现代新闻传播规律和新兴媒体发展规律，强化互联网思维和一体化发展理念，推动各种媒介资源、生产要素有效整合，推动信息内容、技术应用、平台终端、人才队伍共享融通。①

2016年2月19日，习近平总书记在党的新闻舆论工作座谈会上指出，随着形势发展，党的新闻舆论工作必须创新理念、内容、体裁、形式、方法、手段、业态、体制、机制，增强针对性和实效性。要适应分众化、差异化传播趋势，加快构建舆论引导新格局。要推动融合发展，主动借助新媒体传播优势。要抓住时机、把握节奏、讲究策略，从时度效着力，体现时度效要求。②

2018年8月21日，习近平总书记在全国宣传思想工作会议指出，要把握正确舆论导向，提高新闻舆论传播力、引导力、影响力、公信力，巩固壮大主流思想舆论。要

---

① http://media.people.com.cn/n1/2015/1227/c40606-27980740.html.
② http://media.people.com.cn/n1/2016/0220/c40606-28136237.html.

加强传播手段和话语方式创新，让党的创新理论"飞入寻常百姓家"。要扎实抓好县级融媒体中心建设，更好引导群众、服务群众。要旗帜鲜明坚持真理，立场坚定批驳谬误。要压实压紧各级党委（党组）责任，做到任务落实不马虎、阵地管理不懈怠、责任追究不含糊。①

2019 年 1 月 25 日，中共中央政治局在人民日报社就全媒体时代和媒体融合发展举行第十二次集体学习时，习近平总书记再次详细阐述了对媒体融合的认识和要求。"我们推动媒体融合发展，是要做大做强主流舆论，巩固全党全国人民团结奋斗的共同思想基础，为实现'两个一百年'奋斗目标、实现中华民族伟大复兴的中国梦提供强大精神力量和舆论支持。""推动媒体融合发展，要统筹处理好传统媒体和新兴媒体、中央媒体和地方媒体、主流媒体和商业平台、大众化媒体和专业性媒体的关系，不能搞'一刀切'、'一个样'。要形成资源集约、结构合理、差异发展、协同高效的全媒体传播体系。""媒体融合发展不仅仅是新闻单位的事，要把我们掌握的社会思想文化公共资源、社会治理大数据、政策制定权的制度优势转化为巩固壮大主流思想舆论的综合优势。要抓紧做好顶层设计，打造新型传播平台，建成新型主流媒体，扩大主流价值影响力版图，让党的声音传得更开、传得更广、传得更深入。"

2021 年 11 月，习近平总书记在为祝贺新华社建社 90 周年的贺信中强调，在全面建设社会主义现代化国家新征程上，新华社要在党的领导下，把握正确政治方向，坚定理想信念，坚守人民情怀，赓续红色血脉，坚持守正创新，加快融合发展，加强对外传播，努力建成国际一流新型全媒体机构，为实现中华民族伟大复兴的中国梦、推动构建人类命运共同体作出新的更大的贡献。

这些对媒体融合在不同时期、不同场景下的表述，不断强化媒体融合对宣传思想文化工作的意义，深化了各领域对媒体融合的理解，成为媒体融合工作中的基本遵循。

第二节　媒体融合的中国方案

新时代以来，以习近平同志为核心的党中央围绕推进媒体融合发展作出一系列战

---

① http://media.people.com.cn/n1/2018/0823/c40606-30245183.html.

略部署，先后提出构建全媒体传播格局、形成全媒体传播体系、实施全媒体传播工程的明确要求。习近平总书记多次在不同场合强调"网络是一把双刃剑"，"新闻舆论工作面临新的挑战"，"要旗帜鲜明坚持正确的政治方向、舆论方向、价值取向"；要"深刻认识全媒体时代的挑战和机遇"，"抓紧做好顶层设计"，"运用信息革命成果，加快构建融为一体、合而为一的全媒体传播格局""催化融合质变，放大一体效能，打造一批具有强大影响力、竞争力的新型主流媒体"。①

十年来，中国各类媒体在融合道路上不断探索、持续创新，涌现了一批极具代表性的转型案例，当中也有诸多值得反思之处。其中，人民日报的"中央厨房"形成了中国式媒体融合的一种典型性路径；长兴传媒县级融媒体建设，成为县级融媒体建设的先行者；上海报业集团改革，成为集团化、整建制媒体融合的地方试验；第一财经、界面等财经媒体，成为媒体融合产品市场化运作的重要尝试；澎湃新闻成为全国第一家传统媒体全面转型新媒体的创新项目；Shanghaieye、"第六声（Sixth Tone）"等国际传播媒体，成为提升国际传播能力的重要探索。国内各类媒体从全媒体传播体系建设、县级融媒体建设、地方传媒集团转型、新媒体品牌打造、垂类媒体的市场化探索和国际传播融合创新等多角度，探讨媒体融合的中国方案。

一、人民日报"中央厨房"：全媒体传播矩阵建设

中央厨房的理念在我国新闻界历史可追溯至 2005 年南方报业传媒集团提出构建"新闻数码港"的设想，但其起初多被冠以"滚动新闻""全媒体集群"等称谓，停留在个别媒体的小规模尝试，并未引起广泛关注②。直至人民日报社的全媒体指挥调度中心推出，作为中国媒体融合标志工程的"中央厨房"概念才逐渐兴起。

人民日报在推进媒体融合发展方面起步早、发展快。2012 年 7 月 22 日，人民日报开通法人微博；2013 年 1 月 1 日，人民日报开通微信公众号；2014 年 6 月 12 日，人民日报客户端上线；2015 年两会报道期间，人民日报试行"中央厨房"工作机制。中央厨房（the media hub），又称"全媒体新闻平台"，被视为"人民日报社推进媒体融合发

---

① 习近平：《习近平谈治国理政（第三卷）》，外文出版社 2020 年版。
② 杨启飞：《双向互嵌：嵌入性视角下的媒体中央厨房研究》，《新媒体与社会》2020 年第 2 期。

展的核心平台"。人民日报作为深度融合发展的先行者，近年来融合成果显著，在全媒体指挥调度中心（中央厨房）的统筹调度下，形成了"人民媒体方阵"，拥有报、刊、网、端、微、屏等十多种载体，综合覆盖受众超过 11 亿人次。[①]

（一）人民日报社媒体融合转型背景

随着网络和数字技术裂变式发展，中国媒体的创新发展面临着重大机遇与挑战。2014 年 8 月，习近平总书记主持中央深改小组会议，部署推进传统媒体与新兴媒体融合发展。人民日报社立即响应，主动探索，在中央宣传部指导支持下，迅速启动"中央厨房"（全媒体平台）的建设。2016 年 2 月 19 日，习近平总书记主持召开党的新闻舆论工作座谈会并发表重要讲话，根据讲话中"融为一体、合而为一"的要求，人民日报社继续推动各种媒介资源、生产要素有效整合，实现内容、渠道、平台、经营、管理的深度融合。"中央厨房"设计已从局部实践上升为顶层设计，从多点突破扩展到整体推进，从报道创新转向制度创新，形成了从"相加"到"相融"的新的采编构架、新的融合思路。2017 年 1 月 11 日，《人民日报》第 6 版刊发刘奇葆署名文章《推进媒体深度融合　打造新型主流媒体》，其中指出："'中央厨房'就是融媒体中心。推进媒体深度融合，'中央厨房'是标配、是龙头工程，一定要建好用好。"

（二）人民日报"中央厨房"基本情况与应用现状

为落实中央号召，人民日报社启动了中央厨房项目。2014 年 3 月，人民日报社注资 1 亿元，注册成立了人民日报媒体技术股份有限公司（以下简称"PDMI"），公司以建设人民日报"中央厨房"，打造媒体融合发展的空间平台、技术平台、运营平台、资本平台为核心业务。2015 年 3 月 2 日，全国两会召开前夕，"中央厨房烹制新闻美味"的红色图标，出现在人民日报的要闻 4 版，标志着人民日报全媒体平台项目首次亮相。试运行 1 年后，2016 年 2 月 19 日，人民日报"中央厨房"正式上线，时任人民日报社社长杨振武将其称为"推进媒体融合发展的全媒体大平台"。

经过多年的建设和运行，人民日报"中央厨房"的物理大厅和技术系统已成为报社推进媒体融合发展的核心平台。物理平台位于人民日报社新媒体大厦的 10 层，建筑

[①]　温红彦、曹树林：《坚定不移推进媒体深度融合——以人民日报构建全媒体传播格局的实践为例》，《中国报业》2021 年第 23 期。

面积 3200 多平方米，按功能被划分为核心指挥区、信息汇集区、编辑工作区、多功能区等不同区域，是整个报社新闻策、采、编、发的指挥中枢、中控平台，传统媒体和新兴媒体的工作人员在这里协同作业，实现全媒体产品的策划、制作与发布。技术系统则包括内容分发、舆情监测、用户行为分析、可视化制作等一系列软硬件工具，方便前后方采编人员即时沟通、一体策划、制作多媒体产品、追踪传播效果等。

这个全媒体指挥调度中心是人民日报全媒体矩阵策、采、编、发、评的大脑和枢纽，无论是重大主题报道或是日常新闻报道，都贯穿媒体融合的思想，统筹考虑报、刊、网、端、微、屏等各种传播渠道，做到"融策划""融采编""融评价"，让"一次采集、分类加工、多元生产、多渠道传播"的全媒体生产成为常态。其以内容的生产传播为主线，不仅服务于人民日报旗下的各个媒体，更是为整个媒体行业搭建了一个支撑优质内容生产的公共平台，聚拢各方资源，形成融合发展合力。

（三）"中央厨房"的创新探索实践做法

1. 注重顶层设计，优化全媒体新闻生产流程

人民日报的"中央厨房"不仅是一个实体和平台，更多是一种顶层设计的理念和思路。通过总编调度中心和采编联动平台实现了"策采编发"的全媒体新闻生产流程再造。总编调度中心在统筹报道策划、整合新闻资源、协调技术支持方面发挥核心作用。[1] 采编联动平台由采访中心、全媒体编辑中心、技术中心组成，在采前策划、采时反馈、技术支持等方面全流程协作，听从总编调度中心的指挥。尤其是其采前会制度更体现了这种贯穿始终的顶层设计。采前会是全媒体指挥调度中心（"中央厨房"）发挥统筹协调、指挥调度功能的重要抓手，如：及时传达有关精神，通报宣传提示；研究阅评作品，评估传播效果；汇集新闻线索，分析研判舆情；拟定策划方案，布置采编对接。[2] 这种统一协调确保了"中央厨房"可以不断优化全媒体新闻生产流程，实现传播效果最大化。

2. 聚焦技术难题，搭建融合转型数字系统

随着大数据技术成熟，过去依赖媒体人主观经验的新闻报道方式已逐渐不再适应

---

① 杨振武：《用好中央厨房机制　再造党报传播优势》，《中国报业》2017 年第 1 期。
② 温红彦、曹树林：《坚定不移推进媒体深度融合——以人民日报构建全媒体传播格局的实践为例》，《中国报业》2021 年第 23 期。

时代需求。如何使所有新闻线索、选题策划、传播效果、运营效果都有相应的数据支撑，是全媒体传播体系建设的技术难题之一。中央厨房的技术系统由 IP 流集成调度系统、采编系统、Prysm 显示技术与人机互动系统、传播效果检测反馈系统、融合云等构成，更加数据化、智能化、移动化。如可以实现全网数据实时抓取，地图式呈现热点事件；通过用户画像深度了解用户阅读习惯和行为特征，从而进行个性化推荐；而"中央厨房"所有技术产品的功能都可以剥离物理大厅，在 iPad、手机等移动终端应用。

3. 整合利用资源，为全媒体渠道提供延展支撑

新闻素材的统一获取、加工和分发使资源整合利用更为高效。"中央厨房"作为其他融媒体子平台的孵化器，为人民日报体系内编辑记者的内容创新提供推广运营、技术实现及基础的资金支持。如诞生于 2016 年 10 月的"融媒体工作室"，借助中央厨房的整套技术体系协助内容生产，如移动助手、H5 产品制作工具、传播效果评估系统、新媒体内容发布管理系统等。"中央厨房"还会为工作室配备专业的技术开发、视觉设计、推广运营人员，帮助工作室实现内容创意，以及内容产品在各个渠道的推广传播。①

二、县级融媒体助推基层社会治理案例——浙江省长兴传媒集团的媒体融合样板

2018 年 8 月 20—21 日，习近平总书记在全国宣传思想工作会议上明确指出："要扎实抓好县级融媒体中心建设，更好引导群众、服务群众。"2018 年 9 月 20—21 日，中共中央宣传部主办的县级融媒体中心建设现场推进会在浙江省长兴县召开。2018 年 11 月 14 日，中央全面深化改革委员会第五次会议审议通过了《关于加强县级融媒体中心建设的意见》，指出组建县级融媒体中心，有利于整合县级媒体资源、巩固壮大主流思想舆论。此后，"县级融媒体中心"建设成为媒体融合新阶段的关键布局，成为党的声音传入基层的创新手段、媒体融合的重大举措。

---

① 李天行、周婷、贾远方：《人民日报中央厨房"融媒体工作室"再探媒体融合新模式》,《中国记者》2017 年第 1 期。

近年来，全国各地县级融媒体中心建设工作稳步推进、蓬勃发展，各地政府部门、业界、学界积极探索，分享经验，既"摸着石头过河"，又相互借鉴、齐头并进，呈现良好的发展态势。但同时，县级融媒体中心建设也面临着体制、技术、人才、资金等诸多发展困境，既是无人区，又是深水区，县级媒体如何主动创新体制机制，以融合推动媒体转型升级，真正做到"引导群众、服务群众"，成为大家深入思考的问题。

浙江长兴传媒集团以大数据为强劲引擎，坚持用户导向，树立融合至上的"长兴模式"，从做好顶层设计、优化激励机制、抓好要素保障、争取政策支持、注重用户思维等角度推进县级融媒体的不断发展。

（一）长兴县域媒体融合历史进程

2011年4月15日，长兴传媒集团由长兴广播电视台、长兴宣传信息中心、县委报道组、"中国长兴"政府门户网站（新闻版块）整合而成，是全国第一家整合广电和报业资源的县域全媒体集团。长兴传媒集团是县政府直属公益二类事业单位，实行事业单位企业化运作，在探索媒体融合之路上，脚步从未停歇。

集团组建后，树立了融合转型求发展的思路，大力发展新媒体，加快两微一端平台建设，先后开发了三个不同定位的App，不断整合自运营和代运营的28个微信公众号，简称微信矩阵。组织架构上，经过了多次调整与优化，不断完善新闻采编播流程，促进管理扁平化、功能集成化、产品全媒化。2011年7月，整合人员队伍，组建新闻中心；2012年年初，成立全媒体新闻集成平台，探索"一次采集、多种生成、多元传播"的全媒体运作机制；2014年年初，提出深化媒体融合，推进各媒体平台的资源融合；2016年，全媒体新闻集成平台升级为融媒体平台，确立以新媒体为首发的运行机制，探索"大型全媒体融合式直播""新媒体直播""融合式专题"等新闻报道模式；2017年4月，由融媒体平台优化为融媒体中心，大力投入技术改革，同步进行高清改造及演播厅改造，搭建并启用融媒眼智慧系统。长兴传媒集团的融合转型起步早、目标明、方式新，在多年探索中积累了自己的经验，逐步形成了县级媒体融合的"长兴模式"。

（二）长兴传媒集团媒体融合探索实践

1. 激活转型体制机制

在中央、省、市党委宣传部的领导下，长兴传媒集团按照"融为一体、合而为一"

的要求，从机构设置、运行机制、人才保障、考核激励等方面进行创新探索，着力建立区域媒体融合高效运行体系。长兴传媒集团在成立之初就坚持深化改革，突破体制机制束缚，实行事业单位企业化运作。

首先，集团构建形成了责权利清晰的领导体系，不断完善党委会领导下的事业法人治理结构，按照采编、经营两分离原则，充分发挥媒体的宣传功能和社会功能。多次调整内部架构、优化采编流程，先后设立全媒体采访部、全媒体新闻中心、全媒体新闻集成平台、融媒体平台。2017年，打通各媒体平台成立融媒体中心，建设融媒眼智慧指挥平台，强化"一次采集、多种产品生成、全媒体传播、全领域评估"的传播模式。这样大刀阔斧地重新整合体制机制，不仅有助于促进融合发展的管理扁平化、功能集成化、产品全媒化，更有利于激活体制机制，在根源处发展媒体融合。

与此同时，长兴传媒集团推行人才强企，用绩效激发活力。如强化绩效考核评价、完善薪酬晋升机制、创新人才引进培训机制等，有效稳定了媒体融合发展的人才队伍。

2. 深化媒体融合运作

长兴传媒集团自组建以来，根据媒体融合的发展趋势，不断调整优化组织架构及运行流程，深入推进理念、资源、平台、技术、产品等多个方面的融合，从分平台资源整合利用运行模式到搭建全媒体平台深化互动运行模式，真正推动媒体融合从物理相加向深度相融转变。如在促进理念融合方面，集团为消除来自不同单位员工的工作理念差异，组织开展了解放思想大讨论，围绕"如何让传媒融合得更好"展开广泛讨论，鼓励员工在思想碰撞中不断破除固有观念束缚。

尤其是内容融合方面，长兴传媒集团坚守"内容为王"，在不断拓展移动端传播渠道的同时，转变内容生产理念，使融媒体中心成为优质内容生产车间，策划、生产融媒体产品，并通过融媒体模式来传播。长兴传媒集团多年来持续探索大型全媒体融合式直播模式，即对某一新闻题材，通过前期策划，通过电视频道、广播音频、新媒体两微一端等渠道，以全媒体采访大兵团作战形式开展大型直播活动。目前，每年开展各类融合式直播近20场，拥有《红星闪闪》《铁军洪流》《端午来了》《清明图》《高考揭榜夜》《破风环太湖》《一起跑太马》等一批代表作，其中《铁军洪流》融合式直播获浙江省媒体融合节目二等奖。该传播模式覆盖渠道广、宣传效果好，备受用户关注，如第五期《直击问政》收视上涨 507.1%，后台留言互动超千条。

3. 打造社会治理综合服务平台

党的十九届五中全会提出提升基层治理水平，县级融媒体中心作为最接近基层的主流媒体，愈发成为构建国家治理新格局的推动力量。尤其是巩固主流舆论阵地，做正能量的传播器，并不断扩大融媒体影响版图，不断提升为民服务的能力水平，打造综合的服务平台。在加强基层治理和服务方面，长兴传媒也做出了有益尝试。

首先，在民生服务上，长兴传媒集团将社区服务业务引入"掌心长兴"App，吸引本地用户进行深度网上互动。建设掌心生鲜、健康医疗、幼儿教育等九大应用场景的60 多项服务，让群众足不出户就能解决生活麻烦。同时，还借助线上、线下"爆料＋曝光"的互动模式，为本地城市管理、志愿服务、乡村振兴等工作凝聚社会力量，逐步实现从渠道型媒体向平台型媒体转变。

其次，在政务服务上，"掌心长兴"App 上的所有政务服务办事项目都整合自长兴政务通。目前，"掌心长兴"已与县内 35 家单位实现政务服务对接，共计包括 1183 项服务内容，其中县公安局的网上办事项目最多，共 159 项。此外，链入及自行开发的民生类应用达到 20 多项，多项服务日均使用量在 1 万以上。通过一站导引、一网通办和一端服务，推动"最多跑一次"变为"一次都不用跑"。

再次，在产业服务上，长兴传媒集团立足媒体优势，实施项目化运营，先后推出"媒体＋会展""媒体＋教育""媒体＋产业"等项目，通过做好"媒体＋"与乡村振兴战略的结合文章，围绕湖羊节、大闸蟹节、杨梅节等农事节庆的主题，每年举办各类活动三百多场，年均实现创收 400 多万元。2012 年，集团开始布局大数据产业，介入县城数据服务配套项目。2015 年筹建县级云数据中心，支撑智慧城市建设。同时，通过与科研院所的合作，推出长兴县政府服务大数据中心，挖掘本地化项目，不断积累资源和运营经验。2016 年，集团与国资委合资成立长兴慧源有限公司，承接政府社会投资类信息化项目，投身智慧城市建设，着手布局未来智慧城市项目。

4. 技术引领保障转型升级

媒体融合中，技术支撑是关键。一方面，长兴传媒集团聚焦前沿技术，完成对采编播的高清化改造，充分运用 4G 传输、流媒体传输、移动直播、无人机采集、全景拍摄等技术，实现内容可读可视、动静结合、形态多样的展示形式，不断丰富融媒体传播样态。

另一方面，在组建融媒体中心的同时，长兴传媒集体开始设计搭建融媒眼智慧系统，并于 2017 年 11 月开始运行，于 2018 年 8 月正式投入使用。该系统通过电脑 PC 端、手机 App 端以及大屏指挥端实现三端融合，成为打通各媒体平台、具有中心指挥功能的流程中枢，深化了媒体资源的统筹共享，强化了全媒体运行模式。通过这个系统，可以实现集中指挥、采编调度、信息沟通、资源共享、热点搜集、媒资管理、考核管理等诸多功能；同时，该系统还加载了大数据分析、传播效果追踪、舆情研判、媒体合作等功能模块，延伸了媒体生产及管理端的应用，推动全媒体向融媒体、智媒体的转型。

（三）长兴模式对县级融媒体建设带来启示

近年来，县级融媒体建设已逐步实现由"量"的飞跃到"质"的变化、从数量增长到质量并重、从井喷式增长到提质增优的转变，不断优化平台建设、内容生产、传播流程及经营管理，扎根县域并积极探索社会效益和经济效益结合的融合模式，实现宣传工作和融合传播一张网、一盘棋。[①]

尽管长兴传媒集团在构建县级融媒体发展道路上为后来者提供了具有借鉴意义的"长兴模式"，但其仍然面临大量县级机构无法回避的问题。由于媒体融合是一个相对漫长的过程，随着技术发展也会不断变化，而县域资源有限，资金方面，完全靠财政支持难以为继，也不具备可持续性；人才方面，如何引进、培养、并留住适应技术飞速发展变化的复合型人才，是县级融媒体面临的一大困境。跨媒体、跨地域融合还有若干难题。条块分割、画地为牢的情况仍然常见。一些地方虽然把一些媒体捆绑在一起，但管理、运营、采编仍然自成体系、各自为政，并没有实现媒介资源优化配置、生产要素有效整合。未来，县级融媒体如何从"建设"顺利过渡到可持续发展，仍需要不断探索。

---

① 黄楚新、刘美忆：《2020 年县级融媒体中心建设现状、问题及趋势》，《新闻与写作》2021 年第 1 期。

三、上海报业集团：打造新型主流媒体集团

（一）上海报业集团转型背景

2013 年习近平总书记在全国宣传思想工作会议上作重要讲话后，上海作为改革开放排头兵积极作为，于 2013 年 10 月 28 日成立上海报业集团，标志着上海媒体融合实践拉开序幕。有别于以往任何一个媒体发展的历史阶段，生于融合的上海报业集团，作为中央媒体融合发展战略的首个"地方实验"，决定了其在中国媒体融合实践道路上特殊的使命与担当。

上海报业集团由原解放日报报业集团、原文汇新民联合报业集团重组而来。经过十年深化转型，现拥有 9 份报纸、15 个新媒体平台、6 份杂志、2 家出版社。这其中，不仅有中国主流媒体中历史最悠久的解放、文汇、新民三份大报，更有上观新闻、澎湃新闻、界面财联社等一系列有全国影响力的新媒体平台，还有第六声（Sixth Tone）、SHIINE、CNS、IPSHANGHAI 等新型外宣全媒体矩阵。截至 2022 年底，上报集团各类新媒体形态端口总计 332 个，稳定覆盖用户数超过 9.55 亿人，同比 2021 年增长23.4%。集团媒体入驻第三方平台，账号数和粉丝数实现双增长；入驻微博、微信公众号视频号、抖音、快手等第三方平台账号共计 666 个，总粉丝数 3.9 亿人。媒体视频生产能力显著提升，账号数和日均产能实现双增长。媒体开设第三方平台视频账号共计182 个，日均生产视频 703 分钟。自有客户端视频频道共计 11 个，日均生产视频 940分钟。更为重要的是，新媒体业务收入占集团媒体主业收入比重进一步提升，上升到67.47%。媒体内容生态服务、版权内容服务、内容分发业务、财经资讯与数据服务等创新业务收入占集团媒体主业收入比重上升到 47.07%。[①]

（二）上海报业集团媒体融合重要实践

1. 三大报重新布局，以新姿态挺进主战场

解放、文汇、新民三大报在初期转型中就明确了差异化特色，努力让历史悠久的主流大报焕发新的生机。其中，《解放日报》作为市委机关报，突出一个"党"字，立

[①] 李芸：《在创新发展中彰显价值》，转引自界面百家号 https://baijiahao.baidu.com/s?id=1757979042249822496&wfr=spider&for=pc.2023 年 2 月 16 日。

足权威性思想性，旨在打造精品党报，传播权威声音。自 2014 年初上线"上海观察"新媒体项目①以后，又在 2016 年 3 月进一步深度融合转型，一支队伍服务报纸和新媒体两个平台。文汇报突出一个"文"字，以"激扬人文精神，厚植家国情怀"为内容导向和品质追求。目前已形成包括《文汇报》、文汇客户端、文汇网、官方微博和微信为主平台的全媒体传播矩阵，其中的"文汇视讯"视频产品更是坚持了以文会友，人文特色鲜明。新民晚报突出一个"民"字，坚持走全媒体时代的群众路线。近年来，新民晚报在视频领域发力，推出上海时刻短视频平台、新民视频矩阵项目等。近三年来，新民晚报每年均推出百集融产品《老外讲故事》，总浏览量已达近 40 亿次，传播力、影响力值得关注。②

2. 新媒体项目特色定位，打造主流媒体新 IP

上海报业集团借由打造新品牌实现跨越式发展，较为成熟的有三个产品。一是上观新闻。上观新闻的前身为 2014 年 1 月 1 日上线的上海观察，是一个依托解放日报的新媒体产品。2016 年 3 月更名为上观新闻，并打通了解放日报原有采编队伍，实现了人力结构、新闻生产流程等重大融合与转型。上观新闻致力于权威解读、传播市委市政府重要政策与决策，已成为上海新闻的第一报道者和权威信源。二是澎湃新闻。作为全国第一个由传统媒体向新媒体全面转型的产品，澎湃新闻客户端总下载量超 2 亿人，建立"澎湃系"内容生态矩阵，其影响力连续多年稳居全国新媒体第一阵营，成为许多部委在对国家重大政策、重要议题，开展行业研究、深度报道和权威发声时的长期合作伙伴。2022 年 8 月，澎湃新闻成功引入上海文化产业发展投资基金 4 亿元 B 轮融资。面向未来发展，澎湃发布了新一轮发展战略，包括 5 个新板块：澎湃智媒开放平台、澎湃明查中英文网站、澎湃科技频道、数字内容生态实验室、澎湃 ESG 项目等，涉及内容、技术、运营。从产品定位与影响力看，澎湃正在向引领型、赋能型的互联网新型主流媒体不断迈进。三是界面财联社。界面财联社的前身为界面新闻，2014 年 9 月创立，是中国具有影响力的原创财经新媒体。界面新闻以商业、财经新闻为核心，布局商业、财经、新闻、文化生活等四大内容板块，超 70 个内容频道。界面

---

① 2016 年 3 月正式更名为"上观新闻"。
② 本节数据来自对上海报业集团的访谈。

新闻集合了 App 客户端、网站、微博、微信公众号、抖音等新媒体产品矩阵。2018 年 2 月，界面新闻与财联社合并为界面财联社，成为中国新型的财经新闻与金融数据服务商，通过原创财经资讯和创新金融科技工具，为商务人群、投资机构和上市公司提供新闻、数据、交易等服务。界面财联社旗下拥有多个有影响力的财经相关内容产品，包括界面新闻、财联社、蓝鲸财经、科创板日报等。目前界面财联社已经形成集"媒体 + 资讯 + 数据 + 服务 + 交易"五位于一体的业务架构，覆盖全球主要资本市场、上市公司和金融机构，包括国内近 4000 家上市公司、100 多家券商、300 多家银行和 100 多家保险公司等的内容覆盖能力。近年来，界面财联社收入持续快速增长，创新业务收入占比已超过 70%。下一步，公司将努力推动上市，对接资本市场，大步向"中国彭博社"的目标迈进。

3. 以文化产业经营优势，支撑主流媒体稳步发展

首先是打造文化园区，提升产业辐射力。与上海各区密切合作，构建高水准文化地标。包括闵行区"上报·传媒谷"，奉贤区"上报·传悦坊"，静安区"上报·IMC"等。上市公司新华传媒拥有江南书局·书的庭院、1925 书局、1927·鲁迅和内山纪念书局等系列城市文化消费新空间，顺利推进以"5+5+1+N"为核心的书店布局调整，持续推出社区书店、"城市书房"等系列特色项目。其次是发展文化金融，提升资本支撑力。上报集团拥有瑞力创新母子基金和众源母基金两大文化金融平台。截至 2022 年底，集团两大基金管理规模达到 200 亿元。基金关注文化科技和消费科技发展，在人工智能、大数据、云计算、5G 通信、区块链、数字孪生等领域实践，加强与集团数字新赛道布局的联结。第三，努力探索"文化 +"产业及文化创意新形态，打造"文化 +"产业品牌。十年来，上报集团产业结构持续优化，产业链条更趋完备，综合实力和市场竞争力显著增强，成为国内领先的综合性媒体集团。

（三）上报集团媒体融合实践之启示

十年来，上报集团始终坚持明确特色定位、壮大主流实力，开展体制机制创新，构建全媒体传播体系，从一家以报刊为主的传统报业集团，转型成为以新媒体为主要收入来源的新型主流媒体集团，总体经济规模连续多年位居全国省级新闻出版行业第一位。这些实践探索给我们带来的启示很多。其一，加快媒体融合应深化对媒体融合

资本规律的认识。"资本是社会主义市场经济的重要生产要素","必须深化对新的时代条件下我国各类资本及其作用的认识,规范和引导资本健康发展,发挥其作为重要生产要素的积极作用"(习近平,2022)。进一步加快主流媒体融合转型,应发挥资本运作的重要支撑作用。其二,加快媒体融合应深化对媒体融合技术规律的认识。加速迭代的技术发展是媒体融合发展中最为重要的变量,应创新思路,深化对技术规律的认识,提升技术应用主动性。其三,深化对媒体融合人才规律的认识。加快媒体融合,需深化人才建设,提升人才生产力及其与全媒体传播体系建设需求的匹配度。其四,深化对媒体融合用户规律的认识。"读者在哪里,受众在哪里,宣传报道的触角就要伸向哪里,宣传思想工作的着力点和落脚点就要放在哪里"(习近平,2015)。互联网带来的受众分化、分流及传播能力解放,重新定义了"用户"概念。加快媒体融合应更精确地了解用户在哪里、用户需求是什么,从而提升媒体内容影响效能。其五,深化对媒体融合机制创新规律的认识。上报集团的融合转型实践中,一直伴随着体制机制的重要改革,支撑了整个集团的破坏式创新。加快媒体融合,应根据实际发展机遇,促进机制创新不断跟进,为转型发展保驾护航。

第三节　媒体融合的中国经验

互联网及通信技术应用的精进与普及,无时无刻不在引发全球媒体的关注,其媒体融合实践也从未止步。与较多西方国家相较,我国媒体结构、用户特征更加复杂;同时,在全球信息战、舆论战的影响下,我国媒体必然负担着建设主流舆论的责任。因此,中国的媒体融合之路逐渐积累了独特的中国经验。

一、坚持正确政治方向:中国媒体融合具有强烈的政治属性

2013年习近平总书记在全国宣传思想工作会议上作重要讲话,习近平总书记就强调"坚持正确的政治方向,站稳政治立场"。2018年11月全国宣传思想工作会议上,习近平总书记再次强调,"坚持正确政治方向,在基础性、战略性工作上下功夫,在关键处、要害处下功夫,在工作质量和水平上下功夫,推动宣传思想工作不断强起来。"2019年1月25日,习近平总书记在主持中央政治局第十二次集体学习的重要

讲话中同样强调，"要旗帜鲜明坚持正确的政治方向、舆论导向、价值取向"，并要求"把人民日报办得更好，扩大地域覆盖面、扩大人群覆盖面、扩大内容覆盖面，充分发挥在舆论上的导向作用、旗帜作用、引领作用"。

从十年来转型实践看，中国媒体融合实践的第一推动力，就在于党和政府对媒体的政治要求。谁掌握了互联网，谁就把握了时代主动权。因此，媒体融合能否顺利推进，首先关系到党和政府在互联网内容生态中的声量和影响力。与此同时，习近平总书记反复强调："过不了互联网这一关，就过不了长期执政这一关。"这意味着媒体融合能否达成目标，与执政党的地位息息相关。这使得中国媒体融合从一开始，就必然要坚持正确的政治方向，为党和政府的政治目标服务。

二、"以人民为中心"：中国媒体融合坚持群众路线

2013 年，习近平总书记强调，新闻宣传工作"要树立以人民为中心的工作导向"，"多宣传报道人民群众的伟大奋斗和火热生活，多宣传报道人民群众中涌现出来的先进典型和感人事迹，丰富人民精神世界，增强人民精神力量，满足人民精神需求"。在多次重要讲话中，习近平总书记反复强调，"读者在哪里，受众在哪里，宣传报道的触角就要伸向哪里，宣传思想工作的着力点和落脚点就要放在哪里。"（习近平，2015）"人在哪儿，宣传思想工作的重点就在哪儿，网络空间已经成为人们生产生活的新空间，那就也应该成为我们党凝聚共识的新空间。"（习近平，2019）在党的二十大报告中，习近平总书记再次指出，要"始终保持同人民群众的血肉联系，始终接受人民批评和监督，始终同人民同呼吸、共命运、心连心"。新时代以来，以习近平同志为核心的党中央始终坚持人民至上，而在媒体融合中的群众路线，正是这一指导思想的贯彻与反映。围绕这一思路，主流媒体开展了垂类新媒体项目的创新实践，有效地找到了受众。

三、"打通最后一公里"，中国媒体融合的社会治理属性

长期以来，中国的媒体层级结构保持了"四级办"格局，中央、省、市、县四级媒体在内容、职责上各有侧重。国家主导推进媒体融合后，虽然媒体产品跨域性更强，但县级媒体依然面对着较大规模的基层群众，需要解决既有结构遗留的现实存在的信

息服务问题。2018 年起，全国共同推动了县级融媒体建设，其意义在于，一是完善了中央媒体、省级媒体、市级媒体和县级融媒体中心四级融合发展布局；二是完善匹配了媒体的社会治理功能，打通了社会治理的"最后一公里"，不仅是主流舆论阵地，也是综合服务平台，更是地方信息枢纽。全媒体传播体系的不断构建与日益完善，技术赋能信息生产、传播与分发，为县级融媒体中心在社会治理中作用的不断彰显提供了强力支撑。[①]2019 年，习近平总书记再次强调，媒体融合发展要在向基层拓展、向楼宇延伸、向群众靠近上继续下功夫，为人民群众提供更多更好的文化和信息服务。其意在指出，主流媒体离人民更近，才能更好地服务人民。2021 年，全国县级融媒体挂牌已超过 2400 个，将媒体舆论引导功能、信息服务功能、社区治理功能等相叠加，走出了一条中国特色的媒体融合之路。

四、内容生产供给侧结构性改革：中国媒体融合的产品变革

在媒体生存发展形势严峻的大环境下，一些主流媒体通过尝试媒体深度融合逐渐扭转颓势，其最为主要的做法，就是开展内容供给侧结构性改革。在融合中，坚持"内容为本"，回归新闻主业，立志做最有影响的新闻；以创意为魂，着眼做最有创意的内容，创新内容营销；以视频为表，抓住媒体融合转型的契机，开拓内容传播的最大疆域；以互动为要，力求精品内容与完美创意在线上线下达到最好的传播效果。从纸端到指端，从文字到影像，从读者到用户，从"24 小时一张报"到"24 小时一直报"，从移动媒体到智慧媒体，主流媒体坚持以创新为魂，以互动为要，坚守内容为本，用优质内容的专业化生产，重塑主流媒体的主流地位。

内容生产供给侧结构性改革，更加注重网络内容建设。始终保持内容定力，专注内容质量，扩大优质内容产能，创新内容表现形式，提升内容传播效果。因此出现了大量以网民为受众的新媒体产品。主流媒体的新媒体产品，将文字、图片、音频、视频等多种媒介表现形式结合在一起，使得媒体内容呈现更加丰富、生动、立体。媒体融合还提供了更加多样化、丰富的交互方式，如弹幕、评论等进行互动，使读者参与

---

① 　方提、尹韵公：《县级融媒体中心是基层社会治理的重要抓手》，《光明日报》2020 年 12 月 18 日。

感更强，同时也可以让新闻报道更加立体、深入。通过不同平台的协同，提升了更加广泛、深入的传播。

内容生产供给侧结构性改革，注重抓住内容优势，从人文视角重塑新闻产品影响力。在强调技术引领和驱动的同时，主流媒体注重以内容为核心竞争力赢得融合发展优势。主流媒体的核心优势是内容，它们在媒体融合过程中坚持并强化"内容为本"的理念，以深度报道为内容生产的切入口，重塑新闻产品的影响力。提出"让普通人上头条"，实现版面语言的人格化和版面呈现的可视化。将头版的主视觉部分、头条让给了容易引发情感共鸣的普通人，这让主流媒体更加接地气，也增强了媒体的话题传播力和影响力。

内容生产供给侧结构性改革，注重拓展内容输出的产业链条。一些主流媒体开始尝试组建专业的短视频生产团队，精心培育自己的网红主播。专注制作具有原创性报道的新闻资讯类短视频，结合报社和电台一线记者的采访资源，将新闻内容以短视频形式在各平台分发。主流媒体在做好内容的同时，把国内领先的头部视频平台作为内容分发渠道，建立了密切的合作关系。与当下用户量较大的视频平台签定战略合作协议，在短视频的内容生产与分发上展开协同与合作，或者开展短视频专业培训等项目合作。

五、破坏式创新：中国媒体融合的体制机制改革

媒体融合进程中，中国媒体融合的体制机制改革相伴相随，支撑媒体融合的顺利推进。和以往相较，许多创新都是破坏式的。主要体现在以下几方面：一是大规模的组织结构调整。包括打破部门分割并重组，成立融媒体中心、全媒体指挥中心、"中央厨房"等新指挥中心，建立信息采集、新闻生成、编发、支持、拓展等系统，将报、网、端、微等出口整合统一。二是深化采编体制机制改革。为适应媒体融合和数字化时代的发展趋势，构建新型采编流程，形成集约高效的内容生产体系和传播链条，改革媒体组织机构，逐渐向扁平化、网络化转型，弱化部门之间的壁垒，加强内容沟通与协作，提高工作效率。三是重组并升级采编队伍。在新闻采编方面，聚合所有媒体新闻采编人员，不间断地进行新闻制作、编发，统筹优化各类新闻产品。建立适应全

媒体生产传播的一体化组织架构。四是以薪酬晋升机制变革促进媒体深度融合。一些主流媒体以考核机制变革为抓手，成立专门的考核办公室，专职配合集团的融合转型方向，设计考核机制，尤其在如何评估新媒体产品内容影响力方面一直在创新。另外就是创新采编职务序列机制，重新对采编人员进行组织架构革新。五是建立开放合作的创新机制。鼓励内部创新和创新合作，培育创新文化，吸纳不同领域的资源和力量，实现共同发展和共赢。主流媒体机构适应市场化的发展趋势，积极推动市场化运作，实现商业模式的转型，拓展收入来源，提高盈利能力，保持竞争优势。

六、打造"新闻＋政务服务商务"运营模式：中国媒体融合的运营管理机制创新

主流媒体努力打造"新闻＋政务服务商务"的运营模式，在增强市场竞争意识和能力，增强自我造血机能的同时，在与商业媒体竞争中的舆论引导力也逐渐增强。媒体深度融合时代，运营理念下主流媒体生产的不仅是信息，还是"产品"与"服务"，背后映射的是用户思维，强调的是用户表面需求背后的诉求。"新闻＋政务服务商务"运营模式：在政务方面，为公众提供政策解读、在线咨询服务，加强政府与公众之间的沟通，政府通过新闻媒体与公众进行互动，了解公众的需求和反馈，为政府决策提供更加全面的参考，可以提高政府的公信力和服务水平，为公众提供更加优质的政务服务；在服务方面，为公众提供更加全面、及时、优质的服务，满足公众的需求，提高公众的生活质量和幸福感，增强新闻媒体的社会责任感，促进其健康发展，健康类新闻节目为受众提供健康知识科普信息，专注健康服务；在商务方面，为商务活动提供宣传、推广、交流等服务，提高企业的知名度和美誉度，扩大企业的市场份额和销售额，为企业提供更加全面、及时的市场情报和竞争情报，提高企业的市场竞争力，为消费者提供优质的产品和服务，推动社会经济的发展。

七、从打造新型主流媒体到建设全媒体传播体系：中国媒体融合目标嵌入社会发展规划与远景

2014年发布的《关于推动传统媒体和新兴媒体融合发展的指导意见》提到，要打

造新型主流媒体、新型媒体集团，"形成立体多样、融合发展的现代传播体系"。2018年6月，习近平总书记在致人民日报创刊70周年的贺信中，要求"构建全媒体传播格局"。2019年3月，习近平总书记在《求是》发表题为《加快推动媒体融合发展 构建全媒体传播格局》的文章，提出"要运用信息革命成果，加快构建融为一体、合而为一的全媒体传播格局"。其后，《中共中央关于制定国民经济和社会发展第十四个五年规划和二〇三五年远景目标的建议》（2021）再次提出要"实施全媒体传播工程"；党的二十大报告（2022）再次提出"加强全媒体传播体系建设，塑造主流舆论新格局"。至此，作为媒体融合重要目标的"全媒体传播体系建设"进一步融入中国社会发展规划与愿景。加强全媒体传播体系建设，是中国媒体融合中宝贵的经验，更是新时代推进文化自信自强、铸就社会主义文化新辉煌的重要举措。

第五章　网络内容治理的中国范式

第一节　中国网络内容治理四十年

根据中国互联网络信息中心（CNNIC）2023 年 3 月发布的第 51 次《中国互联网络发展状况统计报告》显示，截至 2022 年 12 月，我国网民规模为 10.67 亿，互联网普及率达 75.6%。[①]《中共中央关于党的百年奋斗重大成就和历史经验的决议》指出，"过不了互联网这一关就过不了长期执政这一关"。内容层处于网络结构中与用户连接最为邻近紧密的位置，网络内容安全风险关系到公民隐私权、国家话语权与意识形态安全。[②]对于网络治理体系的构建，则更多与保护公共利益和公民合法权益、维护国家公信力与政治安全、建设社会主义核心价值观等紧密相连。[③]

网络强国思想[④]和推进国家治理体系现代化[⑤]是我国网络内容治理的两大重要前置条件。网络强国思想作为"运用马克思主义立场观点方法分析解决我国互联网发展治理问题的重大成果，……是我们党管网治网实践经验的理论总结，是引领我国网信事业发展的行动指南"[⑥]。而推进国家治理体系现代化，则体现为让互联网技术成为执政资源，"为党和国家事业发展、为人民幸福安康、为社会和谐稳定、为国家长治久安提供

[①]　中国互联网络信息中心：《第 51 次中国互联网络发展状况统计报告》，载中国互联网络信息中心，https://www.cnnic.net.cn/n4/2023/0303/c88-10757.html，2023 年 3 月 2 日。

[②]　莫非、王子玥：《总体国家安全观视域下的网络信息内容生态治理：模式、路径与可持续性》，《上海法学研究》集刊 2022 年第 6 卷。

[③]　赵蓉英、余波：《网络信息安全研究进展与问题探析》，《现代情报》2018 年第 11 期。

[④]　习近平：自主创新推进网络强国建设，载新华网，http://www.xinhuanet.com/politics/2018-04/21/c_1122719810.htm，2018 年 4 月 21 日。

[⑤]　《习近平强调：推进国家治理体系和治理能力现代化》，新华社 2014 年 2 月 17 日。

[⑥]　庄荣文：《网络强国建设的思想武器和行动指南——学习〈习近平关于网络强国论述摘编〉》，《求是》2021 年第 3 期。

一整套更完备、更稳定、更管用的制度体系"，使其从"最大变量"转变为国家治理体系和治理能力现代化的"最大增量"。①

一、中国网络内容治理的三个阶段

中国的互联网治理历史被认为经历了科教兴国与现代化发展（1980—1999 年）、产业开放与社会管理（2000—2010 年）、意识形态与国家安全（2010 以后）三个时期。② 在回顾了我国自 1994—2019 年互联网治理模式的形成和变迁后，相关研究将国内的网络治理模式划分为管网治网、综合治网、发展治网三个阶段。③ 近年来，国内外学者对于网络内容生态的研究主要包括网络内容的扩展性内涵、网络数据内容泄露风险、在线内容生产传播的创新治理三大方面。在不同时期，网络内容生态的研究重点也各有侧重：传统的网络内容安全风险主要涉及信息系统、网络结构和网络内容本身等要素安全性；当前网络内容安全风险正逐渐向内容低俗化风险、内容操纵风险、知识产权风险等风险综合体发展。④

目前学界已经深刻认识到上述不同类型的网络内容安全风险其可能的影响与潜在危害，并对其治理要素和治理模式开展了初步研究。相关研究认为，网络内容安全风险治理的主旨是保障网络内容不被滥用，不良信息内容流动得到控制，涉及网络内容分级、过滤、删除等防控措施和内容监控预警与隐私保护等。⑤ 有学者认为，网络内容安全风险治理主体主要由政府、企业、社会组织和公民等构成，它们在网络内容安全与网络空间治理中有着不同的地位、作用，主要运用法律政策、自律公约、技术工具等开展治理行为实践，在不同治理参与主体之间可以形成一定的互动关系，并产生一定的治理效果。⑥ 关于网络内容安全风险治理的客体对象研究，则主要聚焦在用户生

---

① 庄荣文：让互联网从"最大变量"变成事业发展"最大增量"。载人民网，http://it.people.com.cn/n1/2020/0716/c1009-31786367.html，2020 年 7 月 16 日。
② 王梦瑶、胡泳：《中国互联网治理的历史演变》，《现代传播》2016 年第 4 期。
③ 彭波、张权：《中国互联网治理模式的形成及嬗变（1994—2019）》，《新闻与传播研究》2020 年第 8 期。
④ 何明升：《网络内容治理的概念建构和形态细分》，《浙江社会科学》2020 年第 9 期。
⑤ 支振锋：《提升网络生态治理效能的制度探索》，《信息安全与通信保密》2020 年第 2 期。
⑥ 周毅、刘裕：《网络服务平台内容生态安全自我规制理论模型建构研究》，《情报杂志》2022 年第 10 期。

成内容的质量、突发事件与网络舆情安全、网络空间安全、网络侵权、数据开放安全、网络负面信息治理等诸多方面[①]。而通过从政策与法规、行业规范与信息伦理、技术手段与工具等角度，关于网络内容治理初步形成了政府监管模式、多元共治模式和网络自治模式三种典型模式。

二、中国网络内容治理的政策演化

到 2019 年，中国互联网的治理政策大致可以划分为五个发展阶段：政策理念从"政府管理"到"共同治理"，政策体系从"垃圾桶模式"到"问题导向"再到"战略布局"，政策过程从重"事前控制"到平衡"事中—事后控制"。[②] 这样的发展脉络与全球经济、技术、政治、社会发展的状况、周期、竞合、共生情势密不可分。[③] 近年来，与网络内容治理息息相关的法律法规、政策文件密集修订、出台和施行，具有鲜明的针对性和实用特征，体现出我国互联网法治体系构建的明显趋势：从责任法转向行为法，从主体监管转向技术监管，从结果处置转向动态过程监管和全生态治理。[④] 以"清朗""剑网"为代表的专项行动，延续了之前在固定时间、针对特定群体、服务管理需求、瞄准重大问题的经验和方式，持续对网络空间进行"深耕轮作"。尤其是对于超级平台施行的"强监管"，回应了当平台成为社会中的超级权力时，应当如何促进数字社会和数字经济的公平可持续发展问题，而这也成为国家和政府在制度设定和规则调整时重点关注的问题。

三、全球网络内容治理演进中的"中国范式"

当前国际上对网络内容治理的模式演进经历了开放式（1995—2005 年）、平台式（2005—2020 年）、强监管（2020 年至今）三个阶段。近年来，我国制定的多部法律法

---

① 谢新洲、李佳伦：《中国互联网内容管理宏观政策与基本制度发展简史》，《信息资源管理学报》2019 年第 9 卷第 3 期。

② 黄丽娜、黄璐、邵晓：《基于共词分析的中国互联网政策变迁：历史、逻辑与未来》，《情报杂志》2019 年第 5 期。

③ 马建青、李琼：《构建网络空间命运共同体：全球互联网治理范式演进和中国路径选择》，《毛泽东邓小平理论研究》2019 年第 10 期。

④ 朱巍：《新时期网络综合治理体系中的法治与技术》，《青年记者》2023 年第 1 期。

规和进行的专项行动都体现出在注重意识形态安全的前提下对互联网治理思路的公共管理和经济属性治理取向，呈现出整体治理与智慧治理相联系取径"效率 + 价值"的双重融合目标。这也是在国际互联网治理、网络内容治理领域所倡行的一次"中国范式"改革。

就内容 / 媒介在国家治理体系中处于何种位置，如何参与国家与社会治理，对于这样的定位与实践取向，通常会采用一种来自新公共治理（New Public Management, NPM）中常见的实用主义合理性宣称，对于媒介"嵌入"国家治理，协助完成规划"善治"，是一种"客观要求"，理应"积极应对"并努力调整使其成为"关键举措"。①有研究尝试发展公共管理领域的协同治理理论来推进和补充网络综合治理体系，但需要指明的是，网络综合治理体系的建设，方向与价值是要同国家意志紧密相连，即"在新型社会基础上构建网络意识形态，不能离开马克思主义理论的指导、必须以人和社会实践为基础、要纳入国家治理体系"。②

网络综合治理体系建设是近期备受瞩目治理架构。网络空间公共治理的"复杂动态性"可细分为多重嵌入性、动态演化性、宏观涌现性、主观建构性、自组织临界性和不确定性六大面向。建立健全网络内容综合治理模式就是要实现两个层面上的"双向奔赴"：即理论层面完成社会协同对互联网协同治理的再组织化，在实践层面推动互联网协同治理对社会协同的再媒介化。③

以敏捷治理为例，该治理范式的影响因素包括外部环境和内部组织两个部分：外部环境包括政府监管、市场环境、新兴技术、社会契约；内部影响因素则包括个体层面、群体层面和组织层面。如果未来在敏捷治理的基础上再进一步，那么其所包含的五大治理要素——主体要素、客体要素、工具 / 技术要素、规则制度与过程机制——则需要感知、响应和协调"效率驱动与价值使然"之间的共进平衡，尤其是在面对"复杂动态性"的六大核心问题时。

---

① 陈华明、刘效禹、贾瑞琪：《媒介何为与治理何往：媒介化治理的理论内涵与实践路径》，《新闻界》2022 年第 4 期。

② 王承哲：《意识形态与同一舆论场》，《中州学刊》2017 年第 10 期。

③ 顾洁、栾惠：《互联网协同治理：理论溯源、底层逻辑与实践赋能》，《现代传播（中国传媒大学学报）》2022 年第 9 期。

在一定程度上，学者们注意到了媒介尤其是互联网具有自身的属性和逻辑，试图将网络内容治理同国家治理韧性（state resilience）之间建立起联系。但同时，对于这种观点需要对其辩证地看待：一方面，承认其特殊性和矛盾性，希望通过立法技术和治理方案的出台实施，将其规制在一定范围内，甚至"扭转"不利发挥有利；另一方面，对于规制技术和方案的评估标准，则是看互联网治理的对象在社会层面是否符合治理想象。这种对于网络的"再媒介化"实际上指向了一种"媒介化治理"的思路，即希望媒介作为基础设施发挥"媒介规制"的涵化作用，与国家治理体系和信息传播体系同构，协同参与面向未来媒介化社会的新治理图景。这里的"同构"体现出一种整合的治理思路，即要求社会不断调整自身来适应媒体规则和媒介规则，通过平台一体化、信息精准供需、技术赋能提效等路径来增加媒介化治理效能，进而提升国家治理韧性。

第二节　中国网络内容治理的逻辑结构

一、中国网络内容治理的基本逻辑

在理念层面，我国网络内容治理的发展越来越呈现出一种"系统"形态。大量研究提出，平台是"系统"的集中体现——作为一种"旨在组织用户之间（包括企业实体和公共机构）进行交互的一种可编程的数字体系结构"[1]，平台形成一个生态系统，实质性地影响人们的日常生活和社会组织形式。但是在国内网络内容治理格局中，以平台为体现形式的互联网企业，既是治理的一个层次或环节，同时也是被治理的对象，平台的治理主体身份仅在其作为"治理代理"时成立。因此，本研究尝试将我国网络内容治理的整体看作一个"生成中（becoming）的系统"。卢曼认为，社会或社会系统外在于每一个其中的具体行动者，有其自身的逻辑，保持一定的封闭性。系统中最小的分析单元不是个体，不是行为，而是沟通（communication）。[2] 同时，系统的复杂性通过结构来调整，即"对能容纳的可能环境条件"进行选择，不断将外部多样化、异质性的行动者卷入和吸纳进系统。[3] 在系统内，不同的行动者之间存在不对称关系，这

---

① 席志武、李辉：《平台化社会重建公共价值的可能与可为——兼评〈平台社会：连接世界中的公共价值〉》，《国际新闻界》2021 年第 6 期。

② Luhmann, N.（1998）. Die Gesellschaft der Gesellschaft, Band 1. Suhrkamp. p.13.

③ ［德］尼克拉斯·卢曼：《法社会学》，宾凯、赵春燕译，上海人民出版社 2013 年版，第 183 页。

也是保持系统运行的动力来源。①

在实践层面，政府机构、平台与行业逐渐形成了网络内容治理领域的三方协调合作力量。一方面，与网络内容治理息息相关的法律法规、政策文件密集地修订、出台和施行，涉及网络安全、数据治理、平台治理、技术应用等多个方面，共同推动网络信息内容、视听内容、相关主体的法制化治理提升；另一方面，以"清朗""剑网2022"等为代表的专项行动，基于固定时间、针对特定群体、服务管理需求、瞄准重大问题等经验和方式，持续对网络空间进行"深耕轮作"；同时，在网络内容行业领域，随着网络治理结构的变革，掌握更多技术和资源优势的平台企业、行业组织也成为补充政府规制不足的重要力量，一系列自律公约和团体标准相继出台。网络内容的治理结构呈现出安全意识、治理主线与三方力量的结合，治理已深入到数据与技术层，并触及经济问题与网络安全，具有渗透性与灵活性。如社会治理理论所述，治理的基础"不是控制，而是协调"，以及"持续的互动"。②尤其在文化/传播治理中，更要注重"多元行动主体"的"互动合作"。③

二、中国网络内容治理的要素构成

近年来，随着我国互联网新业态、新模式、新文化蓬勃发展，大量新型内容形式、文化产品不断涌现，对网络内容治理提出了新要求。一条包含数据要素、网络内容、平台监管、经济秩序、意识形态在内的网络内容超级治理链条正在形成，从治理理念的不断明确，到法律法规的颁布施行，再到行动实践的频繁精准，以及对社会力量的征召发动等，体现出独特、创新的治理模式和鲜明的中国特色。

罗伯特·多曼斯基（Robert J. Domanski）曾提出互联网治理的四个层次模型：基础架构层、技术协议层、软件应用层以及内容层④。但考虑到当前"内容治理实际上是对信息传播行为的制度约束"，因此对于网络内容的界定，呈现出"扩展的内容层"趋

---

① 阮晓眉：《鲁曼的沟通运作：一个去人文主义化的转向》，《政治与社会哲学评论》2011 年第 3 期。
② 沙垚、张思宇：《作为"新媒体"的农村广播：社会治理与群众路线》，《国际新闻界》2021 年第 1 期。
③ 王前：《理解"文化治理"：理论渊源与概念流变》，《云南行政学院学报》2015 年第 6 期。
④ ［美］罗伯特·多曼斯基：《谁治理互联网》，华信研究所信息化与信息安全研究所译，电子工业出版社 2018 年版，第 11 页。

势，即采用更为宽松的"技术层"和"内容层"区分，前者是基础设施，包括物理层和代码层的互联网协议部分；后者指对代码层中各种应用软件的开发与使用，及由此产生的信息内容。[①]当前，我国网络内容治理实践探索已深入到数据、技术、经济、文化与安全等各个领域。从个人信息保护，到对移动应用程序、二维码、算法、弹窗广告、深度合成等具体问题，都在数据、技术、经济、文化与安全等不同领域展开了要素和关系的调节和分治。

三、中国网络内容治理的关系协调

基于"内容层"对于网络内容治理的结构与范畴的划分，取径在具体情景中"谁"（治理主体）—"如何"着手（治理实践）—获取"什么"（治理效果）的思路，强调社会现实是被共同"选择"实践出来的，同时思考这种选择是如何与系统的期待相符合。这样的关系协调以更精确的分析单元——传播（communication）切入，聚焦具有概括和抽象的分析层次——要素治理和关系协调，考察涉及"代码层""技术层"等意义上的"网络内容治理"及其新特征、新问题和创新模式。近年来，在我国的网络内容治理领域众多萌发事件中，如算法治理、跨境数据流动治理、通信行程卡治理、平台反垄断、短视频治理、主播乱象治理、未成年人沉迷网游治理、网络暴力治理、"饭圈"治理、公众账号治理、深度合成治理和行业自律等，均可观察出基于规则制度和过程机制的关系协调模式。

第三节　中国网络内容治理的范式转换

一、从应激治理到敏捷治理

随着人工智能、区块链、云计算、大数据等技术的兴起，在网络内容治理领域逐渐发展出一套包括适应性治理、敏捷管理在内的创新机制和决策过程，在治理的动员能力、内容分级、权限分布、影响范围、关注重点方面，逐渐开始解决之前单一面向、分级模糊、静态为主、局部大于整体、对机遇利用不充分、应对不确定性时不够稳健

[①]　易前良、唐芳云：《平台化背景下我国网络在线内容治理的新模式》,《现代传播》2021 年第 1 期。

等问题。对网络内容的外部环境，注重从政府监管、市场调整、新技术影响、社会契约等角度予以框定；在内部环境方面，将行为体按照个体、团队、组织的形式进行层级划分，分别制定具有针对性的治理方案；同时关注体系的治理能力和治理效应的提高，将网络内容治理提升到国家战略的层面，注重提升对抗性叙事的竞争优势，并将内容生产同数字经济、企业绩效联系起来，最终形成一个基于网络但协同国家的治理生态。

（一）主播乱象治理：分类监管全面覆盖

近年来网络直播成为热门应用，截至 2022 年 6 月，我国网络直播用户达 7.16 亿人，占网民整体规模的 68.1%。[①] 随着网络直播产业的兴起和发展，"网络主播"俨然也成为一个新职业。由于该行业的迅猛发展，经纪公司和作为平台与主播中介的直播公会开始参与培养打造网络主播，主播的业务范围由才艺表演、互动聊天开始向赛事直播、游戏晚会直播、直播带货等多方面拓展。尤其是直播带货，电商平台、版权方、技术公司、品牌方、观众用户等纷纷加入，多样社会主体的参与生成更多的社会关系，直播产业链不断扩展，在多个环节创造收益和价值。2022 年新修订的《职业分类大典》中，在"批发与零售服务人员"的类别里，正式出现了如互联网营销师、直播销售员这样的职业分类。

直播带货与互联网经济、粉丝经济、网红经济关系密切，在过去的三年里，直播带货扩大了在线消费的增长点，帮助企业降本提效，推动受新冠疫情影响下的经济复苏。但一段时间以来，少数主播偷税漏税，知名主播被点名整改，直播带货中存在虚假宣传、言行失范、价格欺诈、数据造假等问题，使得网络主播的责任与义务问题引发讨论。同时，平台主体责任的履行不到位，也阻碍直播市场的长远发展。

2022 年 6 月 22 日，国家广播电视总局、文化和旅游部联合发布《网络主播行为规范》，旨在进一步加强网络主播职业道德建设，规范从业行为，强化社会责任，树立良好形象。《网络主播行为规范》明确了网络主播在提供网络表演及视听节目服务过程中不得出现的 31 种行为，要求加强对网络表演、网络视听平台和经纪机构及网络主播的

---

① 中国互联网络信息中心：《第 50 次中国互联网络发展状况统计报告》，载中国互联网络信息中心，http://www.cnnic.net.cn/n4/2022/0914/c88-10226.html，2022 年 9 月 14 日。

监督管理，切实压紧压实主管主办责任和主体责任，发现网络主播违规行为，要及时责成相关平台予以处理。

《网络主播行为规范》进一步细化了 2021 年国家网信办会同七部门联合发布实施的《网络直播营销管理办法（试行）》（以下简称《办法》），该《办法》对直播营销环境下的不同参与主体予以划分，要求直播营销平台建立"事前预防、事中监控提示、事后惩戒"的管理机制。由于在直播营销活动中，主播与观众的互动频繁，主播输出的内容丰富多样，观众亦可以通过发布弹幕、评论等方式参与到互动中，故对发表的内容进行规范管理具有必要性。对于直播营销平台来说，"事前预防"要求平台方对直播间建立分级管理制度，对重点直播间安排专人实时巡查、延长直播内容保存时间等；建立风险识别模型，依法开展安全评估；建立未成年人保护机制等。"事中监控与提示"要求平台对直播营销人员真实身份采取动态核验机制；对高风险营销行为采取弹窗提示、违规警示、限制流量、暂停直播等措施；对直播间内链接、二维码加强信息安全管理。"事后惩戒"要求平台方对违法违规行为采取阻断直播、关闭账号、列入黑名单、联合惩戒等处置措施。

由于网络主播具有开放性，职业门槛低，"人人都能当主播"，因此需要对从事网络直播的主体身份与资质水平与时俱进地进行界定。在中国广告协会 2020 年制定的《网络直播营销行为规范》中，主播是指"在网络直播营销活动中与用户直接互动交流的人员"。2021 年 5 月 25 日施行的《网络直播营销管理办法（试行）》中，规定直播营销人员或者直播间运营者为自然人的，应年满 16 周岁。中央文明办等四部门联合发布的《关于规范网络直播打赏　加强未成年人保护的意见》中，明确禁止未成年人参与直播打赏，网站平台不得为未满 16 周岁的未成年人提供网络主播服务。2022 年 6 月 22 日，在国家广播电视总局、文化和旅游部联合发布《网络主播行为规范》中，一是强调对需要较高专业水平（如医疗卫生、财经金融、法律、教育）的直播内容，主播应取得相应执业资质，并向直播平台进行执业资质报备，直播平台应对主播进行资质审核及备案；二是对网络主播的界定覆盖了"利用人工智能技术合成的虚拟主播及内容"。10 月 31 日，市场监管总局会同中央网信办等七部门联合印发的《关于进一步规范明星广告代言活动的指导意见》中，指出"明星为推荐、证明商品，在参加娱乐节目、访谈节目、网络直播过程中对商品进行介绍，构成广告代言行为"，对于明星代言的广告发布，要依法加强直播管理，严禁违法失德明星通过参加访谈、综艺节目、直播等方式变相开展广告代言活动。这也体现出当下对于互联网行业监管的基本思路，呈现"全面覆盖，分类监管"的取向，即将"台前幕后"的各类主体、"线上线下"各项要素均纳入监管范围。

（二）"饭圈"治理：对饭圈的"操作性"技术行动

2021 年 4 月底，一段"大量乳制品被倒入臭水沟"的视频在网上广为流传。这些乳制品都是粉丝为了给爱奇艺出品的综艺节目《青春有你》第三季选手"打投"应援用的。按照节目规则，粉丝买得越多，偶像"出道"的几率越大。由于这些乳制品根本喝不完，于是被白白倒掉形成大量浪费。5 月 4 日，北京市广播电视局责令爱奇艺暂停《青春有你》第三季后续节目录制。这一事件掀开了"饭圈"乱象的一角，成为中央网信办"清朗行动"治理"饭圈"的直接导火索。

6 月 15 日，中央网信办启动"清朗·'饭圈'乱象整治"专项行动，重点打击 5 类"饭圈"乱象行为：一是诱导未成年人应援集资、高额消费、投票打榜等行为；二是"饭圈"粉丝互撕谩骂、拉踩引战、造谣攻击、人肉搜索、侵犯隐私等行为；三是鼓动"饭圈"粉丝攀比炫富、奢靡享乐等行为；四是以号召粉丝、雇用网络水军、"养号"形式刷量控评等行为；五是通过"蹭热点"、制造话题等形式干扰舆论，影响传播秩序行为。8 月 27 日，国家网信办发布《关于进一步加强"饭圈"乱象治理的通知》，提出取消明星艺人榜单，优化调整排行规则，严管明星经纪公司，规范粉丝群体账号，严禁呈现互撕信息等十条工作措施。

所谓"饭圈"，通常指因某位明星而集结和行动的有组织的网络社群。"饭"是 Fan 的音译，"圈"即圈子，也就是一定规模的粉丝由于共同兴趣有组织性地汇聚在一起。传统粉丝的追星行为会被认为是个体的、情绪化的、即时的行为，而当前"饭圈"的追星作为一种集体行动，更加具有组织性、职业化、利益关系。[①] 根据《粉丝经济 4.0 时代白皮书》显示，从 2018 年至今，粉丝经济已经进入 4.0 时代，粉丝团体具备较强

---

① 　陈丽琴：《饭圈女孩"进化"的行动逻辑与"共意"建构》，《深圳大学学报（人文社会科学版）》2020 年第 3 期。

的组织力、传播力与造势力，粉丝在营销活动中的助推力成为不可或缺的传播战略之一，粉丝与偶像之间的情感连接进化为养成式追随，粉丝的话语权也达到前所未有的强，甚至拥有部分决策权。[1]

分析此次整治"饭圈"乱象的行动和通知可以发现，其针对的"乱象"主体，不完全是"粉丝"个体，还涉及如明星经纪公司、职业粉头、营销公号、社交平台等组织与机构；治理的对象，不仅有在线的符号文本生产，还有大量个体行为和群体行动。在经典的流行文化理论中，粉丝文化经常被认为具有"观看"和"阅读"属性，粉丝对偶像是一种单向的"追随"。新技术和数据化的引入使得偶像和粉丝之间存在着"关系劳动"——为保持热度，偶像会通过与个体保持"越界"的亲密感而建立起自身的权威。[2] 通过多种技术、在多个平台同粉丝展开多层次的互动，关系劳动中的偶像类似一种"微名人"（microcelebrity），它与传统名人最大的差别在于，微名人凭借其可接近、相似性、互动性等特征，为用户提供了更加真实、亲密的互动交往，与传统名人相比，微名人的模仿成本较低。[3] 已有研究发现，用户会去模仿他们喜欢的微名人的生活，由于社交媒体能够提供及时的互动，这种模仿范围会越来越广，且越来越深入。对社交媒体微名人的渴望可能会促使年轻用户过度关注外在形象，甚至出现盲目模仿、自我迷失。[4] 而粉丝通过双向互动，也开始更具参与性和嵌入性，通过对数据、文本、社群、商业关系等的介入式"操作"，粉丝获得了更多的主动性和话语权，甚至可以"决定"偶像的"养成"。

一般认为"饭圈"文化具有以下属性：从个体维度看，粉丝依据异质性偏好选择进入"饭圈"，具有物质性和筛选性等特点；从群体维度看，粉丝被划分为不同类型的子群体，他们各司其职，构成结构完整、功能完备的生态圈；从组织维度看，粉丝的角色分工、组织形态与运作模式展示出了清晰的规则体系和等级结构；从文化维度看，

---

[1] AdMaster、新浪社会化营销研究院：《粉丝经济 4.0 时代白皮书》，2019 年。

[2] Bonifacio, R., Hair, L., & Wohn, D. Y. Beyond Fans: The Relational Labor and Communication Practices of Creators on Patreon, *New Media and Society*, 2021.

[3] 汪雅倩：《从名人到"微名人"：移动社交时代意见领袖的身份变迁及影响研究》，《新闻记者》2021 年第 3 期。

[4] Wilcox, K., Kramer, T. & Sen, S. Indulgence or Self-control: A Dual Process model of the Effect of Incidental Pride on Indulgent Choice. *Journal of Consumer Research*, Vol. 38, No.1, 2010.

"饭圈"已经形成内部专属的话语体系与运作规则。而经由粉丝的"操作性"所带来的饭圈文化并不意味着文本的消逝，而是转化了文本构成与消费的方式。①

"操作性"一个重要功能就是可以使粉丝通过技术接入形成广泛的商业连接，而这种连接可能被技术霸权与资本力量驱使，同时引发技术滥用与情感断层问题。通过干预各类平台的数据设定，对偶像和特定内容的显现进行调节，粉丝的这种"操作性"超越了传统意义上的单向追随或者双向互动，更像是一种"技术行动"。"饭圈"对偶像的劳动付出与购买消费不再遵循平等与自愿原则，而是带有道德束缚性的必须义务。②8月12日，《人民日报》发文指出，"饭圈"乱象愈演愈烈的背后，是资本以流量变现的商业逻辑——"以矛盾造热度，以热度换流量，以流量谋利益"。仅将"饭圈"视为一种以青年族群为主的文化圈层将会忽视"饭圈"的消费内涵。而网络过度使用、网络隐私侵犯、网络暴力冲突等问题，③映射出中国青年文化的多样态发展与社会文化变迁的不确定性之间所存在的文化品位断层和媒介素养断层。④

因此从治理的角度上来说，"饭圈乱象"所涵盖的范围，不仅包括粉丝个体的文本生产与介入行动，也包括群体行动和商业模式，还包括创意行业、娱乐产业的规范与生态。对于"饭圈"乱象的治理体现出政府部门与企业平台的"协同共治"特征，这样的模式在未来还将成为更加长期、持久与常态化的监管体系。

（三）未成年人沉迷网游治理："数字断连"保护

2021年6月施行的新版《未成年人保护法》列有"网络保护"专章，其第七十四条规定网络产品和服务提供者不得向未成年人提供诱导其沉迷的产品和服务。第六十八条规定新闻出版、教育、卫生健康、文化和旅游、网信等部门都负有对未成年人沉迷网络开展宣传教育，监督网络服务者预防未成年人沉迷网络的义务。8月31日，国家新闻出版署下发《关于进一步严格管理切实防止未成年人沉迷网络游戏的通知》，要求进一步严格管理措施，防止未成年人沉迷网络游戏。7月，中央网信办启动的"清朗·暑期未成年人网络环境整治"专项行动中，其中第七类问题就是防沉迷系统和

---

① 崔迪：《探索流行文化研究的新进路》，《中国社会科学报》2021年11月19日。
② 刘海明、冯梦玉：《数据至上的"饭圈"乱象反思》，《青年记者》2021年第11期。
③ 黄楚新：《警惕资本裹挟下的"饭圈"文化对青年的影响》，《人民论坛》2021年第25期。
④ 吴炜华、张海超：《社会治理视阈下的"饭圈"乱象与文化批判》，《当代电视》2021年第10期。

"青少年模式"效能发挥不足问题。

不过"防沉迷"措施遭到干扰和暗中抵制：租号、借号、买号、利用断网等破解"防沉迷"的方法和教程传播甚广。9月6日，话题"花33元租号打2小时王者荣耀"冲上热搜。据央视新闻报道，网络上可以通过租号、买号等途径绕过监管无限制玩网游，游戏账号租卖已形成灰色产业链。在某购物平台，输入"手游租号"等关键词便可以轻松查找到大量的租号商家。有商家在销售过程中非但不主动核实买家的年龄情况，甚至将"无防沉迷"作为卖点之一。9月8日，中宣部、国家新闻出版署会同中央网信办、文化和旅游部等部门，对腾讯、网易等重点网络游戏企业和游戏账号租售平台、游戏直播平台进行了约谈，要求其提高政治站位，强化责任担当，深刻认识严格管理，切实保护未成年人身心健康。

游戏成瘾（game addiction）的概念源于网络成瘾（internet addiction），但是网络游戏高度沉迷（high engagement）有别于网络游戏成瘾。[1]高度沉迷的特征是频繁游戏，并伴随轻微过度游戏的症状，而成瘾除了具备高度沉迷的特征之外，更有过度游戏的危害性表征：比如行为的突显（沉迷）、抵触（自我矛盾或与他人冲突）、退缩和复发。借鉴青少年酒精、药物、赌博成瘾的研究后，对青少年网游成瘾的抑制性因素进行研究时发现，只有兴趣转移和父母监控与网游成瘾呈显著负相关，而比如经济开销对于网游成瘾影响则很小。[2]

尽管与其他传统媒介相比，游戏玩家多被认为是"积极受众"，但在游戏内他们仍处于被动地位，玩家并不能真正对游戏世界的发展进程进行掌控。玩家的绝大多数行为仍是按照游戏设计者的预设而进行的。相比成为"越轨玩家"，更多人更关注如何在已有设定的规范下实现自己的目标。游戏在某种程度上不同于其他技术，当沉浸在游戏内容时，人们的注意力既不在外部世界，也不在技术本身，而是被困在游戏内容为其所创造的想象世界中，游戏世界与外部世界成为两个平行的宇宙。游戏虚拟情境设置背后隐藏更多的是游戏设计者的意图，其目的在于保证虚拟空间的完整性和封闭性，

---

[1] Charlton, J. P., & Danforth, I. D. W., "Distinguishing addiction and high engagement in the context of online game playing", *Computers in Human Behavior*, Vol.23, No.3, 2007.

[2] 胥正川：《网络游戏成瘾的动机及抑制性因素作用的实证研究》，《复旦学报（自然科学版）》2009年第3期。

以此赋予玩家游戏行为合理性。玩家与游戏角色逐渐形成了一个整体。①

　　成瘾是一种"过度连接"的问题。美国科普记者迈雅·萨拉维茨（Maia Szalavitz）认为，成瘾是"一种被奴役或者被束缚的社会关系"，也是"一种不明智的自愿选择"，成瘾是一种学习障碍，通过特定的学习路径达到心理学上的目的，这一过程会让成瘾行为变成自发的具有强迫性的行为。② 而对于成瘾的刻板印象，强化了社会从法律、文化和社会观念上的偏见。

　　虽然通过强制的"数字断连"可以使得技术使用者全部或部分放弃连接功能，但对未成年人网游成瘾的监管更是一种基于时空—行为的战略控制。国家新闻出版署《关于进一步严格管理切实防止未成年人沉迷网络游戏的通知》中要求，"严格限制向未成年人提供网络游戏服务的时间，严格落实网络游戏用户账号实名注册和登录要求，各级出版管理部门要加强对防止未成年人沉迷网络游戏有关措施落实情况的监督检查"。"清朗·暑期未成年人网络环境整治"专项行动要求重点排查解决网站平台防沉迷系统问题漏洞，解决"青少年模式"入口不显著、识别不精准、专属内容不够丰富、应用效果不佳等问题，进一步优化模式效能，着力防止未成年人沉迷网络。

　　最初游戏防沉迷要求是所有的网游玩家需要身份验证，然而当时的防沉迷系统并没有与公安系统联网，网上的身份信息泄露现象泛滥、身份证生成器随处可见。而后各大游戏厂商收紧了防沉迷举措，未成年玩家用父母的身份证注册游戏的案例屡见不鲜。直到国内部分游戏厂商实行了"宵禁""夜间巡航""人脸识别""识别定位"等措施，大部分未成年玩家才被真正有效地监管起来。但是类似人脸识别的技术成本较高，目前只有少数游戏大厂全面接入该系统，仍然有大量游戏小厂不具备监督、监管、监控用户的能力。可以看出，防止未成年人沉迷网络游戏是一项系统工程，需要多方共同合作、监督。技术层面只是提高了未成年人的准入门槛，但引诱未成年人沉迷游戏的因素依然存在。

---

① 李彪、高琳轩：《游戏角色会影响玩家真实社会角色认知吗？——技术中介论视角下玩家与网络游戏角色互动关系研究》，《新闻记者》2021 年第 5 期。
② ［美］迈雅·萨拉维茨：《我们为什么上瘾》，丁将译，海南出版社 2021 年版，第 8 页。

（四）网络暴力治理：对新型"网课爆破"事件的全链条治理

受新冠疫情影响，疫情期间学生在家"上网课"成为一种教学常态。无论是教师还是学生，从传统的课堂教学转为在线上课，都是对其在熟悉环境中的稳定感的挑战。[①] 这种挑战既包括对硬件设备和软件应用，也包括如课程任务完成情况，课堂秩序维持程度等。网速太慢、忘记关麦、在线僵尸这些"细枝末节"都会影响网课教学的质量和效果。而除了课程内部的挑战，一种新型的网络暴力"网络爆破"也开始从外部侵扰网课秩序。2022 年 11 月，河南省新郑市第三中学的一名历史教师在家中上网课时遭受"网课爆破"。据相关视频和图片显示，刘老师在上网课时，直播间被人故意播放刺耳的音乐，有捣乱者在恶意威胁，种种话语不堪入耳。刘老师课后感觉身体不适意外去世。虽无证据表明刘老师去世与网课"爆破手"有直接关系，但悲剧发生后，许多类似的"网课爆破"事件也浮出水面，之前在辽宁、天津等地也发生过类似事件，"网课爆破"成为媒体报道的热点。

侵扰网课的捣乱行为被称为"网课爆破"或"网课入侵"，先是由网课的参与者泄露课程会议号和密码，随后捣乱者有组织地"入侵"在线课堂，通过强行霸屏、骚扰信息刷屏，甚至以辱骂师生、播放不雅视频等极端方式，恶意扰乱教学秩序。[②] 网课一般会使用云会议软件，通过音视频同步技术进行远程会议、在线协作、会管会控等，但就这一专有在线空间中的交往规范，目前还未能引起足够的重视。一般情况下，云会议软件中都有对会场秩序的管控设置，但这样的操作并非人人熟悉，而一些软件漏洞或人为原因则会使网络暴力、隐私侵犯等有机可乘。

网络暴力是一种在网上具有伤害性、侮辱性和煽动性的行为现象，以往一般分为四大类别：一是对事实的捏造，二是对个人的辱骂，三是标题党，四是人肉搜索。网络暴力是社会暴力在网络上的延伸，往往伴随侵权行为和违法犯罪行为。而网课爆破

---

① Zhang, M., "When at home: A phenomenological study of Zoom class experience", In Zhang, Minglei. "When at Home: A Phenomenological Study of Zoom Class Experience", *Technology and the Future of the Home Conference, Missouri University of Science and Technology, Rolla, MO.* 2020.

② 《人民日报评论：当以法律爆破"网课爆破"》，载澎湃典论场，https://m.thepaper.cn/newsDetail_forward_20641141，2022 年 11 月 8 日。

是一种新型网络暴力。[①] 根据相关报道，在线下，网课爆破已逐渐成为一条黑灰产业链。一些扰乱课堂秩序的"爆破手"会在社交平台发小广告，通过组建社交群组接单，只需提供网课会议号，"3 元就能爆破"，"760 元就推动一次网暴"。[②] 据相关法律人士的分析，网课爆破行为显然违反有关维护网络空间秩序、信息安全、保护公民人格权益等方面的规定。[③]

对此，2022 年 9 月，深圳网警发声并转发了腾讯会议的《共同关注！在线课堂"防破"指南》。目前多个云会议平台都已更新和升级软件，提供会前、会中、会后对网课入侵者的预防和制止性措施，保障在线课堂安全性和老师的教学需要。由于网络暴力违法成本过低，而维权成本高，因此对其治理还需要政府和社会共同推进。

2022 年，进入大众视野的网络暴力事件频出，特别是刘学州寻亲被网暴案、上海打赏骑手 200 元女子遭遇网暴，也包括河南女教师遭受"网课爆破"等，当事人甚至付出了生命的代价。网络传播的匿名化、情绪化与碎片化助推了网络暴力事件的频繁发生。4 月 24 日，中央网信办宣布开展"清朗·网络暴力专项治理行动"，要求新浪微博、抖音、百度贴吧、知乎等 18 家网络暴力易发多发、社会影响力大的平台，通过建立完善监测识别、实时保护、干预处置、溯源追责、宣传曝光等措施，实施网暴全链条治理。11 月 4 日，中央网信办印发《关于切实加强网络暴力治理的通知》，要求网站平台建立健全网暴预警预防机制，强化对网暴当事人保护，严防网暴信息传播扩散，并对网暴相关账号、恶意营销炒作、平台失职失责行为等进行严惩。

在网络暴力的治理中，网站平台既需要保护网民的合法权益，也依法承担着管控不良信息、遏制网络推手等职责。刘学州事件发生后，新浪微博社区管理官方账号 @微博管理员对刘学州微博账号的私信情况进行了通报，主动公开后台数据，提供网暴的"电子证据"。网暴专项治理过程中，微博、抖音、B 站陆续上线了"一键防护""一键防暴""一键取证"等新功能；快手、百度贴吧、知乎、小红书等平台均可以自主

[①] 《警惕新型网络暴力——"网课爆破"！》，载澎湃新闻，https://www.thepaper.cn/newsDetail_forward_20679311，2022 年 11 月 10 日。

[②] 《760 元推动一次网暴：起底"水军产业链"》，载中国新闻网，http://www.chinanews.com.cn/sh/2022/11-11/9892238.shtml，2022 年 11 月 14 日。

[③] 《法学界人士解析"网课爆破"：用法律武器回击网络暴力》，《中国青年报》2022 年 11 月 11 日。

设置私信、评论权限。必要时用户可以自行关闭私信、评论等，尽量避免网暴伤害。2022 年 8 月 23 日，中央网信办通报了此次专项整治的情况，重点网站平台累计拦截涉攻击谩骂、造谣诋毁等信息 6541 万余条，处置违法违规的账号 7.8 万个。

另一方面，网课爆破案也使得"社会—情感素养"问题浮出水面。根据媒体的采访，很多爆破手表示他们没有什么意图，就是太闷了，想发泄一下，随便玩一玩。因此，对于这一问题的治理，还需要配合对全社会中数字素养、网络礼仪的倡导。2022 年 3 月 2 日，中央网信办等四部门联合印发《2022 年提升全民数字素养与技能工作要点》，其中就包括数字社会法治道德水平的提高。未来随着公民生活、学习、工作的数字化程度越来越高，数字时代的个体也面临媒体参与赋权后产生的情感交往危机和群体行为失范。"社会—情感素养"是在数字媒介构成的虚拟环境下人与人之间的情感交流能力，被认为是所有数字技能中最高级、最复杂的素养。未来的网络素养培养需要突破传统的工具使用范式，走向更为全面的数字和新媒介生存体验。①

二、从算法生态到平台穿透

平台处于网络社会与数字经济的关键位置，也是整个网络治理体系中最具挑战性的环节之一，学界普遍认为平台应当成为一个关键的治理层级。② 近年来，随着平台反垄断、零工经济、算法治理、数据安全、未成年人保护等议题逐渐提上立法和规则制定议程，国内对于平台的监管力度日趋加强。2022 年以《互联网信息服务算法推荐管理规定》(以下简称《算法推荐管理规定》) 为标志，我国开创性地构建了一系列具有鲜明中国本土特色的平台"穿透式监管"制度。③ 但对于这种具有"侵入式"的治理模式，需要在效度和限度上予以平衡。这一模式参照经济领域的治理思路，体现出对平台的基础要素、运作规则、运行条件，以及系统效果的穿透式和侵入式监管要求。包括对平台算法的管理规定，对基于平台的用户账号信息管理、互联网跟帖评论的管理，以及对短视频、直播带货等新兴数字经济内容的规范等。

---

① 石晋阳、陈刚：《论媒介素养教育的情感转向》，《现代传播（中国传媒大学学报）》2016 年第 4 期。
② 崔保国、刘金河：《论网络空间中的平台治理》，《全球传媒学刊》2020 年第 1 期。
③ 张凌寒：《平台"穿透式监管"的理据及限度》，《社会科学文摘》2022 年第 2 期。

（一）算法治理：互联网信息服务算法管理的"中国方案"

2021 年 8 月，国家网信办发布关于《互联网信息服务算法推荐管理规定（征求意见稿）》。9 月，网信办等九部门发布《关于加强互联网信息服务算法综合治理的指导意见》，提出"利用三年左右时间，逐步建立治理机制健全、监管体系完善、算法生态规范的算法安全综合治理格局"。12 月 31 日，《互联网信息服务算法推荐管理规定》（以下简称"规定"）正式出台，发布部门扩至国家网信办、工信部、公安部、国家市场监督管理总局四家，自 2022 年 3 月 1 日起施行。这个"规定"可以看作是对算法治理的 2.0 版本，世界范围内的"中国方案"。[①]

随着算法与国家、社会、个体之间不断关联日益融合，这一泛在的推促性技术（nudging technology）可以跨越地理空间，折叠时间序列，将自然的、社会的、人与非人"对称地"关联起来，网络效应"召唤"出更多基于行动的参与要素，经由算法技术形成互联。[②] 在算法驱动的推荐系统中，所有的数据组合形式都要通过算法输出，并与技术逻辑、数据集结构、应用场景等关联。算法治理面临两组核心矛盾：第一是对于作为系统强制通行点（Obligatory Passage Points, OPP）的技术装置[③]，如何识别出算法自身潜在的技术—社会风险；第二是对于算法技术的使用，如何在风险控制与推动应用中找到适合平衡点。此"规定"可以看作是一次对我国网络安全治理体系的廓清，显影出目前算法治理与治理算法的"政策矩阵"。

比对先前发布的征求意见稿，"规定"对算法推荐的管理有以下几个方面的调整：首先，对算法的规制更加突出弘扬社会主义核心价值观和社会公共利益，对科技伦理的审查提上议程；第二，治理主体分层定位更加明确，其中国家网信部门负责统筹协调治理与监督管理工作，电信、公安和市场监管等联合成为治理主体，地方与之相对应的部门负责本行政区的相关工作；第三，对于算法推荐服务的提供者，新增第十三

---

① 《专家解读 | 平台算法治理制度的中国方案——〈互联网信息服务算法推荐管理规定〉解读》，载中国网信网，http://www.cac.gov.cn/2022-01/05/c_1642983970927235.htm，2022 年 1 月 5 日。
② Thaler, R. H., & Sunstein, C. R. Nudge, *Improving Decisions about Health, Wealth, and Happiness*. New York, NY: Penguin. 2009.
③ Callon, M., "Elements of a sociology of translation: Domestication of the Scallops and the Fishermen of St. Brieuc Bay", In John Law（Ed.）, *Power, Action and Belief: A New Sociology of Knowledge*? London: Routledge, 1986, pp.196—233.

条、第十五条、第十九条针对互联网新闻信息服务、反垄断和适老化的要求，同时完善了第二十二条和第三十条关于申投诉流程与投诉举报内容；第四，强调算法推荐服务的提供者要配合管理部门开展安全评估和监督检查工作，提供必要的技术、数据等支持和协助；最后，对于违反规定的行为，处罚力度有所加强。

对于算法驱动的中介技术而言，一个需要着重关注的要点是其具有结构性的"固向强化"效用。[1] 在此"规定"中，我们可以从管理导向、动员能力、权益保障、场景适用四个层面发现对算法进行治理、与算法进行交互的特点：

第一，在法律层面落实"用主流价值导向驾驭'算法'，全面提高舆论引导能力"的要求。[2] "规定"将坚持正能量、禁止推荐违法信息、落实主体责任等，列为算法推荐服务提供者最重要规范，同时在信息安全、模型数据管理时要尊重社会公德和伦理，遵守商业道德和职业道德。

第二，尤其关注算法的传播和动员能力。"规定"多个条文涉及具有舆论属性或社会动员能力的算法推荐服务。按 2018 年《具有舆论属性或社会动员能力的互联网信息服务安全评估规定》，具有舆论属性或社会动员能力的互联网信息服务包括但不限于新闻信息服务，还广泛涉及开办论坛、博客、微博客、聊天室、通信群组、公共账号、短视频、网络直播、信息分享、小程序等信息服务或者附设相应功能。"规定"不但重申涉及互联网新闻信息服务，算法推荐服务提供者要依法取得许可，在服务过程中不得生成合成虚假新闻信息或者传播非国家规定范围内的单位发布的新闻信息，并且对具有舆论属性或社会动员能力的算法推荐服务提出了备案要求，通过立法技术将对算法的监管制度化至逻辑层和代码层。

第三，针对用户面对算法的无奈地位，此次"规定"一个倍受瞩目的规范是"算法推荐服务提供者……要向用户提供便捷的关闭算法推荐服务的选项。用户选择关闭算法推荐服务的，……应当立即停止提供相关服务"（第十七条）。该条款赋予用户脱离被困在算法里的主控权，可以"以退为进"自主决定是否采用算法推荐服务，以落

---

[1] Feezell, J. T., Wagner, J. K., & Conroy, M., "Exploring the effects of algorithm-driven news sources on political behavior and polarization", *Computers in Human Behavior*, Vol.116, 2021.

[2] 《习近平主持中共中央政治局第十二次集体学习并发表重要讲话》，新华社，2019 年 1 月 25 日。

实《个人信息保护法》第二十四条的规定。^①之前很多服务应用已经允许用户自主选择是否采用算法推荐服务，但其过程往往比较复杂，不易实施。现在"规定"对于用户可退出算法推荐服务的规定，不仅是要求用户对于是否采用算法推送可以自主选择，同时对算法的价值导向、计算过程、模型选择、数据应用等均提出要求，实现全流程覆盖。

第四，数字接口与用户贴近的场景适用。"规定"主要针对的是"互联网信息服务算法推荐"，即算法技术在"生成合成类、个性化推送类、排序精选类、检索过滤类、调度决策类等"方面的应用。虽然对于算法的定义和边界有多种划分方式，算法"弥漫"在计算机与网络设施的固件、硬件、系统、应用、服务的多个层面和多重连接之间，但是"信息服务"却是和人、和用户最为贴近，有着最直接相关的交互界面。因此可以说，"规定"主要针对的就是与用户的在线信息获取与接触直接相关的算法技术与应用服务，比如搜索引擎、推荐引擎、精准广告等。前举七部门的"指导意见"为完善算法治理设立了三年期限，可以预见"规定"在实施过程中还将进一步改进、发展。

（二）深度合成治理：迎接人工智能内容生成的挑战

人工智能内容生成（Artificial Intelligence Generated Content，AIGC）成为数字内容领域的新热点。绘图工具 Midjourney 完成的画作获得艺术大奖，聊天机器人模型 ChatGPT 以其强大的信息整合和对话能力风靡全球，虚拟数字人代替真人主播亮冬奥会报道……AI 写作、AI 作画、对话机器人、数字人等 AIGC 应用成为爆款的同时，也引发了对新闻真实性、知识产权、伦理规范、信息安全等方面争议。例如，2022 年 8 月，重庆发生大面积森林火灾成为新闻热点，社交媒体上随后出现了由 AI 合成的一系列壮观的消防员与山火图片，并未说明来源。这些图片之后被一些自媒体当作现场画面进行报道，还有不少官方机构转发。对此，有网友指出，"10 张有 8 张是 AI 作画，

---

① 《个人信息保护法》第二十四条：个人信息处理者利用个人信息进行自动化决策，应当保证决策的透明度和结果公平、公正，不得对个人在交易价格等交易条件上实行不合理的差别待遇。通过自动化决策方式向个人进行信息推送、商业营销，应当同时提供不针对其个人特征的选项，或者向个人提供便捷的拒绝方式。通过自动化决策方式做出对个人权益有重大影响的决定，个人有权要求个人信息处理者予以说明，并有权拒绝个人信息处理者仅通过自动化决策的方式做出决定。

下面评论却一片感动哭了"。此外，央视新闻微博选用其中一张 AI 作品做了一张宣传海报，尽管其在海报右上角标注了"非新闻图片"，但图片下方有类似于实景照片的说明"面前是漫天山火，身后是万家灯火"，让人真假难分。可见，随着深度合成技术的日益成熟，越来越聪明的 AIGC 对人工智能时代的新闻传播带来了治理难题。

AIGC 重构甚至颠覆了数字内容的生产方式和消费方式，也让我们进入了一个"有图无真相"的传播时代。近年来，随着底层技术成熟[①]、大量资本入局[②]、海量数据加持[③]，以深度合成技术为代表的 AIGC 快速突破，深刻影响了传媒、游戏、艺术、娱乐、电商、医疗等领域。但深度合成内容火爆的同时，也带来了可能消解与重构社会文化价值观念的问题。[④]一方面，深度合成内容与真实新闻信息的"混合传播"模式，会对新闻的真实性带来严峻挑战，造成"假作真时真亦假"的混乱局面，特别是在灾难报道中容易煽动公众情绪、冲击新闻伦理规范；另一方面，由于数据缺陷、算法黑箱、算力受限等原因，深度合成技术的内生安全问题同样令人担忧，深度合成技术可能出现算法偏见、形成错误新闻信息、误导受众。此外，这一技术还可能被不法分子用于制作违法信息，侵犯个人隐私，实施诈骗等。

对此，2022 年 11 月 25 日，国家网信办等三部门联合发布《互联网信息服务深度合成管理规定》(以下简称《深度合成管理规定》)，强调不得利用深度合成服务从事法律、行政法规禁止的活动，要求深度合成服务提供者落实信息安全主体责任。该文件也是国内首个对深度合成技术进行系统规制的部门规章。近年来，我国先后出台《网络音视频信息服务管理规定》《网络信息内容生态治理规定》《互联网信息服务算法推荐管理规定》等文件，对生成合成类算法和利用深度学习、虚拟现实等新技术新应用制作音视频内容提出了监管要求。

[①]　生成式对抗网络（GAN）、卷积神经网络（CNN）、变分自编码器（VAE）等技术模型的加入为深度合成提供了核心支撑与技术基础。

[②]　以虚拟现实技术为例，工信部的数据显示，2021 年我国虚拟现实投融资规模涨幅超过 100%，相关企业超过 1 万家。

[③]　《数字中国发展报告（2021 年）》指出，2017—2021 年，我国数据产量从 2.3ZB 增长至 6.6ZB，在 2021 年全球占比 9.9%，位居世界第二。

[④]　喻国明、梁爽：《重构与挑战："深度合成"的传播影响与技术反思》，《山西大学学报（哲学社会科学版）》2021 年第 2 期。

2022 年新出台的《深度合成管理规定》，对涉及深度合成全产业链的各个主体责任进行了规范，建立了"事前预防"与"事后应对"相结合的全流程治理路径。延续互联网信息服务算法治理思路，要求具有舆论属性或者社会动员能力的深度合成服务提供者开展安全评估，履行算法备案和变更、注销备案手续。该规定还提出了深度合成信息内容标识管理制度，对文本、语音、人物图像和视频、沉浸式拟真场景等五类可能导致公众混淆或者误认的深度合成服务进行显著标识。

但值得注意的是，针对深度合成涉及的新闻伦理等争议问题，《深度合成管理规定》仅指出深度合成服务提供者的科技伦理审查、信息发布审核等责任，其他相关责任要求则较为模糊。因此如何破除对 AIGC "技术恐慌"、完善网络内容生态，还需要多元主体共同推进，技术伦理与行业规范、法律监管、个人素养的同步发展。

（三）公众账号治理：平台责任与自媒体身份

2021 年 1 月 25 日，国家网信办对 2017 年《互联网用户公众账号信息服务管理规定》（以下简称"公众账号管理规定"）作出修订后发布实施。10 月 26 日，网信办又就 2015 年《互联网用户账号名称信息管理规定》（以下简称"账号名称管理规定"）作出修订，发布征求意见稿。前一个规范性文件业已生效；后一个尚属征求意见文本，但从中可以看出主管部门的意图走向。

此次"公众账号管理规定"修订是顺应"随着移动互联网快速发展，公众账号信息服务呈现出专业化、组织化、商业化等诸多特点"，依据《网络安全法》等相关法律法规，"重点强调打击虚假信息、虚假流量等违法违规行为"。新规共 23 条，包括公众账号信息服务平台信息内容和账号管理主体责任、公众账号生产运营者信息内容生产和账号运营管理主体责任、真实身份信息认证、分级分类管理、行业自律、社会监督及行政管理等条款。而"账号名称管理规定"的修订则重点关注账号身份的真实性问题，要求平台按照"后台实名、前台自愿"的原则保证注册账号的真实与合规。

国家信息中心 2020 年 4 月发布的《2019 中国网络媒体社会价值白皮书》显示，中国传媒产业规模已突破 2 万亿元，其中互联网传媒占据了传媒业市场的八成。传媒产业发展进入大众自媒体传播时代，"网络媒体作为技术创新和融合变革的先行者，既有责任引导网民的理性追求、促进网络空间的理性回归，又有动力通过履行社会责任、扩大正面影响，来提升自身的传播力、引导力、影响力和公信力"。

此次对"公众账号管理规定"和"账号名称管理规定"的修订，突出对平台企业"主体责任"和公众账号运营者"双重身份"的确定。通过对内容安全（导向性、真实性、合法性）、账号运营安全（依法、文明、规范）以及禁止行为（虚假冒名注册、违规采编新闻、制造虚假舆论、恶意营销诈骗、抄袭伪原创、煽动网络暴力、非法买卖账号等）三大方面的廓清，这两项规定将负责和维护在线内容生产生态的责任落实到平台和自媒体上。

"平台既是一个市场，又是一个企业"，这种独特的组织结构"至少在人类商业文明发展史上未曾出现过"。[①]平台的双重属性使其难以找到市场公共利益与企业私人利益的平衡方案，这是平台治理遭遇困境的根源。[②]在"国家—平台—社会"三方治理格局呈现"私有制属性，社会化监管"的特征下，对公众账号运营者的双重身份的确认，更加强调在主管部门和平台监管的结构性上，公众账号运营者的能动性可行的边界与禁忌。

而平台的"主体责任"在配合"账号名称管理规定"时更加得以彰显：互联网用户账号使用者注册账号时，应当与互联网用户账号服务平台签订协议，提供真实身份信息，遵守平台内容生产和账号管理规则、平台公约和服务协议。互联网用户账号服务平台应当按照"后台实名、前台自愿"的原则，要求互联网用户账号使用者在注册账号时提供真实身份信息，并负责监管六类假冒、仿冒、捏造名称的网名不得使用。

对于为何要落实、压实平台的"主体责任"身份，在2021年10月20日国家网信办部署推进的"清朗·互联网用户账号运营乱象专项整治行动"思路中可以看出端倪：清朗专项整治行动的目标，是要"强化统筹协调，进一步加强账号注册、使用和管理全流程动态监管"。而对于这个目标，平台处于关键性位置——对于账号注册、使用和管理的全周期动态进程，平台具有无可取代的后台基础设施属性。由此可见，在治理的权限上平台的主体责任更为重大。这也可以对照理解9月16日国家网信办发布《关于进一步压实网站平台信息内容主体责任的意见》，首次系统地提出了网站平台履行信

[①]　冯建华：《刑法介入网络信息治理的背景、路径与边界》，《新闻界》2021年第9期。
[②]　李良荣、辛艳艳：《论互联网平台公司的双重属性》，《新闻大学》2021年第10期。

息内容管理主体责任的 10 个具体工作要求，目的就在于指导督促网站平台补短板、强弱项、提水平，确保网站平台始终坚持正确的政治方向、舆论导向和价值取向。

（四）平台反垄断治理："知网"滥用市场支配地位处罚

2022 年 4 月，"中科院因近千万的续订费用不堪重负停用中国知网数据库"的消息引发热议，据报道，知网除"高额收费"，还涉及学位论文著作权纠纷、廉价版权等问题。[①]2022 年 5 月，国家市场监管总局对知网涉嫌实施垄断行为立案调查，认定知网在中国境内中文学术文献网络数据库服务市场具有支配地位并滥用该支配地位实施垄断行为。2022 年 12 月 26 日，市场监管总局依法责令知网停止违法行为，并处以 8760 万元的罚款。

知网是我国最知名、用户最多的一家中文学术数据库提供商，主要面向高校、科研院所、公共图书馆等提供服务。2021 年 2 月 7 日，国务院反垄断委员会印发的《关于平台经济领域的反垄断指南》（以下简称《反垄断指南》）中，将平台经济中的"平台"定义为"通过网络信息技术，使相互依赖的双边或者多边主体在特定载体提供的规则下交互，以此共同创造价值的商业组织形态"。学术数据库产业具备平台经济的特征，知网所处的中文学术文献网络数据库服务市场属于典型的多边市场，这一市场的显著特征是具有跨边网络效应，各边用户对中文学术文献网络数据库服务的需求紧密关联。

《反垄断法》当然适用于网络空间的经济活动。2022 年 8 月 1 日生效的新修《反垄断法》，规定经营者不得利用数据和算法、技术、资本优势及平台规则等，从事垄断行为，滥用市场支配地位，制造障碍、排除或限制竞争。根据此次市场监管总局的调查，自 2014—2021 年以来，知网在中国境内中文学术文献网络数据库服务市场占有率均超过 50%，在相关市场中长期保持较强竞争优势，具有较强的市场控制能力、财力和技术条件，用户对其依赖度高。而同时，知网通过连续大幅度提价、拆分数据库变相涨价等方式，实施不公平销售行为；通过签订独家合作协议等方式，限定出版单位、高校的学术文献数据授权，并采取多种奖惩措施保障与其独家合作。

---

① 《网传因"太贵"遭中科院停用，知网凭什么能"一家独大"》，《南方周末》2022 年 4 月 20 日。

学术数据库提供的服务以知识产品为核心，具有公共性和开放性，学术数据库商的经营活动涉及知识传播的公益与投资营利的私益之间的平衡。[①] 知网的行为损害了用户的合法利益，阻碍了中文学术文献网络数据库服务市场的进步与创新，影响学术成果的传播交流，破坏良好的科研生态环境，构成了《反垄断法》禁止的"以不公平的高价销售商品"和"没有正当理由，限定交易相对人只能与其进行交易"的滥用市场支配地位行为（国家市场监督管理总局，2022 年 12 月 26 日）。

自 2020 年以来，执法机构对于数字经济领域的监管态度，已从此前的"包容审慎监管"[②] 转为"强化反垄断和防止资本无序扩张"[③]。根据 2022 年 6 月 8 日国家市场监管总局发布的《中国反垄断执法年度报告（2021）》，2021 年全年查处的各类垄断案件共计 175 件，其中互联网行业占比高达 74%，罚没金额占比则达 92%。[④] 新《反垄断法》强化了对网络内容产业经济活动的法律规制，目的在于通过引导平台经营者依法合规经营，促进我国平台经济规范有序创新健康发展。

三、从多主体协同到社会化校准

在网络内容治理领域，基于行业自律和社会化校准的机制是进行多元共治、协同治理的重要模式。是国家利用社会各类法人或非法人组织及独立从业主体的自律性行为间接达成规制目的的手段，用以协助国家完成公共任务。相较于政府规制，行业自律的优势在于能够及时、更有弹性、更合乎事物本质地采取行动或反应，容易建立与产业之间的信赖与合作关系，也更容易创造出更有力的规制手段。[⑤] 而社会校准是指通过行业规范、社会监督、伦理价值等方面的协同，从合乎社会规范、符合社会期待、征集社会关注的角度，对技术发展的路径和未来作出预判式和预防式的约束，集中体

---

① 郭壬癸、林秀芹：《学术数据库商滥用市场支配地位反垄断规制研究》，《大连理工大学学报（社会科学版）》2022 年第 6 期。

② 国家市场监督管理总局反垄断局：《中国反垄断年度执法报告（2020）》，载中国政府网，http://www.gov.cn/xinwen/2021-09/24/5639102/files/77006c5bccc04555aa05f30c9a296267.pdf，2021 年 9 月 24 日。

③ 国务院反垄断委员会：《国务院反垄断委员会关于平台经济领域的反垄断指南》，载国家市场监督管理总局网，https://gkml.samr.gov.cn/nsjg/fldj/202102/t20210207_325967.html，2021 年 2 月 7 日。

④ 国家市场监督管理总局反垄断局：《中国反垄断年度执法报告（2021）》，载国家市场监督管理总局网，https://www.samr.gov.cn/xw/zj/202206/P020220608430645470953.pdf，2022 年 6 月 8 日。

⑤ 高秦伟：《社会自我规制与行政法的任务》，《中国法学》2015 年第 5 期。

现国家意志、司法裁量、社会呼声和紧急时刻的要求。根据政府介入的程度和方式，学者茱莉亚·布莱克（Julia Black）将行业自律区分为委托型自律（由政府依法要求或指派的行业自律）、批准型自律（经政府批准后自行设计的行业自律）、被迫型自律（政府立法计划倒逼形成的行业自律）和自愿型自律（无政府参与的行业自律）四种类型。[①] 但行业自律常常出现一些不足，比如过分关注商业利益，可能在自律过程中出现隐藏的行业垄断行为，还有一些自律措施不当导致用户权益处境更加脆弱。为了克服这些不足，行业自律也发展出公共责任、透明性、有效性、效率及合法性等目标要素，同时更需要政府介入引导、监管或再规制，形成"受国家规制的行业自律""合作规制"等多元模式 [②][③]，行业自律与政府规制的关系更加复杂密切。

（一）短视频治理：对新内容形式的联动治理

短视频作为一种移动视觉场景下的新媒介形态和内容形式，近年持续引领互联网发展势头，稳居增长量榜首。截至 2022 年 6 月，我国网络短视频用户规模已达到 9.62 亿人，较 2021 年 12 月增长 2805 万，占网民整体的 91.5%。[④] 2022 年 4 月，为期两个月的"清朗·整治网络直播、短视频领域乱象"专项行动再次启动，重点整治"色、丑、怪、假、俗、赌"等违法违规内容，以及功能失范、"网红乱象"、打赏失度、违规营利、恶意营销等突出问题。短视频的治理在系列专项行动下逐渐规范化、体系化。

网络内容形式的重要性经常容易被忽视。塔克曼在"新闻作为一种社会现实"的论述中曾指出，新闻的叙事形式、方法、风格都作为一种"潜在结构"影响新闻的知识生产和社会构建。例如，电视时期的新闻叙事在凸显某些问题的同时，也会遮蔽一些问题，这恰恰是因为，新闻叙事的风格和形式以视觉化的方式呈现了支配新闻工作安排的主题。[⑤] 短视频的崛起，被喻为"一场自下而上的新文化运动"，它的一个重要特征在于，其流行源于民间，是从民间文化中脱颖而出走向公共传播的一种内容形式，

---

① Black, J. "Constitutionalising Self-Regulation". *The Modern Law Review*, Vol.59, 1996.
② 高秦伟：《社会自我规制与行政法的任务》，《中国法学》2015 年第 5 期。
③ 匡文波、杨春华：《走向合作规制：网络空间规制的进路》，《现代传播》2016 年第 2 期。
④ 中国互联网络信息中心：《第 50 次中国互联网络发展状况统计报告》，载中国互联网络信息中心，http://www.cnnic.net.cn/n4/2022/0914/c88-10226.html，2022 年 9 月 14 日。
⑤ ［美］盖伊·塔克曼：《做新闻：现实的社会建构》，李红涛译，中国人民大学出版社 2022 年版，第 143 页。

拥有与传统视频内容截然不同的文化底色与文化基因——即以"生活化"为文化底色，"以人为本"为文化基因。[①] 正是民间文化特征和"生活化"底色，给短视频的"创新扩散"、文化活力、社会生产力培育带来契机，同时，也给短视频的媒介生态环境埋下了不少隐患，使短视频进入公共传播领域后就陷入争议的漩涡。

短视频让全民成为创意劳动者，通过创意劳动获得收入和精神福祉，更在宏观意义上为培育创新的社会生态助力，[②] 但同时，带来内容泛娱乐化、低俗化问题，扩大了平台和资本对人们"数字劳动"的剥削与异化；[③] 短视频降低了新闻的准入门槛，增加了低教育群体、老年群体、农村群体的新闻接触机会，为弥合数字鸿沟提供了可能路径，但也带来新闻娱乐化、假新闻泛滥、信息茧房、资本舆论操纵等诸多威胁；短视频给数字产业、数字经济注入了新的生产力的同时，又导致了"网红乱象"、违规营业、偷税漏税等市场失范现象。

在对短视频进行的治理中，政府、平台、公众等正在逐渐形成联动治理机制，各方的治理理念和治理责任逐步达成共识，标志着短视频治理的基本规范初步形成。各大短视频平台积极建立人工审核、机器过滤、举报受理、社区自律委员会、原创视频维权系统、反沉迷系统、青少年模式等自律机制，参与主流价值观引导和正能量宣传，承担平台责任；MCN 机构开始进行内容审核、虚假宣传审核，对流量主义和打赏行为进行干预；公众也在参与监督、提高素养上取得成效。但短视频作为各类数字和文化产品的集中地，以及年轻人休闲娱乐和新闻获取的替代方式，需要对层出不穷、快速滋生的新问题保持敏锐和警惕，深化对短视频流行背后的一系列政治效应、社会效应的探索研究，以真正理解和优化互联网新兴内容生态的治理路径。

（二）跨境数据流动治理：以"网络安全审查第一案"为例

2022 年 7 月 21 日，国家互联网信息办公室依据《网络安全法》《数据安全法》《个人信息保护法》《行政处罚法》等法律法规，对滴滴全球股份有限公司作出网络安全审

---

① 彭兰：《短视频：视频生产力的"转基因"与再培育》，《新闻界》2019 年第 1 期。

② 何威、曹书乐、丁妮、冯应谦：《工作、福祉与获得感：短视频平台上的创意劳动者研究》，《新闻与传播研究》2020 年第 6 期。

③ Fuchs, C. "Dallas Smythe Today—The Audience Commodity, the Digital Labour Debate, Marxist Political and Critical Theory", *Triple C*, Vol.10, No.2, 2012.

查相关行政处罚的决定，"从严从重"处以人民币 80.26 亿元的罚款，对公司董事长兼 CEO 程维、总裁柳青各处人民币 100 万元罚款。此次网络安全的审查发现，滴滴公司共存在 8 个方面 16 项违法事实，并涉及国家安全风险。

2022 年《个人信息保护法》实施满一周年，新修订的《网络安全审查办法》开始施行，与数据安全、数据保护相关的法规政策在不断完善，并在司法与执法行动中逐步实施。作为国内"网络安全审查第一案"，对滴滴公司的数据出境安全审查具有重要的示范意义。审查结果显示，滴滴公司对个人信息的搜集和处理主要存在违法收集和过度收集两大问题。自 2015 年 6 月以来，滴滴公司违法收集用户剪切板信息、相册中的截图信息、亲情关系信息等个人信息，严重侵犯用户隐私和个人信息权益；违法处理个人信息达 647.09 亿条，数量巨大，其中包括人脸识别信息、精准位置信息、身份证号等多类敏感个人信息；旗下多个 APP 涉及对用户数据的过度搜集、强制搜集、频繁索权、未尽告知义务、未尽保护义务等问题。

网络社会中，关键信息基础设施运营者、网络平台运营者掌握着大量的核心数据、重要数据和个人信息。如果这些网络信息和内容被非法利用和出境，或被恶意影响和控制，不仅会造成当前即刻的信息泄露、隐私侵害，还会在中长期产生深远影响，尤其是当这些信息与其他数据、内容、技术结合进行关联挖掘，会带来大量潜在的不可控安全风险。

平台社会的崛起和发展依靠数据的健康使用与有序流动，数据要素作为生产资料，发展与安全是一体两面的。1 月 19 日，国家发改委等九部门出台《关于推动平台经济规范健康持续发展的若干意见》，要求完善跨境数据流动"分级分类 + 负面清单"监管制度。2022 年 6 月 22 日，中央全面深化改革委员会第二十六次会议审议通过了《关于构建数据基础制度更好发挥数据要素作用的意见》。2022 年 12 月 19 日《中共中央、国务院关于构建数据基础制度更好发挥数据要素作用的意见》中强调，要"统筹发展和安全，贯彻总体国家安全观，强化数据安全保障体系建设，把安全贯穿数据供给、流通、使用全过程，划定监管底线和红线"。

数据需要流动才能创造价值，数据要素的流动不仅会在本国境内进行，还会涉及跨国流动。而"数据跨境活动既影响个人信息权益，又关系国家安全和社会公共利益。"（中国网信网，2022 年 7 月 21 日）鉴于此，需要促进数据要素的规范流动。《个人信息保护法》第 38 条规定了"通过国家网信部门组织的安全评估""个人信息保护认证""按照国家网信部门制定的标准合同与境外接收方订立合同"三种个人信息跨境合规的机制。但这三种机制的侧重点和适用范围有所不同，其中，"安全评估"在保护个人信息权益的同时，还旨在"维护国家安全和社会公共利益"，具有一定的强制性，凡是达到安全评估规定的门槛要求的必须在数据出境前进行安全评估。可以预见，未来在涉及数据跨境流动的场景中，网络安全审查将会成为平台企业需要重点考虑的问题。

（三）通信行程卡治理："码上治理"中的个人信息保护

2022 年 12 月 7 日，国务院联防联控机制发布《关于进一步优化落实新冠肺炎疫情防控措施的通知》（以下简称《优化防疫措施通知》），提出除特殊场所外，不要求提供核酸检测阴性证明，不查验健康码，不再对跨地区流动人员查验核酸检测阴性证明和健康码，不再开展落地检。《优化防疫措施通知》的提出，意味"通信行程卡"在上线 34 个月 1034 天后，将逐渐退出人们的日常生活。2022 年 12 月 12 日，中国信息通信研究院及三家电信营运企业分别发布公告，自 12 月 13 日 0 时起通信行程卡服务将正式下线，短信、网页、微信小程序、支付宝小程序、APP 等查询渠道也将同步下线。根据有关通知，健康码的应用场景也被限定于特定场所。

在过去的三年中，新冠疫情的暴发和肆虐给国家和人民生产生活带来了极大的风险和不便。2020 年 2 月 13 日，"通信行程卡"在国务院客户端微信小程序上线，免费向手机用户提供本人行程查询服务。2021 年 3 月 30 日，国家政务服务平台"防疫健康码"整合了"通信大数据行程卡"相关信息，健康码可显示用户是否去过中高风险地区等行程信息。2021 年 9 月 15 日，健康码与行程卡在全国实现一页通行式的"二码合一"。根据工信部公布的数据显示，截至 2022 年 6 月 14 日，通信行程卡累计提供公益查询服务近 600 亿次。

行程卡和健康码依托主流平台应用程序，实现了线上采集信息授码、线下核验信息扫码两个主要功能。行程卡和健康码对用户的健康状况、体温、重点地区出行记录等个人信息进行收集、存储、使用、加工等，构建起用户信息和疫情防控的大数据库，通过后台制定分析规则、数据比对等方式，识别出高危人群，有效管控人员流动，在疫情期间起到了积极作用。"两码"是我国利用数字化技术进行疫情防控和社会治理的一次重要实践与创新，也是我国数字治理能力的体现。[①]

行程卡和健康码自投入使用以来，应用场景广泛，搜集的个人信息中，除了一般个人信息还有大量敏感个人信息，如行踪轨迹、健康信息、疫苗注射情况等。数字社会，个人信息同个人权益之间关系紧密，随着疫情防控措施的不断优化调整，个人信息处理者通过"两码"处理用户个人信息已不再是科学防疫的必要手段。因此如何处理这些个人信息数据，也成为落实《个人信息保护法》、保护个人合法权益的应有实践。

在《优化防疫措施通知》公布实施后，原则上通过"两码"收集、存储、运行的个人信息，应当主动删除、全部销毁。需要定向提供的个人信息数据，脱敏匿名化处理要达到相关要求。脱敏是指对个人信息进行技术处理，去除其中的可识别信息且不能复原，使其无法直接指向特定自然人。相关部门接收的个人信息，符合脱敏匿名化要求的，可以对此进行自主利用，尚未匿名化处理程度的，应当予以销毁。

对健康码内留存数据的处理和使用需要审慎规范。作为《突发事件应对法》下应急时期的应急措施，健康码以消除非常状态、恢复正常状态为目的，当应急状态结束后，健康码也理应下线。但与行程卡相比，"健康码"的情况更加复杂。相关研究认为，健康码的使用场景更广泛，处理的个人信息种类更庞杂，很多属于敏感个人信息范畴，一旦被泄露或滥用，会直接影响公众的切身利益，也会对社会公共利益、甚至对国家安全产生影响，导致社会治理成本增加，政府公信力受损。由于"健康码"由各地独立运营，数据的存储和处理都比较分散，后续运营成本高，保障难度大。一些地方政府希望将健康码与本地医疗社保、公共交通、政务服务等日常使用相关联，这种做法是否合适，后续还需要谨慎考虑，慎重出台政策文件。

行程卡和健康码之后，社会治理还会不会出台各种"码"？根据《个人信息保护法》规定，国家机关为公共利益需要实施类似"两码"的措施必须要有法律、行政法规的规定。地方行政机关当然更不得通过类似于"两码"的手段处理公民的个人信息

---

① 张新宝：《"两码"退出带来的个人信息处置问题》，《上海法制报》2022 年 12 月 18 日。

和限制公民的自由。"两码"收集的个人信息数量多、范围广，且包含大量的敏感个人信息，但是用户个人基本上难以发现是否从根本上删除。行程卡等应用退出后，需要由监管部门核查、社会舆论监督，保证信息的处理者真正做到了删除义务，切实保障用户的个人信息权益。

（四）行业自律：网络内容行业的社会责任担当

我国互联网行业自律行动在各领域广泛推进，最新的典型行动包括：继 2021 年 11 月中国网络社会组织联合会联合 105 家单位和企业发布了《互联网信息服务算法应用自律公约》后，2021 年终发布的《互联网行业从业人员职业道德准则》为平台和企业参与算法综合治理和互联网行业从业人员职业道德建设进行了探索；小红书、微博、哔哩哔哩、快手、无忧传媒等网络直播平台和 MCN 机构响应《关爱成长 呵护未来 网络表演（直播）行业保护未成年人行动倡议书》，陆续发布公告和组织行动，表明承担保护未成年人的主体责任；2022 年 5 月 26 日，中国版权协会文字工作委员会联合 20 家省级网络作协和 522 名网络作家联名发布了《保护网络文学版权联合倡议书》，对抗网络文学盗版侵权等问题；2022 年 7 月 12 日，"中国网络视听节目服务协会网络视听职业道德建设委员会"正式成立，为规范网络视听行业生态发挥"指挥棒"和"平衡器"功能；2022 年 7 月 29 日，在中国网络社会组织联合会的组织下，中国经济信息社联合中国网络视听协会、抖音、哔哩哔哩等 14 家单位共同编制发布了《网络直播主体信用评价指标体系》团体标准，适用于网络直播平台和行业组织、第三方机构对网络主播、直播间运营者的信用评价和分级监管；2022 年 8 月，广州市游戏行业协会组织网易、三七互娱等 42 家企业共同签署《个人信息超范围采集整治治理游戏行业公约》，成为国内游戏行业健全网络个人信息保护机制的一次集体行动；2022 年 11 月，中国科协、中国银行、中国联通于 11 月联合印发了"银龄跨越数字鸿沟"科普专项行动的方案，满足老年人对信息素养、数字技能等方面的需求。

我国网络内容治理的行业自律表现出两点典型特征：一是与各国的情况类似，相关行业自律行动多以"受国家规制的行业自律"为主，公私合作愈发深入。如《网络直播主体信用评价指标体系》团体标准的编撰和发布，即是在中央网信办、国家发展改革委、市场监管总局、中国消费者协会等相关部门指导和中国网络社会组织联合会的组织下合作完成；《互联网信息服务算法应用自律公约》是为落实国家网信办等部委《关于加强互联网信息服务算法综合治理的指导意见》，在相关部门指导下提出，同时接受主管部门监管。这些规则的制定和实施需要充分利用行业的专业知识来构架、填充和运作，委托行业组织和平台企业开展大大节省了政府规制成本。但运行过程中，政府仍需保持对行业自律进行有距离的间接规制，监督和保障行业自律过程的科学性、透明性和可评价性，并实时观察和监测衍生的可能性风险。二是行业自律行动表现出较强的公益性特征和社会责任。如《个人信息超范围采集整治治理游戏行业公约》出于健全网络个人信息保护体系、推动游戏行业运营合法化规范化等公益目的，《保护网络文学版权联合倡议书》旨在维护网络著作权、促进网络信息资源开发利用，"银龄跨越数字鸿沟"专项行动则是为保障老年人数字权利、提升老年人数字素养。在国家的引导下，互联网行业组织和相关平台企业形成了以社会公益、社会责任为核心的"善治"理念和价值规范，为实现国家治理与社会责任的有效整合打下了基础。

第四节　中国网络内容治理的中国范式

随着大数据、算法、人工智能等新兴技术的快速发展，网络新媒体在极大提升新闻传播效能的同时，也因引发了颠覆性的传播变革而对政府的网络治理能力提出了严峻考验。在行政驱动的制度惯性下，网络治理的理念和手段仍难以完全脱离传统媒体时代宣传工作的管理思路与做法，盘根错节的"多头管理"模式在某种程度上正是条块分割的行政管理制度带来的产物。[1] 之前政府没有充分意识到网络社会与传统物理空间的区别，沿用传统物理空间的法律治理方式和思维方式来思考网络社会的治理问题，[2] 一度造成互联网法规政策纷纷出台，规则重叠、规制冲突等弊端日益明显。[3] 网络空间多头并置、相互交错的密集式立法立规，不仅难以提升法律实施的整体效果，反而推动立法层级及其威慑力的不断加码。任何社会都难以避免风险，只要将风险控制在社会承受范围内，适当的风险不但无甚大碍，反而可成为推动社会进步的动力。

---

① 冯建华：《刑法介入网络信息治理的背景、路径与边界》，《新闻界》2021 年第 9 期。
② 郑智航：《网络社会法律治理与技术治理的二元共治》，《中国法学》2018 年第 2 期。
③ 周妍、张文祥：《移动互联网下的传播变革及其社会影响》，《山东社会科学》2019 年第 2 期。

而处处力求消除风险的社会，其结果只能是停滞不前。①

　　罗伯特·多曼斯基曾经对于互联网的治理层次提出过政策设计"三步走"的步骤：即对于每一个层次，都可以问三个问题：为什么要治理这一层？谁来治理？如何制定行之有效的政策？② 这三个问题的指向，也即通俗话语中的对于互联网的治理如何"管得住，管得好"。詹姆斯·斯科特从国家视角进入，对人类社会的改善项目提供过一个整体的分析框架，即可以从社会可供性、意识形态特征、国家决策与行动能力，以及公民社会基础进行分析。③ 由此来看我国互联网治理的具体政策和实践案例，尤其是近年来以平台穿透与社会校准为代表的网络内容敏捷治理的组成部分，通过持续性地强化平台治理的主体权利和义务、健全和赋能社会校准的尺度与效度，则可以有效协同构筑敏捷治理体系的形成。这其中体现出国内网络内容治理在顶层设计、操作实践和价值观念上正逐渐形成一个统一的与综合的框架，由此也呼应到由党的十九大报告中提出的"加强互联网内容建设，建立网络综合治理体系，营造清朗的网络空间"到党的二十大报告中"健全网络综合治理体系，推动形成良好网络生态"的范式变迁，并将最终目标设立于"建设具有强大凝聚力和引领力的社会主义意识形态"。

一、制度形态："国家在场"的制度创新

　　就制度形态而言，在我国的网络内容治理中，国家主体的决策行动能力起到关键作用。基于中央层面的实施的治理主体（国家网信办、工信部等）不再是"九龙治水"各司其事的分散治理，对治理客体的联合行动、协同治理集结和发动起整个治理系统；各地网信办和配合单位在执行层面通过对上负责、绩效考核的形式，进一步落实来自中央层面的治理协调任务。比如，在 2021 年 1 月 31 日《中央网信办部署加强全平台网络传播秩序管理》的文章中，我们可以管窥作为共同参与治理的行动者的来源和分

---

① 劳东燕：《公共政策与风险社会的刑法》，《中国社会科学》2007 年第 3 期。
② ［美］罗伯特·多曼斯基：《谁治理互联网》，华信研究所信息化与信息安全研究所译，电子工业出版社 2018 年版。
③ ［美］詹姆斯·斯科特：《国家的视角：那些试图改善人类状况的项目是如何失败的》，社会科学文献出版社 2019 年版。

布：北京网信办、上海网信办、广东网信办负责同志以及央视网、澎湃新闻、腾讯公司、新浪微博、哔哩哔哩、斗鱼直播负责人作了发言。中央新闻网站、中央新闻单位新媒体部门、地方新闻网站负责人，商业网站、应用程序、浏览器、微博客、音视频、网络直播、搜索引擎、即时通信工具、论坛贴吧、信息分享、公众账号平台等各类商业网站平台负责人，各省、自治区、直辖市和计划单列市、新疆生产建设兵团网信办负责同志，中央网信办相关业务局（中心）负责同志参加会议。这并不是最全的列表，也不一定每次治理行动都会动员全部行动者参与，但这标志着覆盖政府职能部门、传统媒体、新闻网站、社交媒体、商业网站、应用程序等多种类型的来源的"治理行动者网络"已经形成，而在层次上，除了中央直属单位和部门，地方和相关业务部门也参与部署会议。这些"异质"的行动者汇聚在"全国网信系统"这样的网络结构中，每一个既是网络中的节点，又是节点自身能动性的体现。

二、治理机制：依法治网与综合治理

目前我国的网络内容治理进入超级治理阶段。前期发展积累的技术可供性与社会对于技术的接受扩散度为治理提供了前置条件，"中国互联网之所以能在初期就有如此迅猛的发展，原因在于互联网技术扩散、全球化的深化和中国改革开放进程的耦合，更重要的，它是 20 世纪世界经济体系运作的必然结果"[1]。对超级平台的反垄断、对短视频内容的运动式治理、对社交媒体头部账号的治理、对"饭圈"技术行动的规范等，治理对象均是社会结构中的主干、头部、海量的"庞然大物"。这些超大型、超级事物的出现与成立，有赖于我国互联网自引入以来狂飙突进的发展，尤其是移动互联网、大数据、云计算、手机等智能设备的发展和普及，甚至新冠疫情在一定程度上也使得线上生存、生活渐成常态，这些都对超级平台的生成和流量向头部集中的趋势产生影响。由于当前我国互联网内容治理不仅限于传统技术意义上的"内容层"，范围和形态都更加复杂丰富，因此超级治理的对象是数据化、数据中心主义，以及其所带来的资本与秩序问题。

---

[1]　王梦瑶、胡泳：《中国互联网治理的历史演变》，《现代传播》2016 年第 4 期。

三、内容生态：**清朗和谐，积极健康**

随着网络内容治理的客体颗粒度逐渐细化，网络内容治理还体现出一些新变化，比如着力对特定群体的独特需求进行定向保护，对未成年人的个人信息保护和网络防沉迷，对应用程序的适老化调整，改善老年群体、残障群体的数字鸿沟问题等。有些文件先发布"征求意见稿"，虽然征求的范围和效度相对有限，但相比之前的直接出台，预留出社会讨论和接受的缓冲期。由于目前网络治理的结构呈现泛化和边界模糊的特征，传统的权威管理和共同治理模式需要创新，"以数据要素为抓手调整信息内容秩序，通过治理信息内容生态来整合社会组织与群体"的"双重中介"模式是当前我国网络内容治理正在进行的探索和调整。

四、治理技术：**立法立规，智能科学**

数据要素与分治路径作为网络内容治理的主线体现出治理的渗透性与灵活性。2022年，我国《数据安全法》《个人信息保护法》实施满一周年，12月19日，《中共中央、国务院关于构建数据基础制度更好发挥数据要素作用的意见》提出20条政策措施"促进数据合规高效流动使用，赋能实体经济"，数据在社会经济发展中的重要性得到进一步提升。由于网络内容与数据要素的关系密切，因此我国数据治理方面的机制完善也深度影响到网络内容治理。同时，2022年的对于网络内容实体的治理更加细化和精准。尤其表现为将各类信息内容、新技术应用等"分而治之"，在各个领域分别出台专门的政策规定或意见要求，针对性和适用性强；进一步明确相关平台和主体义务责任，对于网络信息内容生态中出现的新问题新对象，反应速度快，政策调控灵活。

五、目标方向：**主流话语与总体安全**

网络空间的意识形态安全依然是构建网络内容治理体系的基点。有研究认为，我国的互联网信息内容治理，最大难题在于如何平衡维护意识形态安全和维护个体言论自由之间的关系，解决之道在于维护公共利益，逻辑是中国共产党执政为民的政治属性，具体策略是建立"政党和政府主导—企业高度配合—社会广泛参与"的治理模式。[1] 党的十九大报告提出"加强互联网内容建设，建立网络综合治理体系，营造清朗的网络空间"，党的二十大报告提出要"健全网络综合治理体系，推动形成良好网络生态"，都要求网络内容治理在顶层设计、操作实践和价值观念上趋向综合治理，目标落脚在"建设具有强大凝聚力和引领力的社会主义意识形态"上。[2] 网络内容作为国家总体安全观的重要体现，虽然主要涉及"非传统安全"，但却与传统的安全领域产生交互。我国网络内容治理所呈现的问题，紧密围绕健全国家安全体系、增强维护国家安全能力、提高公共安全治理水平、完善社会治理体系的建设方向推进。

　　未来的网络内容治理依然面临诸多挑战与问题。由于网络内容层所涵盖的范围和深度逐步拓展，各种新内容形态、新行动主体及新治理对象不断涌现。比如 2022 年年底已出现、在 2023 年年初爆火的 ChatGPT，以及对元宇宙的治理等。但如何对接目前数据治理、技术治理的思路与方法进行规制，还需要大量探索。尽管在政府领导下的行业自律持续推进，但政府规制和行业自律双双失灵的现象仍时有发生。面对网络内容生态环境的巨变，政府与行业的关系也需要不断衔接、协调与重构。在政府引导行业组织、平台企业积极加入治理网络的同时，如何持续发挥公私合作的高效协同模式，以及如何有效发动"政—企"二元力量之外的组织、专家、用户等参与共进治理，提高系统弹性，降低治理成本，还需要大量的探索。

① 朱瑞:《数字化崛起:中国互联网治理制度变迁的历史、结构与动力》,复旦大学博士学位论文 2021 年。
② 习近平:《高举中国特色社会主义伟大旗帜　为全面建设社会主义现代化国家而团结奋斗——在中国共产党第二十次全国代表大会上的报告》,新华社 2022 年 10 月 25 日。

第六章　短视频传播的中国实践

党的十八大以来，党中央、国务院就把数字经济的发展放置高价战略的高度之上。习近平总书记多次强调要发展数字经济：2016 年在十八届中央政治局第三十六次集体学习时强调要做大做强数字经济、拓展经济发展新空间；同年在二十国集团领导人杭州峰会上首次提出发展数字经济的倡议，得到各国领导人和企业家的普遍认同；2017 年在十九届中央政治局第二次集体学习时强调要加快建设数字中国，构建以数据为关键要素的数字经济，推动实体经济和数字经济融合发展；2018 年在中央经济工作会议上强调要加快 5G、人工智能、工业互联网等新型基础设施建设；2021 年在致世界互联网大会乌镇峰会的贺信中指出，要激发数字经济活力，增强数字政府效能，优化数字社会环境，构建数字合作格局，筑牢数字安全屏障，让数字文明造福各国人民。党的二十大报告强调："加快发展数字经济，促进数字经济和实体经济深度融合，打造具有国际竞争力的数字产业集群。"

在数字经济和数字传播和数字产业之中，网络视听产业算是一朵奇葩，借助传播技术和国家的重视与推动，以及产商、机构的开发和民众的应用，网络视听呈现井喷式发展景象。网络视听既更新了我国传播的媒介形态，也带动了媒体的融合和数字经济的发展乃至国际传播格局的一些变化，视听传播及其产业可谓当下中国最有特色的媒体或数字经济实践。智能手机等移动终端设备的快速普及，移动网络的提速和推广等促使人们逐渐形成了在互联网观看视频内容的习惯。以移动互联网和社交网站为代表的新型传媒形态正取代传统的媒介生态。各种类型的视频节目，如网络综艺、网络电影、网络剧、网络电台、网络短视频、网络直播等网络视听形式蓬勃发展，挤占传统媒介的市场份额，推动视听产业进入用户自主的时代。根据中国互联网信息中心（CNNIC）发布的统计数据显示："截至 2022 年 12 月，我国网络视频（含短视频）用户规模达 10.31 亿，较 2021 年 12 月增长 5586 万，占网民整体的 96.5%。其中短视频用户规模为 10.12 亿，较 2021 年 12 月增长 7770 万，占网民整体的 94.8%。"[1]

在数字经济和视听行业发展过程中，国家一直高度重视短视频生产传播及其产业发展问题，并重视起规制问题。视听行业，尤其是作为新兴媒体的短视频的发展与国家经济、社会、政治环境的发展密切相关。在传统媒体发展阶段，基于当时的政治、经济和文化环境的考量，以及中国共产党及其所领导政治体制的管理需求，我国已经形成比较完善的媒体传播与产业发展路径，新媒体的出现冲击了传统媒体的发展，但也提供了较多的机遇，使得民众的日常生活可以更加丰富，也使得人民或团体机构有更多的渠道和平台可以利用短视频等平台进行内容的传播和营利。这其中，既可能有新问题和新挑战出现，也有新实践基础之上的新经验的总结和提炼，而这可谓是有中国特色社会主义现代化建设和实现过程中的有益经验的呈现。基于此，本部分以我国短视频的具体实践案例为指引，对其进行分析和总结，以期为有中国特色的新媒体发展与传播提供思路。

本章主要从短视频生产和传播的具体案例，来看短视频传播的中国实践与中国经验。短视频的生产与传播作为中国一种新兴乃至全民新媒体实践，已经成为生活必不可少的一个组成部分，短视频的生产与传播既满足了人们日常生活文化及娱乐的需求，也为各种文化和商业活动提供了载体与平台。本章的研究，在历史性地总结和观察短视频发展的历程的基础上，主要关注两个具有代表性的短视频案例——传统文化的短视频生产与传播，以及借由短视频及其传播来进行图书的营销，来阐明短视频生产及传播所具有的可能延伸到社会乃至商业各个领域的影响和结果，以此来看其中国实践和中国经验。

第一节　我国短视频成长的历史

关于短视频定义的争论主要集中在短视频的长度上。根据艾瑞咨询发布的报告显

---

[1]　中国互联网络信息中心：《第 51 次中国互联网发展状况统计报告》，https://www.cnnic.net.cn/n4/2023/0303/c88-10757.html，2020 年 4 月 1 日。

示，短视频是指"在 PC 端和移动端传播的，播放时长小于 5 分钟的视频内容形式"。[①] 王晓红等学者（2015）在研究中将移动短视频的时间界定在时长为 5—15 秒的视频。[②] 在第一财经商业数据中心的一份报告中，短视频被定义为一种长度小于 15 分钟的视频形式。[③] 本研究对短视频的观察主要集中于抖音和快手两个头部平台。根据平台的特性，在本文中的短视频是指，通过各种移动智能终端如智能手机、平板电脑等实现拍摄、编辑，借助社交媒体平台上传至互联网，实现视频播放、高频推送、实时分享互动的视频短片，视频时长一般在 5 分钟以下。短视频基于低门槛参与、强社交属性、碎片化等特征，自兴起以来就收获了大批用户，市场规模不断扩大，平台上传视频数量持续增长。伴随着技术和市场的发展，以及受众需求的扩大，短视频已呈现出井喷式的发展趋势。

一、短视频的发展历程

首个短视频 APP 是 2011 年 4 月 11 日在美国发布的"Viddy"，2013 年 1 月，Twitter 推出了短视频软件"Vine"，随后 Instagram 也推出了视频分享功能。我国短视频发展相对较晚，但是，从 2011 年萌芽至今，短视频经过蓄势、转型逐渐走向成熟，开始探索更多的商业发展模式。

（一）蓄势期：短视频价值初现

2005 年，一位名叫胡戈的网友制作的短片《一个馒头引发的血案》在视频网站上引爆娱乐狂欢。这部 20 分钟长的网络恶搞短片，采用了 UGC 传播模式，后来被视为短视频形式的萌芽。2011 年 3 月，"GIF 快手"发布，这款工具性的应用是"快手短视频"的前身，具有制作、分享 GIF 图片的功能，成为短视频工具发展的萌芽。在短视频发展初期，一些应用往往通过入驻现有社交平台的方式实现发展推广。2013 年 8 月，一下科技 CEO 韩坤瞄准了短视频的风口，与新浪微博 CEO 王高飞达成合作，推出内

[①] 艾瑞咨询：《2017 年中国短视频行业研究报告》，http://www.199it.com/archives/670553.html，2018-01-03/2021-10-04。

[②] 王晓红、包圆圆、吕强：《移动短视频的发展现状及趋势观察》，《中国编辑》2015 年第 3 期。

[③] 第一财经商业数据中心：《2017 年短视频行业大数据洞察》，https://www.sohu.com/a/195903697_99958508，2017-10-01/2021-10-04。

置于新浪微博客户端的短视频工具"秒拍"。通过与微博中的明星、"大 V"的合作的方式，秒拍积累了一大批用户。尤其是 2014 年，秒拍发起"冰桶挑战"项目，众多流量明星参与到挑战中，使得秒拍快速崛起。这款视频时长在 10 秒以内的短视频工具，正式开启了短视频时代。借助微博的平台资源，秒拍在内容分发和营销方面获得了便利条件，在几年内秒拍获得了 3 亿用户，达到 56.3% 的市场渗透率。① 2013 年 9 月，腾讯发行了微视，结合 QQ、微信等社交平台，实现短视频内容的分享。同时，经过一年的发展，"快手 GIF"这款动图制作软件也转型为短视频分享社区，中国短视频行业正式进入蓄势发展阶段。这一时期，短视频受当时技术发展水平的影响，平台内容多为低码率的视频和合成照片，内容质量低，但短视频价值已经凸显出来。这种集拍摄、剪辑和分享于一体的工具，成为用户记录和分享生活的重要平台。

（二）转型期：平台类型多元化

短视频发展的转型期是从 2014 年到 2016 年。随着 4G 技术的普及，网络基础设施建设提速降费，短视频领域入场者进一步增多，各公司基于自身的产品定位，推出多款短视频应用，短视频平台类型开始多元化。

在涌现的诸多短视频平台中，"快手短视频"获得了较快发展。2014 年，"快手 GIF"正式更名为"快手"，布局二三线城市及农村地区用户，草根内容创作者开始在平台内活跃。在平台发展初期"社会摇""喊麦"等"土味文化"盛行，招揽了大量创作者和用户。自上线以来，快手一直在短视频排行榜上位列前名，并在 2016 年 3 月就完成了 C 轮融资，估值达到 20 亿美元，成为短视频应用发展的领头羊。② 同年，美图公司发布以美颜为特色的短视频软件"美拍"，内置多种滤镜效果，迎合了女性青年用户需求，仅 9 个月，社区内的用户数就突破了 1 亿。2015 年，"小咖秀"应用发布，与快手一样，小咖秀的用户定位也是草根，平台内容多为用户生成模式，平台用户通过对嘴、合演等趣味表演方式即可简单完成创作。同年，小影的发布开拓了个性化短视频工具的方向，丰富了短视频应用的

---

① 前瞻产业研究院：《2019 年中国短视频行业研究报告》，https://bg.qianzhan.com/report/detail/1909091648561802.html，2019-09-09/2021-11-01。
② 36 氪：《快手完成新一轮 3.5 亿美元融资》，腾讯领投，https://36kr.com/p/1721432768513，2017-03-23/2022-03-30。

类别。

随着网络传输条件迭代升级，4G网络和智能手机普及使用，短视频平台的内容和用户规模开始显著增多，短视频迎来了市场。2016年，资本的加快布局使得短视频行业快速爆发。2016年，现象级网红papi酱爆火不久，就获得了1200万元人民币融资。[①] 更多人开始看到短视频行业的潜力。2016年4月到9月，"头条系"（字节跳动）加紧布局短视频产品，相继上线了火山小视频、头条视频（后升级更名为西瓜视频）和抖音APP三款应用。这三款产品有着不同的定位，在目标受众上，火山小视频的受众定位为三四线城市和村镇。头条视频瞄准的是男性群体，用户群体集中在三四线城市。抖音的目标受众是年轻用户，主要集中在一二线城市。在生产方式上，火山小视频主要为UGC生产方式，西瓜视频以PUGC为主要生产方式，抖音则以PGC和UGC结合为主。三款应用之间相互导流，形成了内容生态闭环。抖音短视频内容长度一般只有十几秒，配合洗脑的音乐片段，形成了强大的感染力，使其迅速打开了市场。抖音也在后来的发展中赶超快手，成为现象级的短视频应用。2016年7月，邱兵从传统媒体离职，开始短视频节目创业，上线梨视频。不同于其他短视频的定位，梨视频主打资讯阅读，采用"内容众包化生产"模式进行内容生产，聚集了大量的拍客进行即时内容的生产，拓展了短视频发展的类型。

（三）爆发期：多元竞争格局

从2017年开始到2018年，短视频应用在用户和市场规模方面快速发展，"截至2018年12月底，我国短视频用户规模达到6.48亿人，市场规模达到467亿元，较前一年同比增长744.7%。同时，短视频行业融资金额达到407.87亿"，[②] 是历年来的最高额度。抖音短视频在发展的浪潮中赶超快手，形成较为成熟的商业化体系，短视频的红利显现。此时，商业巨头腾讯、阿里、百度等纷纷布局短视频市场，争夺市场红利，形成了激烈的竞争局面（见表6-1）。

2017年，跟随资本的大量涌入，短视频行业红利初现，短视频的发展进入了黄金

---

① 凤凰网：《第一网红papi酱美拍直播首秀网友惊呼：原来你的声音是这样》，https://news.ifeng.com，2016-07-13/2021-10-01。

② 中文互联网数据研究咨询中心：《中国网络视听节目服务协会：2019年中国网络视听发展研究报告》，http://www.199it.com/archives/882433.html，2019-06-03/2021-11-20。

时期。这一年，腾讯投资快手，助力快手完成新一轮 3.5 亿美元的融资，快手的发展势头稳定上升，2017 年 12 月，快手 DUA 突破 1.1 亿。为了赶上短视频平台的发展红利，腾讯在短视频领域复活了"微视"应用，提升了应用的使用体验，增添了动效贴纸效果，并提升了平台的清晰度。在之后的发展中，微视继续优化平台功能，降低视频的拍摄难度，以鼓励 UGC 内容生产。同时，微视注重开发平台互动模块，借助腾讯的资源和流量能力，扩大该应用的影响力。阿里文娱上线土豆视频，以 PUGC 内容为主要进军领域。在成立之初就施行了"大鱼计划"，为扶持平台创作者投入了 20 亿元纯现金。百度发布好看视频，开始发展短视频领域。

随着市场进入者的激增，短视频行业竞争加大，各平台开始了自身发展体系的建设。与此同时，行业面临的监管开始收紧，短视频应用面临市场和行业监管的双重洗牌。首先是老牌短视频应用秒拍视频的落寞，秒拍在失去独享微博资源的优势的同时，也丧失了明星资源，其发展逐渐走下坡路。在短视频的爆发期，抖音和快手强势崛起，因其明确的产品定位和优质的宣传发展策略，抢占了市场空间。抖音平台通过与知名综艺展开合作，提升知名度，吸引用户。2018 年 4 月，"内涵段子"因低俗等问题被永久关停，其平台中的用户和内容生产者转战抖音，使得平台内部用户的凝聚力进一步提高，人们将玩抖音的人称作"抖友"。7 月，抖音 MAU 反超快手，成为短视频领域的头部平台。与此同时，抖音注重平台内部的运营，开始商业化布局。在应用内部，平台通过发布话题，激发用户参与内容生产的热情，通过给予头部内容更多流量的方式，鼓励用户创作。在商业方面，抖音进一步优化广告、购物、直播等功能，进一步在电商方面寻找机会，开始形成自身的商业化路径并与背后集团产生合力。面对抖音平台的赶超，快手迅速调整战略，2018 年 6 月，快手全资收购了作为 ACG 和二次元社区的视频网站——A 站。以对抗抖音的冲击。A 站拥有超强黏性的用户群体，且受众定位为一、二线城市的年轻人，极大地弥补了快手在用户层上的缺陷。在商业布局上，快手开通了直播打赏、游戏联运和广告，并上线"快手小店"功能，开启极具平台特点的"老铁带货"方式，凭借其长久以来构建的用户基础，保持在短视频市场的第一梯队上。

表 6-1　2018 年我国短视频行业应用一览表

公司简称	成立时间	发展定位
秒拍	2011 年 8 月 26 日	热门新潮短视频分享应用，较早运用个性化水印和智能变声功能。
快手	2015 年 3 月 20 日	UGC 模式为主，用户定位为三四线城市的用户，专注于记录和分享日常生活的短视频社交平台。
Faceu 激萌	2016 年 1 月 3 日	行业较早推出贴纸功能的拍照相机，集合了贴纸、滤镜、美颜、美型、表情包制作等功能，为年轻用户提供丰富的拍照、录视频体验。
美拍	2016 年 1 月 3 日	全球女生用户喜爱的高人气短视频社区，领先的影像处理及社交平台品牌，拥有酷炫嘻哈特效、百变魔法表情、剪辑字幕、变声等功能。
人人视频	2016 年 1 月 3 日	国内专业的海外视频内容社区。
梨视频	2016 年 3 月 17 日	中国领先的资讯短视频平台。
抖音	2016 年 9 月 1 日	PGC+UGC 模式，专注于新生代的音乐短视频。帮助用户表达自我、记录生活的短视频社区。
土豆	2017 年 3 月 31 日	PGC+UGC 模式，用户定位为 90 后，专注影视剧、综艺、搞笑、音乐等领域内容的生产。
西瓜视频	2017 年 6 月 1 日	用户定位为中青年用户，海量 PGC、PUGC 视频品类多。
火山小视频	2017 年	今日头条旗下原创生活小视频社区。用户定位为三四线城市男性群体。2020 年 1 月 8 日更名为抖音火山版。
快剪辑	2018 年 2 月 15 日	360 旗下在线视频剪辑软件，拥有视频录制、视频合成、视频截取等功能，支持画面分割、混剪、音频调节等多种剪辑操作。
全民小视频	2018 年 2 月 27 日	专业小视频分享发布软件，记录生活和分享有趣知识的视频平台，2021 年 5 月全民小视频更名为度小视。
腾讯微视	2018 年 4 月 2 日	短视频创作平台与分享社区，用户定位为年轻用户，创新搭载了视频跟拍、歌词字幕、一键美形功能。
快手极速版	2018 年 10 月 19 日	为快手短视频压缩版，用户可以观看热门视频，完成任务赚钱。
好看视频	2018 年 11 月 2 日	PGC+UGC 模式，用户定位为社会中间人群、中低收入者、城镇青年。

另外，2018 年开始，政府对短视频平台监管的加强，也使得短视频竞争格局发生了变化。受"天佑风波"的影响，众多短视频 APP 受到了冲击。今日头条以旗下新品牌 Faceu 激萌补位了几个卫视春晚的冠名权，极大地提升了 Faceu 激萌的关注度，而 2020 年小咖秀平台因侵害用户权益被工信部下架。[①] 未来短视频行业将趋正规化发展。

---

① 赵泽：《侵害用户权益未整改　海淘免税店等 23 款 APP 被工信部下架》，《新京报》2020 年 9 月 14 日。

（四）商业模式探索期：两强格局稳定

从 2019 年开始，短视频行业的竞争趋于稳定，众多平台发展了成熟的变现模式，行业的发展步入后半程。在行业内，抖音和快手凭借其强大的内容生产和运营模式稳居行业第一梯队。截至 2020 年 12 月，两个平台活跃用户规模占短视频市场的 54.4%。西瓜视频、抖音火山版、微视居第二梯队，活跃用户规模占 31.6%。处于第三梯队的是好看视频、随刻、刷宝等短视频应用其活跃用户规模仅占 7.7%。[①] 短视频行业的竞争呈现抖音和快手两强格局稳定，二三梯队短视频应用开始发力，增强自身竞争力的局面。各平台开始优化自身结构，探索平台发展的新商业模式。

在平台竞争力的提升方面，二三梯队的短视频应用开始积极寻找发展机会。随着短视频平台的数量和类型不断增多，同质化内容失去了立足点，各平台必须明晰自身定位，实现差异化发展才能在之后的竞争中保持韧性。为此各平台除投入资金鼓励创作者生产内容外，主要通过两种方式发展短视频内容。一种是通过发展自制微综艺和自制微剧，打造符合短视频传播的内容。腾讯旗下短视频平台西瓜视频、Yoo 视频便是这种形式的代表。随着 Vlog 视频形式的火爆，Yoo 视频运用"Vlog"和"Vstory"两种内容形态，上线微剧《抱歉了同事》和《声声慢》等，发展平台 PUGC 内容。另一种发展路径是通过深度运营推广产品。例如 2018 年开始微视冠名《吐槽大会 3》、2019 年针对《创造营 2019》推出"创造营助力"模板，后与《我们真正的朋友》进行合作，从内容角度深度植入剧情，吸引用户与视频嘉宾进行互动。总体看来，二三梯队短视频应用深耕垂直领域内容的发展，注重平台内优质内容的生产。

在商业模式的发展方面，2019 年电商和直播带货模式发展迅速，直播带货逐渐变成短视频行业主攻领域。尤其在 2020 年新冠疫情发生后，短视频电商带货发展迅速，网红、明星、企业家等纷纷加入了短视频带货阵营中。在抖音短视频 2021 年 11 月的带货榜单中，罗永浩、大狼狗郑建鹏 & 言真夫妇、贾乃亮分别以 6.58 亿元、6.21 亿元和 4.63 亿元的直播销售额，拿下本月榜单前三名的成绩，极大地促进了平台商业的发展。除电商领域之外，平台内的内容生产也创造了极大的商业价值。平台通过垂直化

[①] 前瞻经济学人、洞察 2021：《中国短视频行业竞争格局及市场份额》，https://www.qianzhan.com/analyst/detail/220/211013-4a296b86.html, 2021-10-13/2021-12-01。

的内容生产加速了与其他业态的融合发展。例如 2019 年短视频平台"西安不倒翁小姐姐"的短视频、2021 年迪士尼"玲娜贝儿"的短视频与文旅的结合等。为了探索更多元的商业模式，短视频企业集中力量发展"短视频 + 美食""短视频 + 教育""短视频 + 相亲""短视频 + 游戏"等业务，丰富商业结构。未来，这种方式还有更大的发展空间，等待短视频平台去探索。

二、短视频发展的动因

短视频行业在短短的十年时间内，经历了多个产业转型的发展阶段，各个短视频平台在这一过程迅速积累用户，扩大产业规模和市场份额，成为发展数字经济的重要支柱。而短视频能够在短期内实现爆发式增长，离不开通信技术迭代、用户社区文化形成、商业价值推动及产业结构形成等诸多因素的支撑。

（一）通信技术迭代激活用户消费市场

通信技术的迭代和智能手机设备的普及，为网络社区形成提供了基本的技术支撑，形塑了短视频平台独特的社区文化，技术上的可入性解决了短视频平台新用户的"来"，需求上的获得感解决了平台用户的"留"。具体而言，通信技术和智能手机使得用户和博主进入短视频平台社区的成本降低，平台得以迅速积累基础用户，形成用户社区。而在用户社区内，平台提供的内容渠道和表达途径，满足了用户在社区中的阅读、娱乐、表达及分享等使用偏好与精神需求，用户在使用过程中具有获得感与参与感，进而成为平台的忠实粉丝。

首先，2011 年至今，短视频行业发展的每一阶段都离不开技术迭代发展的支撑，每一次的技术发展都为平台积累了新的用户群体。如在 2012 年至 2014 年的蓄势期里，3G 网络和 WiFi 的普及应用为短视频的传输奠定带宽基础。此时的技术发展水平较为落后，短视频平台的内容生产主要以合成文字与图片为主，平台内容多为低码率的视频和合成照片。尽管此时的短视频行业尚未成熟，平台内容也较为粗糙，但短视频新颖的表现形式和简易的内容制作吸引并积累了一批早期用户，为短视频行业的发展奠定了用户基础。诸如快手、小咖秀等短视频平台在这一阶段相继出现并运营。在 2014 年到 2016 年的转型期里，网络传输条件迭代升级、手机硬件性能提升和视频编辑功能的优化极大地推动了短视频行业的发展，比如 4G 网络的广泛商用，使得用户可以更加快捷地浏览视频内容。而智能手机的摄像头和处理器性能的提升，极大地优化了用户的使用体验。此外，平台方为开发用户生产平台内容模式，不断简化软件的视频编辑功能，使得用户可以自行上传自制视频，增强了用户的参与感。此时，短视频平台的内容和用户规模开始显著增多，短视频的商业市场规模和用户数量不断扩大。2016 年至 2018 年的爆发期内，平台的算法推荐技术抢占风口，成为短视频内容分发的主要模式。不同于传统的搜索引擎、编辑推荐和社交分发模式，短视频的算法推荐是基于用户的兴趣数据来推荐的。平台方通过收集用户的历史行为数据，分析用户对不同内容的偏好程度，仅向用户推荐其喜爱的内容，让用户获得需要的信息。算法推荐技术的应用，让平台更加了解用户的浏览需求，并对用户进行内容投喂，进而增强了用户对平台的黏度，防止平台用户的流失。

其次，短视频本身的技术特性和社区文化的形成，满足了用户在物理上的使用偏好和心理上的精神需求，增强了用户对平台的依赖，进而将新的用户群体转化成为平台的忠实用户，保证了平台用户活跃的持续性。

在物理层面的使用偏好上，短视频作为区别于长视频的视频播放形式，其自身形式具备"短小精悍""碎片化"和"娱乐化"等基本特征，而这些特征恰好满足了用户的使用偏好。如相比较传统图文媒体的内容表现形式，短视频具有"短小精悍"的基本特征，其时长短、话题较小，贴近日常生活，内容直接明了，观点鲜明，以至于用户可以一眼看透视频的核心价值内容，让用户快速获取有价值信息。除此以外，短视频平台精准捕捉到了用户的使用偏好，其碎片化内容传播方式契合了信息化时代用户的阅读习惯。在智能手机的便携和通信网络的普及下，当前的信息传播方式和用户接收模式都在发生转变，尤其在快节奏的现实生活中，用户难以形成持久的关注力，习惯利用碎片化的时间来使用手机设备，这就培养了用户的碎片化阅读习惯，而短视频则搭建了碎片化内容生产和碎片化传播的平台，填充了用户的碎片化时间，正好契合用户的阅读习惯，提升了用户体验感。除了满足用户获取信息的需求之外，短视频还具有极强的娱乐功能。在注意力经济的影响下，短视频的平台内容也越趋于娱乐化，尤其是平台中土味视频、情景喜剧及创意视频的出现，不断增强短视频的娱乐效应，此类带有娱乐、幽默、搞笑的短视频一定程度上满足了用户的娱乐需求，缓解用户的现实压力，增强了用户对于平台的依赖性。

在心理层面的需求满足上，短视频通过搭建网络公共社区，形成了一个人人拥有麦克风的公共社交场，满足了平台用户的自我表达和自我表演的欲望。短视频平台的技术赋权，打破了现实社会中的圈层化束缚，使得用户获得了现实社会中稀缺的话语权和公共存在感。平台内的内容上传、弹幕评论甚至是转载、点赞行为，都是用户自身主体性和自我表达欲在平台内的再现，满足了用户实现自我价值和自我表达的诉求。此外，在短视频的公共社区内，平台内容的流动和用户行为的互动，都在推动平台社群的形成，用户因共同的兴趣和爱好彼此产生共情，集聚在某一对应的社区之下。这无疑强化了用户对平台的归属感和自我认同感，满足用户自我表演和分享自我的精神需求，使得用户自愿参与和维护自己的社区（平台），助力平台的长远发展。

（二）巨大商业价值建构新型产业结构

由于短视频行业发展潜力巨大，内含巨大商业利益，所以相关方相继入场，平台业务呈现多元化扩张趋势，多元内容生产模式重构整个产业结构链条、利润分配模式等。对于短视频的发展来说，资本的进入无疑为短视频的扩张提供了原始动力、多元利益方的参与则激活了平台内容的持续更新、完整商业产业链条的形成保障了平台的可持续发展。

首先，资本对于市场的反应是灵敏的，当短视频平台的用户激增，平台规模扩大之时，资本已经预见了短视频未来的巨大商业价值。因此，在2017年短视频行业进入转型期后，各路资本和战略投资相继入场短视频，并对短视频行业进行战略布局。仅2018年一年，短视频和直播行业就完成了超过40起的战略投资，快手、抖音、一条及梨视频等先后获得多轮战略投资，投资估值金额都在上亿元人民币以上。值得注意的是，除了传统资本方的介入，新兴互联网巨头BAT也在密集布局短视频，头条、腾讯、百度及阿里分别推出自己的短视频平台。在各方资本的加持下，短视频迅速成为数字经济的新风口。

其次，资本的进入为平台的发展集聚了更多的社会资源。尤其是多元利益主体相继进入平台参与平台劳作之后，极大优化了平台的内容生产模式，提高了平台内容的竞争力和吸引力，扩大了平台的社会影响力和市场份额。多元主体的介入从不同层面变革短视频平台的内容生产模式，诸如 UGC 内容生产、PUGC 内容生产及 MCN 内容生产模式相继被引进到短视频平台的内容生产中，成为平台内容持续生产的重要保障。

UGC 内容生产（用户内容生产）主要由平台用户自发生产内容，主要包括以下几种类型：一是用户对于日常生活的基本记录，主要拍摄上传者的日常生活内容，类似于微信朋友圈的内容；二是对影视剧的编辑与解说，此类内容较为专业化，需要专业人员的配音和剪辑人员对影视剧进行二次加工；三是对网络内容的综合剪辑，如搞笑合集、新闻内容以及游戏剪辑等。尽管 UGC 的内容生产粗糙，缺少专业性，但其却是平台内容生产的主要来源，为平台提供了稳定的内容输出。

相比较 UGC 模式内容生产，PUGC 模式（用户与专业人员共同生产内容）更加专业化，该模式被传统媒体应用生产新闻内容，如梨视频、一条视频等，平台通过"拍客"拍摄视频，"编辑"制作和上传视频内容，共同生产内容。该模式的优点在于一方面保证了视频素材采集的时效性，拍客可以在现场第一时间为平台方提供视频素材。另一方面，专业的编辑制作会以高质量的制作标准对内容进行把关和剪辑，因此能够保证内容的整体质量水平。PUGC 模式生产内容能够在数量和质量中找到平衡点，既能保证内容质量，又能实现视频的持续输出。

MCN 内容生产模式（多频道网络内容生产）是由网络技术发展而形成的多频道整合的传播模式，资本方通过对平台内容生产、传播渠道及变现机制的统一整合，建立完整的商业链条。将 UGC、PGC 模式生产的内容进行整合传播与分发。自短视频火爆之后，入局短视频的中国 MCN 机构也呈爆发式增长，中国 2015 年仅有 160 家 MCN 机构，2020 年已经发展超过有 21000 家，主要分布在浙江、广东等省份，这些机构主要运营在短视频平台，其中有 75% 的机构参与运营抖音、58% 参与运营快手。[1]MCN 机构的加入，整合行业的资源体系，既给平台带来了机遇也带来了挑战，

最后，营销平台、广告商、内容分发商及电商平台等主体的介入，共同形构短视频平台的新型产业结构。在各个利益主体间的相互协作下，短视频全产业链条逐

---

① 中文互联网数据研究咨询中心，克劳锐：《中国内容机构（MCN）行业发展研究白皮书》，http://www.199it.com/archives/1250212.html，2020-05-26/2021-11-01。

渐被打通，实现了平台内流量、内容、利润及资本的流通。比如平台内广告商的进入，为短视频的流量变现提供了一个稳定的渠道，平台和用户可以通过帮助广告商投放广告的形式，获得广告收益。2020 年短视频的广告收入占平台营收的 44%，平台内信息流短视频广告和开屏广告收入已成为平台发展的主要资金来源；电商平台的介入，对于短视频发展的意义更加重大。尤其是抖音、微信、淘宝等平台打通直播带货环节后，使得短视频的私域流量对接上公域流量，构建出新的社会交易模式——短视频＋直播带货模式。在这一模式下，博主可以借助短视频平台实现自身内容和流量的商业化变现，推动了平台的商业化进程，自身也获得了巨大收益；而营销平台和内容分发商的进入，则为博主的商业化变现提供了更加专业化的指导，将原本松散的个体博主组织化，推动商业变现走向流程化和协作性，整体上推动了平台内商业化模式的规范化和可持续发展。

三、本章研究结构、内容和方法

（一）研究结构及内容

本章主要从短视频生产和传播的具体案例，来看短视频传播的中国实践。围绕短视频中国化的问题，第一节是阐述和总结新时代十年短视频中国实践的发展历史，并对短视频实践的经济、社会和文化动因进行分析。第二、三节将短视频中国化这一问题进一步具体化，从经济生产和文化生产两个角度，选取两个案例来进行解读。第二节以李子柒短视频为例，从田园短视频的视觉性、田园短视频的文化生产和经济生产的关系，田园短视频的跨文化传播三个维度，探讨在短视频对传统文化的建构与传播问题。第三节以承载广义文化传播的图书出版为例，探讨图书出版在短视频构建的经济生产的数字经济模式下，如何开展图书的推广与销售。

（二）研究方法

本部分的研究主要采用数字民族志和案例研究法等进行研究。数字民族志主要对李子柒及不同出版机构的短视频实践进行田野观察、在线参与活动和具体的线上深度访谈等。主要进行田野的平台是抖音、快手、B 站及国外的一些传播中国文化和内容为主的短视频平台。案例分析法主要是通过李子柒和具体的出版机构的案例来进行分析总结。

（三）学科理论背景

鉴于短视频新时代十年来的发展，短视频不仅成为大众喜爱的文化生产方式的产物，成为后现代视觉文化的新近发展分支，而且也经由媒介的物质基础设施的性质，渗透并参与到数字经济生产的组织与运行中，成为经济生产方式的基本构型。本章的两个案例，李子柒短视频文化传播反映出文化生产和经济生产相互交织的性质，图书出版之文化营销折射出经济生产规律组织起文化生产的规律。

本章运用的理论背景，是西方马克思主义对马克思唯物主义的发展。在原教旨的马克思唯物主义观看来，经济基础决定上层建筑。"物质生活的生产方式制约着整个社会生活、政治生活和精神生活的过程……社会的物质生产力发展到一定阶段，便同它们一直在其中运动的现存生产关系或财产关系发生矛盾。于是这些关系便由生产力的发展形式变成生产力的桎梏。那时社会革命的时代就到来了。随着经济基础的变更，全部庞大的上层建筑也或慢或快地发生变革。……一种是生产的经济条件方面所发生的物质的，可以用自然科学的精确性指明的变革，一种是人们借以意识到这个冲突并力求把它克服的那些法律的、政治的、宗教的、艺术的或哲学的，简言之，意识形态的形式。"[①]

后经文化研究理论奠基人雷蒙德·威廉斯的发展，修正了经济基础与上层建筑的一元化的、单向的决定论，开始强调上层建筑对经济基础的反作用。威廉斯认为在原教旨的唯物史观那里，被按照顺序性排列的（1）生产力水平，（2）经济状况，（3）社会—政治制度，（4）社会成员心理，（5）反映这种心理特征的各种意识形态之间并非顺序性的事物，并不能将彼此区分成独立的领域或因素，而是现实人们整体的、具体的活动和产物。经济基础和上层建筑并不能区分开来，而是构成了整个社会的过程。基础和上层建筑都是具体的、不可分割的现实过程。经济和上层建筑之间的决定就变成一是设定限度，二是施加作用力。这些作用力不仅体现在政治构型、经济构型和文化构型中，而且也把构成过程的全部作用都内化了。这种完整的决定——由设定限度

---

① 中共中央马克思恩格斯列宁斯大林著作编译局：《马克思恩格斯选集·第 2 卷》，人民出版社 1995 年版，第 32—33 页。

和施加作用力共同构成的、复杂的、相互关联的过程，就存在于整个社会过程之中。传统的上层建筑与经济基础的关系就不再是反映，而是中介。中介是一种能动的过程，中介是位于彼此分离的不同活动类别之间的一种间接性联系或代理。中介成为描述社会、艺术、文化、政治等上层基础与基础之间关系的新表述。①

第二节　传统文化的短视频生产与传播

随着新时代十年新新媒介的兴起，人人都能参与到短视频的生产与传播中，使之成为当下最为盛行的视听媒介。在这波短视频风潮中，李子柒的古风美食短视频经过几年的发展，引发了现象级的粉丝拥趸，坐拥微博2637.7万的粉丝流量。随着受众的一路增长，李子柒在2017年7月成立公司，开始打造"李子柒"品牌。2017年8月，李子柒短视频走向海外，在YouTube上坐拥1730万粉丝，一度成为YouTube上最热门的视频博主，成为新时代十年中国文化走出去的典范。2018年8月，她从线上走向线下，在天猫平台开设"李子柒天猫旗舰店"，出售一系列美食产品，这些产品一度成为月销量最高的网红食品。与此同时，李子柒也在海外购物平台亚马逊出售商品。从李子柒短视频到品牌食品的风靡，"李子柒"成为短视频这一伴随新时代十年兴起的后现代视觉文化最为成功的大众文化案例。②

李子柒短视频也因此开创了一种新的短视频文化类型——各种乡村美食短视频借助"绝对的模仿"，依靠与典范作品的某种"相似性"，服从于"文化工业的总体性"和大规模生产的重复逻辑。③延续李子柒早年自称"七爷"（李子柒，微博，2016年9月16日）这种男性化指称、内容类同的"滇西小哥"，同样成为微博（757.5万）和YouTube（957万）上的热门博主，并开创自有品牌出售（国内）。虽然和李子柒短视频千万的粉丝流量有一定差距，却成为李子柒短视频自2021年6月停更后，发展最为

---

① ［英］雷蒙德·威廉斯：《马克思主义与文学》，王尔勃、周莉译，河南大学出版社2008年版，第80—106页。

② 2021年8月，李子柒因与微念公司官司纠纷陷入停更状态，2022年12月李子柒与微念公司达成和解，已计划重更。

③ ［德］马克斯·霍克海默、西奥多·阿多诺：《启蒙辩证法：哲学断片》，渠敬东等译，上海人民出版社2020年版，第135—139页。

显著的同类短视频。李子柒短视频以对乡村田园的浪漫化的视觉建构，成为新时代十年对传统文化的重新构建，成为中国文化想象在全球化时代的一种新的表述。

对李子柒短视频作为新时代十年中国传统文化再建构的解读，将围绕新时代十年何以出现田园短视频这一中国文化实践的问题，分小节展开论述。李子柒田园短视频的发展，历经大众参与社交平台的个人表达、融入信息资本并进一步发展为私营经济的运作模式，最终跨文化进行传播的过程。也即新时代十年强健发展的信息经济框架下，文化生产与经济生产良性互动的过程。李子柒短视频不仅制造了田园短视频这样一种艺术构型，而且走出国门，被全球社交平台的受众所喜爱，成为民族文化新的身份认同标志。在马克思主义经济基础与上层建筑的模型中，第一层是经济，第二层是政治，第三层是文化。[①] 作为上层建筑之文化的生产服务于上层建筑中的基础之政治系统，并被作为经济基础的经济生产方式所决定。如果说李子柒的短视频的出现被新时代十年信息经济的发展规律决定，那么，李子柒短视频代表因新技术发展而加速的全球化进程中，作为去除遥远性，被地球村受众接受的超文化，[②] 则回应了政治系统之国家方针政策"人类命运共同体"[③] 的概念。

将从互联网媒介与把过去国有化方式的转变、田园拟像的文化中国性——田园和美食、中国乡土记忆的跨文化传播和全球化的乡村怀旧三个方面，探讨和分析传统文化新的想象方式和新的视觉构建，及其所构建的民族文化认同的新标志。

一、媒介变迁与传统文化持存的转变

对传统文化的持存和再想象是自现代民族国家兴起以来的特有的文化现象。随着媒介技术的变迁，传统文化的持存从国家掌控的书本、读物等传统的图文域，以及广播、电视等视频域，部分开始转移到人人都可参与其中的社交媒体平台的大众手中。但是这种来自草根的短视频的再生产却要遵循信息经济的发展规律，从草根的文化生产走向与资本融合的经济生产。

① ［澳］麦肯齐·沃克：《21世纪的21位思想家》，姜昊骞译，上海文艺出版社2023年版，第37页。
② ［德］韩炳哲：《超文化：文化与全球化》，关玉石译，毛竹校，中信出版集团2023年版，第18页。
③ 《高举中国特色社会主义伟大旗帜，为全面建设社会主义现代化国家而团结奋斗——在中国共产党第二十次全国代表大会上的报告》，《人民日报》2022年10月26日。

（一）文化传统持存的转变

全球化时代如何保存传统文化作为一个重要的命题，在 20 世纪就已经被提出。吊诡的是，当传统文化变成一个东西被保存的时候，传统文化本身已经被深刻地改变了。"保存"本身改变了一系列文化文本、实体和具体的实践。在前现代，每一种文化都可视为一种多元的、处在不断变动中的媒介，人们通过文化这个媒介思想与行动。当现代化来临之后，由现代生产方式和经济基础决定的上层建筑之文化也随之发生变动，传统文化成为被保存的对象。当传统文化被保存起来的时候，一个原本活跃的媒介僵化了，成为一个固定的思考对象，成为学校系统的研究对象。保存传统文化成为学校系统的专利。在现代社会，人们对传统文化的认识发生的最深刻的改变，就是传统文化已经成为民族国家想象的继承物。对传统文化的持存和研究是以国家为界的。对传统文化的国有化，发生在非西方民族国家的形成过程当中，其中文化教育在发展公共教育系统中扮演了一个重要的角色。[①] 和传统文化密切相关的民族国家的观念由本尼迪克特·安德森提出。他认为民族是一种想象的政治共同体，并且，他是被想象为本质上是有限的，同时也享有主权的共同体。这个定义回避了寻找民族客观特征的障碍，直指集体认同的认知面向。[②] 虽然宇文所安对传统文化的考察，一方面延续了安德森那里民族国家的想象本质，认为传统文化是民族国家想象的继承物；另一方面却提出民族国家的怀旧性质，认为民族国家一直都在试图把一个想象中的人民和地域的统一机构化，并坚持说这种统一是过去的传承。民族国家的建立者常常宣称国家主义的情绪是内在于每个人的，而这种情绪的培养是通过国家文化在教科书中得到历史记载和宣扬，通过学校教育系统进行全国性的传播。传统文化的遗产在学校教育系统中被机构化、体制化，成为民族国家稳定的基础。对以国家为界的传统文化的理解，要将其放置在全球化的语境中加以检视，同时也要审视当代民族国家文化在不断发展的全球文化之中所起的作用。在宇文所安看来，传统文化成为民族国家借以展示自己的独特身

[①] ［美］宇文所安：《把过去所有化：全球主义、国家和传统文化的命运》，宇文所安：《他山的石头记——宇文所安自选集》，田晓菲译，生活·读书·新知三联书店 2019 年版，第 351—352 页。
[②] ［美］本尼迪克特·安德森：《想象的共同体：民族主义的起源与散布》，吴叡人译，上海人民出版社 2011 年版，第 8 页。

份、拒绝被融入全球文化系统的一种抵抗方式。①

中国传统文化作为民族国家想象、怀旧的方式时，传统文化主要借以传播的媒介是书本、读物等传统的图文域，以及由国家掌控的广播、电视等视频域。但是随着信息技术革命的不断更迭，特别是互联网技术和数字技术的不断发展，传统文化之经典文本（图文和视频）的定义与传播的权力，从国家机构开始下移到每个能接触新技术媒介的受众手中，人人都能参与到文化的生产与传播中。新新媒介把强大的信息生产力交到每个人手中，人人都是生产者和消费者。②新新媒介这一社交媒体平台③改变了人们的工作和个人生活，平台的广泛存在促使人们将许多社交、文化和专业活动转移到这些在线环境中。社交媒体平台是一系列建立在 web2.0 的技术和意识形态基础上的网络应用，它允许用户生成内容和交换，形成了人们组织生活的新的在线层。品牌通过形成一种在线社交形式，使其在线上市场中营利并服务于全球性社交网络和用户生成内容的市场，连接迅速成为宝贵资源。各大社交媒体平台的在用户和营利潜力方面都出现了爆炸式增长。由于平台相互连接，出现了一种新的基础设施：一种连接媒体的生态系统。④因此，传统文化的保持和再构建由国家机构开始下移到普通社交媒体平台的用户手中。

（二）田园短视频的拟像建构

来自草根阶层的李子柒，原本和普罗大众一样，只是新新媒介/社交媒体平台的日常使用者。她最初追风短视频这一时兴的视听媒介，只是希望依靠自己的人气带动淘宝店的利润（李子柒，微博，2017 年 11 月 6 日）。早年短视频的拍摄、表演和剪辑

---

① ［美］宇文所安：《把过去所有化：全球主义、国家和传统文化的命运》，宇文所安：《他山的石头记——宇文所安自选集》，田晓菲译，生活·读书·新知三联书店 2019 年版，第 360—362 页。

② ［美］保罗·莱文森：《新新媒介》，何道宽译，复旦大学出版社 2019 年版，第 4 页。

③ 莱文森界定新新媒介，特指 Twitter、Facebook、YouTube，并强调他用"新新媒介"而不是"社交媒介"是因为许多旧媒介如 Amazon、Facebook、广播、印刷都具有媒介固有的社交性，因为一切传播都具有社交性。和旧媒介的社交性相比，新新媒介的社交性更强更重要，但不能独揽社交媒介一词，为了区分这一新的媒介与旧媒介的区分，故采用新新媒介。迪克用"社交媒体平台"来指称 Facebook、Twitter、YouTube、linkedlns，他的着眼点在于平台这一新的连接方式的出现，同时也兼具新媒介更强大的社交属性。在本文的处理中，新新媒介和社交媒体平台是互通的概念。李子柒的海外传播正是在 Youtube 和 Facebook 上。

④ ［荷］何塞·范·迪克：《社交媒体批评史》，晏青、陈光凤译，中国人民大学出版社 2021 年版，第 4—5 页。

都是由李子柒一人来完成，拍摄的器具——单反相机（李子柒，微博，2017 年 5 月 13 日）只能固定在某一位置。拍摄的角度多是贴着地面的仰角，放置在树枝、椅凳上的俯角，从侧面拍摄的水平角度。取景是乡村田野风光，即使偶尔出现在影像中有年代标示和现实指涉的农村屋舍，也被模糊化处理。古朴、复古的服饰和道具虽然简单，却营造出久远的年代感。古物的"临在感"是一种回忆和怀旧的意愿，指向"传统和象征体系的劫余"，它的"气氛价值"正是一种"历史性"。① 随着 2017 年 5 月李子柒开始聘请专业摄影师，短视频的拍摄、制作更加规范和成熟，回到传统主流视觉文化的影像成规中。交代环境的大全景，拍摄人物活动的中景，聚焦食物、花草的近景都非常清晰、流畅。一些特写镜头会捕捉到农作物破土发芽、鲜花盛开的瞬间，日光月影的移动等，再被切接编织进影像叙事中。影像的时间开始跨越季节，能够完整再现作物（小麦、稻子、生姜等）从一粒种子的播种、破土而出再到采摘、制作、发酵等漫长的过程。整体场景的设置也不再是早期屋檐下桌子一角，而是不断搭建新的场景和道具——大至沙发床秋千的制作、农舍的翻修、院墙竹篱笆的扎制，小至面包窑、洗漱台、衣架的制作等。这些不断更新的"乡村"空间同时也是短视频呈现的内容，记录下李子柒对现实生活空间的改造，影像成为李子柒"真实"生活的忠实记录。又因为短视频不再只是向受众展示食物的制作过程，而是不断加入奶奶、助理、邻居共享食物的镜头，短视频就在一片祥和的家宴中结束。在影像的叙述逻辑中，烹饪和享用美食就是影像再现的李子柒"真实"生活。乡村空间（包含物）和人的关系更加紧密而真实，这个充盈着人的"真实"生活的乡村空间，仿佛再现出前农业时代自给自足、丰衣足食的生活方式和"生产关系"。② 更加考究且和乡村环境共同生长的造型、遵从传统影视美学风格的蒙太奇、接近自然声的声音、讲述"真实"生活的影像叙事等，使得李子柒短视频的田园意境更加精致，也更具有真实感。这种恍如真实的幻象属于鲍德里亚三级拟像区分中的第三级拟像——拟像当下的秩序——仿真，是根据二元模式建立在客体可复制的基础上。仿真是指意终结的符号，区分客体和符号、能指

---

① ［法］让·鲍德里亚：《物体系》，林志明译，上海人民出版社 2019 年版，第 14、79 页。

② ［法］亨利·列斐伏尔：《空间与政治》，李春译，上海人民出版社 2020 年版，第 4 页。

和所指、客观现实和技术干预的结果将不再可能。① 真实和想象在相同的操作中被混淆，到处都有美学的魅力，这是特技、剪辑、剧本等在模式光线下过度暴露的阈下知觉，由代码的内在性造成。一种无意的戏拟、一种策略性的仿真、一种不可判定的游戏笼罩着一切事物，带来一种美学的快乐。② 因此短视频构建起来的田园拟像依靠影像技术、剪辑和叙事，将表象颠倒为真实的存在。田园拟像成为真实的乡村镜像，真实和虚构的乡村难解难分，带来恍如真实的视觉和心理体验，正是拟像固有的美学魅力和快乐。

（三）田园短视频的经济生产

众多商家纷纷邀请李子柒做广告代言，但她不为所动，而是选择了被其称为"最艰难"的"商业出路"，从线上走到线下"做品牌"，涉足实体经济（李子柒，微博，2018 年 8 月 5 日）。李子柒（本名李佳佳）这一挪用古汉字的复古式命名，原本只是为了符合田园梦境的符号，却因为短视频内容的用户黏度，开始具有一种品牌效应。从互联网到商业的跨界，更确切地说互联网传播和商业的合并，③ 正是信息经济时代依靠网络化媒介中介经济运行的一种新经济模式。在传统商业经济时代，商品转化为资本的关键环节——销售，主要依靠广告来推销产品。一方面，通过各种媒介进行产品的信息传播，④ 让某一品牌的产品传播到最大规模的受众群，并试图说服大众购买；⑤ 另一方面，也需要通过细分消费品市场，找到商品对应的目标受众或正确的利基市场来完成或扩大销售。⑥ 到了社交媒体平台时代，品牌广告只要找到更高质量、重参与的受众就能营利，其中最关键的就是抓住受众注意力。⑦

李子柒在微博中不仅和受众进行文本交互，按照受众的意见反馈进行短视频的再生产，而且也一直注重利用"中介化交流"⑧ 和受众维持良好的互动关系，并试图扩大

---

① 萨拉·休恩梅克：《资本主义与编码：对波德里亚第三秩序拟像的批判》，[美] 道格拉斯·凯尔纳编：《波德里亚：批判性的读本》，陈维振、陈明达、王峰译，江苏人民出版社 2005 年版，第 232—233 页。
② [法] 让·波德里亚：《象征交换与死亡》，车槿山译，译林出版社 2020 年版，第 100 页。
③ [英] 马丁·李斯特：《新媒体批判导论》，吴炜华等译，复旦大学出版社 2020 年版，第 203 页。
④ [美] 威廉·阿伦斯：《当代广告学》，丁俊杰等译，人民邮电出版社 2016 年版，第 2 页。
⑤ [英] 马丁·李斯特：《新媒体批判导论》，吴炜华等译，复旦大学出版社 2020 年版，第 195 页。
⑥ [美] 威廉·阿伦斯：《当代广告学》，丁俊杰等译，人民邮电出版社 2016 年版，第 38 页。
⑦ [英] 吉莉安·道尔：《理解传媒经济学》，黄淼等译，清华大学出版社 2018 年版，第 13 页。
⑧ [美] 南希·K. 拜厄姆：《交往在云端：数字时代的人际关系》，董晨宇译，中国人民大学出版社 2020 年版，第 12 页。

短视频的受众群。在早年短视频生产中，李子柒自称会看完所有留言，也会回复网友问题，把和粉丝的互动截图发微博；或在转评、点赞的用户中以挑选或随机抽奖的方式来赠送食物；在每个重要的节点发微博以示纪念，感谢不断骤增的粉丝。如她在粉丝过 30 万时，"感恩你们一直陪着这个小小的我"，随机抽奖"转发＋关注"的粉丝送腊肠（李子柒，微博，2016 年 11 月 24 日）；获"2017 超级红人节十大美食红人"称号，发微博"感恩 224 万个你"（李子柒，微博，2017 年 6 月 17 日）；以"感谢 500 万个你"为题告诉受众自己有了投资和文化品牌公司（李子柒，微博，2017 年 11 月 6 日）；宣告自己新开"李子柒旗舰店"，直言"我的微博粉丝都过千万了"，"谢谢你们一直以来的守护"（李子柒，微博，2018 年 8 月 5 日），"当看到很多人鼓励、支持、讲述从什么时候开始关注我的时候，我总能觉得我所走的这条路，是你们一直在我身边护我周全……"（李子柒，微博，2018 年 8 月 17 日）。来自草根阶层的李子柒，原本和普罗大众一样，只是新新媒介的日常使用者。她最初追风短视频这一时兴的视听媒介，只是希望依靠自己的人气带动淘宝店的利润（李子柒，微博，2017 年 11 月 6 日），但她制作的田园拟像成功吸引了受众的注意力，拥有了现象级的粉丝关注。这些粉丝和受众为其带来了巨大的商业价值和商业成功，正如李子柒一再感谢所言：粉丝的"守护"在护她"周全"。虽然这确实是李子柒这位来自乡村的淳朴女孩发自肺腑的感谢，她与热爱、支持她的粉丝建立了中介化互动下真实的亲密关系。只是这种情感在资本无孔不入的逻辑下，也被最大程度地商业化。用户或为了满足怀旧的情感需求，或只是出于对李子柒的情感支持，从而持续关注李子柒的微博并点击观看短视频，但在互联网经济下，"用户的每一个点击信号都是商品"，[1] 都可以被货币化。这种依靠沟通来联结的生产和消费的新关系，被称之为非物质劳动。[2] "人类交际和互动的情感性劳动"是其重要的"一面"，对"情感的创造和控制"正是微博、短视频造就的"娱乐工业"的典范特征。[3]

　　同样吊诡的是，李子柒在与粉丝的互动中，免费赠送自制食物也许是真心实意想

---

① ［美］伊莱·帕里泽：《过滤泡：互联网对我们的隐秘操纵》，方师师等译，中国人民大学出版社 2020 年版，第 7 页。

② 莫利兹奥·拉扎拉托：《非物质劳动》，罗岗编：《帝国、都市与现代性》，江苏人民出版社 2006 年版，第 143 页。

③ ［美］麦克尔·哈特、安东尼奥·奈格里：《帝国——全球化的政治秩序》，杨建国等译，江苏人民出版社 2008 年版，第 285—286 页。

要感谢粉丝，但这种感谢方式从本质上而言却类似传统促销方式如折扣券、礼品等。①换言之，通过给予受众切实的物质利益，吸引用户的持续关注，养成高质量的忠实粉丝。早年面对受众希望购买短视频中的食物的呼声，她一再宣称"只赠不卖"（李子柒，微博，2016 年 10 月 17 日），然而持续不断地赠送或许只是养成了被抽中的受众对李子柒手工食物的使用习惯，但却勾起了更大范围内受众的期待和潜在的消费欲望。从赠送食物到大批量制作、销售食物，再次遵循了传统营销对目标受众的锁定和养成方式。②需要辨析的是，李子柒在视频中呈现的食物和早年赠送的食物都是纯手工制作，有些依旧延续了传统制法——从传统农业文明延续下来的制作方式。然而在天猫旗舰店销售的"李子柒"品牌食物，如热销单量最高的螺蛳粉、桂花坚果藕粉、紫薯蒸糕、牛肉酱等则是请代工厂来制作，其中螺蛳粉已经在柳州自建工厂生产。③虽然这些食品都有相应的短视频再现传统的手工制作流程，但其实是压缩和耐久食品，是伴随现代工业发展起来的"工业菜肴"——由保存、机械化、零售批发和现代运输所支撑并且能够成批量、机械化制作的工业食物。④痴迷田园拟像的受众试图通过"李子柒"牌食品，找寻传统农业文明时代的乡土记忆，满足怀旧心理，最终却依然嵌套在商品化的逻辑中，消费着现代工业产品。

二、田园短视频的文化中国性

李子柒的田园拟像所代表的文化中国性，两个重要的内核是田园和美食。田园的向度传承了传统的隐逸文化，美食的向度则延续了美食纪录片建构的饮食文化的新视觉传统。田园拟像再造出新的田园幻梦。

（一）隐逸文化中的短视频

乡村田园怀旧作为一种感觉结构，在中国的文化语境中和传统的隐逸文化有着某

---

① ［美］米切尔·舒德森：《广告，艰难的说服——广告对美国社会影响的不确定性》，陈安全译，华夏出版社 2008 年版，第 5 页。
② ［美］威廉·阿伦斯：《当代广告学》，丁俊杰等译，人民邮电出版社 2016 年版，第 9 页。
③ 何晓峰：《月销过亿之后，李子柒合体"超级网红"，开拓新帝国》，https://t.cj.sina.com.cn/articles/view/1956700750/74a0e24e02700pl1c?from=tech。
④ ［英］杰克·古迪：《烹饪、菜肴与阶级》，王荣欣等译，浙江大学出版社 2010 年版，第 213—241 页。

种隐秘的关联。传统中国士大夫的归隐有着悠久的历史渊源和精神起源，从东汉到六朝，隐逸成为世人的一种生活方式。他们逃遁或退出官职，专注于修身养性，但也涌现出一批将隐遁作为文化资本（道德声望）来博取官阶的隐者。[①] 正是在归隐大盛的东晋，陶渊明在田园诗中记录了他的归隐生活。和沽名钓誉者不同，他三度用归隐来抗议当权者，也会适时再度出山。第三次隐遁后终不入仕。[②] 从某种意义上而言，他更像是儒家的隐者。他的田园诗，一方面构建出以桃花源为典范的农耕生活的理想化幻梦，这是为了自我认知而设立的想象世界，寄托着高洁的道德理想；[③] 另一方面也流露出与歌咏田园极不协调的失落感，如荒草对人造田园脆弱秩序的颠覆，对如何维持生计的隐忧。[④] 后者这种不太美好的真实田园生活体验，在以"手抄本"[⑤] 为媒介的流布和阅读接受中不断被弱化，甚至被遮蔽。陶渊明的梦幻田园经由苏轼等宋代文人构建出的隐逸"文化神话"而代代相传。[⑥] 对田园的浪漫化想象成为绵延数千年的集体无意识，沉淀在民族文化心理中，成为人们不满或逃避现实的一种方式。事实上，李子柒在微博中也曾用"世外桃源"（李子柒，微博，2016 年 5 月 14 日）指称与短视频形成互文的一组乡村生活图片，可以说是对桃花源意象的一次鲜明的呼应。

李子柒短视频的田园拟像和传统田园归隐有所不同。如果说中国传统的田园归隐是人在自然中言志，体现了人和自然的和谐相处，那么在田园拟像中，自然至多是一种场景的设置，主题是人物为了一天的吃食而在田间、灶厨忙碌，也就是饭食的制作。在传统乡土中国，饮食与礼仪、宗教以及哲学范式密切相关，[⑦] 如《论语》对饮食禁忌和祭祀食物的要求，《仪礼》中国君向诸侯国赐食物的礼节。[⑧] 此后饮食文化在文人撰写的诗词、小说、戏曲中绵延不绝，如唐代小说《游仙窟》中张生被美女款待的故事，

---

① Alan J. Berkowitz. Patterns of Disengagement: the Practice and Portrayal of Reclusion in Early Medieval China. Standford University Press, 2000:4.
② 孙康宜：《抒情与描写：六朝诗歌概论》，钟振振译，上海三联书店 2006 年版，第 19 页。
③ 同上书，第 21—27 页。
④ 田晓菲：《尘几录——陶渊明与手抄本文化研究》，中华书局 2007 年版，第 84—115 页。
⑤ ［美］宇文所安：《剑桥中国文学史·上卷》，刘倩等译，生活·读书·新知三联书店 2013 年版，第 256 页。
⑥ 田晓菲：《尘几录——陶渊明与手抄本文化研究》，中华书局 2007 年版，第 18 页。
⑦ ［英］胡司德：《早期中国的食物、祭祀和圣贤》，刘丰译，浙江大学出版社 2018 年版，第 1—13 页。
⑧ ［日］中村璋八：《中国人的饮食思想》，［日］中山时子编：《中国饮食文化》，徐建新译，中国社会科学出版社 1992 年版，第 26—30 页。

杜甫的诗句"夜雨剪春韭，新炊间黄粱"等。[①] 食物也因士大夫的书写被赋予特定的文化意涵，成为名馔掌故而代代相传，如白居易与胡麻饼、苏轼与东坡菜肴。[②] 时至现代中国，这一饮食文化在京派文人周作人、梁实秋的小品文中延续。他们或通过对食物所代表的地方物质文化的回忆，再现一种审美化的地方性；[③] 或只是对食物牵系的逝去时代旧人、旧事的单纯的追忆。通过食物来进行文化怀旧，成为印刷媒介时代讲述食物的典范方式。

（二）饮食文化的短视频视觉再现

到了电子媒介时代，食物的视觉化呈现成为饮食文化新的"被发明的传统"。[④] 这种影像成规可以追溯至 2012 年火爆中国的美食纪录片《舌尖上的中国》。在导演陈晓卿看来，美食"就是热爱生活的一种方式"，"中国人热爱美食，是源于对生活的热爱，大味必淡，往往在最边远闭塞的厨房里，你能尝到最好的人间味道"，[⑤] 纪录片就是要讲述"中国人和食物的关系"。[⑥] 虽然这似乎延续着食物书写的传统，围绕人展开食物的讲述，是对由美食组成的现实生活的呈现，但是食物再现的不同方式（书写和影像）却表征着两种截然不同的媒介文化。印刷文本对食物（主要是味道）的描绘，运用文字这一人为发明的"技术"来表现。文字受有意识制定的规则的制约，将言语推入一种"崭新的感知世界"，产生了"有一定程度的抽象性"的"概念式思维"，[⑦] 如味美、鲜香、嫩滑等语词会让人联想到日常的饮食经验，从而获得一种概念化的味觉认知。当然这些语词本身就是对味觉经验的总结和概括。电子文化时代的食物再现则变成对食物的一再逼近、放大的慢镜头和特写镜头。从表面上来看，这似乎挪用了电影

---

① ［日］内田道夫：《从文学看中国的饮食文化》，［日］中山时子编：《中国饮食文化》，徐建新译，中国社会科学出版社 1992 年版，第 55—57 页。

② 王明德、王子辉：《中国古代饮食》，陕西人民出版社 1988 年版，第 75—114 页。

③ ［英］苏文瑜：《周作人：中国现代性的另类选择》，康凌译，复旦大学出版社 2013 年版，第 100—106 页。

④ 埃里克·霍布斯鲍姆：《导论：发明传统》，［英］埃里克·霍布斯鲍姆、特伦斯·兰杰：《传统的发明》，顾杭等译，译林出版社 2020 年版，第 2—6 页。

⑤ 李蕊娟：《"超级吃货"陈晓卿》，《记者观察》2012 年第 7 期。

⑥ 张润芝：《"舌尖"搅动全中国：陈晓卿谈〈舌尖上的中国〉》，检索于 https://cul.sohu.com/20120531/n344510491.shtml。

⑦ ［美］沃尔特·翁：《口语文化与书面文化：语词的技术化》，何道宽译，北京大学出版社 2008 年版，第 37 页。

工业中凝视女性的镜头语法。在劳拉·穆尔维对好莱坞电影视觉快感的分析中，女性形象在电影中的中心地位，是为了"迎合并意指男性的欲望"，"决定性的男性凝视将它的幻想投射到相应风格化的女性形体上"。作为性欲对象被展示、观看的女性是色情奇观的主导动机。[①] 这种镜头语法也充斥在今天迎合不同性别受众的影像中，不仅有大量的女性特写，也有大量的男性特写（小鲜肉）。凝视也被食物特写所征用，用来"迎合""意指"受众的口腹之欲，因为食物和力比多都是人类的本能。需要辨析的是，劳拉·穆尔维对人物凝视的分析，以弗洛伊德的窥视欲和拉康的想象界为基础，建立在传统精神分析对自我和欲望的解读上，建立在菲勒斯中心主义的阉割和缺乏上。[②] 而食欲和力比多在弗洛伊德和拉康那里有着明确地区分：弗洛伊德将两者区分为自我本能和性本能，[③] 拉康则进一步区分为"不被表征"的"一般性欲望"和"性欲化"的"无意识的欲望"，性欲／无意识的欲望才是精神分析的核心关切。[④] 因此，并不能笼统地将食物的凝视语法和人物的凝视逻辑相等同，而是需要引入德勒兹和加塔利的欲望生产的概念。两人在《反俄狄浦斯》中，反对将欲望生产简化为传统精神分析中的无意识的表现的系统，从而遮蔽了无意识的真正的生产力。[⑤] 他们认为"欲望只能在组装或装配成机器时才存在"，欲望是"一个过程，它打开了一个连贯的平面，一个内在性场域"，欲望的生产是一种"集体的组装""一整套社会生成"。[⑥] "艺术作品本身就是一台欲望机器。"[⑦] 影视文化中食物的凝视镜头作为欲望机器，生产了主体的欲望，成为创造群体幻想的欲望生产的新形式。如果说李子柒在早年短视频中，以"舌尖上的绵阳"指涉蒸槐花这一地方美食（李子柒，微博，2016 年 4 月 18 日），挪用了"舌尖上

---

① 劳拉·穆尔维：《视觉快感与叙事电影》，杨远婴编：《电影理论读本》，世界图书出版公司 2012 年版，第 526 页。

② 同上书，第 522—525、526 页。

③ ［奥］西格蒙德·弗洛伊德：《自我与本我》，林尘等译，上海译文出版社 2012 年版，第 56—67 页。

④ ［英］迪伦·埃文斯：《拉康精神分析介绍性辞典》，李新雨译，重庆大学出版社 2021 年版，第 70 页。

⑤ ［法］吉尔·德勒兹：《在哲学和艺术之间：德勒兹访谈录》，刘汉全译，上海人民出版社 2019 年版，第 21—22 页。

⑥ 吉尔·德勒兹：《精神分析学与欲望》，陈永国译，汪民安编：《生产·第五辑·德勒兹机器》，广西师范大学出版社 2008 年版，第 59—68 页。

⑦ 吉尔·德勒兹、费利克斯·伽塔里：《反俄狄浦斯：资本主义与精神分裂症》，汪民安编：《后现代的哲学话语》，浙江人民出版社 2001 年版，第 52 页。

的××"这一指称新饮食文化的能指，那么对饮食文化的新视觉形式和视觉快感，也就是对"欲望机器的规范"[1]的遵循，这才是捕获人心的关键所在。田园怀旧既延续了传统隐逸的集体无意识，也与饮食文化的视觉再现的新形式相融合，再造出新的田园幻梦。

三、田园短视频的跨文化传播

李子柒短视频构建的全新的乡土文化的跨文化传播，改变了贫瘠和落后的黄土地形象，构建出田园牧歌的浪漫化的视觉呈现。对传统农业文明的向往和怀旧成为一种弥散在全球化时代的感觉结构，试图通过对乡村田园的浪漫化想象来缓解晚期现代资本主义带来的焦虑和加速。田园拟像成为全球化时代文化中国的新的身份标志。

（一）田园短视频怀旧的感觉结构

受众沉浸在田园拟像带来的视觉快感中，这是因为田园拟像"制造了批准（怀旧）愿望的程式"，[2]迎合了受众对乡村田园的怀旧情绪。如果对怀旧话语进行考古，nostalgia（怀旧）来自两个希腊语词：nostos（返乡）和algia（怀想），是对某个不再存在或者从来就没有过的家园的向往。时至17世纪，怀旧被视为一种可以被鸦片、蚂蟥和山地旅行治愈的情感疾病。18世纪浪漫派诗人、哲学家开始从暮色、池塘、浮云等自然风光和废墟上，寻找内在的风景和世界外形之间的相合之处。怀旧是对标榜进步、理性的现代性的克服和超越。此后怀旧被19世纪修复的历史古迹、档案抽屉、古物展厅等赋予了新形式，在20世纪各级博物馆和纪念馆中被制度化和机构化。[3]时至21世纪，怀旧演变成"不可治愈的现代状况"，"全球都在盛行这种怀旧病，越来越多的人渴望拥有一种集体记忆的共同体情感，试图在一个碎片化的世界中获得一种连续性"。[4]怀旧成为身处生活与历史加速剧变时代中的人们的一种防御机制，在过去寻求各式各

---

[1] 吉尔·德勒兹、费利克斯·伽塔里：《反俄狄浦斯：资本主义与精神分裂症》，汪民安编：《后现代的哲学话语》，浙江人民出版社2001年版，第52页。

[2] ［法］克里斯蒂安·麦茨：《想象的能指——精神分析与电影》，王志敏等译，北京大学出版社2021年版，第146页。

[3] ［美］斯维特兰娜·博伊姆：《怀旧的未来》，杨德友译，译林出版社2010年版，第1—20页。

[4] ［英］齐格蒙特·鲍曼：《怀旧的乌托邦》，姚伟等译，中国人民大学出版社2019年版，第5页。

样的乌托邦，作为当下现实的替代物。[①] 被全球化浪潮裹挟的受众对乡村田园拟像的痴迷，可以理解为世纪怀旧病的新形式。借用雷蒙德·威廉斯的文化分析术语，也可以说乡村怀旧是时代的"感觉结构"。[②] 需要辨析的是，他在《漫长的革命》中以英国 1840 年代小说为例，探讨文学反映的英国某一时期的感觉结构。在他看来，"感觉结构是和支配性的性格相对应的"，也是对不同社会性格"互动关系的一种表达"。"虽然感觉结构在整个社会中并非铁板一块，但它在占支配地位的生产性群体那里表现得最为突出。在这个层面上，它不同于任何一种可识别的社会性格，因为它不仅要处理共同理想，而且也要处理被共同理想所忽略的东西，以及共同理想所带来的活生生的后果"。[③] 虽然短视频代表的视觉文化已经远远不同于小说代表的印刷文化，但其所属的影像和当年文学一样，都是不同时代的大众们喜爱的通俗文化。田园拟像迎合的怀旧情绪正是当下的感觉结构。社会的共同理想也就是支配型的社会性格，可以结合当代哲学家韩炳哲对数字信息时代人类精神状况的分析来理解。在现代晚期倦怠社会中，功绩主体作为只会劳作的人，陷入过度的积极性之中，进行自我剥削并跟自己竞争，集剥削者和被剥削者、施虐者和受虐者于一身，这种自我指涉性产生了悖论式自由。过度疲劳和倦怠成为功绩主体典型的精神状态。[④] 田园怀旧成为主导的社会性格——倦怠感遮蔽的反面，或者说正是前者所带来的后果。换言之，怀旧的感觉结构是功绩主体面对扩张性的暴力——过度的功绩、过度的生产、过度的交际、过量的关注和过分的积极主动[⑤] 的一种心理防御机制。功绩主体在对前乡土文明的田园怀旧中获得心灵的抚慰。

（二）田园短视频与文化多样性

作为大众文化消费主体的受众，也是置身加速时代的功绩主体。他/她们在短视频的娱乐消闲中，在对李子柒牌食品的消费中，满足其怀旧情绪，克服倦怠获得精神安

---

① ［英］齐格蒙特·鲍曼：《怀旧的乌托邦》，姚伟等译，中国人民大学出版社 2019 年版，第 7 页。
② 雷蒙德·威廉斯讨论英国 1840 年代的小说，此时对应着中国晚清，盛行的文学形式正是小说。随着晚清商业印刷的繁荣，阅读公众热衷于小说这种新娱乐形式。晚清小说正是印刷文明的产物。有关晚清小说的讨论见王德威的《被压抑的现代性——晚清小说新论》。
③ ［英］雷蒙德·威廉斯：《漫长的革命》，倪伟译，上海人民出版社 2013 年版，第 73—74 页。
④⑤ ［德］韩炳哲：《倦怠社会》，王一力译，中信出版集团 2020 年版，第 19—54 页。

慰，再次投入再生产和自我剥削中，直至新的倦怠感的产生。由大众文化的消费衍生到消费工业食品来构建一种延续了传统文化的新的生活方式，本质上依然在媾和作为宰制性意识形态的消费社会的运作逻辑，包括生产、消费、娱乐休闲在内的一切，始终在为价值的增值而服务。因为"作为资本的货币的流通本身就是目的，因为只是在这个不断更新的运动中才有价值的增值，因此，资本的运动是没有限度的"。[①] 与其说消费主体只能在按照消费逻辑运作的田园拟像及工业食品中，找寻到一种虚幻的田园乌托邦，倒不如说在商品化时代，只能用按照商品化逻辑生产出来的大众文化和消费品来满足受众的怀旧情绪。怀旧的欲望生产实际上正是由商品化主导的社会生产所创造。[②] 这些潜藏在李子柒短视频生产与消费中的矛盾与缝隙——在反消费的田园拟像与消费逻辑宰制下的文化经济产物之间的吊诡，成为理解信息经济，也就是商品经济发展新阶段运作机制的关键所在。

如果说费斯克在对大众媒介时代的大众文化的解读中，认为人们在购物广场的闲逛是从微观政治层面对社会结构宰制性力量的协商与对抗，那么，闲逛者"侵入到那些具有消费权力者的空间"，用"影像和空间的消费"来对抗"商品"的消费。[③] 因为商品只有通过消费者的购买，才能转变为资本（消费金额）进入再生产的循环中。此时生活空间和消费空间（购物广场）的界限分明。从电脑、手机客户端的短视频到购物平台，这些新技术媒介对生活世界的全面中介，"24/7 的无时间性已经侵入到社会生活和私人生活的方方面面"，到处都是可以"购物、消费和利用网络资源的时间、地点和情境"，[④] 消费不再局限在特定的实体空间中，消费时间全面覆盖了生活时间／非劳动时间。人们在网络化媒介中的娱乐和休闲，虽然再生产出了自己的劳动力，但同时也是能够创造剩余价值的劳动，[⑤] 此时用户的每个点击信号都可以转化为

---

① 吉尔·德勒兹、费利克斯·伽塔里：《反俄狄浦斯：资本主义与精神分裂症》，汪民安编：《后现代的哲学话语》，浙江人民出版社 2001 年版，第 49 页。

② 马克思：《资本论（节选本）》，中共中央马克思恩格斯列宁斯大林著作编译局译，人民出版社 2018 年版，第 83 页。

③ ［美］约翰·费斯克：《解读大众文化》，杨全强译，南京大学出版社 2001 年版，第 16—17 页。

④ ［英］乔纳森·克拉里：《24/7：晚期资本主义与睡眠的终结》，许多等译，南京大学出版社 2021 年版，第 47 页。

⑤ 达拉斯·斯麦兹：《传播：西方马克思主义的盲点》，姚建华编：《传播政治经济学经典文献选读》，商务印书馆 2019 年版，第 24—25 页。

资本。消费时间（注意力）开始取代消费金额，成为消费主义追逐的新目标。消费主体被封闭在消费主义的拟像世界中，丧失了与真实界的沟通可能。他们通过田园拟像及其衍生品来反叛消费社会，最终却依然嵌套在消费逻辑中，迷失在其宰制的符号帝国中。

田园拟像短视频之所以能够进行跨文化传播，并成为全球喜爱的流行文化符号，正是迎合了全球化时代人们对传统农业文明的文化怀旧心理，迎合了全球化时代之消费主义盛行带来的普遍的感觉结构，成为一种对信息经济带来的加速的生活方式的想象式的逃离。① 对有着悠久农业文明的古老中国生活方式的再想象，以及这种文化想象在全球传播的成功，为全球化时代文化多样性创造了一种新的可能，成为民族文化新的认同标志，与此同时，也为想象现代性从文化想象层面提供了一种不同的选择和可能。

第三节　图书出版机构短视频营销的中国经验

近年来，移动互联网为代表的信息获取方式深度嵌入人们的生活，呈现设备智能化和"场景"多元化等特征，出版业融合发展在产品形态、技术、渠道等方面纵深推进。党和国家对出版业融合发展非常重视，出台了一些相应的引导促进政策。运用短视频营销，是我国图书出版机构在新技术背景下推进出版融合发展的一个重要现象，也产生了一些令人瞩目的"中国经验"。本节结合社会学与传播学理论，研究探讨当前图书出版机构短视频营销发展的发展现状及特点，以及其提供了怎样的"中国经验"，旨在推进出版传媒业深入融合发展。

一、图书出版机构短视频营销的背景及界定

（一）图书出版机构短视频营销的社会和政策背景

移动互联技术与人工智能、大数据等新技术的快速发展，使广义上的出版成为普通人可具有的能力，把出版业推入"后出版时代"。人们的阅读习惯发生改变，进一步

---

① 《高举中国特色社会主义伟大旗帜，为全面建设社会主义现代化国家而团结奋斗——在中国共产党第二十次全国代表大会上的报告》，《人民日报》2022 年 10 月 26 日。

推动出版业态变革。传统媒体时代的伦理遭遇去专业主义、去中心化挑战，责任边界扩大，出版主体更加多元、复杂化。在这种环境下，利用各种新媒体技术，如短视频、直播等来营销图书和打造品牌，成为我国图书出版机构不断探索并取得令人瞩目的成绩的新兴渠道。

党的十八大以来，中央高度重视传统媒体和新兴媒体融合，指导制定了一系列政策推动媒体融合向纵深发展，这对出版业融合发展起到了重要的推动作用。2015 年 3 月，为积极贯彻习近平总书记关于媒体融合发展的重要讲话精神，进一步提高出版业在信息化条件下的影响力传播力和竞争实力，推动出版业更好更快发展，国家新闻出版广电总局、中华人民共和国财政部印发《关于推动传统出版和新兴出版融合发展的指导意见》，提出立足传统出版，发挥内容优势，运用先进技术，走向网络空间，切实推动传统出版和新兴出版在内容、渠道、平台、经营、管理等方面深度融合等要求，并对列入新闻出版改革发展项目库的融合发展项目和涉及出版融合发展的出版项目给予重点支持。①

2020 年 9 月，中共中央办公厅、国务院办公厅印发《关于加快推进媒体深度融合发展的意见》，阐明媒体深度融合发展的重要意义、目标任务、工作原则，提出要推动新闻媒体主力军全面挺进媒体融合主战场。2021 年 12 月，国家新闻出版署发布了《出版业"十四五"时期发展规划》，描绘了出版业发展蓝图和工作方向。其中，以"壮大数字出版产业"为主题，对出版业数字化转型与融合发展的思路、目标、举措进行了阐述，为"十四五"时期推进深度融合、实现产业转型与升级指明了方向。②

2022 年 4 月，中共中央宣传部印发《关于推动出版深度融合发展的实施意见》。该实施意见按照《中华人民共和国国民经济和社会发展第十四个五年规划和 2035 年远景目标纲要》及《出版业"十四五"时期发展规划》的有关部署制定，从 6 个方面提出20 项主要措施，对新时代深入推进出版深度融合发展作出全面安排。这是中宣部首次就出版融合发展领域专门发布的政策文件。在出版融合发展内容建设方面，中国新闻出版研究院院长魏玉山认为"提高优质数字出版内容的到达率、阅读率和影响力"是

---

① 《〈关于推动传统出版和新兴出版融合发展的指导意见〉发布》，http://www.cac.gov.cn/2015-04/09/c_1114918292.htm?from=groupmessage。
② 宋吉述：《建立全方位推动体系　打造数字出版新生态——关于推进出版深度融合发展的思考》，《科技与出版》2022 年第 11 期。

首次出现的提法。以往业内多关注数字内容的生产，现在更加强调效果，是对融合发展提出的新要求。[①] 清华大学出版社社长宗俊峰指出："《实施意见》既提出了传统出版与新兴出版'融为一体、合而为一'等新提法，同时明确了'强化内容建设、发挥技术支撑、建强出版融合队伍'等新政策。"这对制约出版深度融合发展的突出问题提出了破解的思路方向和具体举措，"我们要正确认识传统出版和新兴出版的辩证关系，变'政策要我融'为'我要主动融'"。[②]

2022 年 5 月，中共中央办公厅、国务院办公厅印发了《关于推进实施国家文化数字化战略的意见》，明确"到'十四五'时期末，基本建成文化数字化基础设施和服务平台，形成线上线下融合互动、立体覆盖的文化服务供给体系"。除此之外，国家对于数字经济的大力推动也为出版融合发展构建了良好环境。2022 年 1 月，国务院发布了《"十四五"数字经济发展规划》，明确提出"数字经济是继农业经济、工业经济之后的主要经济形态"。《规划》指出，要提升社会服务数字化普惠水平。加快推动文化教育、医疗健康、会展旅游、体育健身等领域公共服务资源数字化供给和网络化服务，促进优质资源共享复用。[③] 近些年，我国高度重视数字技术对传统产业转型的推动，陆续发布了推动大数据、电子商务、"互联网+"发展的政策文件，都在宏观层面为出版融合发展营造了良好氛围，打下了坚实基础。[④]

（二）图书出版机构短视频营销的界定及意义

图书出版机构短视频营销是出版融合发展中出现的新现象，目前主要表现为出版社、纸质书线下销售门店、在线图书出版发行平台等利用短视频这种媒介形式，对图书内容进行视觉化再现，并依托社交媒体平台进行传播，以期达到更好的受众触及效果，从而增加图书销量和提升品牌竞争力。近几年，运用短视频进行营销的出版机构

[①] 《为出版业高质量发展指明方向——解读〈关于推动出版深度融合发展的实施意见〉》，http://www.gzxwcbj.gov.cn/xwzx/ywxx/202205/t20220516_74070578.html。

[②] 李婧璇：《从相融到深融，多方合力共建融合发展新格局》，https://baijiahao.baidu.com/s?id=17324046 52577393036&wfr=spider&for=pc。

[③] 《"十四五"数字经济发展规划》，https://www.ndrc.gov.cn/fggz/fzzlgh/gjjzxgh/202203/t20220325_1320207.html。

[④] 宋吉述：《建立全方位推动体系　打造数字出版新生态——关于推进出版深度融合发展的思考》，《科技与出版》2022 年第 11 期。

越来越多，在打造品牌、吸引用户及提升销量等方面都产生了显著成绩。短视频突破了纸质书籍以文字为单一表达形式的媒介形态，是对精英建构的书写文化的一种"重构"，而其社交属性又有利于搭建精英文化和大众文化之间沟通的桥梁，促进社会圈层间对话。依托大数据个性化推荐技术和精准推送，出版从业者运用短视频营销，可将更符合受众偏好的高质量内容推荐给其用户，提升出版内容的"到达率、阅读率和影响力"。相关研究对推广全民阅读也有重要意义。

二、图书出版机构短视频营销的主要模式及特点

在我国，虽然 2016 年被誉为"短视频元年"，但早在 2009 年就有业内人士提倡进行图书出版与视频融合发展的探索。吴和松（2009）从资源的稀缺性上指出图书视频营销极具前景，又从切入时机、内容制作和传播途径等方面为图书网络视频营销提供方法依据。[1] 谢征（2014）认为，短视频能以"病毒传播"的方式在软件用户间被观看，产生较好的传播效果。国内外一些图书、杂志开始利用短视频平台推广。[2]

近几年，随着网飞（Netflix）、亚马逊（Amazon）等互联网内容生产巨头布局短视频业务，国外著名的图书出版公司也纷纷涉足这一领域。哈珀·柯林斯、企鹅兰登书屋等入驻社交平台，用短视频形式包装图书产品，促进图书产品销量和知名度的提高。尤其是新冠疫情发生以来，传统的图书销售渠道受到的冲击较大，图书出版机构利用短视频、直播等形式宣传营销的方式日趋繁荣。短视频时间短、内容丰富，分发机制相对公平，碎片化的传播方式也适应了媒体转型加速时代人们的阅读"惯习"。

图书机构利用直播、短视频形式营销，是出版业数字化转型、推动数字经济发展的重要途径。习近平主席在致 2021 年世界互联网大会乌镇峰会的贺信中强调："中国愿同世界各国一道，共同担起为人类谋进步的历史责任，激发数字经济活力，增强数字政府效能，优化数字社会环境，构建数字合作格局，筑牢数字安全屏障，让数字文明造福各国人民，推动构建人类命运共同体。"[3] 图书出版机构短视频营销，优势主要

---

① 吴和松：《网络视频营销：开创图书营销蓝海》，《中国出版传媒商报》2009 年 5 月 8 日。
② 谢征：《社交短视频与出版物营销》，《出版发行研究》2014 年第 10 期。
③ 新华社：《习近平向 2021 年世界互联网大会乌镇峰会致贺信》，http://www.gov.cn/xinwen/2021-09-26/content_5639378.htm，2021 年 9 月 26 日。

体现在聚集成本较低和交流的平等开放等方面。这既是不同媒介形态融合创新的表现，也是流量思维指导下图书出版业谋求创新发展的竞争策略。

（一）直接推荐图书的短视频营销方式

这类短视频主要是直观地为用户展示推荐图书产品。比如浙江少年儿童出版社一则短视频展示了样书室的书架，上面是内容丰富而畅销的儿童书籍。图书推介短视频主题明确，将图书的"卖点"直观地介绍给读者。京东商城不少图书商品的主页都配上了这样的短视频。有的视频以翻页方式介绍书中图文等，使读者感知动态浏览该书的效果；有些短视频侧重于对书籍内容的解读，有主播自己的观点且能清晰传达给受众，如掌阅科技的"都靓读书"；有的短视频运用动画手段，围绕书中的重要情节进行形象生动的演绎。

图书巨头西蒙与舒斯特（Simon & Schuster）曾在微软公司开发的 Vine 上推出其官方平台，内容多为图书出版商制作的图书推广视频。如今碎片化的阅读方式占据了人们大量的阅读时间，人们对内容时长的容忍度却越来越低，该平台上适应碎片化传播形态的图书视频，时长被限制在 6 秒左右，尽可能展现图书特色，如精美的封面或者书中插画等，在最短的时间内获得人们的注意力资源，短视频制作了一些吸引人的主题如"周末选本书真难""时下最流行的书"等，以此激发用户阅读和购买的需求。①

国内的出版社同样谋求与短视频新媒体的融合创新之路，搭上短视频平台发展快车，也取得了显著的效果。2019 年春节，接力出版社利用短视频在自营店营销《超级飞侠梦想魔法大礼盒》，一周卖出 2000 套，较早地依托短视频打造爆款产品。人民文学出版社借助抖音短视频平台，推出一些作家、学者推荐书籍的短视频，拉近作者与读者距离，突出名人效应。徐静蕾推荐其父徐子健的新书《父亲的军装》，借父女关系将用户迅速拉入其熟悉的家庭场景中，缩短书本与受众心理层面的距离。第三人称视角的叙事模式，作为书籍内容的有益补充，使得家庭生活的脉脉温情成为新书的一大看点。

出版机构图书短视频的主播有营销人员、编辑、作者，以及一些人气高的网红主播。短视频营销常常与直播相结合，如一些坐拥经济资本和社会资本的直播大 V 将

---

① 参见谢征：《社交短视频与出版物营销》，《出版发行研究》2014 年第 10 期。

图书作为其直播推荐商品，此时图书作为象征着文化资本的符号便穿透媒介形态"区隔"，可助力直播平台文化品位的提升。但一些业内人士认为，短视频平台图书售卖"薄利多销"的低价策略，会对整个运营生态产生负面作用。

媒介融合趋势下，新媒介技术成为出版业转型的内驱力。依托大数据和算法技术发掘用户新的兴趣点，可为图书销售开辟无数新的利基市场。2019 年 5 月上线的掌阅科技短视频矩阵，其多个社交媒体账号便期待利用短视频开拓新的消费场景。"掌阅读书"根据电视剧《小欢喜》拍摄的一条短视频，成为当日流量爆款。可见，出版业与短视频的融合，不仅致力于留住以往具有阅读惯性的用户，还不断发掘培育新用户，掌阅科技这条短视频，便是在电视剧受众中寻找潜在的图书读者。

（二）将讲座、访谈等知识服务形式与短视频相融合

出版机构或作家、学者、文艺工作者等通过短视频平台发布的访谈或授课内容，有些并非直接荐书的视频，但其中蕴含知识讲解、人生感悟、对社会问题的看法等内容，在传递知识的同时也对相关图书作了推广。一些出版机构推出主打知识服务的短视频，以其公益性和优质内容助力品牌建设。如北京大学出版社的抖音号上有"大师经典"栏目，共 15 集，总播放次数 100 多万次。其中一集由杨立华教授讲述了中国文明的基本品格并不围绕"彼岸"展开，而是围绕"此世"展开的。视频上方展示了杨立华的《中国哲学十五讲》一书，在传授知识的同时宣传了图书产品。这一栏目还包括叶嘉莹、葛晓音等名家的讲座精华。人民文学出版社的"文学常识"栏目，已更新至 164 集，由知性的女主播简洁地介绍中外文学史上的文学知识和优秀作品，如"诗仙是李白，那诗佛诗鬼诗神都是谁？""举案齐眉到底是什么意思，你知道吗？"这些短视频内容精炼、形式活泼，目前已播放 1508 万次，助益该社人文底蕴厚重的品牌形象，也引起了读者对短视频中涉及书籍的兴趣。

有学者指出，较少的人意识到出版的本质其实是知识生产和知识传播。考究出版（Publishing）的本义，即"公之于众"，更确切地说，是将一切有价值的、有组织的、系统化的信息传递给公众。[①] 名人在各自专业技能领域的突出表现，使得用户更容易信

---

① 方卿、王一鸣：《论出版的知识服务属性与出版转型路径》，《出版科学》2020 年第 1 期。

服。一些专业性较强的短视频可以精准定位受众群体，通过互动了解读者的个性化需求，提高知识传播效率。比如电子工业出版社抖音号上的合集"作者解书"，由作者亲自出镜，以讲座形式解读其作品精华，通过下方的用户评论又可及时了解用户需求。

20 世纪 70 年代，托夫勒就觉察到认知过载正越来越成为一个经济、文化和社会问题。[①] 而知识服务可有针对性地提炼知识和信息内容，为面对纷繁复杂内容产生选择困难的用户带来便利。商务印书馆请首都师范大学哲学系陈嘉映教授讲"经典大部头太难读怎么办""怎样才叫读懂一本哲学书"。机械工业出版社的"雅思写作能手是如何炼成的""《被讨厌的勇气》读书会""许小年谈创新"等，都是制作精良、内容精炼，颇具趣味性的知识服务类短视频。不过，由于短视频一般有几分钟的时间限制，这种知识服务形式的短视频影响有限，还有很大的提升空间。

（三）侧重于情景式的图书出版机构短视频营销

媒介环境学派认为，"线性和理性的思维方式是书面文化和印刷文化的界定性特征之一，如今它受到的挑战是思维方式、审视世界和认识世界方式的挑战；这是多媒介、直觉的方式，是后现代文化的征候，互联网、多媒体成为时代的主宰"[②]。"场景"本来是现实中的空间地域概念，后被广泛应用于媒介研究领域。罗伯特·斯考伯指出，场景是基于移动设备、社交媒体、大数据、传感器和定位系统的技术应用。图书出版机构短视频营销，常显现出用户与作者、出版机构、其他用户基于"场景"的连接。一些出版社和作者以短视频形式引导读者体会书中的情景，参观作者生活过的地方，让用户产生身临其境的亲近感，进而实现其营销目标。

"行走 40 国"这一为《智慧旅行》等旅游书籍所建短视频账号就是一个典型例子。"行走 40 国"是旅行作家孙剑的笔名，他的书也是自媒体与机构出版互构的产物。2006 年，孙剑完成第 40 个国家的旅行，在新浪博客发表了许多旅行文章，2009 年，其博客被国家互联网协会评为"中国十佳博客"。短视频平台兴起后，孙剑开设短视频账号介绍旅行见闻，其所著畅销书《中国人你为什么不快乐》《智慧旅行》等与其短视

---

① ［澳］罗伯特·哈桑：《注意力分散时代 高速网络经济中的阅读、书写与政治》，张宁译，复旦大学出版社 2020 年版，第 103 页。

② ［美］林文刚：《媒介环境学：思想沿革与多维视野》，何道宽译，中国大百科全书出版社 2019 年版，第 63 页。

频产品相互促进，用沉浸式的旅游短视频直观展现了图书中的亮点，也使得书籍内容更为真实可感，拉近了作者与读者距离。

有学者指出："各种电子装置不但为阅读提供了新的文本媒介，导致了从纸质文本向电子文本和超文本的根本转变，而且深刻改变了人们的阅读行为和习性，建构了一种全新的阅读范式。"[1] 情景式的短视频能够使用户产生一定的沉浸感，出版机构通过短视频和直播进行场景化营销，与用户充分互动，使其产生"在场"感。这种持续性在场有利于在"赛博空间"拉近作者与读者的心理距离，而短视频的音像媒介表达方式又会以声音、图像、音乐等丰富的多媒体文本形式全方位调动受众的感官体验，在场景营销中激发其购买欲望。

电子工业出版社打造《打开中国：了不起的建筑》一书的竖屏剧，在"玩书""好书博物馆"等抖音账号进行投放。这部立体书收录了故宫、长城、莫高窟等八处古代建筑，附送音频。相关短视频以竖屏剧形式加以演绎，使得短剧的历史叙事逻辑与书本的深描逻辑相勾连，人物、情节等因素与富有历史文化底蕴的建筑互构，给青少年读者以直观的感受，受到用户欢迎。

一些图书出版类抖音号会发布有趣的视频来保持其活跃度，且配合直播活动吸引用户。电子工业出版社的"编辑部的故事"，绘声绘色地对社里的情况作了介绍。对出版幕后情形的展示，使读者对出版活动的感知更为立体，对出版机构更有亲切感。此外，通过用户生产内容（UGC）也可打造出版业新的营销景观，平台允许读者发布意见、建立社区和分享、制作内容，内容本身的附加值又会被整合到图书出版营销中去。如一些短视频推送仪式化又简单易行的阅读实践，增强用户的体验感，由达人或普通网友践行图书中的烹饪、收纳、运动养生等技能和生活方式，吸引了有着类似爱好的用户，同时生产出新的内容。

三、我国图书出版机构短视频营销的经验及启示

习近平总书记在党的二十大报告指出，全面建设社会主义现代化国家，必须坚持

---

[1] 周宪：《从"沉浸式"到"浏览式"阅读的转向》，《中国社会科学》2016 年第 11 期。

中国特色社会主义文化发展道路，增强文化自信，围绕举旗帜、聚民心、育新人、兴文化、展形象建设社会主义文化强国，发展面向现代化、面向世界、面向未来的，民族的科学的大众的社会主义文化，激发全民族文化创新创造活力，增强实现中华民族伟大复兴的精神力量。[①] 图书出版产业在新时代新征程中展现新的生机，为中国式现代化提供着文化支撑。深入研究出版业的数字化转型升级，对全面理解和传播"中国式现代化"的理念和实践具有重要意义。

移动互联技术与媒体融合的发展，把出版业推入"后出版时代"。布尔迪厄认为，场域既是"惯习"养成和延展的地方，也是"资本"作用的舞台。当参与出版业的行动者处于不同位置时，会受到各种作用力的影响，而各方面的压力、动力、阻力组成的矢量合力又影响着出版业态、文本形态，以及出版者的工作方式和组织形式。场域理论把社会划分为多个半自治域，每个半自治域有其特有的"游戏规则"，场域中的主体被规则所支配。在出版场域中，新媒体催生了短视频等新的进入者，他们加入改变或是保留出版业游戏规则的斗争中。在新旧行动者之间的博弈与策略互动中，也显现出版业中的一些矛盾问题。

近几年我国图书出版机构短视频营销取得了很大成绩，不过以场域理论观照图书出版机构短视频营销，也存在一些问题，如：短视频内容缺乏新意，不能突出自身产品特色，品牌意识欠缺；对用户缺乏比较精准的定位、互动性不足；营销渠道较为单一，效果不佳；短视频发展中存在价值导向错误、低俗化及侵权等现象。对此一些出版机构也进行了努力提升改进。笔者针对图书出版机构短视频营销中的问题和经验进行分析思考，力图推进出版业深度融合发展。

（一）将内容生产的专业性与趣味性有机结合

移动互联时代，纷繁复杂的媒介表现形式与技术构建的娱乐环境使人们的注意力资源分散到各种场景中。对人们在电子阅读中呈现"超级注意力"状态，海尔斯总结了其特征，即注意力的焦点在不同任务间不停跳转，喜欢多重信息流动，喜好刺激性

[①] 新华社：《习近平提出，推进文化自信自强，铸就社会主义文化新辉煌》，http://www.gov.cn/xinwen/2022-10/16/content_5718819.htm，2022 年 10 月 16 日。

的东西，不能容忍单调乏味。[①] 出版机构利用短视频营销，应重视移动互联环境下人们新的阅读习惯，以具有质感及趣味性的内容和形式留住用户。

笔者在抖音、快手平台上浏览发现，不少出版社账号里的短视频形式比较呆板单一，画面单调，缺乏新意，粉丝和点赞数量不理想。而掌阅、阅文等数字出版机构旗下账号内容较为丰富，画面构画和色彩搭配较好。掌阅科技公司的内容营销负责人都靓说："我们采用真人出镜的表现形式，通过'掌阅读书主讲人'娓娓道来的分享，带动粉丝对阅读的兴趣与热情……"[②] 在制作图书短视频之前，他们会认真地挑选优秀图书，琢磨短视频的文案，努力提炼凸显出最吸引人的观点。对于拍摄技术与剪辑等也特别留心，将内容与技术结合，打造短视频精品。

如今正在从视看占主导的图像时代转入虚拟体验快感占主导的后图像时代。[③] 图书出版的短视频营销要与新媒介技术结合，明确定位，突出特色，对优质知识内容进行深耕与持续输出。外研社少儿出版中心总经理许海峰指出："一些社交媒体平台有能力在书籍推广方面播放专业讲座，从而使宣传期更长。"2017 年，外研社推出了 Bob Books phonics reader 系列，成功地与基于微信平台的常春藤联盟（WeChat-based Ivy League）合作，并且利用社交媒体视频的形式为其用户推出了一系列讲座。他们不仅依靠社交媒体平台来推广外研社品牌，还利用在线渠道和实体渠道相结合的方式来营销产品。这促进了社交媒体短视频平台与线下图书宣传的策略性营销。[④]

从国内出版业与短视频融合发展现状来看，在抖音等平台上成功推广的案例也有很多，如掌阅旗下账号推介《自私的基因》一书的短视频受到粉丝欢迎。该视频播放量超 1200 万，点赞数超过 36 万。该书一天后在掌阅 App 内销量就增长了 3 倍。布尔迪厄认为在文化场域中，行动者彼此间的位置高低取决于对各项资本的掌握度。图书出版机构的短视频营销，也折射出出版场域中各种资本的争夺与转化，如人民文学出版社、三联书店这些声名卓著、文化资本积累厚重的机构，以及著名作家、学者，更

---

① 周宪：《从"沉浸式"到"浏览式"阅读的转向》，《中国社会科学》2016 年第 11 期。

② 《知名读书博主都靓聊短视频　内容生产和主播是关键》，中国青年网 https://baijiahao.baidu.com/s?id=16741565501554409875&wfr=spider&for=pc。

③ 高字民：《后图像时代和视觉文化的命运》，《西北大学学报（哲学社会科学版）》2009 年第 3 期。

④ Social Media Marketing Working the Platform. (2018). *Publishers Weekly*, 265(11), 20—24.

容易在出版场中获得关注并获取经济资本。而一些较小的出版机构的短视频营销效果不够理想，这些机构可以依据"长尾理论"，突出自身专业特色，尝试在垂直领域深耕。

如今图书出版形态发生了很大变化，但其核心还是为读者提供优质内容。短视频制作者要使其讲述的内容、表达的情绪、传递的价值观引起用户共鸣，这就对短视频内容选材及制作提出了较高要求。短视频风格还要与图书品类相得益彰，如科普类图书短视频注重权威性和科学性，画面色彩通常以冷色调为主，网络文学短视频注重情绪体验，画面色彩较为鲜艳。随着新媒体对传统图书营销领域的冲击，当代出版编辑应提高综合素养，不仅需要对书籍内容和质量把关，还需要适应新媒体话语形态，了解短视频相关技术和推广机制。

（二）拓展多种渠道，建立立体化营销体系

移动互联时代，出版业面临的挑战与机遇并存。"平台＋内容＋渠道""社交＋传播""线上＋线下"等一些新型商业模式，成为融合发展新路径。中宣部《关于推动出版深度融合发展的实施意见》指出："积极贴近读者，增强服务意识，适应网络传播分众化、差异化趋势，探索通过用户画像、大数据分析等方式，充分把握数字时代不同受众群体的新型阅读需求，推出更多广为读者接受、适合网络传播的数字出版产品和服务。坚持效果导向，适应数字时代舆论生态、文化业态、传播形态的深刻变化，更加注重利用新型传播手段，加强全媒体运营推广，提高优质数字出版内容的到达率、阅读率和影响力。"[1]

图书出版机构短视频营销应拓展多种渠道，建立全媒体立体化营销体系。可利用微博、微信公众号等进行宣传推广；也可通过电商、短视频平台，乃至自建平台推送短视频。对于抖音、快手、小红书、微信视频号等平台，要深入了解其分发机制与流量逻辑，综合投放短视频，并且针对不同目标受众进行细分，建立由多个视频账号组成的矩阵，利用联动实现优质内容传播最大化。

出版社可将文字内容与视频、音频相结合，通过多种渠道投放。2020年"双十一"

---

[1] 《中共中央宣传部印发〈关于推动出版深度融合发展的实施意见〉的通知》，https://www.nppa.gov.cn/nppa/contents/279/103878.shtml。

期间，安徽人民出版社邀请法律专家录制视频在公众号推广，相关出版物在学习强国平台通过音频进行宣传，同时在抖音等平台宣传推介。[①] 在线零售商 Ozon.ru 号称"俄罗斯亚马逊"，很早就建立了自己的图书数字出版部门，该平台书店里大约有 1.5 万本电子书，每本售价 100 卢布，平台还添加了与图书相关的音乐和电影。Ozon 重点销售电子书，同时还可以购买实体书或者下载与之相关的音视频文件。随着网络技术和在线支付手段的完善，多种媒体形态在线上出版领域的整合，也为平台谋求变革和创新开辟了道路。[②]

"长尾理论"带来寻找利基市场的运作逻辑，在头部坚挺的市场之外，还存在无数细分的利基市场，它们在传统出版时代很难得到满足。而抖音这类短视频平台，使得有同类阅读需求的用户得以聚集，这些小众用户的需求市场逐渐显现，培育出新的图书销售增长点。不少出版社抖音号开通"小橱窗"，用户可直接点击链接买书，为用户提供了便利。线下出版与线上多媒体立体营销相结合的方式，有利于拓宽营销渠道，增加口碑和发行量。

掌阅科技对市场进行细分、建立起包括"都靓读书""掌阅读书""掌阅职场"等账号的短视频矩阵。掌阅内容营销负责人都靓 2019 年开始发布图书分享视频，很快被平台及用户认可，在抖音、快手、小红书、B 站、微博等各大平台创建账号，目前粉丝量已突破 3600 万人。[③] 都靓通过短视频和直播等渠道，助力《心：稻盛和夫的一生嘱托》一书销量突破 10000 册。她还与团队开拓了一个 Vlog 号——都靓 Amber，经常发布其日常所感所思，风格文艺清新，贴近用户生活，都靓 Amber 在抖音上已有 281 万粉丝。其短视频的标题也很新颖，如"你可以温柔，但不要软弱""毕业，属于夏天的故事"等，颇有诗意。掌阅科技计划将这个账号打造成大 IP，未来可以带动一些文创产品，也可为品牌做推广宣传。

央视《读书栏目》同样致力于发展"短视频＋书评"形式，把好书推荐给观众。

---

① 《出版社备战"双 11"，拼营销！》，https://baijiahao.baidu.com/s?id=1682364769285660579&wfr=spider&for=pc。
② TAN, T. (2012). Growing the Digital Side of the Business. *Publishers Weekly*, 259(14), 35—38.
③ 隗静秋、陆文文、范彬彬：《出版机构短视频运营：知识服务、品牌传播与流量转化》，《中国出版》2021 年第 24 期。

在十分钟左右的节目中，主持人会介绍好书的推荐理由及最精彩的内容等。节目主要分为单人讲述和连线交流两种。在单人讲述中，主持人会配合短视频和图片等辅助手段，力图将书中内容与现实相联系。而连线交流则由主持人作为辅助者，主要由行业内的名人讲述内容，如播出节目《这个历史太有趣》便是采用了这种形式。

（三）注重短视频营销的互动性与社群运营

大数据技术不断发展与个性化推荐引擎的优化，使图书短视频营销发展中呈现社群化、细分化、精准化等特点。拉尼尔对智能体的反思反映了他对技术的一种基本态度。他认为技术的问题应该通过技术的改进来解决，而不是去重新考虑人的本质。[①]出版机构可适当地运用大数据和人工智能技术，推进分众化传播，同时应注重用技术等手段保护用户个人信息权和隐私权。对图书短视频推荐内容的垂直细分，有利于打造不同类型图书出版的开放论坛（如短视频下方的评论区）。出版机构及作者与用户的互动，既增强了用户的忠诚度，也使得用户成为书籍质量的过滤器和出版市场的风向仪。

亨利·詹金斯（Henry Jenkins）教授曾提出"情感经济"（Affective Economics）的概念，考察消费者在观看、选择和消费决策过程中的情感因素。[②]情感性交往是建立在共同的经验或经历基础上的，可以促成情感经济，利于维持和巩固品牌忠诚度。[③]如今短视频正由泛娱乐化向垂直细分领域发展，出版机构可以运用先进技术手段将某类图书和其目标用户进行连接，加强私域流量池的构建，做好"粉丝运营"。

传统知识生产中，在知识公开传播前，作者与读者群基本是不相往来的。知识经印刷出版形成纸质书籍后，成为知识权威的象征。新媒体有着较低的准入门槛和较高的灵活度，为读者提供了更多的意见表达渠道和机会，并将原子化的个体表达出来的信念、态度、意见和情绪囊括进一个更为广阔的赛博空间，使得读者的话语空间进一步释放。短视频和直播将静止的知识放入社会公共空间的"场域"中，以智能化交互

---

① 张怡：《虚拟现象的哲学探索》，上海人民出版社 2020 年版，第 67 页。

② Henry Jenkins. *Textual Poachers: Television Fans & Participatory Culture*. New York: Routledge, 1992:28, 279.

③ 冯小宁、宋成：《"冰与火之歌"：直播时代的知识新形态与出版新业态》，《出版发行研究》2019 年第 10 期。

反馈，作者和编辑在与公众沟通中可能会产生思维碰撞或者价值观的冲突和交融。出版企业要充分认识上述特点，在保证优质内容资源的基础上，积极选择议题推进互动。出版机构可借助社会热点在评论区和社群发起话题讨论，还可结合线下活动，形成联动效应。

智能媒体时代，内容的生产、分发、消费三者相互渗透、相互驱动，逐渐推动一场新内容革命。[①] 目前国内图书短视频内容主要由出版企业策划，读者难以发挥其创造能力。若能引导读者参与内容生产，通过内容制作、分享、交流，实现了社交需求，提升了自我价值。[②] 如哈珀·柯林斯公司在优兔（YouTube）上创办了"第 16 图书演播室"（Book Studio 16.）频道。为了提高影响力，他们发起了一场竞赛，让读者为自己的书架制作视频，制作最佳书架视频的读者将赢得价值五百美元的哈珀·柯林斯图书。一些较好的短视频作品也将上传到"第 16 图书演播室"社群中展示。众多用户参与了这次比赛，提升了用户对社群的黏性和品牌忠诚度。[③]

威尔曼在研究互联网时代的社区时指出，重要的已不再是某个社区中个体成员的物理接近性，而是可能存在于线上或线下的社会联结（social tie）和支持网络的类型。[④] 社群的最大优势在于"价值延伸"，网络社群传播可实施更精准和更有影响力的传播行为。在社群运营方面，出版社还有很大的提升空间，笔者加入了几个知名出版社如人民文学出版社在抖音平台的粉丝群，感觉互动比较少。群主一般仅推送直播信息，对于粉丝的提问甚少回复。出版机构应加强社群运营，维护好读者或潜在读者。可通过微信群、短视频平台粉丝群、直播间交流互动等方式，使机构、作者和用户展开情感交流。如人大社推出谭旭东的儿童文学系列讲座，并组建了微信群，谭旭东在微信群里与读者互动。社群营销拓展了图书品牌的传播范围，使出版机构获得更大收益。

---

① 彭兰：《智能时代的新内容革命》，《国际新闻界》2018 年第 6 期。
② 参见陈矩弘、舒仕斌：《基于"新 4C 法则"的出版业网络直播营销》，《中国出版》2019 年第 10 期。
③ Dianna Dilworth. HarperCollins Wants Readers to Share Videos on YouTube（2016-05-13）［2021-08-16］，https://www.adweek.com/galleycat/harpercollins-invites-readers-to-share-videos-on-youtube/120218.
④ ［英］尼古拉斯·盖恩、戴维·比尔：《新媒介：关键概念》，刘君、周竞男译，复旦大学出版社 2020 年版，第 25 页。

（四）对图书文化产品进行多元化衍生及 IP 运营

出版机构可结合短视频营销等形式充分发掘图书内容及 IP 资源，将文化知识内容加以符号化提炼，同时努力研制开发与图书产品相关的影视作品、动漫作品及周边产品，或进行跨界合作，最大化地实现出版增值。

有学者指出："如今出版的知识生产和知识传播本质被重新发现，知识服务成为出版的显著特征和重要职能。"[①]图书的文字内容可与音频、影视、游戏，乃至网络直播、数字教育等进行融合，促进内容生产及知识服务的多维度发展。比如尝试打造以出版图书为主题的真人秀视频节目。腾讯视频原创的真人秀节目《搜神记》凭借著名作家、职业经理人冯唐"寻找人性的真"的视角，挖掘各领域"大神"的成功之道，最后完成节目同名书《搜神记》的写作出版。该书打破传统的出版流程，将出版链各个环节整合再造，从选题到创作再到推广都与新媒体密切相关。节目初期虽然书还未动笔，《搜神记》已经成为有影响力的图书品牌。

出版机构在通过短视频、直播等新媒体营销获取粉丝和流量的同时，可以挖掘图书的 IP 价值，积极开发文创产品，拓展优质内容带来的盈利模式。[②]掌阅科技品牌总监范彬彬认为，"阅读类短视频账号可以像此前公众号的运营一样，组成一个联盟，共同为图书营销贡献力量；而直播也可以不局限在图书产品，如果能切入文创、母婴、玩具等领域，拓展类别，收益会更高"。[③]浙江文艺出版社则希望聚焦短视频、直播带货，以图书为切入点，打造独树一帜的集国有达人、品牌商家于一身的新媒体，向有文化特色的全品类百货商品拓展。[④]

2021 年，阅文集团总收入为 86.7 亿元，在 IP 运营业务方面，自有版权运营及其他业务收入同比增长 30.0%。[⑤]"大阅文"战略主要分为两个层面：一是网文 IP 的多媒介改编与多形态呈现，包括漫画、动画、影视、游戏等领域；二是 IP 在更广泛领域

① 方卿、王一鸣：《论出版的知识服务属性与出版转型路径》，《出版科学》2020 年第 1 期。
② 董理：《出版社做好新媒体营销工作的三点思考》，《中国出版传媒商报》2021 年 6 月 8 日。
③ 《短视频、直播如何推广"阅读这件最重要的小事"》，https://finance.ifeng.com/c/7xVU3Oc3zzz。
④ 《一家出版机构要做全品类直播 MCN，有可能吗？》，《出版商务周报》2022 年 1 月 26 日。
⑤ 《阅文集团 2021 年财报：归母净利同比增 34.1%》，https://baijiahao.baidu.com/s?id=17280072063184536
49&wfr=spider&for=pc。

的授权，如消费品、潮玩、线下实景娱乐场景等等。如随着网文《斗罗大陆》的热销，相关动漫以及周边产品在粉丝中广受欢迎。①

基于短视频平台展开的图书多元化营销逐渐向"实时互动、虚拟现实、海量数据分析、人工智能推荐"发展。对于一些 IP 综合运营的图书来说，利用其影视剧剪辑成短视频，可助益图书销售及影视宣传。如《北京女子图鉴》的图书推介短视频系根据原著改编的电影剪辑制作，利用了主演的人气，且和电影播出平台优酷的官方账号互动推广。依托各自媒介特性，寻求各个文化场域之间的协同合作，可促进内容资源的迁移和增值，同一 IP 在不同文化场域之间的流转，成为 IP 变现的有效途径。②

媒介环境学派学者认为，媒介和技术都是人的延伸，我们把它们放在我们自己和环境之间，以便使自己能够拓展潜力——即使说不上是操纵、影响和超越极限的能力。③互联网的快速发展，使信息、知识对普通人来说变得触手可及，精英文化逐渐没落。短视频这一媒介场域有着高度的他律性，由于流量等经济利益驱使，移动网络及短视频传播中娱乐化和轻责任感泛滥，带来文化与社会功能弱化，乃至出现一些伦理失范问题。如图书出版平台可通过大数据分析用户行为数据，实现精准营销，但也可能造成用户隐私泄露。在加强法律政策层面规制、细化相关规定的同时，对从业者的价值观和身份构建应予以正确引导。促进从业者遵循出版相关法律法规的自觉性，保障出版融合健康发展。

习近平总书记指出，要增强中华文明传播力影响力。坚守中华文化立场，提炼展示中华文明的精神标识和文化精髓，加快构建中国话语和中国叙事体系，讲好中国故事、传播好中国声音，展现可信、可爱、可敬的中国形象。加强国际传播能力建设，全面提升国际传播效能，形成同我国综合国力和国际地位相匹配的国际话语权。深化文明交流互鉴，推动中华文化更好走向世界。④移动互联网的发展深刻影响着出版的主

---

① 陶淘：《阅文集团上半年版权营收增长 129%，但免费阅读导致付费用户减少》，https://baijiahao.baidu.com/s?id=1708346813694820772&wfr=spider&for=pc。
② 徐媛：《场域理论视角下科幻 IP 的跨媒介生产与传播探析》，《出版发行研究》2019 年第 4 期。
③ ［美］林文刚：《媒介环境学：思想沿革与多维视野》，何道宽译，中国大百科全书出版社 2019 年版，第 334 页。
④ 新华社：《习近平提出，推进文化自信自强，铸就社会主义文化新辉煌》，http://www.gov.cn/xinwen/2022-10/16/content_5718819.htm。

体观念、内部关系和媒介生态，新时代的出版传媒行业格局也在发生巨变。众多类型的短视频平台蓬勃发展，改变了人们的文化生活及消费路径。这对传统图书产品带来冲击，但也给图书出版创造了新的机遇。中央出台了一系列对于出版业融合发展的鼓励政策。在这种时代大潮下，出版机构应该重视短视频传播在图书营销、品牌树立中的作用，积极探索图书出版运用短视频营销的新模式，推进出版业融合发展，充分发挥出版业在中国式现代化建设中发挥价值引领等重要作用。

四、结语

党的十八大以来，中央高度重视数字经济的发展、中国文化的对外传播、传统文化的继承与发展及新旧媒体的融合问题。数字化的发展为媒体的新一轮具有新特点和新时代特征的勃兴提供了巨大的机遇，也对对外传播、传统文化的承继和新旧媒体的融合与产业发展提供了巨大的技术和实践空间与能量。短视频的兴起与发展，并在中国的能量的巨大显现，是科技发展、民众需求和党和国家的重视等多方协同的结果，其经验的总结和提炼，有助于发现问题解决问题并指导下一步的具体实践。本章论述了我国短视频的发展的基础上，主要进行了两个看起来不相关、有一定距离但又统一在短视频之上案例的研究，从而总结中国实践和中国经验。案例的不同面向，以及短视频的不同作用的发挥，恰恰体现了短视频这一新媒体在日常生活、文化传播及营利实现的过程中的所具有的富有时代和媒介特征的巨大影响与作用。充分利用短视频等新兴媒体，遵循其传播规律，并强化党和国家的指导和引领，势必会为有中国特色的现代化的早日实现贡献其应有的能量并发挥积极的作用。

对于本章的内容，具体而言，首先，短视频为传统文化的承继和发展、海外传播及民众的接受提供了一种消费乃至想象的可能性。全球化时代如何保持文化成为一个重要的命题，当传统文化变成一个东西被保存的时候，传统文化本身已经被深刻地改变。在现代社会，传统文化不仅是民族国家想象的继承物，而且也承担起民族国家的怀旧性质。传统文化的持存和传播媒介是书本、读物等传统的图文域，以及由国家操控的广播、电视等视频域。随着信息技术革命的不断更迭，特别是互联网技术和数字技术的不断发展，传统文化的定义和传播的权力，从国家机构下移动到每个能接触到新技术媒介的受众手中。

田园拟像所代表的文化中国性，田园的向度传承了传统的隐逸文化，食物的向度则延续了美食纪录片构建的饮食文化的新视觉传统。田园拟像短视频从国内走向海外，跨文化进行传播，并成为全球喜爱的流行文化符号。不仅因为它迎合了全球化时代人们对传统农业文明的文化怀旧心理，迎合了全球化时代之消费主义盛行带来的普遍的感觉结构，成为一种对信息经济带来的加速的生活方式的想象式的逃离，而且也是人类命运共同体的体现。对有着悠久农业文明的古老中国生活方式的再想象，以及这种文化想象在全球传播的成功，为全球化时代文化多样性创造了一种新的可能，成为民族文化新的认同标志，与此同时也为想象现代性，从文化想象层面提供了一种不同的选择和可能。

其次，短视频等平台成为"媒介化"/"中介化"[1]的力量，为传统媒体与新兴媒体的融合发展，以及人民群众新的生活场景的开拓提供了支撑，为人民的生活丰富和生活形态的改变提供了路径。与李子柒的案例一般，这都是为我国当前主要矛盾的解决提供了具体的方法和经验。近年来移动互联网为代表的信息获取方式深度嵌入人们的生活，呈现设备智能化和"场景"多元化等特征，出版业融合发展在产品形态、技术、渠道等方面纵深推进。党和国家对出版业融合发展非常重视，出台了一些相应的引导促进政策。运用短视频营销，是我国图书出版机构在新技术背景下推进出版融合发展的一个重要现象，也产生了一些令人瞩目的"中国经验"。图书出版机构短视频营销是出版融合发展中出现的新现象，目前主要表现为出版社、纸质书线下销售门店、在线图书出版发行平台等利用短视频这种媒介形式，对图书内容进行视觉化再现，并依托社交媒体平台进行传播，以期达到更好的受众触及效果，从而增进图书销量和提升品牌竞争力。依托大数据个性化推荐技术和精准推送，出版从业者运用短视频营销，可将更符合受众偏好的高质量内容推荐给其用户，提升出版内容的"到达率、阅读率和影响力"等。

最后，以两个具体的差距显得有些大的案例的呈现，可见短视频可资应用的场景

---

[1] ［英］库尔德利、［德］赫普：《现实的中介化建构》，刘泱育译，复旦大学出版社 2023 年版。

与实践的可能性的多元；成功的案例也说明了其效果和价值的重要性。它既是内容生产的手段和媒体，也是内容和组织机构进行中介的平台，从这个角度而言，我国现代化的过程中几乎所有的事物都可以借用短视频进行生产与传播，并在此基础上获得收益和达到传播的效果。从这个角度而言，更加深入地挖掘短视频乃至新媒体的传播的具体实践，分析总结其中国经验，并指导中国实践，将是持续的研究工程，而这将是由中国特色现代化的实现和第二个百年任务的实现的极为重要的助力与组成部分。

第七章　网络舆论治理的中国体系

舆论是"公众关于现实社会以及社会中的各种现象、问题所表达的信念、态度、意见和情绪表现的综合"。[1] 作为"社会的皮肤"，舆论具有感知社会时势与整合社会共识的双重作用。网络技术、网络媒介与网络产品的迅速发展极大地延伸了舆论表达的空间，发展了舆论主体的规模，拓宽了舆论议题的种类，甚至在相当程度上重构了舆论生成与传播的机制；由此，网络舆论成为互联网语境下审视社会现实与影响社会认知的关键。

2003 年，我国进入"全民出版，全民分享"[2] 的 Web2.0 时代，网络舆论事件骤然井喷。汹涌的舆论喧嚣不仅深刻折射出转型时期的社会"阵痛"，让公众得以通过"日常生活化"的意识形态实践实现舆论监督 [3]，也激活并放大了社会焦虑。2008 年，汶川"5·12"大地震标志着互联网已经成为我国舆论最重要的策源地，关注时事、主张权利，并善于在网上直抒胸臆的"新意见阶层"不断扩充；[4] 随着我国进入加速转型期与改革深水区，网络舆论失控、无序的"流动性过剩"危机日渐凸显 [5]。2013 年开始，我国网络舆论监管、治理渐趋法制化与精细化，网络舆论格局发生根本性变化；社交网络勾连起新的网络"部落"，情感和立场优于事实的后真相时代来临。[6]

当下，5G、大数据、人工智能、云计算等智媒技术加速嵌入日常生活，泛媒介化

---

① 陈力丹：《舆论学——舆论导向研究》，上海交通大学出版社 2012 年版。
② 喻国明：《关注 Web2.0：新传播时代的实践图景》，《新闻与写作》2007 年第 1 期。
③ 张志安、晏齐宏：《网络舆论的概念认知、分析层次与引导策略》，《新闻与传播研究》2016 年第 5 期。
④ 祝华新、单学刚、胡江春：《2008 中国互联网舆情分析报告》，http://www.cac.gov.cn/2014-08/01/c_1111903561_2.htm，2023 年 5 月 10 日。
⑤ 张涛甫：《舆论"流动性过剩"的风险考量及其化解之道》，《天津社会科学》2014 年第 1 期。
⑥ 李彪：《后真相时代网络舆论场的话语空间与治理范式新转向》，《新闻记者》2018 年第 5 期。

的数字生态格局渐趋形成。① 一方面，"万物互联"与"万物皆媒"正在不断推动媒介融合，将人、信息、组织和智能体全面连接，各类型平台都可以"信息流"形式进行多形态分发 ②，"多微多端，多点开花"③，社交与智能媒体不仅提供了新的"可见性"机制，还为不同圈群的"出圈"互动提供契机；另一方面，平台区隔与算法推荐叠加了不同社会阶层的生活经验差异与不同群体价值立场差异，强化了彼此的"折叠"不可见 ④，网络舆论加快从简单的信息范式转向基于关系网的结构范式。⑤

在百年变局和世纪疫情的背景下，尽管世界格局"东升西降""西强东弱"态势依旧 ⑥，中国面临的全球互联网舆论生态仍然严峻，但中国声音已经走向世界舞台中央。同时，网络舆论愈来愈成为国家间博弈的战略资源与政治武器。因此，如何在网络舆论治理中统筹国内国际两个大局，以人类命运共同体理念促进全球互联网舆论生态健康发展，参与和引领互联网全球治理，成为中国作为"负责任大国"所面临的重要挑战。⑦

第一节　网络舆论治理的中国探索

一、中国共产党舆论思想的发展演进

（一）马克思主义新闻观中的舆论思想

从 19 世纪 40 年代开始，在马克思主义理论掌握群众、变成物质力量的过程中，舆论也作为重要的观念力量发挥着巨大的作用，相应地，马克思、恩格斯关于新闻活动的实践和论述逐渐成为马克思主义理论的重要组成部分。

1. 舆论的本质内涵：舆论是"一般关系的实际的体现和鲜明的表现"

马克思将舆论视为"一般关系的实际体现和鲜明的表现"，⑧ 恩格斯认为"世界历

① 胡正荣、李涵舒：《智媒时代舆论的特征、实质与对策》，《青年记者》2022 年第 9 期。
② 林爱珺、翁子璇：《智能技术对网络舆论生态的影响与综合治理》，《中国编辑》2023 年第 1 期。
③ 李彪、刘冠琦：《新技术时代舆论研究与治理范式的重构》，《新闻与写作》2023 年第 3 期。
④ 周葆华：《出圈与折叠：2020 年网络热点事件的舆论特征及对内容生产的意义》，《新闻界》2021 年第 3 期。
⑤ 李彪、刘冠琦：《新技术时代舆论研究与治理范式的重构》，《新闻与写作》2023 年第 3 期。
⑥ 中国社会科学院世界经济与政治研究所、中国社会科学院国家全球战略智库：《2022 年全球十大趋势展望》，《光明日报》2022 年 1 月 14 日。
⑦ 吴瑛：《全球互联网舆论生态的历史演变与未来走向》，《学术前沿》2020 年第 8 期。
⑧ 《马克思恩格斯全集》第 1 卷（第 2 版），人民出版社 1995 年版，第 384 页。

史——我们不再怀疑——就在于公众舆论"，①他们认为舆论是"不可数的无名的公众的意见"，②反映了"公众心理的一般状态"，③也是"自然的、普遍存在的一种交往形态"。④

历史地看，马克思主义的舆论观起源于新闻与人民的关系。1843年，马克思就普鲁士政府查禁《莱比锡总汇报》一事评论道，报刊"生活在人民当中"，同情人民的喜怒哀乐，是人民日常思想和感情的表达者。1849年，马克思和恩格斯在《"新莱茵报·政治经济评论"出版启事》中指出："报纸最大的好处，就是它……能够使人民和人民的日刊发生不断的、生动活泼的联系。"⑤

作为革命者的马克思和恩格斯，也极其重视在实践中更具体地认识舆论。在历史语境下，他们认为，"报纸是作为社会舆论的纸币流通的"，⑥是社会舆论的主要载体，"具有各种各样色彩和深刻矛盾的舆论定会找到相应的报刊"。⑦例如，"石印通讯是奥地利当局出版的半官方出版物，目的是根据需要影响社会舆论"。⑧马克思将"社会舆论比作袋子，把报刊比作驮袋子的驴，也就是说，报刊是驮袋子——'驮'社会舆论——的'驴子'，即报刊是表达、反映、体现、复述社会舆论的一种载体。社会舆论和报刊的关系——'袋子'和'驴子'的关系"，⑨"为了打驴背上的袋子——即公众舆论——而去打驴子"。⑩

以"人民为中心"的观念，奠定了马克思主义新闻观中舆论的本体论、认识论和方法论，也从而也发展了对舆论政治性的理解。

2. 舆论的政治意义：舆论是"普遍的、隐蔽的和强制的力量"

在马克思主义新闻观的视角中，舆论天然与政治联系在一起，是对"共同体"和

① 《马克思恩格斯全集》第41卷，人民出版社1982年版，第515页。
② 《马克思恩格斯全集》第7卷，人民出版社1959年版，第523页。
③ 《马克思恩格斯全集》第12卷，人民出版社1962年版，第658页。
④ 陈力丹：《精神交往论——马克思恩格斯的传播观》，中国人民大学出版社2016年版，第135页。
⑤ 《马克思恩格斯全集》第7卷，人民出版社1959年版，第3页。
⑥ 《马克思恩格斯选集》第1卷，人民出版社1995年版，第473页。
⑦ 《马克思恩格斯全集》第50卷，人民出版社1985年版，第509页。
⑧ 《马克思恩格斯全集》第43卷，人民出版社1982年版，第567页。
⑨ 童兵：《舆论和舆论载体——报刊》，《新闻与写作》1991年第7期。
⑩ 《马克思恩格斯全集》第12卷，人民出版社1962年版，第658页。

公共事务的意见表达。在此基础上，舆论具有"晴雨表"的特征，它虽然是"经济地位和社会地位相同或相近的人们对一件事情的一致态度"，[①] 但其内容和影响力也随着社会的发展而不断提高。

马克思主义新闻观在实践中理解舆论的政治作用。在报刊与舆论的关系上，马克思与恩格斯阐释了舆论产生的辩证逻辑，并进一步形成了"人民报刊"理论。马克思指出，报刊"生活在人民当中"，并认为报纸的最大好处，是"能够使人民和人民的日刊发生不断的、生动活泼的联系"。报刊产生于社会舆论的过程中，它也会反过来"制造这种舆论"。[②] 需要注意的是，马克思鲜明指出，好的报刊"只是而且应该是大声的'人民日常思想感情的表达者'，唯有它才能使一种特殊利益成为普遍利益"。这也就是说，马克思主义新闻观强调，新闻媒体只有真实、客观、准确表达和反映社会舆论，才能正确引导和影响社会舆论。

基于对舆论政治作用的深刻理解，在革命斗争工作中，马克思、恩格斯特别注重对于舆论阵地的争夺。马克思、恩格斯指出，社会舆论是一种"普遍的、隐蔽的和强制的力量"，[③] 运载社会舆论的报刊可以独立地发挥"社会舆论的法庭"的作用，[④] 他们将行政权、立法权力和舆论权统称为国家的三种权力，认为"占有他人的意志是统治关系的前提"，[⑤] 并在《谢林论黑格尔》一文中指出，在德国"争夺对德国舆论的统治地位即争夺对德国本身的统治地位"。[⑥] 因此，马克思和恩格斯都强调，无论是进行革命斗争还是实现国家治理，都必须有效运用舆论的力量。

（二）中国共产党的舆论思想发展进路

1. 建党初期的舆论思想

在马克思主义指导下，中国共产党自诞生之日起就非常重视公众舆论和新闻舆论，并始终致力于用新闻舆论从积极的方面影响公众舆论。在反帝反封建运动过程中，中

---

① 童兵：《马克思主义新闻观读本》，复旦大学出版社 2016 年版，第 73 页。
② 《马克思恩格斯全集》第 1 卷，人民出版社 1956 年版，第 231 页。
③ 同上书，第 237 页。
④ 《马克思恩格斯全集》第 8 卷，人民出版社 1961 年版，第 463 页。
⑤ 《马克思恩格斯全集》第 46 卷（上），人民出版社 1979 年版，第 503 页。
⑥ 《马克思恩格斯全集》第 41 卷，人民出版社 1982 年版，第 197 页。

国共产党人就极其注重舆论工作。在五四新文化运动时期，陈独秀在编撰的《国民日报》发刊词中就强调"将图国民之事业，不可不图国民之舆论"，针对"资本家制造报馆，报馆制造舆论"的情况，他主张要反抗代表不公正私利的舆论。《向导》周刊在发刊词中也强调，报纸可以"代表"舆论，但其前提是代表"最大多数人的真正民意"。

2. 新中国成立初期的舆论思想

以毛泽东同志为核心的党的第一代中央领导集体充分总结了革命斗争的成功经验，对舆论工作的重要价值和开展原则形成了更深的认识，提出了"创造舆论"和"舆论一律"与"舆论不一律"的观点。针对舆论与革命的关系，"首先制造舆论，夺取政权，然后解决所有制问题，再大力发展生产力，这是一般规律"。他还指出："凡是要推翻一个政权，总要先造成舆论，总要先做意识形态方面的工作。"[1]

3. 改革开放后的舆论思想

改革开放后，中国共产党发展了对舆论力量、舆论导向和舆论引导的认识，并进一步加强全党对舆论工作的认识。改革开放的总设计师邓小平非常重视舆论的力量，指出"新闻舆论可以发生巨大的影响"，要求报刊上对安定团结的必要性进行更多的思想理论上的解释，强调通过"引导舆论"，使我们党的报刊成为全国安定团结的思想上的中心。以江泽民同志为核心的党中央提出"舆论导向"论。江泽民指出，"正确发挥新闻舆论在当代社会生活中的导向作用既是正确引导人民群众的需要，也是反对敌对势力反动宣传的需要"，并在1996年作出了舆论导向"福祸论"的著名论断，指出"舆论导向正确，是党和人民之福；舆论导向错误，是党和人民之祸"。[2] 以胡锦涛同志为总书记的党中央提出"舆论引导"论。胡锦涛同志在2002年全国宣传部长会议上明确要求新闻媒体要"尊重舆论宣传的规律，讲究舆论宣传的艺术，不断提高舆论引导的水平和效果"，[3] 开始将强调主客观有机统一以支持党治国理政的"舆论引导"话语，

---

[1] 中共中央文献研究室编：《建国以来毛泽东文稿第10册》，人民出版社1996年版，第194页。
[2] 《江泽民总书记视察人民日报社 丁关根和中央有关部门负责人参加了视察》，《人民日报》1996年9月27日。
[3] 《胡锦涛在全国宣传部长会议上强调 围绕中心服务大局 高度重视并切实做好统一思想的工作》，《人民日报》2002年1月12日。

推向全党全国和社会大众。2008 年，胡锦涛进一步提出了"舆论引导正确，利党利国利民；舆论引导错误，误党误国误民"的"利误论"。[①] 在新世纪前后，随着社会舆论的活跃和互联网传播新技术的广泛应用，从"舆论导向"到"舆论引导"，党的舆论思想与时俱进、不断拓展，为网络时代的新闻舆论工作开辟了全新的发展境界。

（三）新时代的网络舆论治理工作

以党的十八大为标志，中国进入了新时代。在新时代，面临百年未有之大变局，中国处于新的历史方位。中国共产党历来重视舆论引导工作，改革开放四十多年来，在舆论引导工作中积累了丰富经验，并提出"舆论导向 / 舆论引导"论。新时代，舆论引导面临许多机遇和挑战。面对新形势，习近平总书记对党的新闻舆论工作进行了全面擘画，对加强舆论引导工作作出一系列重要论述，全方位创新发展了"舆论导向 / 舆论引导"论的理论与实践。

党的十八大以来，习近平总书记对新闻舆论工作作过多次重要论述。在 2013 年全国宣传思想工作会议上，习近平总书记指出："经济建设是党的中心工作，意识形态工作是一项极端重要的工作，能否做好意识形态工作，事关党的前途命运，事关国家长治久安，事关民族凝聚力和向心力。"2016 年 2 月 19 日召开的党的新闻舆论工作座谈会上，习近平总书记强调："党的新闻舆论工作是党的一项重要工作，是治国理政、定国安邦的大事。新形势下，我们党要带领人民有效推进'五位一体'总体布局和'四个全面'战略布局，带领人民实现'两个一百年'奋斗目标、实现中华民族伟大复兴的中国梦，必须引导好人民思想，而要引导好人民思想就要引导好社会舆论。""做好党的新闻舆论工作，事关旗帜和道路，事关贯彻落实党的理论和路线方针政策，事关顺利推进党和国家各项事业，事关全党全国各族人民凝聚力和向心力，事关党和国家前途命运。"

在以习近平同志为核心的党中央领导下，新时代党的新闻舆论思想进一步发展，对党的新闻舆论工作的思想理论引领，坚持党性原则和人民性的统一，提出"媒体融合发展"重大命题并将此提升为国家战略，致力于进行卓有成效的国际传播，遵循新

---

① 《在人民日报社考察工作时的讲话》，《人民日报》2008 年 6 月 21 日。

闻舆论工作中的各种相关规律，重申遵循新闻传播规律，首提新兴媒体发展规律、提出"科学认识网络传播规律"并用于指导实践、创造性地提出"新闻舆论的传播规律"并以此指导新闻舆论工作，从战略高度对新闻人才培养和新闻队伍建设提出系统性要求等。

二、网络舆情治理的中国方案

（一）法律制度体系

利用法律规制网络舆情是国家互联网治理的基本手段和有效方法。目前，我国已有的国家层面的网络舆情治理的法规主要有：《中华人民共和国计算机信息网络国际联网管理规定》《互联网信息服务管理办法》《互联网电子公告服务管理规定》《网络信息安全管理办法》。

（二）舆情治理机制

根据网络舆情治理周期，我国逐渐形成网络舆情监测、网络舆情研判、网络舆情处置、网络舆情工作保障和网络舆情工作评价的五位一体的治理机制。其中：网络舆情处置的复杂性和突变性决定其应该涉及网络舆情处置策略、网络舆情处置时限、网络舆情处置联动等内容；网络舆情工作保障主要由人才保障、资金保障和组织机构保障构成；网络舆情工作评价强调网络舆情治理领导机构对网络舆情治理参与主体的考核与评价，属于内部绩效考核的重要组成部分。从政府的应对行为模式而言，逐渐形成了中央政府前瞻性把控、地方政府主动性化解和基层政府顶压式回应的层级治理体制。中央层面倾向于运用前瞻性把控的控制方式来实现对我国网络舆情治理进行指导，如完善网络舆情立法和制定网络舆情监管标准。在自上而下的行政体系中，起着承上启下作用的地方政府则倾向于运用主动型化解的干预方式来进行网络舆情治理，既要建立资金和人才保障制度，也要构建网络舆情的预警、应急和善后处置机制。基层政府由于其直接面对基层群众和网络舆情危机的现场，因而倾向于应用被动型回应来实现自身对网络舆情危机的规避之策，如要重视基层群众的利益诉求，提高自身系统对网络舆情的敏感性，建立畅通的网络舆情信息传达机制。

（三）多元主体协同

面对网络舆情事件时，需要使用或者是涉及的公共权力与参与主体都不是单一的，从主体构成的角度看，可以将网络舆情系统外部分别具有抑制与促进两种干预倾向的行为体大致分为三类：政府组织、相对独立的社会组织与商业机构、具有官方背景的非政府组织。在我国的网络舆情治理实践中，遵循政治逻辑，对于直接负责互联网治理的政府部门而言，其职责主要是保证网络空间的健康清朗；遵循市场逻辑，相对独立的社会组织与商业机构主要基于利益需求提供网络服务并竞争用户注意力，在重大治理问题上起到一定协同作用；遵循政治与市场的双重逻辑，具有官方背景的非政府组织——尤其是"事业性质、企业管理"的媒体，主要作为网络舆情治理的辅助者、执行者或治理媒介的形式参与治理。

三、网络舆论工作的中国智慧

新的时代背景、社会发展和传播格局对党的新闻舆论工作提出了新的要求。当前中国舆论形态的变动在全球化、转型期和媒介化三重语境下发生。[1] 改革开放以来，我国社会结构不断变化，社会利益重新调整，社会阶层分化造成潜在的社会矛盾。从国际上看，在百年未有之大变局之下，国际形势变化波诡云谲，国家间利益和意识形态冲突不断升级。随着互联网的发展，截至 2022 年 12 月，我国网民规模达 10.67 亿，互联网普及率达 75.6%。[2] 传播技术的高速发展使得舆论场更加复杂，信息的生产、传播、接受方式也发生深刻变革。

党的十八大以来，党中央对互联网的发展和治理、信息化和网络安全相关的重大问题作出一系列重要决策和重要表述，对于全球网络舆论治理贡献了重要的中国智慧。

（一）将网上舆论工作作为宣传思想工作的重中之重

随着人们获取信息的习惯由报纸、广播、电视等传统媒体转向手机、互联网等新兴媒体，新闻舆论工作需要与时俱进，适时调整宣传工作重心。习近平总书记将网上

---

① 胡栓：《马克思主义新闻观核心概念（舆论篇）》，复旦大学出版社 2023 年版。
② 中国互联网络信息中心：第 51 次《中国互联网络发展状况统计报告》，https://www.cnnic.net.cn/n4/2023/0303/c88-10757.html，2023 年 5 月 10 日。

舆论工作作为宣传思想工作的重镇，他在 2013 年全国宣传思想工作会议上提出，"根据形势发展需要，我看要把网上舆论工作作为宣传思想工作的重中之重来抓"。[①] 这充分表明网上舆论工作的重要性，也为宣传思想工作提供了指导方向。

互联网对民众"求知途径、思维方式、价值观念产生重要影响，特别是会对他们对国家、对社会、对工作、对人生的看法产生重要影响"。[②] 当今网络空间信息鱼龙混杂，正面言论和虚假宣传、刻意抹黑等信息夹杂，可能会对判断力较弱的民众造成不良影响。因此习近平总书记强调"开展网络斗争、加强网络管理、弘扬网上主旋律"。[③] 我国网络上的新闻舆论工作，需要和虚假信息、负面宣传作斗争，以正面宣传压倒负面声音，不然负面舆论就会占上风，新闻工作会沦为被动。具体而言，网络空间的正面宣传工作需要"深入开展网上舆论斗争，严密防范和抑制网上攻击渗透行为，组织力量对错误思想观点进行批驳。要依法加强网络社会管理，加强网络新技术新应用的管理，确保互联网可管可控，使我们的网络空间清朗起来"。[④]

（二）构建网上网下同心圆

做好新闻宣传工作，需要网上网下形成同心圆。习近平在 2016 年全国网络安全和信息化工作会议上指出："为了实现我们的目标，网上网下要形成同心圆。什么是同心圆？就是在党的领导下，动员全国各族人民，调动各方面积极性，共同为实现中华民族伟大复兴的中国梦而奋斗。"[⑤] 构建网上网下同心圆对于实现我国"两个一百年"奋斗目标意义重大，意味着社会需要有共同理想、共同目标、共同价值观，方能心往一处想、劲往一处使。

新闻宣传工作需要最大范围争取人心，将民众凝聚到党的周围。争取人心需讲究策略，对于不同问题要采取不同方法。习近平将政治问题、思想认识问题、学术问题区分开，指出：学术问题方面要坚持百花齐放、百家争鸣，积极引导；属于思想认识问题的，要积极教育转化、团结争取；属于政治问题的，要严格加以约束，必要时开

---

① 《习近平关于网络强国论述摘编》，中央文献出版社 2021 年版，第 51 页。
② 同上书，第 69 页。
③ 同上书，第 49 页。
④ 同上书，第 52 页。
⑤ 《习近平谈治国理政》第 2 卷，外文出版社 2017 年版，第 335 页。

展斗争。①

新闻宣传工作也需做好网络统战工作，走好网上群众路线。群团组织需要适应自由职业者、网络意见领袖、网络作家、签约作家、自由撰稿人、独立演员歌手、流浪艺人等新兴群体的发展趋势，努力做其工作，"对他们的工作做好了，他们就可以成为正能量"。② 对于大量涌现的新媒体从业人员和网络"意见领袖"在内的网络人士，要把"这些人中的代表性人士纳入统战工作视野，建立经常性联系渠道，加强线上互动、线下沟通，引导其政治观点，增进其政治认同"。③ 对于青少年群体，要做好网上共青团建设，推动团组织工作上网、服务上网、活动上网，增强联系服务青年的实效性。④ 对于不同群体，需做好正面引导，积极团结，增强传播力、引导力、影响力。

做好网上宣传工作，需把握好时效度，凝聚共识。需多关注网络民意及其动态发展，并通过新媒体平台关注并回应民众的诉求。习近平对如何对待网络民意，提出要做到六个"及时"："对建设性意见要及时吸纳，对困难要及时帮助，对不了解情况的要及时宣介，对模糊认识要及时廓清，对怨气怨言要及时化解，对错误看法要及时引导和纠正"，其最终目的是"让互联网成为我们同群众交流沟通的新平台，成为了解群众、贴近群众、为群众排忧解难的新途径，成为发扬人民民主、接受人民监督的新渠道"。⑤ 政府官员需避免怕承担责任、不敢发声、答非所问、打官腔、不予回应等问题。

对于网上舆论热点，要深入研判并做好相关预案。要分析一种舆论代表哪些人、多少人，对于网上的杂音和噪声，要找出背后的肇始者并查看其企图，背后有无敌对势力。习近平总书记指出，网上发生的一些重大事件以及由此引发的重大社会事件，是"各路角色粉墨登场、联手行动的结果，是有选择、有预谋、有计划、有组织的"。⑥ 面对这些情况，要有高度的政治鉴别力，防止线上线下的事态向负面方向发展。

---

① 《习近平关于网络强国论述摘编》，中央文献出版社2021年版，第78页。
② 同上书，第66页。
③ 同上书，第65页。
④ 同上书，第79页。
⑤ 习近平：《论党的宣传思想工作》，中央文献出版社2020年版，第195—196页。
⑥ 《习近平关于网络强国论述摘编》，中央文献出版社2021年版，第56页。

（三）坚决赢得网络意识形态斗争

习近平总书记将网上舆论工作作为宣传思想工作的重镇，坚决打赢网络意识形态斗争。当今的意识形态斗争从线下转移到线上，由于网络上信息传播的快速性和弥散性，在网络中的意识形态监管和引导的工作面临着更大的挑战。

习近平总书记深刻意识到互联网成为舆论斗争的主战场，我国需要主动取得并把持好这块宣传思想高地。"互联网是我们面临的'最大变量'，搞不好会成为我们的'心头之患'。西方反华势力一直妄图利用互联网'扳倒中国'，多年前有西方政要就声称'有了互联网，对付中国就有了办法'，'社会主义国家投入西方怀抱，将从互联网开始'。从美国的'棱镜'、'X-关键得分'等监控计划看，他们的互联网活动能量和规模远远超出了世人想象。在互联网这个战场上，我们能否顶得住、打得赢，直接关系我国意识形态安全和政权安全。"① 习近平总书记将思想舆论领域分为三个地带：红色地带、黑色地带、灰色地带。红色地带主要由主流媒体和网上正面力量构成，是党的宣传的主阵地，势必需要守住。黑色地带主要是网上和社会上部分负面言论，以及敌对势力制造的舆论，需重视其影响。灰色地带则介于红色地带和黑色地带之间。② 对不同地带，要采取不同策略。"对红色地带，要巩固和拓展，不断扩大其社会影响。对黑色地带，要勇于进入，钻进铁扇公主肚子里斗，逐步推动其改变颜色。对灰色地带，要大规模开展工作，加快使其转化为红色地带，防止其向黑色地带蜕变。"③

习近平总书记多次强调打赢网络意识形态斗争和守护国家政治安全的直接关系，突出网络意识形态斗争对于维护以政权安全、制度安全为核心的国家政治安全的绝对重要性。他在 2015 年《坚决打赢网络意识形态斗争》的讲话中指出："网络已是当前意识形态斗争的最前沿。掌控网络意识形态主导权，就是守护国家的主权和政权。各级党委和党员干部要把维护网络意识形态安全作为守土尽责的重要使命，充分发挥制度体制优势，坚持管用防并举，方方面面齐动手，坚决打赢网络意识形态斗争，切实维护以政权安全、制度安全为核心的国家政治安全。"④ 2018 年，习近平总书记在全国

---

① 《习近平关于网络强国论述摘编》，中央文献出版社 2021 年版，第 51 页。
② 同上书，第 52 页。
③ 同上书，第 52、53 页。
④ 同上书，第 54 页。

网络安全和信息化工作会议上指出，一个政权的颠覆往往是意识形态和思想溃败在先，互联网是"我们面临的最大变量"，是"意识形态斗争的主阵地、主战场、最前沿，能不能牢牢掌握意识形态工作领导权，关键要看能不能占领网上阵地，能不能赢得网上主导权"①。

网络安全关乎意识形态安全，关乎社会的和谐稳定，关乎人民群众的利益。习近平总书记在 2013 年全国宣传思想工作会议上提出，"对那些恶意攻击党的领导、攻击社会主义制度、歪曲党史国史、造谣生事的言论，一切报刊图书、讲台论坛、会议会场、电影电视、广播电台、舞台剧场等都不能为之提供空间，一切数字报刊、移动电视、手机媒体、手机短信、微信、博客、播客、微博客、论坛等新兴媒体都不能为之提供方便"②。习近平总书记对于打赢网络意识形态斗争有着坚决决心，争取意识形态领导权是必然要求。

（四）网上舆论工作需遵循新闻传播规律

习近平总书记指出，"必须科学认识网络传播规律，准确把握网上舆情生成演化机理，不断推进工作理念、方法手段、载体渠道、制度机制创新，提高用网治网水平，使互联网这个最大变量变成事业发展的最大增量"③。网上舆论工作是一项长期任务，"要创新改进网上宣传，运用网络传播规律，弘扬主旋律，激发正能量，大力培育和践行社会主义核心价值观，把握好网上舆论引导的时、度、效，使网络空间清朗起来"④。

习近平总书记指出："要加强网上正面宣传，旗帜鲜明坚持正确政治方向、舆论导向、价值取向，用新时代中国特色社会主义思想和党的十九大精神团结、凝聚亿万网民，深入开展理想信念教育，深化新时代中国特色社会主义和中国梦宣传教育，积极培育和践行社会主义核心价值观。"⑤

网上宣传工作仍需坚持马克思主义新闻观，坚持党在网络空间的全面领导，坚持正确的舆论导向。习近平总书记指出，加强和改进网上正面宣传，"首先要旗帜鲜明坚

---

① 《习近平关于网络强国论述摘编》，中央文献出版社 2021 年版，第 55—56 页。
② 同上书，第 50 页。
③ 同上书，第 13 页。
④ 《习近平谈治国理政》第 1 卷，外文出版社 2018 年版，第 198 页。
⑤ 习近平：《论党的宣传思想工作》，中共中央党史和文献研究院编，中央文献出版社 2020 年版，第 301 页。

持正确政治方向、舆论导向、价值取向。舆论导向正确，就能凝聚人心、汇聚力量，推动事业发展；舆论导向错误，就会动摇人心、瓦解斗志，危害党和人民事业。网上宣传工作必须牢牢坚持党性原则，坚持马克思主义新闻观，坚持正确舆论导向，坚持正面宣传为主。要突出思想引领，用新时代中国特色社会主义思想和党的十九大精神团结、凝聚亿万网民，巩固全党全国人民团结奋斗的共同思想基础。要发挥网络特色、网络优势，深入开展理想信念教育，深化新时代中国特色社会主义和中国梦宣传教育，积极培育和践行社会主义核心价值观，用社会主流思想价值和道德文化滋养人心、滋润社会。要围绕党和国家重大活动、重要方针政策以及群众关心的热点问题，主动设置议题，做好改革发展、经济民生成就宣传和形势政策解读，唱响主旋律、集聚正能量"[1]。

网络宣传工作的方法要需与时俱进，要"创新改进传播手段和方法"。[2]需要高度重视传播手段建设和创新，提高新闻舆论传播力、引导力、影响力、公信力。要推进网上宣传理念、内容、形式、方法、手段等创新，根据网络传播分众化、差异化的特点推出创新。[3]此外，网上宣传还需考虑不同受众的阅读和认知习惯，"要针对各类群体网上阅读习惯和接受心理，注重个性化处理，善于化整为零，做到小而美、多而精，达到'大珠小珠落玉盘'的效果。要增强议题设置能力，该说的说到位，让该热的热起来，该冷的冷下去。要贴近网民，善于运用网言网语，不要板起脸来说教。要重视技术创新，在可视化呈现、互动化传播上做文章，用网民喜闻乐见的方式，使正面宣传的用户规模不断扩大、用户黏性不断增强"[4]。

第二节　中国特色网络舆论学研究

一、网络舆论研究的本土进展

（一）我国舆论研究的发展阶段

1986 年，我国第一家学术性舆论研究机构——中国人民大学舆论学研究所成立，

① 《习近平关于网络强国论述摘编》，中央文献出版社 2021 年版，第 74—75 页。
② 新华通讯社课题组：《习近平新闻舆论思想要论》，新华出版社 2018 年版，第 205 页。
③ 《习近平关于网络强国论述摘编》，中央文献出版社 2021 年版，第 75 页。
④ 同上书，第 76 页。

由此拉开新中国舆论学研究的序幕。历经三十余载的发展，舆论研究已成为新闻传播学、社会学、计算机科学、图书情报学、政治学甚至军事学、教育学等多学科背景研究者共同开头的重要研究领域。其中，新闻传播学者对舆论的研究大致历经五个阶段：

第一阶段，20 世纪 80—90 年代，相关研究以新闻媒体的舆论监督和舆论引导功能为热点，研究主题带有新闻实务的学科背景和浓厚的政治导向，研究方法多是思辨式的、非实证的。

第二阶段：2001—2006 年，我国全面接入互联网后，一批网络社区成型，从中央到地方的新闻网站建设进入快车道，研究开始引入大量传播学理论、名词，讨论舆论在网络环境下传播的总体规律，"议程设置""意见领袖""沉默的螺旋"等成为高频关键词，个案研究、内容分析、民意调查等实证方法增加。

第三阶段：2007—2010 年，一系列网络热点在天涯、猫扑和凯迪等网络社区引爆舆论，舆论研究特别是网络舆论研究也随之进入爆发阶段。研究对象聚焦网络热点、网络群体性事件，分析其中舆论形成、媒体作用及官方引导，研究视野拓宽至公民参与、网络暴力、群体极化、民粹主义、网络谣言等，并出现相关方法论研究。

第四阶段：2011—2016 年，微博、微信崛起，舆论的发酵地转向社交媒体和自媒体，网络谣言、民粹主义与舆论引导依旧是研究重点，但政务微博、舆论领袖成为主要研究对象；以图形为基础，可整合语言及相关意义资源的表情包及"有图有真相"的图像舆论，以及在媒介融合背景下，线上线下、虚拟现实的舆论交互机制逐渐被关注，大数据挖掘、社会网络分析、复杂网络、系统动力学等方法开始应用于舆论研究[1]。

第五阶段：2017 年至今，5G、人工智能、云计算、大数据等信息技术强烈冲击了原有的媒介形态及信息传播范式，短视频、播客、网络直播等渐成主流，在重构舆论格局的基础上，也为舆论研究创新发展创造了现实机遇。研究者一方面探索了其独特

---

[1]　第一阶段至第四阶段参见喻国明、耿晓梦、潘佳宝：《舆论学在中国的发展：理论学说、时代演进与实践应用》，人民日报出版社 2021 年版，第 6—12 页。

的迷因内容生产方式、算法推荐技术[①]，网络舆论的"瞬间引爆"效应[②]，以及更具互动性、涟漪性、奇观性的"社交影像舆论"[③]，另一方面延续了对舆论失真、情感暴力等舆论沉疴的重视[④]。越来越多的研究运用计算方法（computational methods）分析舆论状态及其过程，助推极具创新潜能的"计算舆论"研究领域雏形初现。[⑤]

（二）我国网络舆论研究的重要领域

由上所述，我国网络舆论研究于 2004 年正式起步，并于 2008 年进入爆发阶段，其演变的关键节点高度契合于国内外政治社会情境与媒介技术变迁进程，显示出网络舆论研究的强现实导向。基于理解现实、促进共识的研究使命，我国网络舆论研究始终致力于在复杂多变的舆论生态中捕捉特征、寻找规律，并形成了若干热点领域。其中，着力深耕并不断鉴机识变的重点领域如下：

1. 网络舆论场域结构研究

我国网络舆论的重要性与特殊性首先表现在其相对于其他社会舆论凸显出结构性差异的特征，从根本上改变了中国长期"舆论一律"的总体格局。1998 年 1 月，时任新华社总编辑的南振中提出：中国客观上存在"两个舆论场"，即党报、国家通讯社、国家电视台组成的官方舆论场，以及都市报特别是互联网构成的民间舆论场。学者进一步提炼，指出舆论场即包括若干相互刺激的因素，使许多人形成共同意见的时空环境[⑥]，还敏锐地观察到"世界上大多数国家都有两个舆论场"，但"转型中国表现尤烈"，并呼吁"打通官方、民间两个舆论场"。[⑦]

其后，"两个舆论场"这一深植于中国情景的创新学术概念不断发展，如有学者扩充为民间舆论场、传统媒体舆论场、网络舆论场及境外舆论场[⑧]等，并成为一种总体性

① 虞鑫、董玮：《从公众舆论到日常生活：后台化生产与短视频治理的生态变革》，《中国编辑》2022 年 2 月，第 71—75 页。
② 刘琼、马文婷、范一欣：《短视频平台突发公共事件的网络情绪呈现及舆情治理——以 Bilibili 网站"新冠疫情"议题为例》，《电子政务》2021 年第 6 期。
③ 汤天甜、温曼露：《社交影像舆论风险：概念界定、属性特征与不确定性争议》，《视听界》2020 年第 2 期。
④ 余秀才：《突发事件舆论传播中的短视频转向与治理》，《中国出版》2020 年第 22 期。
⑤ 参见周葆华：《大数据时代的计算舆论学：理论、方法与案例》，复旦大学出版社 2022 年版。
⑥ 刘建明、纪忠慧、王莉丽：《舆论学概论》，中国传媒大学出版社 2009 年版，第 4 页。
⑦ 祝华新：《"两个舆论场"的由来和融通之道》，《南方传媒研究》2012 年第 38 期。
⑧ 张涛甫：《当前中国舆论场的宏观观察》，《当代传播》2011 年第 2 期。

的思考"背景"与参照"起点"。它既反映了我国舆论研究的旨趣，即力图把握态势，关注分化，弥合分裂，同时更奠定了我国网络舆论研究的场域结构路径，深刻影响了相关学术阐释的表达与想象。如通过分析"中国舆论场与世界舆论场"[①]或"国内舆论场与国际舆论场"的融合与断裂[②]来考察当前国内舆论引导乃至全球媒介治理等重要议题的解决思路。另一方面，我国学者因而对智能互联时代关系传播趋势下的舆论对抗与场域互动更为敏感，发现了由于社交圈子化、信息获取定制化、交互关系层级化而形成的在特定圈层中进行信息交互和情感沟通的新现象，[③]以及各媒介平台已进一步构建了封闭的舆论场域的新生态；同时亦洞悉到，分化的平台之间亦存在信息流动与关联[④]，可"接力传播"[⑤]促成网络舆论事件，特别是短视频社交媒介常常能同时形成双重舆论发酵场域，引发"遍地狼烟"的"矩阵条块效应"[⑥]。

2. 网络舆论机制研究

相对于传统舆论，网络舆论的生成、传播与影响机制更为复杂；网络的数字化和数据化又给准确把握舆论过程提供了可能，因此网络舆论的机制一直是研究的热点、重点和难点。在以本土问题意识运用议程设置、框架理论、沉默的螺旋等经典理论工具的基础上，我国学者还结合历史心理、社会记忆与文化原型等理论视角，积极探索富有中国特色的网络舆论机制。

（1）议程设置

传统议程设置理论确证了大众媒体可以在议题"显著性"上对公众议程和舆论产生决定性影响。伴随着研究的深入，越来越多的实证文献发现大众媒体不仅能告诉公众"想什么"，也能成功地告诉公众"怎么想"，形成了属性议程设置理论。互联网的出现改写了大众传播的图景，其信息生产的"众包"化、信息来源多元化、信息消费

---

① 胡正荣：《中国舆论场的新特点与新变量》，《青年记者》2022 年第 18 期。

② 周庆安、卢明江：《智媒时代国内与国际舆论关系研究》，《青年记者》2022 年第 21 期。

③ 郭小安：《新时代中国舆论学知识体系的反思与重构》，《东岳论丛》2022 年第 1 期。

④ 胡正荣、王天瑞：《平台链：打通内容生态的产品链、供应链与价值链》，《中国广播电视学刊》2022 年第 1 期。

⑤ 喻国明、耿梦、潘佳宝：《舆论学在中国的发展：理论学说、时代演进与实践应用》，人民日报出版社 2021 年版，第 18 页。

⑥ 毕翔：《短视频社交媒介舆情监测与危机防范机制研究》，《情报理论与实践》2019 年第 10 期。

碎片化的特点，使得信息的流动与获取从传统媒体时代的线性模式向网状模式转变，因此研究者基于这一挑战提出了网络议程设置理论。其核心观点是：影响公众的不是单个议题或属性，而是一系列议题所组成的认知网络；新闻媒体不仅告诉我们"想什么"或"怎么想"，同时还决定了我们如何将不同的信息碎片联系起来，从而构建出对社会现实的认知和判断。①

我国学者总体上从舆论引导这一中国立场出发，思考如何借鉴议程设置的理念与规律应对我国网络舆论的新情境。如：分析网络议题设置者、议题内容及依赖技术来厘清网络媒体新特色②，并通过实证研究验证了网民更愿意对熟悉的议题发表意见，以丰富舆论引导政府信息披露的学理解释；③针对自媒体、意见领袖、政务媒体等我国网络舆论中的"新力量"，有学者提出扩展"微议程"概念以回应个体和社群的重要意义④；有研究通过对全年度的多事件数据的媒体间议程设置研究明确相关法规影响，启发政务微博建设；⑤还有研究通过应用百度"自然数据"发现我国"两个舆论场"在社会新闻事件或国外政治事件中呈正相关，⑥剖析《人民日报》"报网端微"在中美贸易摩擦期间通过议程设置实现情绪引导的经验⑦，以及报纸对社交媒体公众意见的属性议程设置效果⑧，从而为我国主流媒体提升舆论引导效果提供策略；新冠疫情期间，研究者通过检验发现了党媒、市场化媒体的属性议程主要影响社交媒体意见领袖，并且党媒还可影响公众与意见领袖的网络议程，从而为公共健康危机下的网络舆论引导提出优

---

① 史安斌、王沛楠：《议程设置理论与研究50年：溯源·演进·前景》，《国际新闻界》2017年第10期。
② 甘露：《浅析网络议程设置的特色》，《国际新闻界》2003年第4期。
③ 陈旭辉、柯惠新：《网民意见表达影响因素研究——基于议题属性和网民社会心理的双重视角》，《现代传播》2013年第3期。
④ 高宪春：《微议程、媒体议程与公众议程——论新媒介环境下议程设置理论研究重点的转向》，《南京社会科学》2013年第1期。
⑤ 王晗啸、于德山：《微博平台媒介间议程设置研究——基于2018年舆情热点事件分析》，《新闻大学》2020年第6期。
⑥ 曾凡斌：《百度指数对议程设置理论的检验及"两个舆论场"的关系——基于2013—2016年75个网络热点舆情事件的分析》，《新闻记者》2018年第11期。
⑦ 高萍、吴郁薇：《从议程设置到情绪设置：中美贸易摩擦期间〈人民日报〉的情绪引导》，《现代传播》2019年第10期。
⑧ 刘毅、王聿昊：《医疗议题议程设置效果研究——基于报纸对社交媒体公众意见影响的分析》，《新闻大学》2019年第9期。

化建议。①

（2）框架理论

框架理论具体体现了议程设置中的属性显要性，并且包含更加广阔的认知过程；20世纪 90 年代中期以后，框架理论超越议程设置理论，成为公共舆论等研究领域的重要主题。②在舆论研究中，框架总体上有三条进路：舆论刻画，即以历时或实时的预料为基础，通过应用框架理论描述公众对某议题的理解、态度、意识形态、政策等等；舆论构建，即旨在探索某种舆论框架形成的前因或过程；舆论接受，即某些框架对于公众态度、行为的架构效果。③

我国网络舆论研究基本延续这三种进路，并不断通过引入多理论、方法及数据对经典发现进行拓新：如通过对 7700 篇网络新闻及 3007969 条跟帖评论的计算机辅助内容分析发现，框架设置不仅能够显著的影响受众对事物的属性认知，还能影响受众对事物的负面情感评判，延展了框架效应的适用范围；④或综合运用多模态话语分析、中文情感语义识别和视觉修辞方法，探讨"视觉框架"通过刺激受众"情感激发"和营造"文化意向"来实现舆论生成与表达的过程，⑤以及利用对应分析检验微博原文框架、评论框架与评论情绪之间的关系⑥；或引入解释水平理论，发现"时间距离、空间距离和社会距离越近，个体越可能使用低解释水平表征公众事件，越多使用情节框架或低水平空间框架，反之亦然"，进而为理解公共舆论提供了社会认知心理学的框架，超越了以往舆论成因研究的宏观路径。⑦还有实证研究发现，我国公众在面对政治外交等复

---

① 韩晓宁、郭玮琪、巴亚岭：《疫情议题多元话语主体多层次议程设置效果研究》，《当代传播》2021 年第 2 期。
② 马得勇：《政治传播中的框架效应——国外研究现状对中国的启示》，《政治学研究》2016 年第 4 期。
③ 周葆华、梁海：《大数据时代的计算舆论学：理论、方法与案例》，复旦大学出版社 2022 年版，第 128 页。
④ 党明辉：《公共舆论中负面情绪化表达的框架效应——基于在线新闻跟帖评论的计算机辅助内容分析》，《新闻与传播研究》2017 年第 4 期。
⑤ 王超群：《情感激发与意向表达：新媒体事件图像传播的受众视觉框架研究》，《国际新闻界》2019 年第 10 期。
⑥ 张迪、童桐、施真：《新媒体环境下科学事件的解读特征与情绪表达——基于新浪微博"基因编辑婴儿"文本的框架研究》，《国际新闻界》2021 年第 3 期。
⑦ 毛良斌：《社会公共事件中网民话语表达框架形成及其影响因素——基于解释水平理论的视角》，《新闻与传播研究》2020 年第 7 期。

杂舆论议题时，政府的信息管控策略仍然发挥着正面作用；年轻、教育程度低、威权人格高、意识形态偏左的网民更易受到媒体框架的影响，而普通民众的政治态度比社会精英更为强硬，继而为相关议题及网络民族主义的舆论治理给予了重要提示。①

（3）沉默的螺旋

沉默的螺旋理论认为，舆论的形成是大众传播、人际传播和人们对意见气候的认知心理三者相互作用的结果。当个体感知与大多数人的意见一致时，会更倾向于表达，反之则因害怕孤立而趋向沉默；经大众媒体强调提示的意见由于具有公开性和传播的广泛性，容易被当作"多数"或"优势"意见，进而引起人际传播中的"劣势意见的沉默"和"优势意见的大声疾呼"的螺旋式扩展过程，并导致社会生活中占压倒优势的"多数意见"，形成舆论一律。②

我国学者认为，"孤立的恐惧"作为单一因素忽视了人性的复杂，因而增加了"尴尬"③"面子"④"沟通意愿"⑤"沟通能力"⑥等心理变量。同时，沉默的螺旋在不同文化传统、社会背景和媒介环境中应具有不同的表现形式，尽管我国网络舆论中出现了"前10效应"⑦等可运用这一理论解释的现象，但包括我国亦出现了"反螺旋"⑧或螺旋倒置现象⑨，其理论适用性受到质疑；然而有学者从舆论学视角指出，这一理论的贡献并不仅仅在于"沉默的奥妙"，而是揭示了舆论的集中化和寡头化现象，它是人的社会性本质的体现，是社会秩序的必要条件；中国互联网的意见气候感知更明显，公共事件道德判断强，情感动员效应显著，因此更易造成舆论的寡头化，形成"解构主流的武器"，因而我国学者仍可借鉴沉默的螺旋理论审慎而深入地探索我国网络舆论的成因与

---

① 马得勇、陆屹洲：《复杂舆论议题中的媒体框架效应——以中美贸易争端为案例的实验研究》，《国际新闻界》2020 年第 5 期。

② 龙小农：《I-crowd 时代"沉默的螺旋"倒置的成因及影响》，《新闻与传播研究》2014 年第 2 期。

③ 刘海龙：《沉默的螺旋理论是否会在互联网上消失》，《国际新闻界》2001 年第 5 期。

④ 崔蕴芳、沈浩：《面子与沉默的螺旋》，《现代传播》2005 年第 6 期。

⑤ 张金海、周丽玲、李博：《沉默的螺旋与意见表达》，《国际新闻界》2009 年第 1 期。

⑥ 熊壮：《"沉默的螺旋"理论的四个前沿》，《国际新闻界》2011 年第 11 期。

⑦ 李良荣、于帆：《网络舆论中的"前10效应"——对网络舆论成因的一种解读》，《新闻记者》2013 年第 2 期。

⑧ 王国华、戴雨露：《网络传播中的"反沉默螺旋"现象研究》，《北京理工大学学报》2010 年第 6 期。

⑨ 龙小农：《I-crowd 时代"沉默的螺旋"倒置的成因及影响》，《新闻与传播研究》2014 年第 2 期。

过程。[1]

（4）情感与情绪机制

社交媒体时代的公共舆论呈现出浓厚的情感色彩，甚至出现情感、信念大于客观事实的"后真相"特征；同时，近年来多学科发生"情感转向"，因而我国学者亦越来越关注公众的情感表达、修辞与情绪等对舆论的影响与作用机制。实证研究发现，情绪是推动我国网络舆论形成和传播的重要力量；[2] 其中，痛、惊、怒、恨四种感情对舆论的引爆最为关键。[3] 具体而言，转型中国跨越阶层的"弱势感"情感体验，及其催生出的相对剥夺感、不公感、无力感、怨恨感，在相当程度上塑造了当下舆论的特征，[4] 因此与强传播的现实世界相反，舆论常常遵循弱者占优的"弱传播"逻辑[5]。然而，情感并不能仅视作理性的消极对立面，如愤怒可能导致网络舆论的暴力化，但也容纳了正义观念、道德规范、政治伦理等；[6] 不同政治生态中情感还具有不同的功能，在西方民主选举中，选民的情绪、偏见和无知在相互博弈中实现了"情感补偿"，形成了"隐形"的权力分散机制，产生了"聚合的奇迹"效果，而我国舆论中的情感源于理性化不足的"倒逼"效应，是一种可动员的社会资源[7]，如看似在宣泄焦虑、不满情绪的"借题发挥"式舆论，实则是一种出于工具理性的迂回话语策略，即通过话语勾连营造舆论声势，可以视作现阶段中国政治体制变革和媒介技术变革交汇情境下一种暂时的政治参与方式。[8] 总之，我国学者强调，应理解情感的交流性、文化性、情感管理等丰富意涵，将情感与社会、文化、制度相结合，继而超越"情感—理性"的二元论，为深刻理解中国公共舆论提供有益的视角。[9]

---

[1]　郭小安：《舆论的寡头化铁律："沉默的螺旋"理论适用边界的再思考》，《国际新闻界》2015 年第 5 期。

[2]　刘丛、谢耘耕、万旋傲：《微博情绪与微博传播力的关系研究——基于 24 起公共事件相关微博的实证研究》，《新闻与传播研究》2015 年第 9 期。

[3]　丁晓蔚、夏雨禾、高淑萍：《突发事件中的微博舆论动员及其对策研究——基于大数据分析的实证研究》，《中国地质大学学报》2016 年第 6 期。

[4]　袁光锋：《公共舆论建构中的"弱势感"——基于"情感结构"的分析》，《新闻记者》2015 年第 4 期。

[5]　邹振东：《弱传播》，国家行政学院出版社 2018 年版，第 29 页。

[6]　袁光锋：《"众怒"的年代：新媒介、情感规则与"愤怒"的政治》，《国际新闻界》2020 年第 9 期。

[7]　郭小安：《公共舆论中的情绪、偏见及"聚合的奇迹"》，《国际新闻界》2019 年第 1 期。

[8]　陈龙：《"借题发挥"——一种中国特色的网络舆论生成模式》，《新闻与传播研究》2019 年第 12 期。

[9]　袁光锋：《迈向"实践"的理论路径：理解公共舆论中的情感表达》，《国际新闻界》2021 年第 6 期。

（5）文化心理机制

我国网络舆论事件的个案研究特别是情感分析中发现，源自中国历史传统、社会情境的文化心理亦是一种舆论构建的关键机制。相关研究指出，世代相传的原型不仅体现于文学作品，如"人定胜天"的英雄原型也烙印在新闻报道中，造就了我国与西方完全不同的灾难认知方式与新闻话语体系，[①] 同时，我国网络舆论中也存在大量传统意象。近年来我国热点事件的民粹主义舆论中的三种典型的叙事模式，即把草根群众神圣化的英雄叙事、把悲情作为叙事动力的悲情叙事与召唤弱势群体向精英复仇的复仇叙事，事实上调用的正是源于传统曲艺的历史原型。[②] 传统文化中"纨绔子弟""红颜祸水"，特别是交织着多重意象和戏剧张力的"血亲复仇""侠客复仇""恩将仇报"等原型是激起舆论爆发的成因，也极易引发公众的情感宣泄，它彰显着转型期社会的现实矛盾，也是人们面对经验世界的一种解决问题和诠释意义的尝试。[③] 点燃舆论爆点的原型进一步沉淀为社会记忆，成为解释新近事件的"永恒"故事框架，进而演化为"文化茧房"，束缚了社会对真相的探求与对他者的理解。[④]

（6）算法与可见性机制

被"看见"是舆论展开的前提，而注意力则是被"看见"的基础。智能传播时代，可见性与注意力的分配都有赖于个性化推荐算法与集体化热点算法的中介，因此从这一意义上，平台与算法使得舆论的基础逻辑发生了重要的历史转换，不同平台的差异化算法不仅形塑出差异化的网络舆论，还推动了舆论圈层、"意见茧房"、"情感茧房"或是"审美茧房"的形成，以及"驯化"算法、赢得"热搜"的新舆论策略；由此，流量至上、群体极化以及深度伪造扰乱信息秩序的舆论风险不断加剧。[⑤] 具有隐匿性、自动化、精准化的计算宣传便是"应运而生"的组织化舆论操纵手段。[⑥] 因此，算法、

---

① 曾庆香：《新闻话语中的原型沉淀》，《新闻与传播研究》2004 年第 2 期。

② 汤景泰：《偏向与隐喻：论民粹主义舆论的原型叙事》，《国际新闻界》2015 年第 9 期。

③ 开薪悦、姜红：《从"个人抗暴"到"侠客复仇"：原型视野下的公众舆论——以"昆山反杀案"为中心的研究》，《新闻记者》2019 年第 11 期。

④ 曾庆香、李秀莉、吴晓虹：《永恒故事：社会记忆对新闻框架和舆论爆点的形塑——以"江歌案"为例》，《新闻与传播研究》2020 年第 1 期。

⑤ 林爱珺、翁子璇：《智能技术对网络舆论生态的影响与综合治理》，《中国编辑》2023 年第 1 期。

⑥ 罗昕：《计算宣传：人工智能时代的公共舆论新形态》，《人民论坛·学术前沿》2020 年第 15 期。

可见性与注意力的新舆论机制，特别是以隐蔽技术手段将社会"公意"操纵为满足特定需求的"众意"的"伪舆论"隐形机制值得深入研究。[①]

3. 网络舆论主体研究

（1）意见领袖与舆论领袖

对群体意见形成和演进的意见领袖或舆论领袖是最受关注的舆论主体。传统的人际传播时代，意见领袖以其专业知识、经验或者声望、信誉影响他人的观念和态度。社交网络平台和在线社区的兴起为新型意见领袖的涌现提供了机会，他们不仅因聚集效应产生更大号召力，还对网络公共事件舆论的生成与演变产生了重要的影响，因此也有学者称其为舆论领袖。这一原处于二级传播中间环节的群体在传播体系中的位置被极大地"前置化"，身兼信息源、信息桥、信息传播媒介等多重角色，成为信息流和意见流的整合者，[②]引领网络话语空间出现"再中心化"[③]。

网络意见领袖并不均具备稳定的影响力，且不由粉丝数量直接决定。[④]因此面对海量用户、复杂平台结构和动态演化的信息传播网络，我国学者首先着力破解网络意见领袖/舆论领袖的识别方法，并基于网络空间用户行为和关系的可溯性特征，我国研究者结合网络平台具体功能与社会网络分析构建了舆论领袖的识别指标体系。[⑤]

相关舆论影响力的生成与作用机制的实证研究发现，现实社会话语权力等社会属性依然是重要的身份构建因素，[⑥]但具体的网络空间行动与互动也决定了他们的位置与影响力。[⑦]这就使得意见领袖不仅仅具有内容碎片的扩散与影响力，还具有用户内容整体特征的传递和影响力，我国学者将其概述为"意见典范"的力量。即，意见领袖诱发了模仿，使其他用户在整体内容上朝向作为"典范用户"的意见领袖发生或高或低的趋似、同化。随着意见领袖作为"意见典范"程度的增强，他们会表现出内容个性

---

① 许加彪、王军峰：《算法安全：伪舆论的隐形机制与风险治理》，《现代传播》2022 年第 8 期。
② 李彪：《微博意见领袖群体"肖像素描"——以 40 个微博事件中的领袖为例》，《新闻记者》2012 年第 9 期。
③ 蔡骐、卞寒月：《透视微信公众号传播》，《新闻记者》2019 年第 1 期。
④ 王平、谢耘耕：《突发公共事件中微博意见领袖的实证研究》，《现代传播》2011 年第 3 期。
⑤ 戴丽娜：《微博舆论领袖的识别方法与管理策略研究》，《新闻记者》2012 年第 9 期。
⑥ 靖鸣、陈呈：《微博与 BBS 意见领袖的差异化分析与思考》，《新闻与写作》2013 年第 1 期。
⑦ 靖鸣、朱燕丹、冯馨瑶：《微博意见领袖影响力生成模式研究》，《新闻大学》2021 年第 7 期。

和独特性的消磨、向"芸芸众生"贴近的趋向；意见领袖的程度越高则相互之间就越是趋似，呈现越来越强的用户异质性消解与"社会窄化"；意见领袖的阶层越高则层内用户相似性结构越集聚化和中心化，而非去中心化。[①]

从网络意见领袖的行动场域来看，随着新媒介技术的革新，意见领袖常常会进行平台迁移。[②]调研访谈发现，技术驱动、舆论关注、信息红利、圈群认同和可用性感知是影响意见领袖向未来新社区迁移的重要变量。[③]在平台分化与舆论圈层化背景下，研究发现网络论战中意见领袖对派别成员偏见感知的方向和强度具有明显的信源效应，他们以制造偏见同化或敌意感知的方式影响派别成员，换言之，派别成员倾向于"因人废言""因人立言"，他们根据对意见领袖的刻板印象来决定自己是赞同还是反对其言论，并一厢情愿地解读其中的模糊之处。[④]同时，跨圈层意见领袖一定程度上有助于破除"回音室效应"。[⑤]因此，对稀缺的意见领袖资源的争夺，仍然是影响网络舆论状况的关键。[⑥]

（2）智能舆论主体

随着人工智能技术的发展，舆论主体出现了人机协同的新趋势。在社交媒体空间执行政治传播任务的政治机器人是我国学者的重点研究对象。在政治选举、社会动员、政治干扰等应用场景中，政治机器人通过营造虚假人气、推送大量政治信息、传播虚假或垃圾政治信息，制造烟雾遮蔽效应混淆公众视听，塑造高度人格化形象的虚拟意见领袖，以搅动网络舆论，影响现实政治。[⑦]数据挖掘与分析发现，Twitter 等国外平台上的社交机器人很可能已经具备操纵舆论的能力，[⑧]在传播内容上，社交机器人的存在

---

① 徐翔：《社交网络意见领袖的内容特征影响力及其传播中的趋同性》，《上海交通大学学报》2021 年第 4 期。

② 蔡骐、曹慧丹：《网络传播中意见领袖的行为机制》，《现代传播》2014 年第 12 期。

③ 沈阳、杨艳妮：《中国网络意见领袖社区迁移影响因素及路径分析》，《国际新闻界》2016 年第 2 期。

④ 王东、刘雪琳：《转基因论战中的偏见同化与敌意感知：意见领袖对派别成员的影响》，《国际新闻界》2021 年第 2 期。

⑤ 汤景泰、陈秋怡：《意见领袖的跨圈层传播与"回音室效应"——基于深度学习文本分类及社会网络分析的方法》，《现代传播》2020 年第 5 期。

⑥ 虞鑫、许弘智：《意见领袖、沉默的螺旋与群体极化：基于社会网络视角的仿真研究》，《国际新闻界》2019 年第 5 期。

⑦ 张洪忠、段泽宁、杨慧芸：《政治机器人在社交媒体空间的舆论干预分析》，《新闻界》2019 年第 9 期。

⑧ 武沛颖、陈昌凤：《社交机器人能否操纵舆论——以 Twitter 平台的北京冬奥舆情为例》，《新闻与写作》2022 年第 9 期。

可增加人类用户对于特定信息的接触，在用户交互层面，社交机器人可以成功渗入社交网络，改变既有的信息交互结构，[1] 同时，社交机器人正成为议程设置的新兴力量。[2] 所以，社交机器人通过重构意见气候拥有了影响社会认知的能力，其流量造假也增加了社会信用体系的"破窗"风险。[3] 另一方面，尽管学术界对社交机器人等智能舆论主体多报以负面的刻板偏见，但我国学者也主张，应将其视作社会行动者，[4] 看到社交机器人还可以扮演海量信息的智能把关者与虚拟对话者、民意的智能分析与预测者、过滤气泡的破除器、协商对话平台的搭建者、公共服务的智能助力者等角色，学界应该提供一种重新认识社交机器人等智能主体的媒介学视野。[5] 而相对于美国网民对社交机器人的负面态度，我国网民对社交机器人等的高接受度虽然有助于新技术的创新扩散，但考虑其目前的负面舆论效应，如何提升我国公众对其的批判思维与谨慎态度亦是重要的现实问题。[6]

4. 网络舆论引导与治理研究

我国网络舆论在发展过程中逐步生成种种风险，其意蕴不同于西方选举规则下的政治风险，而是源于转型社会制度性风险，杂糅于网络社会技术性风险，裹挟于熟人社会和半熟人社会交互性风险的"中国式风险"，如民粹式舆论、网络暴力、网络谣言，以及反智主义、历史虚无主义等。[7] 与此同时，机械化、物理化的传统舆论引导方式正面临着伦理、技术、效果等多重挑战[8]。我国学者普遍认为，应推进舆论引导与治

---

[1]　师文、陈昌凤：《分布与互动模式：社交机器人操纵 Twitter 上的中国议题研究》，《国际新闻界》2020年第 5 期。

[2]　赵蓓、张洪忠：《议程设置中的时间变化：基于社交机器人、媒体和公众时间滞后分析》，《国际新闻界》2023 年第 2 期。

[3]　漆亚林、王钰涵：《社交机器人：数字用户的建构逻辑与智能陷阱的治理路向》，《新闻与传播研究》2022 年第 9 期。

[4]　申琦、王璐瑜：《当"机器人"成为社会行动者：人机交互关系中的刻板印象》，《新闻与传播研究》2021 年第 2 期。

[5]　郭小安、赵海明：《作为"政治腹语"的社交机器人：角色的两面性及其超越》，《现代传播》2022 年第 2 期。

[6]　张洪忠、何康、段泽宁、斗维红：《中美特定网民群体看待社交机器人的差异——基于技术接受视角的比较分析》，《西南民族大学学报》2021 年第 5 期。

[7]　全燕、杨魁：《社交网络舆论空间的"中国式风险"检视》，《现代传播》2018 年第 1 期。

[8]　高红玲、金鸿浩：《网络舆论引导的"范式危机"与方法创新——兼论舆论引导的简单化、科学化与系统化》，《新闻记者》2017 年第 10 期。

理的协商性、系统性与多方协同性。根据系统熵理论，利用行政手段的控制尽管能成功抑制某些舆论泛滥，但也由于流通性差、智慧导致系统熵增加、窒息发展生机与活力，而让真正解决这一问题需要让不同的网民拥有相同的机会表达诉求，通过对话性促进网络系统内部与外部化解的物质、能量、信息交换，从而使系统负熵逐渐大于舆论熵，用整体规制和长远规则实现对网络舆论生态的长效治理。[①] 政府应充当"守夜人"角色，通过制定规则、搭建平台、共营生态，为舆情生态系统中每个主体提供最基础的保障与约束，实现容纳多元主体的共同管理。[②] 梳理复杂性思维与开放性思维，处理好情感与理想、引导与监督、秩序与活力的辩证关系，可以将社会情感视为一种治理资源，构建新型舆论引导观，实现治理能力的现代化。[③]

面对智能技术深刻重构的网络舆论生态，在新闻发布与舆论引导工作中，要从围绕事件的发布转向围绕议题的发布，采用"高速视频直播＋群体共情共鸣"的新模式，实现专业媒体、平台媒体、机构媒体甚至自媒体公共参与的新闻发布格局，通过智能分发、精准分发、算法推荐来助力精准到达相应群体，并打造一套更加科学化、专业化、数据化的方式来评估传播效果；[④] 将圈层壁垒的打破或消解作为引导的重要环节，重视圈层协商，形成"政府主导、媒体发声、多圈层互动、协商中引导"的新模式；[⑤] 从国家规制、平台把关、社会评估、媒介素养等方面综合治理，建立算法媒体的长效治理体系与风险防范机制，平衡好技术创新与价值向善的关系，应用新技术手段促进我国舆论引导方法创新，全面提升舆论引导能力。[⑥]

5. 国际舆论博弈研究

全球互联网舆论生态建立在世界政治经济体系基础上。[⑦] 伴随着中国推进改革开放的进程，中国的国家身份定位不断演变，从"韬光养晦"到国际事务的"一般参与者""重点建设者"再到"负责任大国"，中国在全球互联网舆论生态中的声音也从"失

① 陈龙：《舆论熵的控制与防范：一种关于网络治理的认识方法论》，《新闻与传播研究》2018 年第 5 期。
② 喻国明：《网络舆情治理的基本逻辑与规制构建》，《探索与争鸣》2016 年第 10 期。
③ 郭小安：《舆论引导中情感资源的利用及反思》，《新闻界》2019 年第 12 期。
④ 张志安、张世轩：《5G 时代的信息传播与舆论引导》，《传媒》2019 年第 22 期。
⑤ 郭森、贾璐：《削弱到重构：智媒时代的网络舆论引导》，《中国编辑》2021 年第 6 期。
⑥ 付翔：《智能时代网络舆论的风险治理与引导》，《人民论坛・学术前沿》2019 年第 22 期。
⑦ 吴瑛：《全球互联网舆论生态的历史演变与未来走向》，《学术前沿》2020 年第 8 期。

语"和"话语稀缺",到发出"中国声音",再到"参与和引领互联网全球治理"。近年来,我国学者逐步从分析国外传统媒体文本来研究"谁在讲述中国的故事"[1],探索涉华国际舆情的发展特点、变化规律和趋势,转变为解析美国等西方国家如何以新闻自由为旗帜,以政治干预为核心,以新闻媒体为工具,通过新闻报道、煽动舆论、制造谣言等方式施加舆论压力,操纵他国国内舆论或营造国际舆论进行"舆论倒灌"。[2] 以美国为代表的西方国家主要通过四种核心话语进行对华舆论建构:中国威胁论、中国责任论、中国崩溃论及黄祸论。具体包含三种话语框架:自由主义话语框架、保守主义话语框架及进步主义话语框架,以此为"污名化"中国提供认知框架与价值支撑,并为美国及其利益相关者建构集体认同。[3]

推特(Twitter)、脸书(Facebook)等社交网络平台给国际舆论博弈提供了新的空间,国际舆论博弈呈现四个特点:算法调控平台内容可见性、"负面标签"影响世界公众对他国的认知、计算宣传助力公众劝服与舆论操纵、社交机器人实现攻击的内容数量呈现规模化,未来将出现议题泛政治化、平台寡头化和技术智能化等趋势。[4] 其中,运用算法、深度伪造、社交机器人和人类策展等多种形式在社交媒体中传递虚假或错误信息,以达到特定宣传目的的"计算宣传"越来越多地影响国际舆论博弈过程,并制造了一种以制造虚假同意与两极分化,扰乱公共领域,分裂社会共识的新公共舆论生态,[5] 不断加剧信息地缘政治冲突[6]。我国学者通过对国际社交平台的计算舆论研究发现,Twitter上与中国有关的推文中超五分之一疑似由社交机器人发布[7],并参与了中美贸易谈判等重大议题的讨论[8];新冠疫情期间,社交机器人试图在病毒起源问题上进行倾向

① 郭可:《西方三报涉华国际舆情研究(1992—2010)(上)》,《新闻大学》2013年第6期。
② 叶俊:《美国的新闻干预主义:起源、本质及其作用机制》,《新闻与传播研究》2017年第11期。
③ 汤景泰:《核心话语与话语框架:论美国涉华舆论的话语建构》,《政治学研究》2022年第2期。
④ 张志安、杨洋:《互联网平台对国际舆论博弈的影响:机制与趋势》,《新闻与写作》2023年第2期。
⑤ 罗昕:《计算宣传:人工智能时代的公共舆论新形态》,《人民论坛·学术前沿》2020年第15期。
⑥ 邹军、刘敏:《全球计算宣传的趋势、影响及治理路径》,《现代传播》2022年第6期。
⑦ 师文、陈昌凤:《分布与互动模式:社交机器人操纵推特上的中国议题研究》,《国际新闻界》2020年第5期。
⑧ 张洪忠、赵蓓、石韦颖:《社交机器人在Twitter参与中美贸易谈判议题的行为分析》,《新闻界》2020年第2期。

性影射①，其议题参与呈现出内容的聚焦性、负面性，形象的理性化、中立化及社交的活跃性、广泛性三大特征，以社交机器人为代表的"计算宣传"加剧了新冠"信息疫情"，并日益渗透人们的网络生活交往，在无形之中影响舆论并参与建构媒介化现实。②

以 2016 年特朗普上台为标志，国际舆论博弈、斗争正式进入白热化阶段，通过网络平台和社交媒体发动舆论战逐渐成为其重要组成部分，并出现了传统的"谎言武器化"向"真相武器化"的斗争策略转变。③俄乌冲突期间，我国学者密切关注这场超越传统宣传和民众动员，转为更加复杂的认知战、混合战，标志着舆论战范式发生根本转变的"数字孪生"战役。舆论战以舆论为武器，其形成、发展高度倚赖于技术媒介形态，④因此从大教堂模式转为大集市模式后，以数据驱动的智能传播是此次战争中的突出特点，⑤双方均使用社交机器人通过标签活动制造舆论影响力、扭转舆论局势，建立意见领袖优势，推动有力的社交媒体叙事，⑥其实质是基于信息和受众心理的认知争夺与操纵。⑦

总之，面对更加复杂严峻的国际舆论环境，中国如何进一步提炼出核心话语，并基于更丰富的价值模型为国际社会贡献更多元的话语框架，推动国际话语权的公平分配；⑧如何有效推动全球计算宣传的协同治理模式构建，并有针对性地回应涉华舆论计算宣传⑨；如何因应舆论战新特点，诉诸民众的情感共振、关系认同并提供有利的替代性方案；⑩如何从以内为主到内外兼顾，构建与中国国际地位相匹配的全球数字领导

① 师文、陈昌凤：《议题凸显与关联建构：Twitter 社交机器人对新冠疫情讨论的建构》，《现代传播》2020 年第 10 期。
② 陈昌凤、袁雨晴：《社交机器人的"计算宣传"特征和模式研究——以中国新冠疫苗的议题参与为例》，《新闻与写作》2021 年第 11 期。
③ 周庆安、刘勇亮：《真相武器化：一种公共外交和国际舆论斗争的新视角》，《对外传播》2021 年第 11 期。
④ 上海交通大学舆论学研究院：《国际舆论战：历史演变、参与主体与因应策略》，引自谢耘耕、陈虹：《舆论学研究》，社会科学文献出版社 2018 年版，第 63—89 页。
⑤ 方兴东、钟祥铭：《算法认知战：俄乌冲突下舆论战的新范式》，《传媒观察》2022 年第 4 期。
⑥ 赵蓓、张洪忠、任吴炯、张一潇、刘绍强：《标签、账号与叙事：社交机器人在俄乌冲突中的舆论干预研究》，《新闻与写作》2022 年第 9 期。
⑦ 喻国明、郭婧一：《从"舆论战"到"认知战"：认知争夺的理论定义与实践范式》，《传媒观察》2022 年第 8 期。
⑧ 汤景泰：《核心话语与话语框架：论美国涉华舆论的话语建构》，《政治学研究》2022 年第 2 期。
⑨ 赵永东、窦书棋：《信息战视角下国际假新闻的历史嬗变：技术与宣传的合奏》，《现代传播》2022 年第 3 期。
⑩ 喻国明、杨雅、颜世健：《舆论战的数字孪生：国际传播格局的新模式、新特征与新策略——以俄乌冲突中的舆论战为例》，《对外传播》2022 年第 7 期。

力；① 这些都是亟待我国学者推进的重要命题。

二、中国特色政策服务学科——舆情研究的发展

（一）舆情研究的中国特色

作为中国独有的概念，"舆情"原指"民众的意愿"，其具体含义大致包含以下几个层次：一是舆情是民意集合的反映，即民意是舆情的始源；二是舆情所要反映的是能够对执政者决策行为产生影响的民意；三是舆情因变事项是舆情产生的基础，研究、分析舆情，首先要深入研究、分析舆情因变事项的发生、发展和变化的规律。具体而言，舆情就是指在一定的社会空间和历史时期内，围绕中介性社会事项（可以是人、事，也可以是价值、观念、制度、规范）的发生、发展和变化，作为舆情主体的民众对相关社会事项的群体性情绪、意愿、态度和意见的总和。②

舆情与舆论都涉及公众意见，都是社情民意的反映，且舆论研究为舆情分析提供了理论支撑，因此常出现混用的情况。从政治的角度而言，尽管相对于舆论、民意，舆情的政治指向性更为明确，但中国的舆情研究与西方的舆论调查迥然不同，我国舆情研究更多是协助政府知晓民情、反映民意、集中民智，狭义上，舆情即主要指民众的社会政治态度，而网络舆情，则主要指网民的社会政治态度。③一方面，舆情更关注意见背后的社会、政治变化过程，而舆论则更关注传播过程和后果。另一方面，舆情与舆论密切相连，舆情可以视作舆论在当代社会——以高风险和大数据为特征——的变种，或者说结合了本土舆论观和西方舆论观的新治理理念之一。同时，由于传统的媒体管理制度不足以应对网络时代背景下几何级增长的信息流量和与之相伴随的去中心化和弥散的舆论生态，为回应识别、评估、预测和干预公众舆论的技术和制度难题，网络舆情机制才逐渐衍生出来。④

总之，我国舆情及网络舆情研究继承了"民本"的思想传统，具有坚实的中国特色话语观念基础，源自相关研究者对现代民生基础上的民声、民心、民情的努力把握。

---

① 李彪：《新时代中国特色舆论学：演进脉络、核心问题与研究体系》，《编辑之友》2021 年第 9 期。
② 李彪：《舆论学教程》，中国人民大学出版社 2020 年版，第 8 页。
③ 王来华：《论网络舆情与舆论的转换及其影响》，《天津社会科学》2008 年第 4 期。
④ 姬德强、应志慧：《重思"舆情"：平台化时代的舆论》，《现代传播》2020 年第 1 期。

作为一门新兴的社会科学分支学科，舆情研究在理论和实践的不同层次上都体现了当代中国社会科学话语体系的特色。舆情研究关注民众与国家管理者之间利益联系这一学科研究的本质内容，在理论和实践的不同方面搭建起民众与国家管理者之间的利益诉求沟通"桥梁"，使之成为直接服务于党和政府公共政策等决策服务的政策服务学科，具有明确的社会政治服务对象，也体现出其鲜明的中国特色。[①]

（二）我国网络舆情研究概况及展望

1999年，天津社会科学院舆情研究所成立，开展舆情基础理论研究工作，标志着网络舆情及相关研究进入酝酿阶段。2003年互联网高速发展后，我国网络舆情研究正式起步。新闻传播学科学者较早关注到这一领域，相关研究多借鉴前述网络舆论理论概念，从舆论领袖、舆论传播机制和功能效果等角度对网络舆情进行理论研究。2007年，中国传媒大学网络舆情（口碑）研究所成立，定位"专于为政府服务的网络舆情研究和咨询机构"。2008年，中国人民大学舆论研究所与北大方正集团合建舆情监测研究室，开展网络舆情预警分析、应对机制、价值挖掘等工作。

2008年后，不同领域学者开始深度参与网络舆情研究，研究热点和角度逐步多样化，研究内容日益系统化，复杂网络、社会网络分析、系统动力学等多种跨学科研究方法也被运用于相关研究之中。[②]一批高等院校、科研院所相继成立专门的网络舆情研究机构，加大研究投入。同时，一批重点新闻网站依托自身优势成立专职舆情监测机构，面向社会提供服务，如2008年组建的人民网舆情监测室，新华网、央视网等其他中央重点新闻网站也相继成立面向市场的网络舆情研究机构。网络舆情监测自此在国内迅速普及，舆情调查行业飞速发展，大数据挖掘等技术也进入舆情研究和实践领域。在很多时候，舆情服务机构、舆情研究行业其实把舆情等同于基于互联网搜索技术的数据挖掘，因此舆情抓取和研究的对象，远远超出了社会科学领域所谓的社会现象、社会问题、政府管理机构和管理者等，而包括了行业数据、消费者数据、用户数据等。[③]

---

① 王来华：《中国特色舆情理论研究及学科建设》，《南京社会科学》2014年第1期。
② 李永忠、胡洪宇：《网络舆情的知识网络结构、趋势与演化分析》，《现代情报》2016年第6期。
③ 杨斌艳：《舆情、舆论、民意：词的定义与变迁》，《新闻与传播研究》2014年第12期。

伴随着舆情研究的发展，如何融合基于工具理性的舆情监测及基于价值理性的舆论分析成为这一强政治性、实践性学科领域的困境。我国学者指出，挖掘和处理好复杂舆论背后的社会基本矛盾才是舆情制度存在的伦理合理性。[①] 因此，未来的舆情研究应结合微观分析与宏观综合、定性判断与定量计算、科学推理与哲学思辨，推动自然与人文的融合，综合考量网民个体情绪、集体记忆、群体动力的多元性、多义性、矛盾性、情境性和动态性，推动研究从表浅性和一过性的情绪认知解读，转向对精神内里、情感基础、价值系统和社会思潮的结构性关注，力求突破舆情研究发展的瓶颈，系统解答社会变迁和转型中的社会心态变化及其对社会结构与社会治理的复杂影响。[②]

（三）网络舆情监测技术的本土应用与发展状况

1. 跨学科方法的融合

舆情监测涉及众多领域的知识和技能，例如信息技术、数据挖掘、自然语言处理、社会学、心理学、经济学等[③]，需要跨学科方法才能够更为全面地进行分析和研究。

一方面，舆情监测需要采集、处理和分析大量的数据，因而需要信息技术、数据挖掘和自然语言处理等技术来进行支撑。舆情监测需要考虑到社会和心理等方面的因素，例如舆情事件对于社会舆论的影响、对于群众情绪的引导等，因此需要运用社会学、心理学等学科知识进行分析。另一方面，舆情监测还需要考虑到政治、经济等领域的因素。例如舆情事件对于政治和经济局势的影响，同样需要跨学科方法进行研究。

研究表明，舆情监测技术需要跨学科方法的融合，包括计算机科学、自然语言处理、数据分析、社会学、心理学等领域。其中计算机科学的自然语言处理技术可用于大规模舆情数据的自动化处理和分析[④]；数据分析和统计学则可以帮助挖掘数据背后的模式和趋势[⑤]；而社会学和心理学则可以为解释与预测舆情提供更深入的洞察力[⑥]。因此，综合运用不同学科的方法和技术，可以让舆情监测更加准确和全面。

[①]　姬德强、应志慧：《重思"舆情"：平台化时代的舆论》，《现代传播》2020 年第 1 期。

[②]　毕宏音：《后疫情时代中国特色舆情研究走向》，《天津社会科学》2021 年第 6 期。

[③]　Li X. The design and implementation of internet public opinion monitoring and analyzing system［C］//2010 2nd International Conference on E-business and Information System Security. IEEE, 2010:1—5.

[④]　赵熠、熊峰：《基于 BERT 模型的舆情监测技术应用》，《集成电路应用》2022 年第 9 期。

[⑤]　罗嘉：《网络舆情监测的理论与实践研究》，《图书情报工作》2016 年第 1 期。

[⑥]　林琛、李弼程、王瑾：《基于模糊推理的网络舆情预警方法》，《信息工程大学学报》2011 年第 1 期。

2. 监测和分析技术的更新

（1）网络舆情采集

人工提取是网络舆情采集的方式之一，通过人工方式在网络平台搜集新闻热点及舆情信息或者聘请专业的网络舆情信息监测机构进行提取。该模式通过人工阅读和筛选网络上的文本信息，从中提取关键词、主题、情感等相关信息的技术。[①] 这种技术通常用于对自然语言处理技术难以准确识别和理解的复杂语言表达进行手动分析和整理，从而获得更准确和全面的舆情信息。

网络舆情采集中的技术提取主要采用自然语言处理和机器学习等技术。[②] 通过对网络上的文本信息进行关键词、主题、情感等方面的提取。这种技术基于对大规模数据进行训练和分析，可以高效地从海量文本中提取有价值的信息，并为后续的舆情分析和挖掘提供基础数据支持。

技术提取包括文本分类、实体识别、情感分析、主题模型等。[③] 具体来说，在文本分类方面，将文本按照预定义的标签或类别进行分类，如正面、负面、中立等。在实体识别方面，从文本中识别出具有特定意义的实体，例如人名、地名、组织机构等。在关键词提取方面，从文本中抽取出描述文本内容的重要词汇。在情感分析方面，对文本进行情感倾向性分析，判断其是否表达了积极、消极或中性的情感。主题模型方面，从大量文本中获取概括性的主题和主题之间的关系。知识图谱技术上，将实体和关系以图谱形式呈现，便于后续挖掘和分析。

技术提取的方式上，可以借助专业的新闻媒体舆情监测系统工具进行提取，也可自行构建及采购，包括目前较为流行的网络爬虫（Web Crawler）和网页清洗（Web Page Cleaning）等技术。提取方式的技术区别在于，爬虫技术主要是使用"数据抓取"程序对网络上的信息进行获取和收集。自然语言处理技术主要是对采集到的文本数据进行分词、词性标注、实体识别、情感分析等处理，以获取更为丰富的信息。数据挖

---

① 刘杰：《互联网舆情信息搜索与分析技术研究》，电子科技大学学位论文 2011 年。

② Shi Z, Chen S. The design and implementation of opinion extraction system based on distributed network［C］//2015 International Industrial Informatics and Computer Engineering Conference. Atlantis Press, 2015:1335—1338.

③ 韩雨轩：《面向网络舆情的热点挖掘技术研究》，河北建筑工程学院学位论文 2022 年。

掘技术主要是通过对大量数据的分析和挖掘，发现其中隐藏的关联规律、趋势等信息。机器学习技术主要使用机器学习算法对已有数据进行训练，并据此预测未来的事件或趋势。可视化技术主要将采集到的数据通过图表、地图等方式进行可视化呈现，方便用户进行分析和理解。

（2）舆情自动分类

舆情自动分类主要应用于文本的聚合与分类技术。[①] 这一技术目前只能实现部分效果，不能做到精确分类，有些网络舆情监测系统以核心关键词作为分类聚类标准，但对关键词的判断有误，如误将网络新闻标题中带有的文章出处作为关键词，聚类的结果会呈现出同一媒体但是毫无关联的文章，聚类的意义无法体现。

网络舆情自动分类是将采集到的大量网络舆情信息，主要运用到自然语言处理中的文本分类（Text-Categorization）和文本聚类（Text-Clusters），通过一定的计算机算法，自动将其分类为不同的类型，以便更好地对舆情信息进行管理和分析。在分类方式上，常见的网络舆情自动分类主要包括：标题分类，根据标题的关键词、情感等多个维度对标题进行分类，快速识别标题的主要内容和关注点；媒体分类，将来源不同的媒体信息进行分类，有利于分析不同来源的舆情信息究竟有何特点和规律；事件分类，将目前最受关注的事件进行分类，可以追踪舆情事件的变化过程，快速了解事件的趋势、情感及热度等信息；关键词分类，根据搜索关键词对网上信息进行分类，方便及时监测与所关心话题相关的舆情信息；情感分类，通过自然语言处理技术对文本情感极性的分析，将舆情信息分为正面、负面或中性，便于追踪公众对事件的态度和情感趋势。

通过自动分类技术，网络舆情监测系统能够自动地为我们分类管理信息，快速了解事件的进展趋势和大众的情感态度，为决策提供可靠的参考。

网络舆情自动分类的技术算法使用上，主要包括以下几种：

机器学习算法，包括支持向量机、朴素贝叶斯、随机森林等；深度学习算法，包括卷积神经网络、循环神经网络等，现阶段研究发现，在进行正文提取、中文分词、

---

① 喻国明、马思源：《人工智能提升网络舆情分析能力》,《网络传播》2017 年第 2 期。

去停用词等预处理之后，利用卷积神经网络能高度抽象事物特征，具有容错性好、自适应性好的特性，对处理好的新浪微博正文进行多标签分类，并在 Web 页面上展示分类结果以及各类别文本的数量、所占百分比等统计性数据，完成系统和用户之间的数据交互；[①] 自然语言处理技术，包括分词、词性标注、关键词提取、命名实体识别等；知识图谱技术，通过构建领域知识图谱，基于知识图谱进行网络舆情分类；社交网络分析技术，基于社交网络分析方法对网络舆情进行传播路径分析、用户画像分析等；图像处理技术，通过对网络中的图片、视频等多媒体信息进行分析和分类。以上技术可以单独或组合使用，以实现对网络舆情的自动分类。

（3）话题识别与跟踪

网络舆情中的热点话题反映了舆论的风向，及时发现网络舆论危机，进行采取适当的措施控制和引导热点话题的发展对于净化网络生态、维护健康舆论环境具有重要意义。但是，由于网络庞大复杂，网民数量剧增和行为活跃带来的海量信息，加大了热点话题的发现难度，话题识别和话题跟踪的研究因而受到越来越多的重视。马萨诸塞大学和龙系统公司的研究人员，开发了主题检测和跟踪研究系统（Topic Detection and Tracking Study and Developed，简称 TDT 系统）。该项目的重要技术是自然语言处理（NLP），它涉及使用计算算法分析大量文本数据。[②] 文本学习是话题识别与跟踪技术的基础，通过算法找出热点问题，并通过算法跟踪话题发展过程。

文本情感分析是自然语言处理技术中新兴的研究课题。一般来说，它分为三个主要研究任务：情感信息抽取、情感信息分类、情感信息的检索与归纳。[③] 文本情感分类任务主要为情感极性分析，即判断一个句子所包含的人物情感为正向或负向。然而，由于句子的主客性未加区分，很可能会对分类结果造成干扰。例如，在电影评论中，对电影情节客观描述的句子"杰克试图维护自己的好名声"，由于该句包含"好"之类正向形容词很可能会误导分类器将它归类为正向情感。可事实上不能从中得出任何正、

① 张倩：《网络舆情文本多标签标注系统的研究与实现》，电子科技大学学位论文 2018 年。
② Xian-Yill C, Ling-ling Z, Qian Z, et al. The framework of network public opinion monitoring and analyzing system based on semantic content identification［J］. Journal of Convergence Information Technology, 2010, 5(10):1—5.
③ 栾远东：《基于深度学习的文本情感分类研究》，北京工业大学学位论文 2019 年。

负向的情感信息，甚至会误导正确的判断。如果在进行情感极性分类时能预先过滤掉这些客观陈述的信息，将会提升情感极性分类的效果。网络舆情话题识别通过以下步骤实现：

数据采集：使用网络爬虫、API 等方式获取包含目标话题的网络数据，例如新闻、微博、论坛等。文本预处理：对采集到的文本数据进行清洗、分词、去除停用词等处理，以便后续分析。话题识别：使用自然语言处理技术、机器学习算法等方法，对预处理后的文本数据进行话题识别，即将文本数据归类为不同的话题。研究发现，在话题识别技术研究中，对于话题识别的 VSM 向量空间模型存在一定的不足，目前研究人员研发了适用于话题检测的 TD-VSM 模型，它使用信息熵和新闻报道的结构特征来改进 TF-IDF 权重计算，结合新闻报道的时间特征来改进 Cos 余弦相似度计算，可以有效提升识别准确度。[①]话题跟踪：对已经识别出的话题进行跟踪，收集相关的新闻报道、社交媒体评论等信息，并根据时间顺序建立话题演化图。话题分析：对话题的演化过程进行分析，了解话题的热度、情感倾向、关键词等信息，以及话题与其他话题之间的关联等。研究表明，运用时间趋势分析、情感分析、LDA 主题模型分析和社会网络分析等分析方法，通过舆情传播趋势、信息来源、主要讨论话题及传播网络结构进行话题分析是一种有效方式[②]。结果呈现：将分析结果呈现给用户，例如以可视化方式展示话题演化图、热度图、情感分布等。网络舆情话题识别与跟踪需要使用先进的技术手段和专业的分析工具，同时还需要人工干预和判断，以保证分析结果的准确性和权威性。网络舆情话题的识别和跟踪需要通过对话题在时间上和空间上的变化进行监测和分析。研究发现，网络舆情话题跟踪可选择的操作路径[③]：关键词筛选，通过制定与话题相关的关键词，并通过搜索引擎、社交媒体、新闻网站等途径进行监测，以实现网络舆情话题的识别和跟踪。自然语言处理，应用自然语言处理技术，对采集到的语料进行分析，提取关键词、主题以及情感等要素，并进行可视化处理。社交网络分析，利用社交网络分析方法，对话题热度、来源、影响力、传播过程、关键人物等因素进

---

①　林南：《基于 Web 舆情的话题识别与追踪技术研究》，福州大学学位论文 2014 年。
②　陈璟浩、谢献坤：《国际涉华突发事件国内外网络舆情对比分析》，《情报杂志》2022 年第 3 期。
③　张尚韬：《网络舆情话题检测技术研究》，《广东石油化工学院学报》2017 年第 3 期。

行分析，定位舆情的发源地和影响渠道。事件链结构的网络构建，基于采集到的舆情信息，针对特定话题建立事件链式结构，追踪和分析不同阶段和不同来源的舆情，梳理话题发展的时间轴，把握话题的演变规律。[①] 数据挖掘，通过大数据处理和挖掘技术，挖掘话题关联的其他信息、话题的情感倾向及关注度等重要信息，为话题的评估和决策提供参考依据。

概而述之，网络舆情话题跟踪技术需要通过多种技术手段和算法来实现，涉及自然语言处理、机器学习、数据挖掘等多个领域的技术结合运用，通过多学科融合的方法来进行网络舆情话题的识别和跟踪，可以更全面地了解网络上的话题热点和舆情趋势，为决策者提供科学、客观、及时的分析和预警服务。

第三节　网络舆论治理的中国案例

案例一：总理记者见面会

政府首脑举行记者招待会的传统，始自周恩来担任国务院总理的时期。1991 年，国务院总理在人民代表大会闭幕后会见中外记者并回答提问，从此开中国总理记者见面会的先河。1993 年，总理记者会开始成为中国政府的常态化、制度化行为，成为每年人代会闭幕后的惯例，受到国内外媒体的广泛关注。总理记者会作为每年重大的政策舆论引导事件，在阐明施政蓝图、表达政府决心、展示治理能力和管理政策预期上发挥了重大作用。

中国的总理记者会和美国的总统新闻发布会具有类似形式：先以政治领导人的发言开始，然后是问答环节。中国的总理记者会是高度制度化的，流程、被邀请的媒体和记者、记者的提问内容被预先确定。[②] 总理记者会是中国政府和海内外媒体沟通的机会，通过直接和总理对话，记者会上的媒体能第一时间了解中国内政外交最核心的政策决定。受邀的媒体包括国内中央和地方级媒体、港澳台媒体，以及国外的部分媒体。

---

① Shaukat K, Alam T M, Ahmed M, et al. A model to enhance governance issues through opinion extraction ［C］//2020 11th IEEE Annual Information Technology, Electronics and Mobile Communication Conference(IEMCON). IEEE, 2020:0511—0516.

② YI Y, CHANG T K. Institutionalizing public relations in China: A sociological analysis of the Chinese Premier's Press Conference［J/OL］. Public Relations Review, 2012, 38(5):711—722.

广泛的媒体渠道使得总理记者会成为传达政府议程的桥梁，提供为海内外主流媒体设置议程的可能。有学者统计了1993—2012年近二十年间总理记者会上提问的媒体，包括但不限于央视网（CCTV）、新华社、《人民日报》、美国有线电视新闻网（CNN）、英国《金融时报》、中央人民广播电台、新加坡《联合早报》、法国的法新社、美国《华尔街日报》、英国的路透社、俄罗斯的塔斯社、香港电视广播有限公司（TVB）、日本广播协会（NHK）、香港地区的凤凰卫视、台湾地区的联合新闻网（UDN）等。[①] 其中央视网、新华社、《人民日报》的提问次数位居前三。

总理记者会能够发挥政府议程设置的功能，从而有效引导和建构媒介议程，充分体现中国政府的发展理念。[②] 政府新闻议程设置的意义主要体现在四个方面，包括：有利于优化执政空间；有利于传播主流价值观；有利于塑造政府形象；有利于把握国际传播话语权。[③] 作为政府新闻发布的一种形式，总理记者会通过将政策纲领和发展规划构建为公众舆论的焦点，将事件引向符合政府和公众利益的方向发展，从而为执政争取更有力的舆论环境。同时，记者会可以通过对于公共事务问题和解决方案的强调，发挥引领主流价值观，壮大主流舆论的作用。政府对于执政方针的披露还有助于提高信息透明度，满足公众知情权需要。最后，总理记者会是通过国际媒体进行广泛传播的政治事件，回答海外媒体的提问可以较为主动地引领海外媒体的议程设置，有助于实现国际舆论的引导。

每年的总理记者会会涉及内政外交、政治经济社会民生等多个重要议题，总理记者会上总理接受记者关于焦点问题的提问，以此形成符合执政方需要的舆论态势。例如，2010年总理记者会上，温家宝总理对于宏观经济、经济发展、中美关系、民生问题等议程作出解答，在世界经济形势严峻的背景下表达中国坚持改革开放、发展经济的信心，在中美关系出现摩擦的情况下表达中国走和平发展道路的立场，澄清国际媒体对中国的误解。再如，李克强担任总理期间，记者会上的问题涵盖经济、民生、两

---

①　YI Y. Information Control and Political Impression Management: A Dramaturgical Analysis of the Chinese Premier's Press Conference［J］. 2016.

②　姚君喜:《政府议程、媒介议程与国家形象——2010年全国人大会议总理记者会的解读和分析》,《当代传播》2010年第3期。

③　叶皓:《论政府的新闻议程设置》,《江海学刊》2009年第6期。

岸关系、外交等，2022 年记者会涉及中国经济发展、俄乌局势、减税降费、香港选举、稳就业、营商环境、中美关系、两岸关系等问题。[①] 李克强关于经济民生、对外开放等议题的回答，展现了中国恢复经济、扎实求稳前行的决心，传达出中国政府的责任和担当。总之，总理记者会是传达政府政策、表明政府态度的沟通渠道，发挥着为媒体设置议程并树立舆论基调的作用。

总理记者会是展现中国政策和主张、国家形象的重要窗口，对于减少国内外媒体，尤其是外媒和港澳台地区媒体对中国（大陆）内政外交政策的信息不对称有着重要意义。有学者统计了 1993 年到 2011 年间的总理记者会上提出的问题的来源及其类别，发现外媒的提问比例总体而言更大。1993 年到 2011 年间的记者会上共有 210 个提问，其中 29% 由中国记者提问，其余 149 个（71%）由来自 16 个国家或地区的海外记者提问，美国记者的提问机会居于海外记者的首位。[②] 不同国家和地区的媒体也可以借由记者会提出和本国或本地区利益相关的问题，从而使媒体议程多元化、根据受众最核心的需求而构建。

我国的新闻传播的重要作用在于舆论导向，总理记者会是保障民众知情权、促进政民沟通、引领舆论的有效手段。新闻发布会制度"一方面是权力机关调控新闻传播的手段，另一方面也是权力机关与新闻界、社会公众实现沟通的一种重要渠道"。[③] 政府主动向公众说明政策立场，接受记者提问，体现出透明开放、公正而负责任的政府工作态度。总理记者会等新闻发言会所体现的对于人民群众知情权的尊重，是保障舆论导向的首要条件。在新闻传播领域，我党"执政为民"的主张主要体现于新闻传播工作充分体现对于人民群众知情权的尊重与保障。[④] 新闻发布会的核心在于信息公开，其作用要看人民群众是否增加了对公共事务的了解，减少和政府间的信息差。总理记者会的传播优势在于政府和公众间的有效沟通渠道，信息传播的时效性以及真实性。总

① 王萍、孟伟：《总理记者会展现"中国之治"自信与底气》，《中国人大》2022 年。
② YI Y, CHANG T K. Institutionalizing public relations in China: A sociological analysis of the Chinese Premier's Press Conference［J/OL］. Public Relations Review, 2012, 38(5):711—722.
③ 陈力丹：《健全对新闻发言人制度的监察和限权机制》，《郑州大学学报（哲学社会科学版）》2004 年第 5 期。
④ 喻国明：《我们为什么需要政府新闻发言人？》，《郑州大学学报（哲学社会科学版）》2004 年第 5 期。

理记者会每年的例行举办，代表着我国在政务公开、保障民众知情权、参与权、监督权方面的不断完善。

案例二：国家网信办"清朗·优化营商网络环境 保护企业合法权益"专项行动

民营经济是我国经济制度的内在要素，从我国发展实际看，民营企业贡献了50%以上的税收、60%以上的国内生产总值、70%以上的技术创新成果、80%以上的城镇劳动就业、90%以上的企业数量，是保障民生、促进创新、推动我国高质量发展的生力军。一段时期以来，民营企业遇到不少"发展中的困难、前进中的问题、成长中的烦恼"。同时，网络舆论中针对企业和企业家，特别是针对民营企业和民营企业家的各类虚假不实信息时有出现，一些以吸引眼球、追求流量为目的的自媒体甚至对民营企业、民营企业家大肆口诛笔伐，不少企业反映其在公司发展关键阶段为网上恶意散播的不实信息所困扰。这样的杂音、噪声，一方面损害企业品牌形象，侵害企业家合法权益，甚至影响了企业的正常生产经营，导致企业蒙受经济损失，另一方面更营造了一股妖魔化企业家、不利于民营经济发展的网络舆论声浪。这一舆论环境叠加疫情效应，使不少民营经济人士的信心遭受重大打击，人心惶惶或心生怨气，他们或担心政策有变，或不得不另寻出路，或一味坐等观望，对我国经济和社会造成了"机理性损伤"。[①] 因此，如何遏制种种网络不正之风，引导民营企业和民营企业家正确理解党中央方针政策，消除顾虑，放下包袱，大胆发展，十分重要。

2023年，国家网信办准备开展"清朗·优化营商网络环境 保护企业合法权益"专项行动，聚焦网上破坏营商环境、民企信心的典型问题、突出问题，开展集中专项治理，完善长效工作机制。按照2023年"清朗"系列专项行动总体安排，中央网信办决定于2023年4月28日起在全国范围内启动为期3个月的"清朗·优化营商网络环境 保护企业合法权益"专项行动[②]。

此次专项行动的工作任务是重点治理以下十类网络乱象：

---

① 张瑞芬：《重塑民企发展舆论环境 提振民营企业家发展信心》，《中外企业文化》2023年第2期。
② 《关于开展"清朗·优化营商网络环境 保护企业合法权益"专项行动的通知》，http://www.cac.gov.cn/2023-04/28/c_1684238994177926.htm。

（1）假冒仿冒他人企业名称、注册商标、品牌等开设网站、注册账号、上架 App 和小程序等。（2）采用"贴标签""带节奏""放大镜"等方式恶意散布所谓"民营企业卖国论""民营企业离场论""国进民退"等论调，渲染丑化、煽动抵触国有经济、民营企业。（3）泄露企业商业秘密，虚构企业家私生活话题，炒作企业家个人隐私，泄露企业家生物识别、医疗健康、金融账户、行踪轨迹、家庭住址、身份证号和电话号码等个人信息。（4）假借企业、企业家名义从事违法违规活动，违规使用企业家姓名肖像等。（5）采用"标题党"歪曲新闻原意、断章取义企业家过往言论和片面解读企业财务报表等方式，干扰企业正常经营。（6）提供涉企、企业家虚假不实信息的联想词、相关搜索和热门推荐。（7）打着"网络兼职""招聘写手""市场营销""负面舆论公关""有偿删帖"等名义招募网络黑公关、从事黑灰产。（8）恶意集纳企业负面信息、谋取非法利益，以及发布企业和企业家负面报道、评论后，以删帖、消除影响为名索要财物、要求投放广告和开展商业合作等。（9）蹭炒涉企热点事件进行恶意营销，以及跨平台多账号密集发帖恶意攻击企业、企业家。（10）利用自身信息发布便利，以及技术、流量、影响力优势，编造、传播虚假信息和误导性信息，抹黑攻击竞争对手。

此次中央网信办启动的"清朗·优化营商网络环境保护企业合法权益"专项行动，聚焦重点、紧盯难点、关注痛点，为企业聚精会神干事业、心无旁骛谋发展营造良好的网络舆论氛围，切实提振民企信心，将中央经济工作会议关于从"舆论上鼓励支持民营经济和民营企业发展壮大"的精神落到实处。

优化营商环境是一项久久为功的工程。清朗的网络空间并不意味着将善意的批评拒之门外，而是积极利用舆论环境的力量，引导社会监督，立足事实真相，揭露不良、处理问题、辟谣谣言、保障企业合法权益，倒逼相关单位尽责担当、主动作为，从而促进矛盾的缓和与解决，为营商环境的发展和稳定发挥应有的作用。

向网络违法者"亮剑"，为企业发展"撑腰"，这是在舆论治理方面对企业和企业家进行保护，更是优化营商环境的重要举措，不仅清朗了网络空间，更为我国民营经济和市场经济的持续发展提供了优良的舆论环境。

第八章　网络空间治理的中国理念

第一节　网络空间国际治理变革与发展困境

一、网络空间国际治理的范式转移

从 20 世纪 70 年代互联网（internet）术语诞生，到网络空间（cyberspace）成为继陆地、海洋、天空、太空之后的人类共同的"第五空间"，网络空间治理国际范式在宏观视角下经历了多轮变革。在网络空间发展的不同阶段，网络空间国际治理存在不同的治理模式，即各个阶段的主导性治理理念、治理主体、治理议题与治理方式存在较大差异。

（一）早期阶段：技术社群发挥重要作用

在早期互联网时代，网络空间的战略重要性并未凸显，网络空间"自治论"占据主导地位，其强调网络应独立于国家政府管制之外，需由各个不同的网络社区中的"网络公民"自己管理自己，由各种代码规则、软件和硬件实现对网络空间的管理。[①]在 20 世纪 90 年代中期，互联网商业化应用以前，互联网监管的政治风险很低，临时解决方案和制度仍能被广大网民所接受。早期的互联网先驱和贡献者通过互联网社群的方式开展互联网技术研发、规则制定及互联网基础资源管理，维护着互联网的稳定运行。

随着互联网发展，互联网使用逐渐从学术界转向政府、企业，网络空间的重要性日渐提升。尤其是 1993 年美国宣布实施国家信息基础设施计划（NII）后，全球其他国家陆续跟进，推动了人类进入 PC 互联网的新阶段。随之而来的是，互联网应用超出

---

① 蔡翠红：《国家—市场—社会互动中网络空间的全球治理》，《世界经济与政治》2013 年第 9 期。

科学研究领域逐渐向政治、商业和社会生活等领域渗透，以技术社群为代表的多利益相关方治理模式广为所用，治理议题转向了全球互联网基础资源的管理和控制层面。

在第一次互联网商业化浪潮中，一个临时机构——国际特别委员会（International Ad Hoc Committee, IAHC, 1996.10—1997.5）应运而生，并负责一些国际性公用顶级域名（gTLD）的整理工作。该机构试图设计一个治理体系，将可能与互联网治理相关的不同利益者汇聚一堂，这里聚集了来自国际电信联盟、世界知识产权组织、美国国家科学基金会、商标利益群体代表，以及知识产权所有者等不同类型利益相关者。然而，IAHC 被认为在处理互联网与美国关系时表现不佳，尤其是有关互联网治理应该涵盖不同利益群体，还是将其这一治理进程置入联合国架构中的相关争论，长期难分伯仲。一些人认为，互联网是美国的发明，[①] 而 "以联合国下属的国际电信联盟为支撑在美国外建立一个新治理体系" 的方案触发了美国互联网企业和政府的强烈反对。加之互联网社群的技术属性与社群参与，重新设计一套自下而上非官方的互联网域名监管机制显得非常重要。因此，美国商务部启动了自己的协商程序，该程序明确将政府间组织和其他国际组织排除在互联网名称和地址管理之外，结果是以建立了互联网名称与数字地址分配机构（Internet Corporation for Assigned Names and Numbers, ICANN, 1998）而告终。这通常被视为互联网治理演进中第一个重大标志性事件。

（二）发展演进：多利益相关方模式的提出

ICANN 成立通常被视为网络空间国际治理演进中第一个重大标志性事件。但 ICANN 的诞生仍未能解决互联网治理争议的焦点——合法性，以及美国和联合国机制在互联网治理中所应发挥的作用等问题。首先，当时的 ICANN 所吸纳的不同利益者，仅包含少量的个人和组织，且大部分来自美国政府，而发展中国家则被排除在治理商讨之外。同时，ICANN 与美国商务部之间的关系也一直为外界所诟病。其次，处于传统组织机制之外的私营部门主导的治理体系的透明性和问责制问题日益突出。此外，政府咨询委员会（Governmental Advisory Committee, GAC）的引入也是争议之一。GAC 由国家政府和政府间组织代表组成，美国商务部构想初衷是仅在 ICANN 管理委

---

① 1997 年，全球超过一半以上的互联网用户在美国。

员会发出请求时给予回应，企图抑制国家政府在网络管理中的作用。然而，非美国政府则通过该机制积极扩大政府的影响力。政府，尤其是发展中国家政府支持 GAC，并积极推动 ICANN 深层改革。这也正是多年来 ICANN 成为互联网治理博弈象征符的原因所在。

尽管后来 ICANN 针对上述问题进行了一些改革，譬如，加强了 GAC 的作用，增设了一般会员咨询委员会（At-Large Advisory Committee）等，但其仍旧未能彻底解决参与群体覆盖面和与生俱来合法性等问题。与此同时，21 世纪初国际社会背景发生了巨大变化：一是，美国和欧洲恐怖主义蔓延的背景下网络空间安全重要性日益突出；二是，互联网泡沫削弱了私营部门自治的自信心；三是，其他经济体的崛起，新经济体网络用户数量的快速、大量增加，增强了他们在全球互联网政治中的地位。这些变化使得赞同国家政府参与互联网治理的呼声渐强。

网络空间国际治理演进过程中第二个标志性事件是联合国信息社会世界峰会（World Summit on the Information Society, WSIS)——一系列从 2002—2005 年召开的强调多边的、以国家为中心的外交会议。该峰会原议题范围远超互联网治理这一狭小领域。但由于 ICANN 治理体系冲突日益尖锐，以及网络之于信息社会重要性日渐突显，出乎意料却意义深远的是，WSIS 日后演变成了互联网治理世界峰会。WSIS 的观念冲突主要可以概括为两大类：一是，把国家政府视为制定和实施国际通信与信息政策的合适代理者；二是，倡导更加开放、多元和跨国的政策制定架构。但无论争议如何，WSIS 的议事程序还是为广大发展中国家提供了一个在彼时通行的互联网治理体制下撼动美国优势地位的平台，并加深了公民社会的参与度，使得多利益相关方的理念渐入人心。

（三）范式变革：国家主权介入与分层治理

"斯诺登事件"[①]成为网络空间国际治理演进的另一重要节点，这一事件促使主权国家政府对网络安全重要性的认知及全球网络治理体系变革必要性的认识发生了重大转变。欧盟、中国、俄罗斯等主要国家和地区对美国政府及其数字科技巨头失去信

---

① 2013 年，美国国家安全局承包商前雇员爱德华·斯诺登（Edward Snowden）向媒体曝光了美国国家安全局对全球实施大规模、系统性网络监控的丑行，主要包括"棱镜计划"（PRISM）、"上游收集计划"（Upstream Collection）、"XKeyscore 计划"等项目。

任，纷纷出台国家网络安全战略与政策法规，设立相关机构，强化网络安全力量。同时，各国政府也深刻认识到多利益相关方治理路径所掩盖的网络霸权本质，普遍主张建立网络空间治理新秩序。在此背景下，政府间国际组织在网络治理体系中的影响力快速增长，一直备受争议的 ICANN 改革终于迈出关键一步，将互联网号码分配机构（IANA）管理权从美国政府转交给全球互联网社群。而在政府间国际组织发展方面，七国集团（G7）、二十国集团（G20）、亚太经合组织（APEC）、经合组织（OECD）、上海合作组织等均开始关注网络空间国际治理议题，并采取了相应行动。此外，联合国框架下的网络空间国际治理进程亦缓中有进。

由此可见，主权国家的介入对网络空间国际治理产生了深刻影响。基于网络空间的技术特性、治理传统等，当前全球网络空间治理主体格局为：基础架构层（互联网交互中心、陆地电缆、海底电缆、卫星和无线系统等）参与方主要有：国际电信联盟（ITU）、互联网工程任务组（IETF）、美国电气和电子工程师协会（IEEE）、全球移动通信系统协会（GSMA）、国家 ICT 部门、国家监管机构、网络运营商等；逻辑层（根服务、域名、IP 地址、协议参数等）主要参与方有：互联网名称与数字地址分配机构 / 互联网数字分配机构（ICANN/IANA）、IETF、区域性互联网注册机构（RIR）、国际标准化组织（ISO）、欧洲电信标准化协会（ETSI）、顶级域名运营商、域名注册服务机构、IEEE、万维网联盟（W3C）等；经济和社会应用层主要参与方：国家政府、私营企业、国际政府间组织（经济合作与发展组织、联合国经济及社会理事会、世界贸易组织等）、非政府组织（人权观察组织等）、会议 / 论坛（互联网治理论坛、信息社会世界峰会等）、学术界等。当然，除上述垂直领域复杂治理网络架构，很多双边、多边的自由贸易协定也对诸如数据本地化、加密、审查和透明等互联网治理议题产生了显著的现实影响。此外，很多拥有数亿用户的跨国互联网公司，如脸谱、谷歌、亚马逊、字节跳动、腾讯等，实际上也在网络空间国际治理中发挥着越来越大的作用。

二、网络空间国际治理面临新形势

（一）全球数字地缘政治竞争加剧

当前，现实世界的地缘政治博弈深刻影响着网络空间国际治理的发展态势。大国之间关系的走向不仅影响全球地缘政治格局演变，也成为网络空间国际治理的重要变量。例如，在前沿技术领域，大国之间围绕 5G、人工智能、量子计算等科技制高点的竞争空前激烈。特朗普政府上台后，从中兴事件到华为事件、Tiktok 被禁到美国推出"清洁网络计划"，全方位遏制中国数字经济和打击中国信息产业发展，美国对华科技脱钩的举动愈演愈烈。拜登政府上任后，一直把技术领导力视为全球战略竞争的关键，不断维护美国自身科技垄断和霸权地位，在技术、供应链等领域开展对华战略竞争。例如，2021 年 6 月，美国参议院审议通过了一揽子立法《美国创新与竞争法案》，计划在五年内为人工智能、高性能计算、半导体、量子技术等关键技术领域的研究、创新和技术开发提供超过 2000 亿美元资金支持。然而，该一揽子立法当中有大部分条款针对中国，实则是试图构建一个应对中国挑战的完整大战略。同时，拜登政府又积极推进与盟友伙伴之间的战略合作，与日、印、澳三国启动了"四方安全对话"（Quad）机制之后，又与韩国、日本、英国、欧盟相继协调，旨在建立基于价值观驱动的所谓"民主国家技术同盟"。

（二）网络空间安全生态持续恶化

目前，网络安全形势依然严峻，现实冲突与网络冲突相互交织。一方面，传统网络安全威胁不断上升，网络战风险日益攀升。首先，全球网络攻击事件频发，大规模针对性网络行动大幅增加，美国也因勒索软件攻击而首次宣布进入国家紧急状态。其次，美英等国不断加强发展进攻性网络攻击能力，将大大增加国家间发生网络摩擦和冲突的风险。第三，由于地缘政治的影响，全球网络空间局部冲突将不断升级。拜登政府指责俄罗斯实施网络攻击行为[①]，并联合欧盟、英国、澳大利亚等盟友对俄发起了一系列制裁行动。随着俄乌冲突愈演愈烈，美国、欧盟及北约不断加强网络安全演习规模，网络战局部冲突的风险一触即发。另一方面，新兴技术带来的安全风险挑战日益复杂，信息安全、数据安全和供应链安全等非传统安全问题成为国家安全的重要事项。2021 年曝光的以色列"飞马"间谍软件监听范围高达 50 多个国家和地区，涉及多

---

① 在网络安全领域，拜登政府上任前后，美国相继发生了 Solarwinds 网络攻击事件、微软 Exchange 服务器网络攻击事件和科洛尼尔管道运输公司遭勒索软件攻击等多起严重的网络安全事件，对美国的国家安全产生了严峻挑战，更是激起了美俄在网络空间地缘政治博弈的波澜。

国元首和政界要员，信息窃听事件已成为一种强大的网络武器。[①] 与此同时，工业制造、政务、医疗、金融、交通等基础设施领域信息泄露事件频发，使得全球加强关键信息基础设施的安全保护。

（三）各国加强网络空间内容治理

虚假信息、假新闻、谣言、色情、仇恨言论、网络暴力及极端恐怖主义等内容也不断充斥在社交媒体平台之上，严重污染了人类信息生态环境，也将全球带入了一场"信息危机"。近年来，全球各国强化互联网平台的主体责任，不断加强网络空间内容治理。在冲击国会山事件之后，美国国会不断推动《通信规范法》第230条款的讨论和改革，压缩互联网平台的豁免空间；欧盟于2021年5月发布关于强化《欧盟反虚假信息行为准则》的政策指引，要求谷歌、脸书等互联网平台加大反虚假信息力度；印度则通过"软性监管"的方式，颁布《中介准则和数字媒体道德规范》进而对各平台进行了更严格的控制，规范社交媒体对其平台内容和用户的管理。但当前仍面临五个方面的困境：无界全球传播与有界国家治理难以协调，言论自由保护与有害信息管控难以平衡，社交媒体国际垄断格局难以改变，所有权私有性与空间公共性难以调和，使用价值持续异化态势难以遏制。[②]

（四）数据竞争将成为大国博弈新战场

作为数字时代的重要战略资源，数据也越来越成为大国博弈的新战场。在世界大变局的背景下，各个国家和地区的数据跨境流动政策取向受到地缘政治、国家安全、产业竞争、经贸关系、个人隐私、法律制度、社会文化等多维议题的综合影响。但同时，利益的复杂性、制度体系的差异性和国家间信任的缺乏，阻碍了全球在短期内达成跨境数据流动治理共识。究竟是推动"数据自由流动"还是加强"数据本地化"以及如何在安全性和成长性中实现平衡，全面考验各国政府的数据战略思维和治理能力。

而在事实层面，目前全球跨境数据流动的"朋友圈"主要围绕美欧日等国家来划定，最为典型的是以美国为主导的"五眼联盟"（包括美国、英国、澳大利亚、新西兰

---

① "飞马"间谍软件事件：联合国呼吁加强监管避免监视技术遭到滥用，https://news.un.org/zh/story/2021/07/1088292，2021年7月9日。
② 戴丽娜：《社交媒体国际治理的困境与出路》，《国外社会科学》2022年第4期。

和加拿大）情报共享体系，其有着长期紧密的数据共享合作关系。因涉及国家安全、产业竞争力等复杂因素，未来跨境数据流动信任大多建立在长期的政治盟友、经贸伙伴及具有相同价值目标和利益关系的基础上，而缺乏信任的大国之间可能会在网络空间采取限制性的行动，形成数据流动事实上的壁垒，且会出现竞争性的壁垒升级与政策复制。[①]值得注意的是，从《美欧安全港协议》（Safe Harbor Framework）到《欧美隐私盾协议》（EU-U.S.Privacy Shield Framework），再到《欧盟—美国数据隐私框架》（EU-U.S. Data Privacy Framework），美欧之间的跨境数据流动规则也仍然处于动态博弈过程。

（五）数字供应链朝着本土化方向调整

新冠肺炎疫情在世界范围的蔓延严重打乱了全球物流及商品生产，暴露了全球化国际分工背景下产业链的脆弱性，促使多国政府重新思考产业布局和供应链安全问题。在各国加快推动数字化转型的背景下，全球信息通信技术供应链短缺问题日益严重。目前，中国、美国、欧盟、日本、韩国、英国、印度等国家和地区都相继出台政策扶持本土信息通信技术制造业发展，使得数字供应链不断朝着本土化方向调整。然而，各国和地区在调整供应链发展的同时，也将引发新一轮的市场补贴争端。

以芯片和半导体为例，拜登政府上台以来，进一步强化了美国ICT供应链弹性及安全审查，召开半导体供应链峰会、成立美国半导体联盟（SIAC），参与企业几乎覆盖全球整个半导体产业链，试图在全球范围内构建以美国为中心的供应链体系。同时，拜登政府还以保障供应链之名推出了《芯片与科学法案》，提供为期5年总额约2800亿美元的资金支持，确保美国半导体制造技术位于全球领先地位。2023年7月，欧盟正式通过《欧盟芯片法案》，旨在整合欧盟国家的半导体研究、设计和测试能力，计划把欧盟芯片产能从目前占全球10%提升到2030年的20%。日本新首相岸田文雄上任后则把发展半导体产业作为一项国家战略不断推进，大力支持新建和扩建尖端半导体工厂，并且其补贴力度最多可达新建和扩建工厂所需设备费用的一半。可以预见的是，全球半导体产业发展将会在未来很长一段时间内陷入"补贴"竞争漩涡之中，由此会

---

① 唐巧盈、杨嵘均：《跨境数据流动治理的双重悖论、运演逻辑及其趋势》，《东南学术》2022年第2期。

引发新一轮的产业竞争。

三、网络空间国际治理亟待提上新议程

（一）网络空间国际规则制定协调难度大

随着第一届联合国信息安全开放式工作组（UN OEWG）和第六届信息安全政府专家组（UN GGE）分别于 2021 年 3 月和 5 月达成最终实质性成果报告，联合国框架下进行的网络安全规则谈判进程将暂时告一段落。2021 年 11 月，联合国大会第一委员会通过了美俄共同提出的决议，确定 OEWG 将成为该委员会在 2021—2025 年开展网络安全规则谈判的工作机制，至此也结束了联合国框架内自 2018 年以来同时存在又相互竞争的双轨工作机制。此次以协商一致的方式解决 OEWG 和 GGE 的合并问题，意味着联合国框架内的网络安全规则谈判进程由 2018—2021 年的"双轨制"转向以 OEWG 为主的"单轨制"。目前，第二届 OEWG 已于 2021 年 12 月举行第一次实质性会议，并在 2022 年 3 月继续开展了网络安全规则谈判进程。相较于 2018—2021 年的双轨工作机制，联合国大会第一委员会将 OEWG 作为单一机制，为全球网络安全规则谈判提供了统一的审议场所，有助于决策的一致性和规则制定效率的提升。然而，OEWG 进程向所有成员国、非政府组织等其他利益相关方开放，因此，更广泛的参与有可能意味着更多的分歧，不仅是国家之间的分歧，也包括不同利益相关方之间的分歧。网络空间国际规则博弈将愈加复杂和不确定，并由此而进入了新的阶段。

（二）数字霸权威胁网络空间战略稳定

"斯诺登事件"爆发后，美国在全球互联网治理中逐渐失却了道义上的优势，特朗普政府"美国利益"战略思想的提出进一步加速了美国网络空间治理"霸权"的暂时性衰落。拜登政府的对外政策基本延续了特朗普政府时期的大国竞争框架。然而，由于美国两党战略观念的差异，拜登政府首年外交虽仍以大国竞争为主轴，但却在具体操作方式和议程上发生了明显的调整和转向。拜登频繁在国际社会上大肆渲染"民主制度与专制制度的 21 世纪之战"，同时将价值观竞争融入规则制定、技术合作、供应链等多个领域，不断将地缘战略与民主价值观混合在一起。相较于特朗普政府时期国家安全概念的泛化，拜登政府则将通过民主价值观的泛化，强硬将国际社会划分出一

道意识形态断层线。尤其拜登政府举行的所谓"全球民主峰会",更是在全球范围煽动意识形态对抗。

(三)中国治网理念和治网思想的提出

近年来,作为全球互联网大国和全球第二大经济体,中国加快融入了全球新一轮互联网治理步伐,推进网络空间国际治理体系变革。特别是党的十八大以来,在以习近平同志为核心的党中央坚强领导下,在习近平新时代中国特色社会主义思想特别是习近平总书记关于网络强国的重要思想指引下①,我国从进行具有许多新的历史特点的伟大斗争出发,重视互联网、发展互联网、治理互联网,统筹协调涉及政治、经济、文化、社会、军事等领域网络安全和信息化重大问题,作出一系列重大决策、实施一系列重大举措,推动我国网信事业取得历史性成就,走出了一条中国特色治网之道。②在网络空间国际治理领域,中国是在国际社会上旗帜鲜明地倡导"网络主权"的国家之一,搭建世界互联网大会平台,提出共同构建网络空间命运共同体。这些治网理念和治网思想不仅展现在一系列对外宣称的主张中,也深入渗透到相关战略、法律法规和具体的互联网管理实践活动中,为全球网络空间国际治理提供了中国方案和中国实践。

第二节　网络主权理念演进及实践

一、网络主权的理论内涵

(一)从主权到网络主权

网络空间主权是主权以及国家主权概念在互联网时代发展与变化的结果。因而,对它们演进的历史过程进行简要梳理,将有助于我们更好地理解网络空间主权概念的缘起。

主权(sovereignty)一词源于拉丁文"superanus",意为"最高权力"。关于这一最高权力归属问题,古罗马著名思想家西塞罗(Marcus Tullius Cicero)表示,国家最高权力应该由一人掌握。③16 世纪法国思想家、法学家、政治学家让·博丹(Jean Bodin)

---

① 《万山磅礴看主峰——习近平总书记掌舵领航网信事业发展纪实》,《中国产经》2022 年第 7 期,第 9 页。
② 《习近平关于网络强国论述摘编》,中央文献出版社 2021 年版,第 1 页。
③ 程琥:《全球化与国家主权——比较分析》,清华大学出版社 2003 年版,第 73 页。

则提出了"至高无上"的"君主主权论"主权概念和国家主义。① 第二次世界大战后，国家主权原则得到了国际社会的广泛认可。《联合国宪章》不仅对领土主权、人民主权、政治主权，以及自治领土的主权保护等国家对内主权进行了确认，同时，也赋予了成员国自卫权、独立权、平等权等基本对外主权权利。② 从国家主权行使范畴考察，国家主权最初强调陆地主权——即领土。航海和航空技术的进步则将国家主权拓展至海洋和天空，促生了领海和领空的概念。随着网络空间成为人类活动的新空间，国家对政治、经济、文化、军事主权的维护也延伸至"新疆域"，网络空间主权（cyberspace sovereignty）的概念应运而生。

值得指出的是，正如主权的享有者应该是"君主""议会""人民"，还是"国家"一直存在着广泛的争议，人们对于国家在网络空间是否必然拥有主权也存在一定的争论。

在网络空间发展初期，特殊的互联网技术演进特征和自由主义思潮发展历史背景，为诸如乔恩·波斯特尔（Jon Poetel）的技术精英、约翰·巴洛（John Barlow）的互联网朋克等人提供了布道的机会，使得网络自身主权论一度成为互联网治理的主流意识形态。他们试图将网络空间塑造成"自治领地""独立领土""法外之地"。③ 但这一思潮背后暗藏着美国网络霸权的"隐身"。所谓的网络空间自身主权论，背后潜藏着美国专家、美国用户、美国企业在当时互联网上的绝对主导权，其真正目的是掩盖美国拥有的网络霸权。因此，这一理念很快受到了来自各方的反对，且伴随着迅速商业化的互联网所带来的各类风险，无论是国家政府还是企业个人都对这种无序持有反对态度。

另一大较为流行的观点就是"网络空间全球公域论"。这一论调认为，网络空间是由兼容协议构成的全球互联互通的公共领域，本质上是全球公域（global commons）的一部分，没有哪个国家拥有绝对实力可以在整个网络空间行使主权，主权的参与将导致网络分裂。然而，这一说法存在逻辑矛盾，与事实不符。可以看到，全球公域通常

---

① Jean Bodin. *On Sovereignty: Four books of Six books on Commonwealth*. Cambrige: Cambrige University Press, 1994.

② The charter of the United Nations, Oxford, UK: oup, 1995.

③ 杨帆：《国家的"浮现"与"正名"——网络空间主权的层级理论模型释义》，《国际法研究》2018 年第 4 期。

具有所有权公共属性、使用权开放性和资源使用的竞争性三个基本特征，目前已通过国际法得以确认的全球公域有南极、公海及国际海底区域、外层空间。[①] 但网络空间显然不属于全球公域。首先，网络空间本质上是一个人造的技术空间，全球 90% 网络空间运维通过私营企业实现，并不具备"所有权公共属性"特征。其次，支撑网络空间的信息基础设施是位于主权国家境内的实物，使用权并不具备开放性特征。第三，网络空间资源的开发和使用具有一定的共享性，非完全竞争性。由此，网络空间的全球公域说存在悖论，网络主权作为国家主权延伸的观点开始被提出。

（二）网络主权的权利内容

对于网络主权的具体内容，中国工程院院士方滨兴等人对网络空间主权进行了精确描述："一个国家的网络空间主权建立在本国所管辖的信息通信技术系统之上（领网），其作用边界为由直接连向他国网络设备的本国网络设备端口集合所构成（疆界），用于保护虚拟角色对数据的各种操作（政权、用户、数据）。网络空间的构成平台、承载数据及其活动受所属国家的司法与行政管辖（管辖权），各国可以在国际网络互联中平等参与治理（平等权），位于本国领土内的信息通信基础设施的运行不能被他国所干预（独立权），国家拥有保护本国网络空间不被侵犯的权力及其军事能力（自卫权）。网络空间主权应该受到尊重（尊重主权），国家间互不侵犯他国的网络空间（互不侵犯），互不干涉他国的网络空间管理事务（不干涉他国内政），各国网络空间主权在国际网络空间治理活动中具有平等地位（主权平等）。"[②] 在上述定义中，我们可以看出网络空间主权继承了传统国家主权"安内"和"攘外"两个面向的功能，具有管辖权、独立权、平等权和自卫权四项基本权力。

网络空间管辖权是指国家对本国境内网络设施、网络主体、网络行为，以及相关的数据和信息等所享有的最高管理权，主要包括立法规制权、行政管理权和司法管辖权。近年来，各国网络空间管辖权行使进程大大加快。美国、中国、欧盟、俄罗斯、日本、韩国、巴西等国家和地区均出台了网络安全战略。而在网络安全立法方面，仅个人信息保护方面，2010 年到 2019 年新增了 62 部个人信息保护法，比以往 10 年都要

---

① 郑英琴：《全球公域的内涵、伦理困境与行为逻辑》，《国际展望》2017 年第 3 期。
② 方滨兴、邹鹏、朱诗兵：《网络空间主权研究》，《中国工程科学》2016 年第 6 期。

多。① 网络空间管辖权赋予国家自主决定本国网络管理机制、运营模式、经营内容，以及惩罚措施等。网络空间管辖权是国家管辖权在网络空间的延伸，对于处理本国网络事务、协调各方利益、确保网络空间安全与发展具有重大意义。

网络空间独立权是国家主权在网络空间的重要表现，主要呈现在对外层面，指国家在网络技术、资源、系统等方面不受制于其他国家或组织。然而，由于当前网络空间关键基础资源分布不均，各国网络空间资源禀赋迥异，网络能力差异巨大，网络空间独立权仍面临着网络霸权的挑战。确保网络空间独立权需要从以下几个方面着手解决：一是加强本国网络空间基础设施；二是注重网络空间技术人才培育；三是完善本国网络空间法制体系建设；四是积极参与网络空间国际治理，在国际社会维护本国网络空间国家利益。

网络空间平等权是独立权的必要条件之一，意为各国应平等享有参与网络空间国际事务的权利。一方面，各国应以平等的方式实现互联互通；另一方面，在网络空间国际治理中，国家不分大小、强弱，应享有平等的参与权利。当前网络空间平等权实现主要受制于两方面因素：一是在网络空间技术层面，域名解析方式及其管理体系给各国网络空间平等权带来障碍；二是在网络空间国际治理机制方面，多利益相关方模式弱化了国家在网络空间的主权，同时联合国框架下的网络空间国际治理机制建设加快完善。近些年，联合国在推进网络空间平等权方面取得了重大进展。联合国框架下重要的国际治理机制——联合国信息安全政府专家组（UN GGE），经过 2019—2021 年"双轨制"并行阶段已经彻底进入了开放式工作组（UN OEWG）"单轨"阶段。相较于GGE 仅允许少数国家参与协商，OEWG 向联合国所有成员国开放，提升了各个国家及行为体平等参与网络空间国际事务协调和治理的可能性。

网络空间自卫权也称网络空间防卫权，是独立权实现的另一个必要条件。网络空间自卫权是国家自卫／防卫权在网络空间的延伸，意为各国拥有保护本国网络空间不受外部侵犯的权利。因而，国家有权开展本国的网络空间安全能力建设，并有权在《联合国宪章》框架下采取合法合理措施，维护本国在网络空间的正当权益不受外来侵

---

① 《个人信息保护法的深远意义：中国与世界》，http://www.npc.gov.cn/npc/c30834/202108/1fee8d19bae14f9f9766c50ab1e53c0f.shtml，2021 年 8 月 24 日。

犯。①目前，保障网络安全已经成为维护国家安全重要的组成部分。

网络空间主权的具体实施需要遵循以下四项基本原则：一是相互尊重原则，即各国相互尊重彼此的网络主权，避免采取可能导致主权国家网络空间无法自主运行的行为；二是平等原则，合理的网络空间国际治理机制应确保每个国家有平等参与网络空间国际治理的权利；三是互不侵犯原则，即不对其他国家的网络空间采取攻击行动；四是互不干涉原则，即不干涉其他国家网络运营模式和治理方式方法，同时，不通过网络空间干涉别国内政。

（三）网络主权的具体表现

网络空间是基于信息通信技术的人造空间，因而，国家主权在网络空间中的必定有一些独特而具体的呈现。鉴于网络空间的分层特性，网络主权主要体现在以下几个方面：

一是在基础架构层的体现。国家主权在基础架构层有很好的延伸，正如前文所述，互联网基础设施往往是一个国家的实体单位所建设的，因此国家对于其境内的物理基础设施和基础电信服务（例如互联网交互中心、陆地电缆、海底电缆、光缆、卫星和无线系统等）可行使管辖权，并有权为维护基础设施安全而依法采取必要措施；同时，国家有权参与国际网络基础设施的管理和国际合作。

二是在逻辑层的体现。逻辑层是网络空间独特之处，物理空间（自然空间）是基于地缘关系存在的，而网络空间是基于逻辑电路构建的，因而基于物理空间的国家主权并非完全适用。国家主权在逻辑层表现为：面向根服务、域名、IP 地址、协议参数等网络空间逻辑层的互联网基础资源，主权国家在维护互联网兼容性的同时，独立制定或自愿采用相关的技术法规或标准，并可对架设在其信息基础设施上的技术标准、网络协议等开展安全审查等。

三是经济和社会应用层的体现。国家对网络空间相关应用以及使用这些应用的行为体有管辖规制作用，具体来说，从数据和信息层面看，国家对应用软件的开发和运营依法管理，保护合法网络数据与信息，特别是涉及国家安全的网络数据与信息不被

---

① 《网络主权：理论与实践》（3.0 版），https://cnsubsites.chinadaily.com.cn/wic/2021-09/28/c_174080.htm，2021 年 9 月 28 日。

窃取或破坏；国家依法对境内网络信息传播实施保护、管理与指导，限制侵犯合法权利或损害公共秩序的信息传播；国家遏制境外组织在本国境内捏造、歪曲事实，散播危害国家安全、公共秩序的网络信息内容；国家参与数据跨境流动、信息治理的国际协调与合作。从社会行为体规制引导看，国家自主管理本国境内网络用户和互联网平台的行为，培育与网络发展相适应的社会环境；维护本国独立自主的互联网治理体制，平等参与完善互联网治理模式的国际合作；有权平等参与全球数字经济发展建设。①

二、中国网络主权理念的提出

早期互联网作为"空间"的属性还不甚突出，我国对互联网领域主权的提出主要是为了应对日益增长的信息安全威胁。2010 年 6 月，中国公布的《中国互联网状况》白皮书指出："中国政府认为，建设好、利用好、管理好互联网，关系国家经济繁荣和发展，关系国家安全与社会和谐，关系国家主权、尊严和人民根本利益。"② 尽管彼时的官方白皮书并没有提及网络主权或网络空间主权，但其表明了互联网发展与国家主权之间的重要联系。与此同时，这一时期，我国对网络主权的关注也日益延伸到关键信息基础设施层面。例如，2011 年 9 月，中国与俄罗斯、塔吉克斯坦、乌兹别克斯坦共同起草了一份《信息安全国际行为准则》，并呼吁在联合国框架内审议该准则，以期尽早就信息领域的国家行为规范达成共识。该准则第五条强调"各国有责任和权利依法保护本国信息空间及关键信息基础设施免受威胁"。③

2012 年，在迪拜举行的国际电信大会上，中国与俄罗斯及巴西三国共同提出了"互联网主权"的网络治理理念，得到与会 89 个国家的热烈支持。④

2013 年，"斯诺登事件"发生后，"信息安全"迅速上升到关乎国家安全和社会安

---

① 对网络主权分层表现的这一思路和参考，主要来源于世界互联网大会网络空间国际规则论坛发布的《网络主权：理论与实践》、《网络主权：理论与实践》（2.0 版）、《网络主权：理论与实践》（3.0 版）等三版文件，笔者作为文件起草的参与者之一对其中分层概念和相关表述作了借鉴，但也有不同。

② 国务院新闻办公室：《中国互联网状况》，http://www.scio.gov.cn/tt/Document/1011194/1011194.htm，2010 年 6 月 8 日。

③ 《中俄等国向联合国提交"信息安全国际行为准则"》，http://www.gov.cn/jrzg/2011-09/13/content_1945825.htm，2011 年 9 月 12 日。

④ 王小伟、姚禹：《网络主权与全球互联网治理》，《哲学分析》2018 年第 2 期。

危的重大战略问题。2013 年 6 月 24 日，第六次联合国大会通过了联合国 "从国际安全的角度看信息和电信领域发展政府专家组" 所形成的决议，规定 "国家主权和源自主权的国际规范和原则适用于国家进行的信息通信技术活动，以及国家在其领土内对信息通信技术基础设施的管辖权"。这一条款实质上包含了对国家 "网络主权" 的承认[①]，说明 "网络主权" 理念已被联合国所认可和接受，国家主权在网络行为上是行之有效的。[②]

2014 年 2 月 27 日，中央网络安全和信息化领导小组宣告成立，为参与全球互联网治理提供了组织机制保障。此后，习近平主席在国际社会上倡导网络主权，阐述我国网络空间国际治理理念。

2014 年 7 月，国家主席习近平借访问巴西之机，在巴西国会发表了《弘扬传统友好共谱合作新篇》的演讲。在演讲中，他首次提出 "（国际社会）通过积极有效的国际合作，共同构建和平、安全、开放、合作的网络空间，建立多边、民主、透明的国际互联网治理体系" 的主张。与此同时，他还着重强调了互联网发展已对国家主权提出新了挑战，并指出 "每一个国家在信息领域的主权权益不应受到侵犯，互联网技术再发展也不能侵犯他国的信息主权"。[③] 这是我国国家领导人在国际社会中首次就互联网与国家主权关系发表看法。

2014 年 11 月，国家主席习近平在首届世界互联网大会上发出了 "尊重网络主权" 倡议，提出 "本着相互尊重、相互信任的原则，深化国际合作，尊重网络主权，维护网络安全，共同构建和平、安全、开放、合作的网络空间，建立多边、民主、透明的国际互联网治理体系"。2015 年，中国国家主席习近平在第二届世界互联网大会提出 "四项原则""五点主张"，倡导尊重网络主权，推动构建网络空间命运共同体，为全球互联网发展治理贡献了中国智慧、中国方案。他指出，《联合国宪章》确立的主权平等原则是当代国际关系的基本准则，覆盖国与国交往各个领域，其原则和精神也应该适用于网络空间。我们应该尊重各国自主选择网络发展道路、网络管理模式、互联网公共政策和平等参与国际网络空间治理的权利，不搞网络霸权，不干涉他国内政，不

[①]　徐凤：《网络主权与数据主权的确立与维护》，《北京社会科学》2022 年第 7 期。
[②]　《网络主权：一个不容回避的议题》，《人民日报》2014 年 6 月 23 日。
[③]　《习近平在巴西国会的演讲》，http://www.gov.cn/xinwen/2014-07/17/content_2719171.htm，2014 年 7 月 17 日。

从事、纵容或支持危害他国国家安全的网络活动。[①] 习近平总书记的这些论述直接点明了我国行使网络主权的原则、要求和目标，对中国网络主权的实践具有重要指引作用。

三、中国网络主权实践
（一）发展成就

中国网络主权的发展实践体现在中国互联网的快速发展。党的十八大以来，我国信息技术创新能力持续提升，数字经济发展活力不断增强，数字政府水平不断提高。

在网络空间的基础架构层和逻辑层，信息基础设施建设规模日益扩大，为中国网络强国建设奠定了良好的发展基础。截至 2022 年 12 月，我国网民规模达 10.67 亿，互联网普及率达 75.6%；我国域名总数为 3440 万个；互联网宽带接入端口数达到 10.71 亿个；光缆线路总长度达 5958 万公里。[②] 当前，我国已建成全球规模最大 5G 网络，成为 5G 标准和技术的全球引领者之一。截至 2022 年底，我国已开通 5G 基站 231.2 万个，5G 用户达 5.61 亿户，全球占比均超过 60%；移动物联网终端用户数达 18.45 亿户，成为全球主要经济体中首个实现"物超人"的国家。[③] 骨干网、城域网和 LTE 网络完成互联网协议第六版（IPv6）升级改造，主要互联网网站和应用 IPv6 支持度显著提升，截至 2022 年 7 月，中国 IPv6 活跃用户数达 6.97 亿。[④] 建成开通北斗三号全球卫星导航系统，北斗三号在轨 30 颗卫星运行状态良好，星上 300 余类、数百万个器部件全部国产，性能优异。实测表明，全球定位精度优于 5 米，亚太地区性能更好，服务性能全面优于设计指标。[⑤]

[①] 《习近平在第二届世界互联网大会开幕式上的讲话》，http://news.youth.cn/zt/hlwdhs/dhjt/201611/t20161111_8838247.htm，2015 年 12 月 16 日。

[②] 中国互联网络信息中心（CNNIC）：第 51 次《中国互联网络发展状况统计报告》，https://www.cnnic.net.cn/n4/2023/0303/c88-10757.html，2023 年 3 月 2 日。

[③] 《2022 年我国数字经济规模达 50.2 万亿元》，http://www.gov.cn/yaowen/2023-04-28/content_5753561.htm，2023 年 4 月 28 日。

[④] 《IPv6 活跃用户数达 6.97 亿》，http://www.gov.cn/xinwen/2022-08/28/content_5707165.htm，2022 年 8 月 28 日。

[⑤] 《新时代的中国北斗》白皮书，http://www.beidou.gov.cn/yw/xwzx/202211/t20221104_24826.html，2022 年 11 月 4 日。

在网络空间经济和社会应用层，互联网应用大量涌现，具有世界影响力的互联网平台发挥重要作用，2022年，我国各类个人互联网应用持续发展。即时通信的用户规模保持第一，较2021年12月增长3141万，使用率达97.2%；互联网医疗、线上办公的用户规模较2021年12月分别增长6466万、7078万，增长率分别为21.7%、15.1%。① 与此同时，以互联网、大数据、人工智能、区块链等新一代信息技术融合发展，不断催生新产业新业态新模式，数字经济成为经济社会的重要驱动力，我国数字经济规模连续多年位居全球前列。根据《数字中国发展报告（2022年）》，2022年我国数字经济规模达50.2万亿元，总量稳居世界第二，占GDP比重提升至41.5%。② 具体来看，2022年，中国规模以上互联网和相关服务企业完成业务收入14590亿元，利润总额保持增长，研发经费规模加快增长。③ 工业互联网发展进入快车道，制造业数字化转型持续深化，截至2022年2月，规模以上工业企业关键工序数控化率达55.3%，数字化研发工具的普及率达74.7%。④ 农业数字化转型稳步推进，在乡村数字基础设施、智慧农业、乡村新业态新模式、乡村数字化治理、乡村网络文化、乡村数字惠民服务、智慧绿色乡村、数字乡村发展环境等方面加快发展。2022年全国农村网络零售额达2.17万亿元，农业生产信息化率提升至25.4%。⑤ 电商新业态新模式彰显活力，2022年全国网上零售额13.79万亿元，其中，实物商品网上零售额11.96万亿元，同比增长6.2%，占社会消费品零售总额的比重为27.2%。⑥

在互联网惠民便民方面，我国坚持以人为本，积极推进互联网用于教育、医疗、扶贫等公共服务事业，提高数字技术服务水平，推动数字普惠包容，提升不同群体的

---

① 中国互联网络信息中心（CNNIC）：第51次《中国互联网络发展状况统计报告》，https://www.cnnic.net.cn/n4/2023/0303/c88-10757.html，2023年3月2日。

② 《2022年我国数字经济规模达50.2万亿元》，http://www.gov.cn/yaowen/2023-04/28/content_5753561.htm，2023年4月28日。

③ 《2022年互联网和相关服务业运行情况》，https://wap.miit.gov.cn/jgsj/yxj/xxfb/art/2023/art_74312e4175d848f7b1a93c8d0299fa67.html，2023年1月31日。

④ 《我国规上工业企业关键工序数控化率达55.3%》，http://finance.people.com.cn/n1/2022/0410/c1004-32395452.html，2022年4月10日。

⑤ 《中国数字乡村发展报告（2022年）》，http://www.gov.cn/xinwen/2023-03/01/content_5743969.htm，2023年3月1日。

⑥ 《2022年全国网上零售额13.79万亿元　电商新业态新模式彰显活力》，http://www.gov.cn/xinwen/2023-01/31/content_5739339.htm，2023年1月31日。

数字素养和技能，特别是针对老年人、残障人士推进信息无障碍建设，加快落实《联合国 2030 年可持续发展议程》。例如，截至 2020 年底，全国共建设运营益农信息社 45.4 万个，远程医疗实现国家级贫困县县级医院全覆盖，基础金融服务覆盖行政村比例达 99.2%。截至 2020 年底，贫困地区农副产品网络销售平台实现 832 个国家级贫困县全覆盖，上架农副产品 9 万多个，平台交易额突破 99.7 亿元。中国社会扶贫网累计注册用户 6534 万人，累计发布需求信息 737 万条，成功对接 584 万条。[①]

（二）政策保障

随着国际格局深刻演变，网络攻击手段不断升级，世界各国纷纷将维护网络主权上升为国家战略的层面。中国变被动为主动，在推进网络空间国际秩序变革方面有了更多话语权。2015 年 7 月 1 日生效的《国家安全法》，首次将"网络空间主权"以法律形式予以明确。2016 年，国家互联网信息办公室发布了《国家网络空间安全战略》，首次以国家战略文件形式，向世界昭告中国捍卫网络空间主权的坚强决心。同年 11 月，全国人大常委会通过的《网络安全法》则明确其立法宗旨是维护网络空间主权和国家安全，并对网络安全支持与促进、网络运行安全、网络信息安全等进行了全方位的规定。

在健全网络法律体系方面，2013 年以来，在习近平新时代中国特色社会主义思想的指引下，我国将法治作为网络强国战略的关键环节、价值目标、必要保障和重要举措[②]，出台了一系列政策法规，文件数量、议题范围、具体要求、政策精细度等较前面的发展阶段有了很大的提升。当前，我国已形成完善以法律、行政法规、部门规章、规范性文件、政策文件、标准等为代表的多层级多领域网络空间治理法律法规体系。具体来看，我国制定出台了《电子商务法》《电子签名法》《网络安全法》《数据安全法》《个人信息保护法》等基础性、综合性、全局性法律，构筑了网络安全、数据安全、密码安全、个人数据保护、电子商务等多领域的网络空间治理防线。与此同时，党中央、国务院各部门根据各自职责发布了一系列政策法规，在内容生态治理、网络安全保障、

---

① 国务院新闻办公室：《携手构建网络空间命运共同体》白皮书，http://www.scio.gov.cn/zfbps/32832/Document/1732898/1732898.htm，2022 年 11 月 7 日。
② 杨馥萌、刘亚娜：《习近平网络强国战略的法治意蕴》,《社会科学家》2021 年第 7 期。

网络空间国际合作，以及医疗、卫生、教育、交通涉及各行业各领域的网络社会管理等方面着力推进网络强国建设。在标准层面，涉及信息安全、数据安全、智慧城市建设、互联网医院、远程教育等多项行业标准启动或发布，指导网络空间治理实践。以全国信息安全标准化技术委员会（TC260）发布的网络安全标准为例，仅2013年以来制定／修订发布了260项国家标准，占已发布国家相关标准的80.5%。[①] 此外，我国还依法开展了一系列常态化、高强度的网络空间治理专项行动。自2014年4月起，网信、工信、公安等互联网监管部门相继组织开展或联合开展"净网""剑网""清源""固边""秋风""护苗"等网络专项整治行动。

在国际合作方面，网络主权被纳入我国网络空间国际合作重要战略和政策文件之中。例如，2017年我国出台的《网络空间国际合作战略》提出以和平、主权、共治、普惠等四项基本原则推动网络空间国际合作；2020年发布的《全球数据安全倡议》指出，各国应尊重他国主权、司法管辖权和对数据的安全管理权，未经他国法律允许不得直接向企业或个人调取位于他国的数据。

（三）国际话语权建设

1. 自建国际话语平台

（1）世界互联网大会

2014年以来，中国连续八年在浙江乌镇举办世界互联网大会，搭建中国与世界互联互通的国际平台和国际互联网共享共治的中国平台。各国政府、国际组织、互联网企业、智库、行业协会、技术社群等各界代表应邀参会交流，共商世界互联网发展大计。大会不断创新办会模式、丰富活动形式，分论坛、"携手构建网络空间命运共同体精品案例"发布展示、世界互联网领先科技成果发布、"互联网之光"博览会和"直通乌镇"全球互联网大赛等受到广泛关注。

大会组委会先后发布《携手构建网络空间命运共同体》概念文件、《携手构建网络空间命运共同体行动倡议》，举办案例发布展示活动，深入阐释落实构建网络空间命运共同体理念。大会组委会每年发布《世界互联网发展报告》《中国互联网发展报告》蓝

---

① 数据由笔者于2021年10月11日统计整理，数据来源自 https://www.tc260.org.cn/front/bzcx/yfgbqd.html，2021年8月16日。

皮书，全面分析世界与中国互联网发展态势，为全球互联网发展与治理提供思想借鉴与智力支撑。大会高级别专家咨询委员会发布的《乌镇展望》，向国际社会阐释大会对网络空间现实发展和未来前景的规划思路。

近年来，国际各方建议将世界互联网大会打造成为国际组织，更好助力全球互联网发展治理。在多家单位共同发起下，世界互联网大会国际组织于 2022 年 7 月在北京成立，宗旨是搭建全球互联网共商共建共享平台，推动国际社会顺应数字化、网络化、智能化趋势，共迎安全挑战，共谋发展福祉，携手构建网络空间命运共同体。[①] 目前，已有来自 6 大洲近 20 个国家的百家互联网领域的机构、组织、企业及个人加入，成为初始会员。其中，包括享誉全球的互联网领军企业、权威行业机构、互联网名人堂入选者等。大家作为全球互联网发展的亲历者、推动者、引领者和贡献者，将在世界互联网大会国际组织这个平台上发挥更加重要的作用。[②]

此外，世界互联网大会网络空间国际规则论坛积极推进网络主权理念发展。2019年，第六届世界互联网大会"网络空间国际规则：实践与探索"首次发布成果文件《网络主权：理论与实践》。成果文件由中国现代国际关系研究院、上海社会科学院、武汉大学联合推出，清晰界定并系统阐述了信息时代网络主权的概念、基本原则与实践进程，明确提出网络主权是国家主权在网络空间的自然延伸，主要包括独立权、平等权、管辖权和防卫权。各国行使网络主权的基本原则包括平等原则、公正原则、合作原则、和平原则和法治原则。2020 年，该论坛上发布了《网络主权：理论与实践》（2.0 版），进一步对网络主权的含义、体现、基本原则、实践进程和未来发展进行梳理总结，并且呼吁国际社会共同探索网络主权实践。2021 年，《网络主权：理论与实践》（3.0 版）发布，文件积极呼应《联合国宪章》确立的主权平等原则适用于网络空间的立场，清晰界定并系统阐述网络主权的概念、适用的具体原则和各国的相关实践，丰富了网络主权的体现和实践进程，增加了网络主权的国际法属性、相关概念等内容，提出基于网络主权建立更具包容性的国际协作框架等可行性建议。文件呼吁国际社会应以人类共同福祉为根本，秉持平等协商、求同存异、积极实践的原则，加强沟通，

---

① https://mp.weixin.qq.com/s/-h_9iVAKeo6B9KOP_d5AQ.
② 世界互联网大会简介，https://cn.wicinternet.org/2022-08/31/content_36179535.htm。

协调立场，在维护国家网络主权的基础上，推动全球互联网治理朝着更加公正合理的方向迈进，共同构建网络空间命运共同体。2022 年，在网络空间国际规则论坛上，与会嘉宾就"围绕促进数字基础设施普惠接入加强国际合作""加快构建数字规则体系，加强数字发展国际合作"等进行交流探讨、发表看法。论坛发布了《"构建网络空间命运共同体"系列国际研讨会成果汇编》（中英文），从构建网络空间国际治理新秩序、加强网络空间国际法治建设、加快构建数字经济规则体系、加强数字基础设施建设、加强关键信息基础设施保护国际合作、加强网上文化交流与互鉴、加强数字科技发展国际合作等 7 个方面深入阐释构建网络空间命运共同体理念主张。[①]

（2）世界人工智能大会

世界人工智能大会（WAIC）由国家发展和改革委员会、工业和信息化部、科学技术部、国家互联网信息办公室、中国科学院、中国工程院、中国科学技术协会和上海市人民政府共同主办。大会自 2018 年起开始举办，始终坚持高端化、国际化、专业化、市场化、智能化的办会理念，逐步成长为全球人工智能领域最具影响力的行业盛会，是由国家有关部门和上海市共同打造的国际高端合作交流平台。习近平主席在致 2018 世界人工智能大会的贺信中指出，新一代人工智能正在全球范围内蓬勃兴起，为经济社会发展注入了新动能，正在深刻改变人们的生产生活方式。把握好这一发展机遇，处理好人工智能在法律、安全、就业、道德伦理和政府治理等方面提出的新课题，需要各国深化合作、共同探讨。[②]

2. 积极参与国际组织治理活动

近年来，我国积极参与联合国框架下的网络空间国际治理机制的相关活动。

其一，参与 UNGGE/OEWG 共识报告讨论/修改，并就发表中国官方立场。2023 年，中国代表团在联合国信息安全问题开放式工作组二期会提出"维护网络空间的和平至关重要""网络安全是各国的共同安全""不能把网络空间先发优势'武器化'""不

---

① 《世界互联网大会乌镇峰会网络空间国际规则论坛举行》，https://news.fudan.edu.cn/2022/1115/c48a133126/page.htm，2022 年 11 月 15 日。

② 《习近平致信祝贺 2018 世界人工智能大会开幕》，http://www.gov.cn/xinwen/2018-09/17/content_5322670.htm?cid=303，2018 年 9 月 17 日。

能对'负责任国家行为框架'合则用不合则弃"等观点。① 与此同时，中国还积极参与联合国网络犯罪公约制定活动。

其二，各相关团体积极组织参与 IGF，就热点问题展开交流。自 2006 年以来，IGF 已经举办了十七届年会。随着互联网在全球的不断发展，IGF 在联合国层面的影响力亦在逐年提升。中国的互联网社群一直积极参与 IGF 进程。中方代表持续当选 MAG 成员，在 IGF 年会多次举办研讨会、开放式论坛等活动，国际影响不断扩大。2020 年，中国 IGF 的成立，致力于促进中国社群之间以及与国际各方在互联网治理相关方面的交流互动与合作，凝聚中国社群共识并产出方案、成果，宣介中国互联网治理理念和经验。这是中国深入参与联合国 IGF 进程的一件大事，不仅为中国的互联网社群搭建了一个开放、包容、透明、有效的交流平台，助力国内数字经济和信息社会建设，同时也有利于凝聚大家的智慧，为全球互联网治理贡献中国方案。

3. 积极参与国际技术标准制定

根据国际标准化组织（ISO）的数据，在 2000 年前，中国制定的国际标准数量仅为 13 项；从 2001 年至 2015 年，中国经济社会高速发展，中国制定的国际标准达到 182 项；从 2015 年到 2020 年，随着经济和技术实力进一步提升，中国主持的国际标准数量超过了 800 项。②

在网络空间领域，我国技术标准在国际竞争力和影响力方面显著提升。例如，在 5G 等通信领域，全球声明的 5G 标准必要专利共 21 万余件，涉及 4.7 万项专利族（一项专利族包括在不同国家申请并享有共同优先权的多件专利）。其中，中国声明 1.8 万项专利族，全球占比近 40%，排名第一。③ 在区块链、隐私保护和数据安全等领域，由中国主导和参与的国际标准取得新进展。2022 年 4 月 25 日，电气与电子工程师协会（IEEE）发布首个面向供应链金融的区块链国际标准，由蚂蚁集团牵头，参与方包括中

---

① 《中国代表团在联合国信息安全问题开放式工作组二期会上的发言》，http://un.china-mission.gov.cn/chn/zgylhg/cjyjk/202204/t20220408_10665738.htm，2022 年 3 月 28 日。

② 《800 多项国际标准由我国牵头制定，见证中国经济技术全球影响力》，https://ciftis.org/article/123957 81713555456.html，2022 年 5 月 9 日。

③ 《我国声明的 5G 标准必要专利达 1.8 万项》，http://www.gov.cn/xinwen/2022-06/10/content_5695002. htm，2022 年 6 月 10 日。

国电子技术标准化研究院、同济大学、京东、腾讯和浦发银行等；2022 年 4 月 12 日，中国提出的机密计算、安全多方计算—混淆电路两项标准建议，在 ISO 预立项成功。

四、中国网络主权思想的世界意义及国际影响

一方面，尊重网络空间国家主权正在成为网络空间国际治理的重要原则，继 2019 年爱沙尼亚和荷兰政府认为主权原则适用于网络空间后，2020 年 10 月，芬兰政府也提出，国际法为网络空间的负责任国家行为提供了一个必要框架。国家主权原则无可争议地适用于网络空间。① 此外，法国、德国、新西兰、波兰等国均发布了发布国际法适用于网络空间的立场文件。与此同时，尊重网络主权被写入多个国际文件（如表 8-1 所示）。

表 8-1　网络主权被纳入多个国际文件

时　间	国际文件	具体内容
2003 年	联合国信息社会世界峰会《日内瓦原则宣言》	互联网公共政策的决策权是各国的主权
2005 年	联合国信息社会世界峰会《突尼斯议程》	中国政府在联合国信息社会世界峰会进程中的关键作用和责任
2011 年	中国、俄罗斯、塔吉克斯坦、乌兹别克斯坦常驻联合国代表联名起草《信息安全国际行为准则》	文件就维护信息和网络安全提出一系列基本原则，涵盖政治、军事、经济、社会、文化、技术等各方面，包括各国不应利用包括网络在内的信息通信技术实施敌对行为、侵略行径和制造对国际和平与安全的威胁；强调各国有责任和权利保护本国信息和网络空间及关键信息和网络基础设施免受威胁、干扰和攻击破坏；建立多边、透明和民主的互联网国际管理机制；充分尊重在遵守各国法律前提下信息和网络空间的权利和自由；帮助发展中国家发展信息和网络技术；合作打击网络犯罪等
2013 年	《联合国信息安全政府专家组报告》	联合国信息安全政府专家组在其报告中指出，"国家主权和在主权基础上衍生的国际规范及原则适用于国家进行的信息通信技术活动""国家主权原则是增强国家运用信息通信技术安全性的根基""国际合作、对话以及对所有国家主权的应有尊重至关重要"。2015 年和 2021 年的报告重申了这些原则

---

① 钱忆亲：《2020 年下半年网络空间"主权问题"争议、演变与未来》，《中国信息安全》2020 年第 12 期。

（续表）

时　间	国际文件	具体内容
2015 年	中国、哈萨克斯坦、吉尔吉斯斯坦、俄罗斯、塔吉克斯坦、乌兹别克斯坦常驻联合国代表《信息安全国际行为准则》更新草案	此次六国联合向联大提交的《信息安全国际行为准则》更新草案，将第五条修订为"要努力确保信息通信技术产品和服务的供应链安全，特别是不可利用在信息通信领域（基础资源、关键基础设施、核心技术、信息通信网络中的产品与服务等）的优势地位去破坏其他国家对信息通信产品服务的独立控制权，或威胁其他国家政治、经济和社会安全"。更新条款不仅表述上更严谨、更具体，而且特别强调了国家在信息通信领域的主权（"独立控制权"）
2015 年	二十国集团领导人《安塔利亚峰会公报》	公报指出，"确认国际法，特别是《联合国宪章》，适用于国家行为和信息通信技术运用，并承诺所有国家应当遵守进一步确认自愿和非约束性的在使用信息通信技术方面的负责任国家行为准则"
2016 年	金砖国家领导人《果阿宣言》	宣言重申，"在公认的包括《联合国宪章》在内的国际法原则的基础上，通过国际和地区合作，使用和开发信息通信技术。这些原则包括政治独立、领土完整、国家主权平等、以和平手段解决争端、不干涉别国内政、尊重人权和基本自由及隐私等。这对于维护和平、安全与开放的网络空间至关重要"
2019 年	世界互联网大会《携手构建网络空间命运共同体》概念文件	文件强调，"网络主权是国家主权在网络空间的自然延伸，应尊重各国自主选择发展道路、治理模式和平等参与网络空间国际治理的权利"
2020 年	世界互联网大会《携手构建网络空间命运共同体行动倡议》	文件指出，在尊重各国网络主权、尊重各国网络政策的前提下，探索以可接受的方式扩大互联网接入和连接，让更多发展中国家和人民共享互联网带来的发展机遇
2020 年	《中国—东盟关于建立数字经济合作伙伴关系的倡议》	倡议指出，"在考察各国法律与社会实际基础上，充分尊重网络主权""推动建立多边、民主、透明的全球网络空间命运共同体"
2021 年	中非互联网发展与合作论坛《中非携手构建网络空间命运共同体倡议》	倡议提出，"在尊重各国网络主权、尊重各国网络政策的前提下，探索以可接受的方式扩大互联网接入和连接，让更多发展中国家和人民共享互联网带来的发展机遇"
2023 年	中俄《关于深化新时代全面战略协作伙伴关系的联合声明》	声明指出，双方反对信息和通信技术领域军事化，反对限制正常信息通信和技术发展与合作，支持在确保各国互联网治理主权和安全的前提下打造多边公平透明的全球互联网治理体系

　　另一方面，网络主权思想正在成为更广泛的国际共识。国际社会各方近年来陆续提出"信息主权""数据主权""技术主权""数字主权"等概念。正如前文所述，各国在

网络空间普遍存在主权诉求，但由于对网络空间主权的内涵缺乏统一的认识，不同国家在阐释网络空间的国家权力诉求时存在一些差异。中欧俄等主要大国和地区立足于本国的现实诉求对网络主权进行实践和阐述，形成了不同的网络主权观。

一是信息主权（Information Sovereignty）。信息主权与网络空间主权既有联系又有区别。广义的信息主权是指国家对内具有信息决策和维护信息秩序的权力，对外享有平等的信息生产、传播和使用的权利。[①] 在这个意义上，由于网络只是信息的众多载体之一，信息主权的范畴大于网络空间主权。随着互联网在各国的深度渗透，网络空间成为信息生产与传播的最重要媒介，网络空间中的信息安全问题随之成为各国关注的焦点。由此狭义的信息主权用于强调网络空间中的信息主权，在这个意义上，信息主权的范畴又小于网络空间主权，仅为网络空间主权的一种表现形式。俄罗斯是网络空间信息主权论的典型代表。由于长期面临来自美西方国家的意识形态威胁，俄罗斯在维护网络空间主权实践方面，曾发布《俄罗斯信息安全学说》，倡导信息主权，有效治理和防范信息内容。

二是数据主权（Data Sovereignty）。数字经济时代，数据成为网络空间最重要的资源，国家拥有数据的规模、流动、利用能力等将成为综合国力的重要组成部分。[②] 从跨境数据流动路径看，往往是数字经济竞争力弱国使用数字经济竞争力强国的应用和服务，客观上沦为原始数据的提供者，而数字经济竞争力强国则获得了全球大量数据，通过强大的技术和数据处理能力站在数据价值链的顶端。[③] 因此，对于美国凭借谷歌、微软、亚马逊、苹果等巨型全球互联网企业掌握了丰富的数据资源这一现象，其他国家深感数据主权面临威胁。俄罗斯采取了数据本地化的政策来保护本国的数字经济产业；欧盟委员会则在中美竞争的背景下强化战略自主，2020 年发布的《欧洲数据战略》、欧洲议会研究服务中心发布的《欧洲数据主权》报告均指向了欧洲将创建一个单一欧洲数据空间，建立数据治理框架，强化数据基础设施，加大数据技能投入，以获得在数字世界中独立行动的能力。

三是技术主权（Technological Sovereignty）。与信息主权相类似，广义的技术主权强

---

① 牛博文：《信息主权论》，西南政法大学，2016 年。
② 李海英：《大数据发展及其立法挑战》，《信息安全与通信保密》2015 年第 6 期。
③ 唐巧盈、杨嵘均：《跨境数据流动治理的双重悖论、运演逻辑及其趋势》，《东南学术》2022 年第 2 期。

调国家在所有技术研发与应用中所享有的自主权，及免受别国胁迫与压制的能力。这个层面的技术主权范畴往往大于网络空间主权。技术主权与网络空间主权的密切勾连出现在特朗普执政后，美国政府发起的以高新技术为核心的对华竞争。由于网络空间具有较强的技术属性，部分国家在网络空间大国竞争演进过程中重点提出了技术主权诉求。在这个层面技术主权概念范畴也小于网络空间主权，同样是网络空间主权的重要表现形式之一。早在21世纪初，一些拉丁美洲国家如巴西、委内瑞拉、古巴、乌拉圭等国采取了一些措施准备用本地供应商代替外国供应商。随着中美竞争加剧，维护信息通信技术主权的重要性也逐渐被发达国家所认知。2019年，冯德莱恩（Ursula Von der Leyen）在被提名欧委会主席的未来施政纲领中提出了追求"欧洲技术主权"目标。2020年，她进一步阐述了技术主权的含义——"根据自己的价值观、遵守自己的规则、做出自己的选择的能力"①。欧盟的"技术主权"主要聚焦于其在网络空间前沿技术的自主能力。2020年2月，欧盟委员会发布了《塑造欧洲的数字未来》《人工智能白皮书：欧洲追求卓越与信任的方法》和《欧洲数据战略》三份重要战略文件，旨在重新掌控"技术主权"，培育欧盟在人工智能、大数据、5G等前沿技术发展与规制的独立自主能力。

四是数字主权（Digital Sovereignty）。数字主权的提出与数据主权、技术主权一脉相承，从广义的数字主权讲，其涵盖数据主权和技术主权的内容。在2020年7月欧洲议会发布的《欧洲数字主权》文件中，"数字主权"被明确定义为"欧洲在数字世界独立行动的能力，应该从保护性机制和促进数字创新的防御性工具（包括与非欧盟公司合作）两方面来理解它"。这一概念是欧盟面对数字世界的竞争，为保持独立性、竞争力与领导力提出的，强调国家主导本国数字发展的能力。②

第三节　网络空间命运共同体的理念与实践

一、网络空间命运共同体理念的提出

当前，世界百年未有之大变局加速演进，新一轮科技革命和产业变革深入发展。

---

① 蔡翠红、张若扬：《"技术主权"和"数字主权"话语下的欧盟数字化转型战略》，《国际政治研究》2022年第1期。

② 《网络主权：理论与实践（3.0版）》，https://cnsubsites.chinadaily.com.cn/wic/2021-09/28/c_174080.htm，2021年9月28日。

同时，世纪疫情影响深远，逆全球化思潮抬头，单边主义、保护主义明显上升，世界经济复苏乏力，局部冲突和动荡频发，全球性问题加剧，世界进入新的动荡变革期。互联网领域发展不平衡、规则不健全、秩序不合理等问题日益凸显，网络霸权主义对世界和平与发展构成新的威胁。个别国家将互联网作为维护霸权的工具，滥用信息技术干涉别国内政，从事大规模网络窃密和监控活动，网络空间冲突对抗风险上升。一些国家搞"小圈子""脱钩断链"，制造网络空间的分裂与对抗，网络空间安全面临的形势日益复杂。网络空间治理呼唤更加公平、合理、有效的解决方案，全球性威胁和挑战需要强有力的全球性应对。

作为全球最大的发展中国家和网民数量最多的国家，中国顺应信息时代发展趋势，坚持以人民为中心的发展思想，秉持共商共建共享的全球治理观，推动构建网络空间命运共同体。

2014 年 11 月，习近平主席在首届世界互联网大会致贺词，他指出，"互联网真正让世界变成了地球村，让国际社会越来越成为你中有我、我中有你的命运共同体"；"互联网发展对国家主权、安全、发展利益提出了新的挑战，迫切需要国际社会认真应对、谋求共治、实现共赢"[①]。

2015 年 12 月，第二届世界互联网大会上，习近平主席正式提出了"构建网络空间命运共同体"，并阐释了这一理念的丰富内涵。他指出，各国应该加强沟通、扩大共识、深化合作，共同构建网络空间命运共同体，并提出了"尊重网络主权""维护和平安全""促进开放合作""构建良好秩序"四项原则，以及"加快全球网络基础设施建设，促进互联互通""打造网上文化交流共享平台，促进交流互鉴""推动网络经济创新发展，促进共同繁荣""保障网络安全，促进有序发展""构建互联网治理体系，促进公平正义"五点主张。[②]

2017 年 12 月，习近平主席在对第四届世界互联网大会的贺信提出，"我们倡导'四项原则''五点主张'，就是希望与国际社会一道，尊重网络主权，发扬伙伴精神，大家的事由大家商量着办，做到发展共同推进、安全共同维护、治理共同参与、成果

---

① 《习近平关于网络强国论述摘编》，中央文献出版社 2021 年版，第 150 页。
② 同上书，第 153 页。

共同分享"。①

而在此后的世界互联网大会、全国网络安全和信息化工作会议、中国国际大数据产业博览会、世界人工智能大会、国际智能产业博览会、工业互联网全球峰会、二十国集团领导人峰会、上海合作组织成员国元首理事会会议等国内外重要会议和治理机制上，我国均提出了"共同构建网络空间命运共同体"，并将其纳入重要的合作议程之中。

网络空间命运共同体这一理念，坚持了多边参与、多方参与，尊重网络主权，发扬伙伴精神，倡导"网络空间中大家的事由大家商量着办"，推动国际社会深化发展与务实合作，共同应对风险挑战。加快构建网络空间命运共同体，符合信息时代的发展规律、符合世界人民的需求与期待，为全球在尊重网络主权的基础上，推进网络空间发展和治理体系变革贡献了中国方案。

二、网络空间命运共同体思想内涵

（一）理论渊源

一是，网络空间命运共同体理念是人类命运共同体理念的重要组成部分，作为马克思主义理论中国化的具体成果，体现了人类共同价值与共同理念。马克思的社会共同体思想力求在承继自亚里士多德以来的"城邦共同体"思想的基础上，基于"世界市场""普遍交往""世界性历史"的人类现实和资本主义社会的全球性发展的现状，用批判的眼光洞穿现实社会发展的进程所提出自然的共同体、"虚幻"的共同体、抽象的共同体、真正的共同体思想等"社会共同体"的理论，构成了马克思人类社会发展理论的极其重要的组成部分，并由此开启了唯物史观视域下的共同体范式。② 这一思想强调，在世界历史中，"每一个单独的个人的解放程度是与历史完全转变为世界历史的程度一致的"，"真正的共同体"才能得以实现。③ 而网络空间命运共同体思想是对新一轮科技革命和产业变革下如何突破地域和民族界限、深化人类社会交往、推进数字普惠

---

① 《习近平关于网络强国论述摘编》，中央文献出版社 2021 年版，第 163 页。
② 邵发军：《习近平"人类命运共同体"思想及其当代价值研究》，《社会主义研究》2017 年第 4 期。
③ 刘伟：《马克思主义共同体思想发展的新境界》，《学习时报》2018 年 1 月 3 日。

化，走向"真正共同体"的时代回应。

二是，中华文化源远流长，它蕴含的责任伦理、和平精神、天下观念等优秀传统思想文化为网络空间命运共同体理念深化发展提供了丰富的思想保障。其一，中华文明以共同体为本位，强调家国，推崇"四海一家""天下为公"的责任伦理。我们倡导构建网络空间命运共同体，正是基于中华文明以共同体为本位的主体性，充分体现了一个负责任的大国在网络空间中的主动担当。其二，中华传统文化中以和为贵、追求和谐、向往和平的精神在应对当今网络空间秩序不平衡、网络空间巴尔干化等方面中发挥了重要作用。习近平总书记积极倡导和促进网络空间的和平与稳定，以和平为基点和发展目标，提出构建网络空间命运共同体的倡议。其三，中华文明的"天下观"，有助于推进以"共同发展"为宗旨的网络空间新秩序。与西方国家缺乏世界视野的"个人—民族国家—国际社会"的思维明显不同，天下观念带给这个世界的，主要是尊重差异、共同发展、共同维护天下和平的智慧。[1] 正是基于天下观念，网络空间命运共同体代表着一种对新的网络空间世界秩序的期待，这种秩序以"共同发展"为原则，以维护网络空间整体利益为合理关切，从整体意义上寻求网络空间中权力、利益的合理分配，推动网络空间秩序朝着更加和谐、公平、正义的方向发展。[2]

（二）内涵表现

网络空间命运共同体是人类命运共同体的重要组成部分，是人类命运共同体理念在网络空间的具体体现。网络空间命运共同体所包含的关于发展、安全、治理、普惠等方面的理念主张，与人类命运共同体理念既一脉相承，又充分体现了网络空间的客观规律和鲜明特征。同时，推动构建网络空间命运共同体，将为构建人类命运共同体提供充沛的数字化动力，构筑坚实的安全屏障，凝聚更广泛的合作共识。构建网络空间命运共同体，需要坚持共商共建共享的全球治理观，推动构建多边、民主、透明的国际互联网治理体系，努力实现网络空间创新发展、安全有序、平等尊重、开放共享的目标，做到发展共同推进、安全共同维护、治理共同参与、成果共同分享，把网络

---

[1] 李勇刚：《中华文明对构建人类命运共同体的重要贡献》，https://theory.gmw.cn/2017-11/17/content_26821417.htm，2017 年 11 月 17 日。

[2] 张丽：《习近平网络空间命运共同体的理念形成与实践路径研究》，中国传媒大学，2022 年。

空间建设成为造福全人类的发展共同体、安全共同体、责任共同体、利益共同体。①

一是建设发展共同体。2021年9月，习近平主席在第七十六届联合国大会一般性辩论发表重要讲话时强调，加大发展资源投入，重点推进减贫、粮食安全、抗疫和疫苗、发展筹资、气候变化和绿色发展、工业化、数字经济、互联互通等领域合作，加快落实联合国2030年可持续发展议程，构建全球发展命运共同体。②在网络空间领域，建设发展共同体意味着，需要采取更为普惠包容、积极协调的数字政策，加快推进全球在互联网普及、信息基础设施建设、数字技术创新、数字经济发展、数字素养与技能等方面加强合作，弥合数字鸿沟，让网络化、数字化、智能化成果为全球所共享。

二是建设安全共同体。"当今世界，安全问题的联动性、跨国性、多样性更加突出。安全问题是事关人类前途命运的重大问题""实现各国共同安全，是构建人类命运共同体的题中应有之义"……习近平主席深刻把握人类前途命运和世界发展大势，为推动全球安全治理提供重要思想指引。③构建网络空间中的安全共同体，就是倡导开放合作的网络安全理念，坚持安全与发展并重、鼓励与规范并举，加强关键信息基础设施保护和数据安全国际合作，反对技术脱钩，有效协调处置重大网络安全事件，合作打击网络恐怖主义和网络犯罪，共同维护网络空间和平与安全。④

三是建设责任共同体。习近平总书记强调，推动构建人类命运共同体，不是以一种制度代替另一种制度，不是以一种文明代替另一种文明，而是不同社会制度、不同意识形态、不同历史文化、不同发展水平的国家在国际事务中利益共生、权利共享、责任共担，形成共建美好世界的最大公约数。⑤这就意味着，政府、国际组织、互联网企业、技术社群、社会组织、公民个人等不同行为体，依据网络空间技术特征和社会属性，在网络空间中扮演各自角色，承担相应责任，共同协商，相互对话，积极推进

---

① 国务院新闻办公室：《携手构建网络空间命运共同体》白皮书，http://www.scio.gov.cn/zfbps/32832/Document/1732898/1732898.htm，2022年11月7日。

② 习近平：《构建全球发展命运共同体》，http://www.gov.cn/xinwen/2021-09/22/content_5638609.htm，2021年9月22日。

③ 《维护和平稳定，构建安全共同体》，《人民日报》2021年12月30日。

④ 国务院新闻办公室：《携手构建网络空间命运共同体》白皮书，http://www.scio.gov.cn/zfbps/32832/Document/1732898/1732898.htm，2022年11月7日。

⑤ 《习近平在中华人民共和国恢复联合国合法席位50周年纪念会议上的讲话》，http://www.qstheory.cn/yaowen/2021-10/25.c_1127992585.htm，2021年10月25日。

网络空间治理体系和治理能力现代化。

四是建设利益共同体。习近平总书记高瞻远瞩地认识到，人类已经成为你中有我、我中有你的命运共同体，利益高度融合，彼此相互依存。每个国家都有发展权利，同时都应该在更加广阔的层面考虑自身利益，不能以损害其他国家利益为代价。[①]在网络空间中，一方面应考虑不同类型的用户群体的数字化建设需求，特别面向老年人、残障人士、青少年等特殊人群，加强信息无障碍建设，培养和提高数字素养。另一方面，一国的网络空间政策和网络行动，不能以伤害另一国的国家利益为前提。全球网络空间命运共同体只有作为一个具有最大包容性的整体，才能最大限度地为人类社会的发展贡献积极力量。[②]部分国家数字霸权、"脱钩断链"等割裂全球网络空间的政策和行动，并不符合世界各国的共同利益，也不利于构建公正合理的网络空间国际秩序。

三、网络空间命运共同体理念的实践

中国自全面接入国际互联网以来，高度重视互联网、发展互联网、治理互联网，在推动本国互联网发展的同时，积极参与网络空间国际交流合作。2015年，中国国家主席习近平在第二届世界互联网大会（乌镇峰会）上提出"构建网络空间命运共同体"理念，深入阐释互联网发展治理的"四项原则""五点主张"，为推动全球互联网发展治理贡献中国智慧和中国方案。在习近平总书记有关网络空间命运共同体理念的引领下，中国坚持走和平发展道路，奉行互利共赢的开放战略，倡导维护各国在网络空间的主权、安全和发展利益，积极参与网络空间国际治理进程，始终做国际网络空间和平的建设者、发展的贡献者、秩序的维护者。

（一）战略

一是《网络空间国际合作战略》。2017年3月，中国发布首份《网络空间国际合作战略》，就推动网络空间国际交流合作，首次全面系统提出中国主张，向世界发出了中

[①]《习近平主席在世界经济论坛2017年年会开幕式上的主旨演讲》，http://china.cnr.cn/gdgg/20170118/t20170118_523497379.shtml，2017年1月18日。

[②] 2022世界互联网大会乌镇峰会网络空间国际规则论坛：《"构建网络空间命运共同体"系列国际研讨会成果汇编》，2022年11月16日。

国致力于网络空间和平发展、合作共赢的积极信号。在基本原则方面，中国网络空间国际合作战略以和平发展为主题，以合作共赢为核心，倡导和平、主权、共治、普惠作为网络空间国际交流与合作的基本原则；在战略目标方面，中国参与网络空间国际合作的战略目标是：坚定维护中国网络主权、安全和发展利益，保障互联网信息安全有序流动，提升国际互联互通水平，维护网络空间和平安全稳定，推动网络空间国际法治，促进全球数字经济发展，深化网络文化交流互鉴，让互联网发展成果惠及全球，更好造福各国人民；在行动计划方面，中国将积极参与网络领域相关国际进程，加强双边、地区及国际对话与合作，倡导和促进网络空间和平与稳定，推动构建以规则为基础的网络空间秩序，不断拓展网络空间伙伴关系，积极推进全球互联网治理体系改革，深化打击网络恐怖主义和网络犯罪国际合作，倡导对隐私权等公民权益的保护，推动数字经济发展和数字红利普惠共享，加强全球信息基础设施建设和保护，促进网络文化交流互鉴。①

二是《数字丝绸之路》。自"数字丝绸之路"概念在 2017 年 5 月正式提出以来，中国与沿线多国共同发起《"一带一路"数字经济国际合作倡议》，力求通过双边与区域合作打造互联互通的"数字丝绸之路"。该倡议指出，数字经济是全球经济增长日益重要的驱动力，作为支持"一带一路"倡议的相关国家，各国将本着互联互通、创新发展、开放合作、和谐包容、互利共赢的原则，通过加强政策沟通、设施联通、贸易畅通、资金融通和民心相通，致力于实现互联互通的"数字丝绸之路"，打造互利共赢的利益共同体和共同发展繁荣的命运共同体。② 在 2019 年第二届"一带一路"国际合作高峰论坛上，习近平主席倡议各国"要顺应第四次工业革命发展趋势，共同把握数字化、网络化、智能化发展机遇，建设数字丝绸之路、创新丝绸之路"③。截至 2020 年底，我国已与 16 个国家签署"数字丝绸之路"合作谅解备忘录，与 22 个国家建立"丝路电商"双边合作机制。数据显示，2020 年，我国跨境电商进出口额达

---

① 《网络空间国际合作战略》，https://www.mfa.gov.cn/web/ziliao_674904/tytj_674911/zcwj_674915/201703/t20170301_7949961.shtml，2017 年 3 月 1 日。
② 《多国共同发起"一带一路"数字经济国际合作倡议》，《光明日报》2017 年 12 月 4 日。
③ 《习近平在第二届"一带一路"国际合作高峰论坛开幕式上的主旨演讲》，http://www.xinhuanet.com/politics/leaders/2019-04/26/c_1124420187.htm，2019 年 4 月 26 日。

到 1.69 万亿元，增长 31.1%，跨境电商等外贸新业态有力地促进了疫情形势下的贸易畅通。[①]

（二）国际合作

近年来，中国不断深化网络空间国际交流合作，秉持共商共建共享理念，加强双边、区域和国际对话与合作，致力于与国际社会各方建立广泛的合作伙伴关系，深化数字经济国际合作，共同维护网络空间安全，积极参与全球互联网治理体系改革和建设，促进互联网普惠包容发展，与国际社会携手推动构建网络空间命运共同体。

一是积极参与数字经济合作。我国大力推进全球信息基础设施建设，合作开展跨境光缆、国际海底光缆、5G 网络等项目建设；助力全球数字经济与实体经济融合发展，推进全球数字产业化和产业数字化进程；积极参与亚太经合组织、二十国集团、金砖、东盟等国际和区域性多边机制下数字经济治理合作，加强同世界经济论坛（WEF）、全球移动通信系统协会（GSMA）等专业性国际组织合作，为全球数字经济治理贡献力量。此外，我国坚持以人为本、科技向善，积极响应国际社会需求，携手推动落实《联合国 2030 年可持续发展议程》，加强对弱势群体的支持和帮助，开展网络扶贫国际合作，提升数字公共服务水平，共同致力于弥合数字鸿沟。推动网络文化交流与文明互鉴，打造网上文化交流平台，增进民心相通，促进互联网发展成果惠及不同国家和地区的人民。[②]

二是持续深化网络安全合作。我国积极维护网络空间和平与稳定，参与联合国打击网络犯罪全球性公约谈判，参与亚太经合组织、国际电联、上合组织、东盟、金砖国家等国际和区域组织网络安全相关工作，携手打击网络犯罪、网络恐怖主义，深化网络安全应急响应合作。坚持以开放包容态度推动全球数据安全治理，加强个人信息保护，发布《全球数据安全倡议》，促进数据跨境安全自由流动。例如，当前，中国

---

① 《网上丝绸之路拓展中国与共建"一带一路"国家合作新空间》，http://www.gov.cn/xinwen/2021-08/20/content_5632398.htm，2021 年 8 月 20 日。

② 国务院新闻办公室：《携手构建网络空间命运共同体》白皮书，http://www.scio.gov.cn/zfbps/32832/Document/1732898/1732898.htm，2022 年 11 月 7 日。

与东盟在网络安全合作日益密切。双方积极探索建立网络安全合作机制，形成了《中国—东盟电信监管理事会关于网络安全问题的合作框架》《中国—东盟非传统安全领域合作谅解备忘录》《中国印尼关于发展网络安全能力建设和技术合作的谅解备忘录》等合作框架，并建立了中国—东盟网络事务对话等交流对话机制。自 2008 年以来，双方成功举办 12 届中国—东盟网络安全应急响应能力建设研讨会。自 2017 年起，中国陆续对东盟国家开展网络安全应急响应培训，共同提升维护网络安全的能力和水平。此外，双方还在东盟地区论坛、打击跨国犯罪部长级会议、东亚峰会、东盟防长扩大会网络安全专家组等框架下广泛开展网络安全合作，共同打击网络犯罪，开展网络安全应急响应演练。

三是积极参与网络空间治理。我国建设性参与联合国信息安全开放式工作组（OEWG）和政府专家组（GGE），不断拓展与国际电联（ITU）、世界知识产权组织（WIPO）、联合国教科文组织（UNESCO）等专门机构合作。支持 ICANN 治理机制改革，参与国际互联网协会（ISOC）、互联网工程任务组（IETF）、互联网架构委员会（IAB）等国际互联网组织相关标准、规则制定。连续九年举办世界互联网大会乌镇峰会，发布携手构建网络空间命运共同体行动倡议，为全球互联网治理贡献中国方案。

四是开展大国和区域网信合作。中国秉持相互尊重、平等相待的原则，加强同世界各国在网络空间的交流合作，以共进为目的，以共赢为目标，走出一条互信共治之路。尽管美国当前采取错误对华政策，致使中美关系遭遇严重困难，但中国仍将坚持独立自主，坚定不移地维护在网络空间的国家主权、安全、发展利益。[1] 在中美战略竞争背景下，我国与主要大国和区域通过共搭平台共建机制，形成了高层对话、常态化的会议 / 论坛、联合声明 / 倡议、战略性规划项目等合作机制，在数字基础设施建设、数字经济、网络安全等网信领域的合作不断深化，形成丰富的合作成果（如表 8-2 所示）。

---

[1] 国务院新闻办公室：《携手构建网络空间命运共同体》白皮书，http://www.scio.gov.cn/zfbps/32832/Document/1732898/1732898.htm，2022 年 11 月 7 日。

表 8-2　中国与主要大国和区域开展网信合作情况

序号	大国和区域网信合作	重要机制、合作领域、合作成果等
1	中俄网信合作	《中俄关于丝绸之路经济带建设和欧亚经济联盟建设对接合作的联合声明》《中华人民共和国政府和俄罗斯联邦政府关于在保障国际信息安全领域合作协定》《关于信息空间发展合作的联合声明》、中俄网络媒体论坛、中俄信息安全磋商机制等
2	中欧网信合作	中欧数字领域高层对话、中欧数字经济和网络安全专家工作组机制、中欧网络工作组机制、中欧 ICT 对话、中欧数字领域二轨对话、中德互联网经济对话、中英互联网圆桌会议等
3	中国—东盟网信合作	《中国—东盟关于建立数字经济合作伙伴关系的倡议》、东盟数字部长会议、中国—东盟网络事务对话、中国—东盟信息港论坛、中国—东盟人工智能峰会、中国—东盟丝路电子商务论坛、中国—东盟技术转移与创新合作大会、中国—东盟数字经济发展合作论坛、中国—东盟网络安全应急响应能力建设研讨会等
4	中非网信合作	中非携手构建网络空间命运共同体倡议、中非互联网发展与合作论坛、中非数字创新伙伴计划、中国—南非新媒体圆桌会议、中坦（坦桑尼亚）网络文化交流会、中肯（肯尼亚）数字经济合作发展研讨会、亚洲—非洲法律协商组织网络空间国际法工作组
5	其他网信合作	中日韩三方网络磋商机制、东盟—中日韩（10+3）数字经济合作研讨座谈会、中韩互联网圆桌会议、中古（古巴）互联网圆桌论坛、中巴（巴西）互联网治理研讨会

四、网络空间命运共同体思想及实践的贡献

（一）为数字时代网络空间治理提供顶层设计

在人类国际政治的历史进程，大国为追求自身利益而不顾他国合理关切、为抢占国际地位制高点而开展战略博弈的例子比比皆是，但是，"迄今为止，人类历史从未真正见证过一个力量超强的国家真心实意为全人类的共同繁荣而努力"[①]。中国敏锐察觉到网络空间面临的危险和挑战，认识到网络治理国际合作的重要性，并从全球视野放眼网络空间治理现状和挑战，站在全人类的高度提出了完善网络空间治理体系的可行方案。从中国视角看，这一方案以网络强国为战略目标，为实现中华民族伟大复兴的"中国梦"提供了重要力量支撑和前进动力。从全球意义上看，不论是"四项原则""五点主张"还是"四个共同"，都充分保障了发展中国家自主发展互联网的权利和自由，

---

① 李展：《"一带一路"倡议与康德"永久和平论"：对话与超越》，《国际传播》2017 年第 6 期。

得到了国际社会许多国家的响应。

（二）增强国家间互信合作与成果共享

网络空间要实现和平与发展，离不开各个国际行为体之间的合作共赢。从责任共同体和利益共同体的视域看，处于网络空间的全部国家、地区、组织、个人均有责任和义务维护共同精神家园的繁荣和秩序。但是，参与全球网络空间治理的国家在综合国力、科技能力和文化实力等各方面存在差距，不同国家的能力也各不相同，因此所承担的责任和义务各不相同。尽管中国是一个网络空间后发国家，但积极承担作为网络大国的国际责任，主张通过建立伙伴关系、平等友好协商解决矛盾分歧、共同建设网络空间等方式，扩大国际合作共同利益、促进发展成果共享[1]、推进网络文明交流互鉴，维护广大发展中国家的合理要求和合法利益，夯实网络空间国际和平与战略稳定。可以说，网络空间命运共同体理念及中国的引导推动了各国在网络空间猜疑的消融，深化了网络空间技术合作以及信息资源的共享，为全球网络技术信息的沟通架设起一座和平之桥、发展之桥。[2]

（三）为构建人类命运共同体开拓新领域

一方面，人类命运共同体思想是新时代习近平总书记对"世界怎么了，我们怎么办"这一问题作出的中国回应，最终目的在于构建自由人联合体，这一理念为网络空间命运共同体构建形成了思想指引和目标导向。另一方面，网络空间命运共同体作为人类命运共同体在网络空间的具体实践，不仅为每个人的自由发展提供了新路径，某种程度上促进了人们在现有生产力水平条件下的自由最大化[3]；更是对全球互联网发展历程、发展过程中存在的制度问题、实践问题的深入思考，也对已经存在于国际社会、存在于网络空间的问题与挑战提出了中国方案[4]，拓展了人类命运共同体构建的新路径。

---

[1] 杨凯、张辰：《网络空间命运共同体的学理意义和建设思想》，《江西社会科学》2018 年第 5 期。

[2] 沈文辉、黎姿、刑芮：《习近平网络空间命运共同体思想的政治意蕴及其当代价值》，《湖南工程学院学报》2020 年第 4 期。

[3] 吴慧、许屹山：《习近平网络空间命运共同体理念的内在逻辑、科学内涵与时代价值》，《安庆师范大学学报（社会科学版）》2021 年第 6 期。

[4] 王四新：《网络空间命运共同体理念的价值分析》，《人民论坛》2022 年第 4 期。

五、小结

中国是全球网络空间秩序生成和治理体系变革进程中的重要参与者。在网络空间国际治理方面，网络主权理念主张各国拥有对本国网络空间进行自主管理的权力，对于对抗网络霸权、推进国际网络空间治理有着重要作用，这是网络空间命运共同体建设的必要前提和基础起点。而网络空间命运共同体的理念则意味着，各国在网络空间中休戚与共，应就共同的发展、责任、安全、利益等开展网络空间治理，为网络主权的实践提供了思想指引和理念导向。目前，我国主张的网络主权理念，已被很多国家特别是发展中国家所接受和践行，网络空间命运共同体思想则为网络空间国际治理设定了目标愿景。与此同时，随着网络空间国际治理进程从原则、主张转向具体秩序的生成，中国也在结合自身实践，在数字经济、互联网内容、ICT 供应链、网络军事安全等领域贡献了很多中国智慧。[1]

在数字经济领域，中国致力于促进全球数据实现安全有序的跨境流动。随着世界经济朝着数字化方向转型，国际社会需要共同努力建立具有国际共识、统一框架的方案，来协调数据主权和数据流动需求。[2]我国基于当前国家安全需要、数字经济产业能力和数据保护水平等基本国情，构建了我国数据资源战略和数据治理能力，促进数据跨境安全、自由流动，并积极参与全球治理，提出制定和参与国际规则的策略方案。[3]例如，我国提出《全球数据安全倡议》，为各国围绕数据安全和数据合作提供了思路；同时在北京、上海、海南、粤港澳大湾区等地设立了多个数据跨境试点，深化探索数据跨境流动的最佳实践。

在网络内容治理领域，其开始呈现过度意识形态化趋势，甚至出现了以意识形态为工具来指责和污蔑他国数字技术、产品和企业的现象。这放大了不同政治制度国家之间的意识形态分歧。对此，我国应坚决反对在网络空间中滥用意识形态工具，在面对网络空间的差异时，认为各方要防止把网络信息内容传播、网络内容管理制度差异

---

[1]　王滢波、鲁传颖：《网络空间全球秩序生成与中国贡献》，《上海对外经贸大学学报》2022 年第 2 期。
[2]　刘云：《中美欧数据跨境流动政策比较分析与国际趋势》，《中国信息安全》2020 年第 11 期。
[3]　唐巧盈、杨嵘均：《跨境数据流动治理的双重悖论、运演逻辑及其趋势》，《东南学术》2022 年第 2 期。

与意识形态问题杂乱无章地联系在一起，避免零和博弈、技术问题政治化、狭隘的技术民族主义等思维模式[①]；并主张各国应在联合国框架体系下，共同制定网络空间国家行为规范，利用联合国的现有机制缓和、规避大国在网络内容领域中的直接对抗，为不同文明在网络空间中和谐共处提供更加有利的环境。

在 ICT 供应链治理方面，由于 ICT 产业供应链具有鲜明的特点，其产品和服务通过高度分散的全球供应链实现开发、集成和交付，而技术的缺陷、市场的垄断和地缘政治交织在一起，使得全球数字安全生态呈现恶化趋势，ICT 供应链安全也成为全球网络安全领域的主要关切之一。对此，中国持续完善法律法规体系建设加强自身 ICT 供应链体系建设，同时积极推进建立产业界和国家间的信任基础，倡导 ICT 生态的多样性来维护供应链体系的稳定性。

在避免网络空间军事化方面，中国一直强调和平利用网络空间，提倡和平解决网络空间中出现的争端，反对网络空间军事化。中国主张，各方应通过坦诚沟通，建立冲突调解机制、数据安全的规则体系、供应链安全稳定体系，参与和支持联合国框架下的网络空间国际规则制定。例如，中国已在联合国《特定常规武器公约》第六次审议大会上提交了《中国关于规范人工智能军事应用的立场文件》，聚焦人工智能军事应用涉及的研发、部署、使用等重要环节，并就如何在军事领域负责任地开发和利用人工智能技术提出解决思路[②]。

不可否认，中国的网络空间治理道路不仅对中国实现现代化有着重要的推进作用，同时也具有重要的全球"外溢效应"。中国网络空间治理的理论探索和实践经验，为全球网络空间规则、秩序和格局重塑贡献了重要的理论源泉和生动实践，也为广大发展中国家提供了全新选择，从而有利于全球网络空间朝着更为和平、安全、开放、合作、多元的方向前进。从这个层面上来说，中国的网络空间治理具有世界意义。

在全球网络空间治理历程中，发达国家的治理模式可谓开了先河，但不能因为其具有先发优势就认定这种治理模式是领先成熟且普世通用的。提出"软实力"（soft

---

① 赛博研究院：业界专家联合权威解读《全球数据安全倡议》，http://www.sicsi.org.cn，2021 年 5 月 24 日。

② 聂晓阳、陈俊侠：《中国首次就规范人工智能军事应用问题提出倡议》，http://www.xinhuanet.com/2021-12/14/c_1128160251.htm，2021 年 12 月 14 日。

power）的约瑟夫·奈指出了信息技术对权力机制的影响，提出了网络权力（cyber power）的概念，强调政府、高度网络化的组织、个人等在网络空间中的参与权力分配。[1] 而从今天的现实情况看，一些发达国家、跨国科技巨头等依托技术、人才、语言、市场、规则等优势在网络空间治理推行所谓的"互联网自由"，在全世界的"信息博弈"中占据着主导地位，而非西方国家的民众长期面临着西方媒体的"灌输"和隐形的"思想控制"。[2] 事实上，美国前国务卿希拉里在美国的全球互联网战略发表演讲，进一步阐述"互联网自由"理念，并以突尼斯、埃及事件为例，渲染所谓"互联网具有的变革性力量"，明确表示美国将采取"外交与技术手段相配合的方式推进互联网自由"。[3] 可见，拥有绝对技术优势的美国准备以较低的成本实现其核心国家利益——霸权的稳定，并把网络意识形态渗透视为高效的方式。[4] 这实质上是一些发达国家借助看似自由的互联网发展和治理模式向发展中国家来输出其意识形态，甚至颠覆他国政权的典型做法。

因此，对发展中国家来说，发达国家的网络空间治理模式可能并不适应其发展国情，若盲目套用可能引发更为深层的政治危机和社会稳定问题。从中东到北非，从乌克兰、埃及、从叙利亚到泰国、哈萨克斯坦，诸多主权国家的民众在外国网络政治势力的影响下走上了街头大搞"颜色革命"，严重影响本国社会稳定和生产生活。而以网络主权、网络空间命运共同体等为代表的中国网络空间的治网主张和发展理念则对其具有重大启示。特别是中国在习近平总书记关于网络强国的重要思想的指引下，形成了一个强有力的组织保障、较为完备的制度保障，在治理实践中高度重视网络空间意识形态斗争，并综合运用多种方法和手段，走出了一条中国特色网络空间治理自主发展道路。这大大提振了发展中国家的战略定力和战略信心，一定程度上遏制了西方资本主义的网络霸权扩张，对后发国家的网络空间治理具有重要借鉴意义。事实上，在实践层面上，当前越来越多的发展中国家（如越南、部分非洲国家）正在追随中国借

① ［美］约瑟夫·奈：《权力大未来》，中信出版社 2012 年版。
② 文学：《当代美国全球霸权：历史缘起、现实支柱及其再审视》，《南京政治学院学报》2014 年第 5 期。
③ 方兴东、胡怀亮：《网络强国　中美网络空间大博弈》，电子工业出版社 2014 年版。
④ 马立明：《从信息全球化到信息地缘政治：互联网思维逻辑的演进与趋势》，《国外社会科学》2021 年第 6 期。

鉴我国网络空间治理经验，并基于本国国情，形成了其独有的治理模式。

正如前文所述，这一点同样体现在发达国家对中国网络空间治理理念的参考。以网络主权理念为例，尽管其理论内涵和治理边界在国际上存在争议，但维护网络主权日益得到更多国家的认同。发达国家方面，近年来，欧盟提出了"数字主权""技术主权""数据主权"等理论和概念，旨在减少对外国科技巨头的过度依赖，强化欧洲数字空间的独立自主性，保护欧洲人管理自己网络和数字空间的自由。而加拿大智库也借鉴了网络主权的概念，指出为了促进公共利益，加拿大需要对其社会／经济生活所依赖的交通和通信网络进行有效控制的原则——至少是应用于网络基础设施领域的国家主权。①

---

① Andrew Clement. Canadian Network Sovereignty: A Strategy For Twenty-first-century National Infrastructure Building, https://www.cigionline.org/articles/canadian-network-sovereignty/, 2018 年 3 月 26 日。

第九章　国际视野下的中国应用传播学

第一节　传播政治经济学视野下的中国应用传播学

传播政治经济学，是在第二次世界大战之后逐步发展和兴起的，将传播学研究的批判传统与马克思主义政治经济学研究紧密结合起来，对当今社会和全球传播秩序进行跨学科、跨领域综合研究与探索的一门新兴交叉学科，是一个方兴未艾的多学科融合创新研究领域。

互联网时代的到来和信息科学技术革命的突飞猛进，为传播政治经济学研究提出了新的课题、拓展了新的领域。上一代传播政治经济学者所关注的受众商品、数字劳工、信息拜物教、军事—工业—传播—娱乐联合体等信息资本主义生产方式等诸多问题，以及全球信息传播产业、全球传播秩序与传播霸权、大众传播与帝国主义秩序、全球信息地缘政治等重要议题，在进入 21 世纪之后，特别是在当今世界面临百年未有之大变局的背景下，都有了很大发展，也提出了新的研究领域和研究任务。与此同时，随着我国在互联网信息科学技术创新发展步伐不断加快，在 5G、大数据及相关技术应用等领域走到世界前沿，处于全球领先地位，对美国主导的全球信息传播霸权形成挑战，中美在互联网空间和信息科技领域的竞争和博弈日益剧烈，"中兴禁令""华为禁令""TikTok 收购""技术脱钩"等事件，成为令人瞩目的全球信息地缘政治经济学现象，为当今的传播政治经济学研究提出了新的时代课题。随着中国日益走向世界舞台的中央，中美围绕全球信息传播新秩序的竞争与较量还会不断加剧，传播政治经学研究中的"中国课题"将会越来越具有战略意义、全球意义，同时也会有越来越多的"中国课题"需要从传播政治经济学的视角加以探索。

中国特色的传播政治经济学的研究目标，就是要围绕与中国崛起、中美竞争相关的若干传播政治经济学重大前沿性、前瞻性、战略性、全球性问题，进行跨学科、跨领域融合创新与协同攻关，注重拓展具有中国问题意识、富有中国实践特色的传播政治经济学研究，从而推动传播政治经济学这一新兴交叉学科在研究视域、研究范式、研究手段等方面的创新，更好地发挥其高端智库服务功能。

一、当代传播政治经济学研究有待突破的六个主要课题

传播政治经济学，在学术脉络上隶属于与作为"冷战社会科学"的美国主流传播学相对立的批判传播学。传播政治经济学的重镇在北美，传播政治经济学的"北美学派"是这一研究领域的开创者，影响波及世界各地。影响最深的两个代表性人物是达拉斯·斯迈思和赫伯特·席勒。前者在 20 世纪 40 年代创建了传播政治经济学的第一门课程，将研究聚焦于传播如何有利于资本主义体系的价值创造过程；后者更加重视传播和信息资源如何在资本主义权力体系中进行分配。由此，传播政治经济学研究的核心问题可以概括为：批判地考察被嵌入到资本主义体系中的媒体信息和传播技术的产权、生产、分配和消费结构，以及潜藏于这一复杂结构之下的阶级体系。因此，分析资本主义统治集团如何使用、滥用信息和传播资源以维护其在资本主义体系中的权力就成为传播政治经济学研究的焦点问题。

沿着这样一种研究路径，传播政治经济学开辟出了诸多研究方向和议题，包括：传播结构批判（政治经济权力决定着传播的结构和内容），传播政策批判（媒资和信息所有权控制、市场化、利益驱动和垄断），传播技术批判（技术是高度政治化的被灌输了意识形态的东西），受众商品理论（消极的受众假设是传播政治经济学的一大特征），以及信息劳动力、信息传播与社会危机，资本主义传播产业的扩张、集中、异化与全球化殖民化，媒介帝国主义与文化帝国主义，传播霸权与传播依附，世界信息传播新秩序，全球信息地缘政治经济学，等等。斯迈思和席勒之后，莫斯可、丹·席勒、赵月枝、苏珊·威利斯、迈克斯韦尔等一批国际学者，以及郭镇之、吕新雨、胡翼青、陈世华等一批国内学者，积极推动了传播政治经济学的研究和发展。总体而言，学者们在这一领域的深化和探索，仍然坚守了斯迈思和席勒所开辟的研究路径及其制定的研究议程和主要议题。

综合来看，传播政治经济学研究中存在六个方面的主要课题有待突破：

其一，马克思政治经济学是传播政治经济学的核心理论资源和主要的理论支撑，但是，这一理论资源在传播政治经济学研究中并没有得到充分的挖掘和利用，这使得它的理论根基和批判立场处于不稳固之中。

其二，传播政治经济学在总体上隶属于政治经济学的学科范畴与学术范围，但是，对除了马克思政治经济学理论资源运用尚不够充分之外，它对其他的政治经济学理论资源，如古典政治经济学、制度经济学、新制度经济学、公共选择政治经济学等的涉入则更少，这进一步增加了其理论支撑的"脆弱性"。

其三，与其他政治经济学一样，传播政治经济学同样注重对宏观问题的研究，但是，对于数字时代和互联网信息技术革命带来的一些新的传播政治经济学重大理论和现实问题，如"数字经济体"的运作机制和治理模式、信息技术革命引发的制度变迁和全球信息地缘政治革命等宏观议题，它给予关注和作出响应的程度都是不够的。

其四，宏观政治经济学必须要有微观基础作为支撑，而传播政治经济学在对宏观问题展开研究的时候，较少甚至很少顾及它的微观基础问题，构建或者重建传播政治经济学的微观基础成为亟待解决的问题。

其五，数字化时代和信息革命浪潮之下的传播政治经济学研究，对数字资源、信息资源（大数据）的挖掘和利用是有限的，传播政治经济学研究不但需要在人文社会科学内部进行更大范围、更深程度上的融合创新，也需要与大数据科学（数据科学、信息科学、计算机科学等），以及新兴的计算社会科学进行广泛深入的对话，借鉴引入新的研究方法和技术手段。

其六，传播政治经济学的"中国问题"意识尚有待增强，以提升回答当今中国所面临的传播政治经学重大理论和现实问题的能力，从中获得学科发展和学术创新的动力和营养。

二、推进中国特色传播政治经济学的四个创新研究

基于前述分析，传播政治经济学仍然是一个新兴交叉学科，中国特色的传播政治经济学需要从以下四个方面进行新的探索，推进这一新兴交叉学科的发展。

第一，拓展具有鲜明"中国问题意识"的传播政治经济学研究。与其他哲学社会

科学在中国的发展一样，传播政治经济学也是从西方世界引入我国的一门社会学科，虽然它继承了马克思主义政治经济学的研究视角，对由美国等地方国家主导的全球传播产业和传播制度具有批判和反思的思想酵素，但从总体上来看，它毕竟是西方社会科学的一部分，其研究的前提假设、价值目标、研究方法、问题意识等都不同程度地带有"西方色彩"。因此，发端于西方社会的传播政治经济学研究如何获得一种真切的中国问题意识，需要密切关注当今中国实践面临的重大传播政治经济学课题，以及与中国相关的全球性传播政治经济学课题。中国特色传播政治经济学需要在研究领域、研究范式、研究方法等方面，拓展具有鲜明"中国问题意识"的传播政治经济学研究，回答当今中国和世界面临的传播政治经济学重大现实和理论问题，探索构建基于中国实践的传播政治经济学学科体系、学术体系、话语体系。

第二，探索适应当今时代特征的"新传播政治经济学"研究。互联网信息科技革命及其带来的新媒体传播革命，推动数字社会、数字经济、数字政治、数字化生存等的深入发展，由此产生了众多与传播政治经济学相关的重大课题亟待研究，如：聚焦数字价值链研究的"数字政治经济学"，聚焦互联网公司治理的"平台政治经济学"，聚焦平台垄断研究的"平台反垄断政治经济学"，聚焦数字化时代比较制度优势研究的"信息技术制度经济学"，聚焦信息科技革命和通信革命引发全球政治经济秩序变革的"信息地缘政治经济学"，以及聚焦新媒体传播革命的"数字媒介政治经济学"，聚焦舆论领袖研究的"网络个体行为政治经济学"，聚焦网络群体政治心理行为研究的"网络社群认知政治经济学"，等等。上述这些研究领域，有的属于以往传播政治经济学研究中虽有关注但在新的时代背景下发生了重要变化的研究课题，有的属于以往的传播政治经济学研究较少给予关注的研究领域，有的属于当今时代提出来的全新课题，它们构成了当今传播政治经济学研究的一些新领域，中国特色传播政治经济学需要致力于这些"新传播政治经济学"的研究，为传播政治经济学这一新兴交叉学科的研究注入新的活力。

第三，增强对传播政治经济学宏观问题与微观基础的有机融合、相互支撑研究。中国特色传播政治经济学对前沿问题研究的框架设计，需要包括"微观基础研究"和"宏观问题研究"两个有机组成部分。微观基础研究部分既注重对微观个体行为的研究，聚焦于舆论领袖，又注重对微观群体行为的研究，聚焦于网络社群认知，这就从

"个体研究"和"群体研究"两个层面构建了传播政治经济学研究的微观基础。宏观问题研究部分，亦拓展出两个研究领域，一是信息技术制度经济学，聚焦于数字时代的比较制度优势研究，二是信息地缘政治经济学，聚焦于当今全球信息地缘政治研究。同时，致力于将微观基础研究与宏观环境研究结合起来，形成微观与宏观的相互支撑。这对于解决传播政治经济学的微观基础问题和拓展传播政治经济学的宏观研究视野，都是有力的促进和推动。

第四，通过"三个融合"创新传播政治经济学研究范式。一是社会科学与数据科学、信息科学等计算机科学的结合，融合推进大数据驱动的传播政治经济学研究和融入传播政治经济学的大数据研究，将大数据与社会科学结合起来，进行研究范式、研究方法、研究手段的创新。二是在社会科学内部，推进传播学、政治学、经济学、社会学、国际关系学，以及心理、行为和认知科学等多个社会科学的交叉融合研究，使得传播政治经济学这一新兴交叉学科具有更广、更深的学科背景和学术支撑，促进学科创新和学术创造。三是学术创新与智库研究相融合，以当今中国和世界面临的传播政治经济学重大现实问题研究，引导传播政治经济学理论研究的创新，同时，用创新的传播政治经济学理论回答当今中国和世界面临的重大传播政治经济学问题，实现传播政治经济学学术研究与智库研究的"双轮互动"、有机融合，更好地支撑国家高端智库建设。

基于拓展具有鲜明"中国问题意识"的传播政治经济学研究、探索适应当今时代特征的"新传播政治经济学"研究和通过"三个融合"创新传播政治经济学研究范式这样三个创新性的研究目标，由此可以探索构建中国特色传播政治学研究的总体框架：

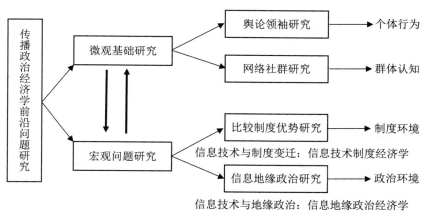

图 9-1　传播政治经济学前沿问题的研究

根据上图，可以在传播政治经济学的"微观基础研究"和"宏观问题研究"两个层面各设计两个研究方向，从而形成"微观基础研究"内部的"个体行为研究与群体认知研究"的有机结合，"宏观问题研究"内部的"制度变迁研究（制度环境）与地缘政治研究（政治环境）"的有机结合，以及在更高层次上"微观基础研究"与"宏观问题研究"之间的有机贯通。这样一个研究框架，可以实现政治经济学的微观基础研究与宏观问题研究的相互支撑，使得宏观政治经济学研究建立在个体和群体的微观行为分析之上，也将微观政治经济学研究置于宏观制度环境和政治环境之下来考察，从而构成内在逻辑统一、互为有效支撑的研究框架体系。

三、构建中国特色传播政治经济学的学科体系和学术体系

根据上述总体框架，推进富有中国特色的传播政治经济学研究，以下四个研究方向尤为值得关注。

1. 传播政治经济学的微观基础研究之一：舆论领袖研究

这一研究方向，聚焦互联网信息技术革命和新媒体传播革命背景下的"网络意见领袖"这一"关键少数"，运用大数据分析、社会网络分析、社会计算等前沿研究方法，针对网络空间舆论领袖的智能识别、心理行为分析和引导等关键议题展开研究，探索构建"舆论领袖"研究新思路和新范式，以揭示舆论领袖在网络空间的运作机制、影响机制、心理机制、行为机制等，为洞察网络舆论现象、发现网络传播规律、开展网络空间舆论引导和网络空间治理提供科学依据。

2. 传播政治经济学的微观基础研究之二：网络社群研究

这一研究方向，聚焦于网络社群的认知行为研究，综合运用网络民族志、参与式观察、扎根理论、网络社会调查，以及网络大数据挖掘与分析等数据科学前沿方法，将经典的传播学研究传统与大数据分析技术结合起来，选取 B 站、微博、微信、Twitter、Facebook、TikTok 等社交媒体和网络社区，针对网络社群的群体政治心理、群体政治活动、群体认知机制、群体动员机制、群体网络演化机制、群体行为模式等，开展前沿性研究，构建网络群体认知行为分析范式，训练基于媒介大数据的网络群体分析学习模型，为网络群体分析提供科学依据。

传播政治经济学微观基础研究的上述两个方向构成了相互呼应和相互支撑的有机整体。"舆论领袖"研究属于传播政治经济学的个体行为分析，网络群体研究则是传播政治经济学中的群体行为分析。舆论领袖的研究将为群体研究提供微观的个体行为基础，而社群研究则有助于将个体行为还原到群体当中来考察，从而形成"群体中的个体研究"和"基于个体的群体研究"的相互对话，为传播政治经学研究构建更为科学、严密、稳健的微观基础。

3. 传播政治经济学的宏观问题研究之一：比较制度优势研究

这一研究方向，聚焦宏观政治经济学研究中的一个关键问题，即信息技术革命及其引发的数字媒介传播革命带来的制度变迁，它将信息技术、数字传播与制度经济学研究结合起来，发展一种基于信息技术革命和数字传播革命的制度变迁理论，探索发展一种数字化时代的"信息技术制度经济学"。这其中，政治制度、经济制度、企业组织等制度性安排，对信息技术和数字传播革命的"技术适应性"和"技术适配性"，以及由于这种"技术应变能力"的差异所导致的制度比较优势的变化问题，是中国特色传播政治经济学需要重点攻克的一个创新性研究方向。

4. 传播政治经济学的宏观问题研究之二：信息地缘政治研究

这一研究方向，聚焦信息科学技术革命带来的全球地缘政治格局变化和全球政治经济新秩序变革，在数字化浪潮日益深入的背景下，聚焦当今全球信息地缘政治学领域中的一些重大前沿问题，推进发展与数字化革命时代相适应的"信息地缘政治经济学"研究。这其中，触发全球信息地缘政治革命的信息技术变迁史研究、信息产业变迁史研究、通信政策变迁史研究、重大事件案例史研究等，都是一些基础性的研究课题。中国特色传播政治经济学要在对这些基础性的课题进行拓展性研究的基础上，更加注重探索全球信息地缘政治的内在演化机制，包括：全球信息地缘政治演化的技术变迁机制；全球信息地缘政治演化的产业变迁机制；全球信息地缘政治演化的政策变迁机制；全球信息地缘政治演化的事件触发机制等。在这些方面，中国特色传播政治经济学需要提升跨学科融合创新能力，在加强基础数据库建设的基础上引入大数据分析方法，创新研究范式和研究手段，并致力于构建适应信息技术发展趋势、全球政治经济格局变化、体现中国主张和具有中国特色的全球信息地缘政治经济学的学科体系、学术体系和话语体系。

上述两个宏观传播政治经济学研究方向，一个聚焦"信息技术与制度变迁"，集中探究颠覆性信息技术对国家、社会、组织（政党组织、经济组织等）的制度性安排的影响机制，以及由此引发的制度变迁，从而洞察信息技术革命带来的宏观制度环境变化；一个聚焦"信息技术与地缘政治"，集中探究当今世界大国围绕颠覆性信息技术、通信产业政策等展开的全球地缘政治竞争及其发展和演化趋势，由此洞察信息技术革命带来的全球政治环境变化。同时，上述这两个宏观环境变化（制度环境、政治环境）之间又是相互作用、相互影响的，一个国家、政党的制度性安排对于信息技术和数字传播革命的"适应—调适能力"，将在很大程度上决定其获取制度比较优势的能力，这种制度比较优势又将会在很大程度上影响其参与全球信息地缘政治经济竞争的能力；反过来，一个国家、政党对全球信息地缘政治竞争的"感知—响应能力"，也将在很大程度上影响乃至决定其主动适应信息技术和传播革命的能力，进而影响乃至决定其制度性调适的能力。

由此，中国特色传播政治经济学研究可以拓展"四个分支学科"和构建"两个学术体系"。

四个分支学科是指：一是舆论领袖传播政治经济学，即发展基于传播政治经济学的舆论领袖研究范式；二是网络社群传播政治经济学，即发展基于传播政治经济学的网络社群研究范式；三是信息技术制度经济学，即发展基于颠覆性信息技术的制度变迁理论与比较制度优势分析范式；四是信息地缘政治经济学，即发展基于颠覆性信息技术的地缘政治经济学与全球信息地缘政治分析范式。

"两个学术体系"是指：其一，微观传播政治经济学研究体系：即针对传播政治经济学的微观基础的学术体系，一是以"舆论领袖"为代表基于个体行为分析的微观基础研究，二是以网络社群认知为主线的基于群体行为分析的微观基础研究。其二，宏观传播政治经济学研究体系：即针对传播政治经济学的宏观问题的学术体系，一是制度环境研究，聚焦信息技术与制度变迁和制度比较优势分析，二是政治环境研究，聚焦信息技术与地缘政治，研究全球信息地缘政治的发展演化趋势。

通过发展"四个分支学科"，构建"两个学术体系"，引入数据科学、信息科学、计算机科学的大数据分析方法，探索大数据科学与传播学、政治学、经济学、社会学、心理学、认知科学等多个社会科学之间的跨学科、跨领域融合创新研究，发掘传播政治经济学在数字时代的学科发展潜力和学术增长点，推进符合数字时代特征的新型传播政治经济学研究，探索传播政治经济学作为一个"新兴交叉学科"的发展趋势与规律，构建传播政治经济学的新型学科体系。

第二节　计算传播学视野下的中国应用传播学

一、计算传播学发展现状

拉泽尔等人在 2009 年首次提出了"计算社会科学"（Computational Social Science）的概念，指在社会科学中采用计算机运算方法的学术分支，运算用以建立模型、模拟、分析社会现象。计算传播学是计算社会科学的重要分支，近十几年来得到了迅速发展，而国内相关研究仍然处于起步阶段，大部分内容和主题聚焦于学科的研究综述和前沿问题探讨等。以"计算传播"作为主题关键词在中国知网（CNKI）进行高级检索，共计搜索到 618 条结果，其中新闻与传媒学科类别共计 97 条。而以"计算传播学"作为主题关键词在中国知网（CNKI）进行高级检索，共计搜索到 66 条结果，其中新闻与传媒学科类别共计 62 条。

祝建华等人 2014 年发表《计算社会科学在新闻传播研究中的应用》，回顾和讨论新兴的计算社会科学在新闻传播研究中的应用。按照新闻传播研究中经典的 5W 模型，本文分别介绍了计算社会科学在"谁（传播者），通过什么（渠道），对谁（受众），说了什么（内容），并产生了什么（效果）"等五个领域的主要应用案例，并讨论了计算社会科学和网络大数据对这些研究领域的主要贡献和现存问题。沈浩等人 2014 年发表的《传播学研究新思路：复杂网络与社会计算》，从结构视角把网络科学研究方法引入传播学研究，用结构思想和社会网络分析的数学与计算模型来考察传播网络，用复杂网络的研究方法来思考传播规律，并试图在大数据时代运用社会计算的方法预测社会发展趋势。王成军 2015 年发表的《计算传播学：作为计算社会科学的传播学》，在国内首次提出了计算传播学的概念，并梳理了计算社会科学的相关文献，证实了计算社会科学发展过程中存在的两大研究脉络：多主体建模和网络科学，后者发展和互联网大数据的广泛使用真正促进了计算社会科学的发展。文章试图从可计算化的视角定义了计算传播学，强调了人类传播行为的可计算性基础和对于大数据背后的模式、机制及普适原理的挖掘。王成军 2016 年发表《计算传播学的起源、概念和应用》，首先分析了计算传播的起源、概念和应用，然后从计算社会科学的角度对计算传播学的理论脉络进行了介绍。徐明华等人 2017 年发表的《社会计算视域下传播学研究的嬗变与反思》，梳理社会计算等重要概念的缘起与发展，总结代表性成果，以社会计算作为新的研究范式，探讨数字化变革对传播学在学科转型与构建新型知识体系时所产生的学科意义与挑战。刘海龙等人 2018 年发表《2017 年传播学新观点》，以 2017 年中文新闻传播期刊中传播学方向的论文为基础，总结出 2017 年传播学的 11 个新鲜观点，涉及后真相时代的传播政治、计算传播学的两面性、技术决定论、网络"情感"研究、数字劳动、数字记忆、新党媒、网络民族志和视觉修辞等。刘庆振 2018 年发表《计算传播学：智能媒体视阈下传播学研究的新范式》，总结、抽象、提炼出一整套有关计算传播学的理论框架，以期推动传播学领域的量化研究思想和工具更充分地融入质化研究的流程和细节中，实现传播艺术与传播科学的更好融合。刘庆振等人 2019 年发表《计算传播学：缘起、概念及其计算主义视角》，梳理了计算传播学的生成与发展、重要概念、学科主要价值以及未来可能的发展方向等。巢乃鹏 2019 年发表《人工智能与计算传播学》，从计算传播学的概念、起源出发，探寻计算传播学与传播研究定量传统、数据科学、网络科学的学科渊源，在简述人工智能热潮下机器学习、深度学习概况的基础上，对人工智能在计算传播学研究方法（包括内容分析、情感分析和社会网络分析）中的应用现状和前景进行综述和探讨。喻国明 2020 年发表《关于智能时代新闻传播学科建设的若干思考》，从发展计算传播学、新技术革命的挑战以及以人为本的角度深入思考了智能时代传播学科建设的若干问题，指出了未来新闻传播领域专业人才培养需要关注的几个方面。沈浩等人 2021 年发表《计算传播学：国际研究现状与国内教育展望》，通过对传播学领域内影响因子位居前 20 的 SSCI 期刊中的 252 篇计算传播研究论文全文进行关联主题模型分析，研究者识别出包含社交媒体分析、多元社会议题分析、新闻与新闻工作者研究、社会运动与社会参与研究、政治竞选研究、用户媒介接触研究六大领域在内的研究图景。巢乃鹏 2022 年发表《计算传播学研究现状与前沿议题》，从 5W 的视角对计算传播学的研究文献进行了综述，试图更全面地呈现计算传播学研究的版图，还进一步探讨了计算传播学未来研究需要关注的重点议题。刘嘉琪 2022 年发表《国内外计算传播学研究热点与前沿》指出，近年来的研究热点主要集中在计算政治传播、计算新闻、计算广告、计算危机传播、计算流行文化传播领域。不少学者通过升级计算手段、扩展研究对象，开拓了包括视觉计算传播、神经计算传播、计算宣传等在内的新研究方向，使计算传播学研究实现了新突破。周葆华等人 2023 年发表《数字时代的计算舆论研究：主题、理论与方法的进展与前瞻——基于 2000—2020 年代表性传播学国际期刊的分析》，选择 2000—2020 年 12 本代表性 SSCI 期刊，对 200 篇国际计算舆论研究文献进行内容分析，勾勒舆论研究领域的新变化。

在国内，周葆华与梁海主编、于 2022 年出版的《大数据时代的计算舆论学：理论、方法与案例》提出"计算舆论学"（computational public opinion research）的概念，指运用计算方法对社会舆论的状态及其过程进行科学分析与研究。该书从计算舆论学学科简介、舆论主体挖掘、舆论内容挖掘、舆论过程与演化四个方面入手，在介绍相关理论和方法研究的同时，采用案例分析的视角，生动具体地诠释了该领域的国际前沿问题和本土研究经验。以下列举书中几个国内重点关注的研究方向。

比如，在意见领袖研究方面。意见领袖这一概念最早是由拉扎斯菲尔德、贝雷尔森和哥迪特在《人民的选择》（1948）这本书中提出的。许未艾在《舆论表达主体与意见领袖挖掘》中指出，研究网络时代的意见领袖有两个综合问题。第一，数字平台上的意见领袖是哪些人、有什么特征，他们与传统的社会精英有何差别？第二，意见领袖如何定位？许未艾认为，关于第一个问题，大量的研究试图归纳总结意见领袖的一般身份和行为属性。但事实上，这个概念并没有具体的社会属性，它的影响力来源于注意力经济（attention economy）和网络口碑（online word-of-mouth）。也就是说，真正的意见领袖是那些能够吸引公众关注并能够引导公众进行转发或者点赞等后续行为的一类人。值得注意的是，许未艾还注意到了"众包意见精英"这一类群体，这类群体来自并且扎根于社区，是该社区群体利益的代言人，其转发行为可以有效带动普通群众在关键议题中的参与度，甚至于让普通群众参与到设置议程、推动变革的具体过程中去。第二个问题，关于意见领袖如何定位，许未艾将其分为两大类，一类是我们通常意义下的社会主流精英群体，第二类是具有对抗性的公共弱势群体，前者的影响力毋庸置疑，但后者的影响力也不容小觑。

再如，在文本挖掘方面。黄荣贵在《网络舆论表达中的文本挖掘与主题模型》一文中指出，互联网技术和社交媒体的快速发展为民众提供了公共表达和公共辩论的新空间，而在线表达也常常被研究者看作是非正式政治参与的重要形式。在此背景下，对网络舆论表达的系统分析不仅是理解中国网络社会的结构和性质的一个重要手段，也是窥视转型中国这一特定社会情景中各社会群体多元化社会心态和利益诉求的一个关键窗口。黄荣贵认为，对民众网络表达的文本挖掘不仅能够剖析其态度偏好和议题偏好，还能探究网络用户在特定舆论事件或特定议题领域的话语框架和认知框架，有助于理解中国网民群体分化、网络空间性质、网络舆论环境、国家社会关系等重要研究主题。文章聚焦隐含狄利克雷主题模型（LDA topic model，简称主题模型）的原理和适用情景提出：第一步，确定分析的文本集合，即语料库；第二步，对文档进行适当的预处理，主要是分词与特征工程；第三步，综合多种方法来确定模型的主题数 K；第四步，确定主题数后，拟合话题模型并对其进行验证、解读和汇报；第五步，结合研究目的，可使用主题模型的结果进行后续的量化分析。

又如，在情感分析方面。范锐等人在《网络舆论中的情感分析》中指出，网络舆论中的情感分析具体指计算并分析网络舆论中公众表达的情绪及其变化。本章案例聚焦于探讨网络舆论中不同情绪在社交网络中的同质性差异，以及情绪与网络舆论的关系、情绪的不同测度方法、情绪在网络空间中的传播，以及情绪与信息传播的耦合关系等问题。首先，如何准确描述人的情绪存在不同的理论分支，主要包括维度理论、分类理论和认知评价理论。网络舆论的情绪基本归类于：喜、怒、哀、乐、爱、恶六类。这几类情绪有不同的表达途径和方式，也有相应的测量方法，包括早期的调查问卷，但随着计算技术的发展，更加客观的基于机器学习的测量方法被不断提出，包括人工预先标注情绪的训练集上进行模型参数的估计，进而对未知情绪的样本进行推断，包括根据词汇的情绪分值、音频特征、图像的面部肌肉分析等不同方法识别背后情绪。现有关于文本研究主要采用两种方法，即基于情感词典的方法和基于机器学习的方法。

二、深化计算传播学视域下的意识形态认知斗争研究

当前计算传播学的一个重要应用领域是意识形态认知斗争研究。百年未有之大变局下，意识形态认知主导权的争夺成为意识形态博弈的关键环节，构成意识形态对抗的本质及内核。认知计算的兴起则为意识形态认知斗争提供了新的技术手段，将大国意识形态对抗引领到一个新的发展阶段。基于计算传播学（Computational Communication Research）的意识形态认知计算与认知对抗研究，则是在这一背景下发展起来的前沿研究领域。

当前互联网、大数据、云计算、人工智能等信息技术革命不断深入，伴随而来的数字媒介革命和新媒体传播革命方兴未艾，使得媒介大数据驱动下的意识形态认知斗争成为国际学术界备受关注的一个热点问题，相关研究呈现两种学术路向：一是重新激活冷战研究的理论资源。用于考察互联网科技革命、数字媒介革命和新媒体传播革命条件下守成国家与新兴国家开展全球意识形态认知斗争的新趋势新特点。

二是媒介大数据和计算舆论学在意识形态认知斗争领域的研究与应用，媒介大数据资源的丰富性和可获取性以及相关"计算社会科学"（Computational Social Science）和计算技术的发展，推动了"计算舆论学"的兴起，网络舆论表达主题与意见领袖挖掘（Xu, W. W., 2020）、网络舆论中的社交机器人识别与挖掘（师文、陈昌凤，2020）、网络舆论表达中的主题模型（黄荣贵，2017）、网络舆论中的框架理论和框架分析（Qin, J., 2015）、网络舆论中的结构性扩散和选择性分享（张伦、胥桂佳、易妍，2016；Liang, H., 2018）、网络舆论演化动力学（Hu, H., & Zhu, J. J. H. 2017）、网络舆论中的议题竞争模型（Wang, P., 2019）、网络议程设置模型（Vargo, C.Guo, L., 2012）、沉默的螺旋多主题模型（王成军、党明辉、杜骏飞，2019）等新兴的计算舆论学的前沿研究成果，使得开展大数据条件下的"意识形态认知计算"成为可能，由此推动着意识形态斗争走向融合计算技术的意识形态认知对抗新阶段。

这一方向的研究具有独到的学术价值和应用价值。其一，将计算传播学这一新兴交叉学科中有关认知计算的思想方法和前沿成果，引入和运用到"意识形态认知计算"这一新的领域，探索媒介大数据条件下的"意识形态认知斗争模式"和"意识形态认

知计算框架"。这是一个富有挑战性的新兴的前沿领域。其二，在应用价值方面，一方面，运用前述"意识形态认知计算框架"和"意识形态认知斗争模式"，综合分析研判当前和今后一个时期东西方意识形态斗争的新动向、新特点和新趋势。另一方面，根据当前和今后一个时期意识形态斗争的新动向、新特点和新趋势，综合分析研判新时代新征程我国在全球意识形态认知对抗中面临的重大安全风险隐患，提出应对策略和具体建议。

就研究内容来看，计算传播学视域下的意识形态认知斗争研究，一是要深入研究媒介大数据背景下计算传播学的最新发展，及其在认知计算领域的应用情况；二是运用计算传播学的方法和前沿成果研究新形势下全球意识形态认知斗争的计算框架、对抗模式、趋势特点及应对策略。

1. 理论研究

第一，数字媒介环境下的意识形态认知斗争模式研究。在数字媒介环境下，信息地缘政治经济学视域下的意识形态认知斗争的基本模式可概括为：以议题为中心的精英—用户互动模式。如图 9-2 所示，在这一模式中，意识形态认知斗争被定义为是以关键性议题为基本单元而展开的话语权争夺行为，精英（意见领袖）和用户（网络大众）则被定义为意识形态认知对抗的关键行为体。其中有三个关键要素：（1）议题对抗，即意识形态认知斗争总是围绕着一系列富有争议性的关键议题的认知主导权而展开的，如发展模式、道路选择、国际战略、国际规则、文化传统、民主人权、民族宗教、重大突发事件等；（2）精英对抗，即政治精英、经济精英和知识精英在意识形态认知斗

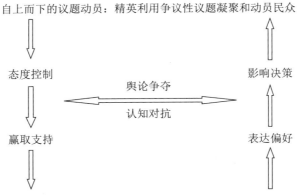

图 9-2　数字媒介环境下的意识形态认知斗争模式

争中扮演着议题设置与舆论动员的关键角色，精英对抗塑造了"自上而下"的意识形态认知斗争过程；（3）用户对抗，即得到信息技术和数字媒介赋权的网络用户在意识形态认知斗争中通过"跟随响应—寻求回应"模式形成公众舆论场，用户对抗塑造了"自下而上"的意识形态认知对抗过程。

第二，数字媒介环境下的意识形态认知计算框架研究。

与传统的冷战意识形态对抗不同，当今数字媒介环境下的意识形态斗争，更加强调基于"认知计算"的认知对抗，为此需要开展基于区域国别的"意识形态认知计算框架"研究。依据上述数字媒介环境下的意识形态认知斗争模式，意识形态认知斗争中的认知计算主要由议题、精英和用户意识形态认知计算三部分构成：一是议题认知算法。意识形态认知斗争围绕着一系列重大意识形态议题而展开，一国之内不同群体之间针对特定议题的议题关联性和议题分歧性，构成议题意识形态认知计算的主要内容。二是精英认知算法。精英群体（政治精英、经济精英、知识精英）在意识形态认知斗争中扮演着关键角色，一国之内不同的精英意识形态社会关系网络（意识形态属性、互动关系中心度、影响力等），构成精英意识形态认知算法的主要内容。三是用户认知计算。网络用户是意识形态认知对抗的社会基础，一国之内不同网络社群的用户意识形态光谱（用户意识形态画像）及其形成的公众舆论极化情况和集体行动模式等，构成用户意识形态认知算法的主要内容。以上三类认知计算，可借助计算舆论学中的隐含狄利克雷主题模型、社会网络分析、框架分析、议题竞争和时间序列分析、多主题模型和网络舆论演化动力学模型等加以实施。

2. 应用研究

第一，新形势下意识形态斗争的新特点新趋势研究。

一是新特点研究：（1）计算化，运用社交媒体数据的认知计算成为当前意识形态认知斗争的重要技术手段，意识形态斗争进入"认知计算"时代。（2）纵深化，对抗在传统意识形态领域不断深化，围绕自由、民主、人权、文化、制度、道路等的斗争更加激烈；同时对抗向非传统意识形态领域延伸，经济生活、社会生活、公共政策、科学技术等均有可能被纳入意识形态认知斗争的范畴。（3）武器化，新形势下的意识形态认知斗争呈现出集团对抗、零和博弈、和平演变、颠覆性渗透破坏等诸多"冷战"

的特征。（4）后真相，互联网信息革命背景下的意识形态认知斗争，往往会在大规模的信息动员中制造大规模的意识形态迷雾，具有更多"后真相"特征。二是新趋势研究：主要研究东西方意识形态认知斗争的重大议题及其演化趋势，如，信息科学技术意识形态冲突论、网络女权主义运动、基于网络公众舆论动员的颜色革命、人权之争、全人类共同价值、中国式民主与西方民主之争、中国式现代化与西方现代化之争、涉疆涉藏涉港涉台涉海意识形态斗争等。

第二，新形势下意识形态斗争应对策略研究。

根据新形势下意识形态斗争的新特点新趋势研究，数字媒介环境下的意识形态认知斗争模式的三要素（议题、精英、用户），以及数字媒介环境下的意识形态认知计算的新发展，本项目拟提出"议题认知斗争策略""精英认知斗争策略""用户认知斗争策略"三维度认知对抗策略体系。一是议题认知斗争策略方面，围绕新形势下国家竞争面临的重要政治、经济、社会、科技、文化、新闻、舆论等热点问题，构建中美意识形态认知斗争议题库，在议题认知计算的基础上提出争取议题话语主导权的具体策略建议。二是精英认知斗争策略方面，构建"精英—议题"匹配机制，通过精英认知斗争计算，获取不同精英群体在不同意识形态议题上的认知斗争状况，据此提出意识形态博弈的精英认知斗争策略。三是用户认知斗争策略方面，围绕新媒体环境下意识形态认知斗争中的网络用户的价值偏好和行为特征，以及公众舆论的动员、演化机制，借助用户认知对抗计算，提出意识形态博弈的用户认知对抗策略。

以上研究的三个主要目标是：一是学科目标，将意识形态认知斗争纳入传播政治经济学和计算舆论学的双重学科背景下来考察，把握数字媒体和媒介大数据环境下意识形态认知斗争的发展趋势，拓展意识形态认知斗争研究的学科视野。二是理论目标，以国家意识形态认知为案例，探索和验证数字媒介环境下的意识形态认知斗争模式和意识形态认知计算框架。三是应用目标，基于认知计算提出意识形态认知斗争的三大策略，即议题、精英、用户认知斗争策略体系。

其创新性主要表现在：在学术思想方面，尝试把传播政治经济学中的冷战理论（舆论战）、新媒体理论和最新发展起来的计算舆论学的研究路向结合起来，拓展新形势下意识形态认知斗争的跨学科分析路径和研究范式。在学术观点方面，提出围绕认知对抗而展开的认知主导权的争夺是意识形态斗争的本质特征，意识形态认知斗争是以关键性议题认知斗争为核心的精英认知对抗和用户认知斗争的复杂博弈过程，认知计算是认知斗争的基本手段。在研究方法方面，运用计算社会科学的方法，引入计算舆论学的模型，探索意识形态议题、精英和用户认知斗争计算框架。

后 记

　　为贯彻落实习近平总书记关于加快构建中国特色哲学社会科学重要讲话精神和上海市委关于推动上海哲学社会科学大发展大繁荣的战略部署，我院党委提出以学科体系建设为抓手，发挥高端智库优势，加快推进中国特色哲学社会科学"三大体系"建设。

　　我们的基本设想是，坚持以习近平新时代中国特色社会主义思想为指导，按照习近平总书记在哲学社会科学工作座谈会上的重要讲话精神和上海市推动上海哲学社会科学大发展大繁荣建设目标要求，以我国经济与社会发展的实践经验和现实需求为起点，结合我院各研究所专业学科特色和重点研究方向，组织开展学科体系建设，注重从我国改革发展的实践工作中挖掘新材料、发现新问题、提出新观点、构建新理论，注重深化对党的创新理论研究阐释，注重总结实践中的新规律，提炼新理论，提出具有主体性、原创性的新观点，彰显我国哲学社会科学的特色和优势，为构建中国特色哲学社会科学学科体系、学术体系、话语体系作出上海社会科学院的贡献。

　　2023 年，我院结合主题教育，围绕科研工作、人才队伍建设、智库建设等开展大调研活动，在我院建院 65 周年院庆之际，组织全院 17 个研究所，开展集体研究和联合攻关，推出我院"中国特色哲学社会科学'三大体系'研究丛书"学术成果，本书为丛书系列成果之一。

　　本书是新闻研究所集体科研成果。在 2 年多时间的多次研讨、写作、论证及修改过程中，大家付出心血智慧和艰辛工作，最终形成本书。其中，徐清泉同志作为负责人，全面指导、重点把握，从本书开始申请到分组讨论、论证、确认，从本书撰写结构的编排到书稿内容的谋篇布局都严格把关，并负责本书最终统稿和定稿工作。其他参与本书写作的科研人员根据撰写工作任务安排，加班加点及时完成工作任务，为本书的最终成稿付出了智慧和心血。具体分工如下：

序言　徐清泉负责；

第一章　张雪魁、郭欣负责；

第二章　郑博斐、王孝天负责；

第三章　李敬、董倩、徐生权负责；

第四章　王蔚、王月、王理、童希负责；

第五章　方师师、万旋傲、唐巧盈、卢垚、贾梓晗负责；

第六章　吕鹏、杨亚、张新璐、孟晖、陈曦负责；

第七章　同心、王震宇、张卓负责；

第八章　戴丽娜、唐巧盈负责；

第九章　张雪魁、郭欣负责；

在本书研究和写作过程中，院主要领导全程予以关心和指导，先后组织了多轮专题会和座谈会，听取新闻研究所汇报并提出宝贵建议，在此谨表敬意和感谢！

最后，对上海人民出版社高效细致的出版工作一并致以谢意！

上海社会科学院新闻研究所

2023 年 8 月

图书在版编目(CIP)数据

中国应用传播学研究/徐清泉等著. 一上海:上
海人民出版社,2023
(中国特色哲学社会科学"三大体系"研究丛书)
ISBN 978 - 7 - 208 - 18504 - 3

Ⅰ.①中… Ⅱ.①徐… Ⅲ.①传播学-研究-中国
Ⅳ.①G219.2

中国国家版本馆 CIP 数据核字(2023)第 158708 号

责任编辑　王　吟
封面设计　零创意文化

中国特色哲学社会科学"三大体系"研究丛书
中国应用传播学研究
徐清泉　张雪魁 等著

出　　版　上海人民出版社
　　　　　　(201101　上海市闵行区号景路 159 弄 C 座)
发　　行　上海人民出版社发行中心
印　　刷　上海新华印刷有限公司
开　　本　787×1092　1/16
印　　张　20
插　　页　2
字　　数　311,000
版　　次　2023 年 9 月第 1 版
印　　次　2023 年 9 月第 1 次印刷
ISBN 978 - 7 - 208 - 18504 - 3/G · 2167
定　　价　92.00 元